CAUSERIES
DU LUNDI

PAR

C.-A. SAINTE-BEUVE
DE L'ACADÉMIE FRANÇAISE

TROISIÈME ÉDITION

—

TOME HUITIÈME

—

PARIS
GARNIER FRÈRES, LIBRAIRES-ÉDITEURS
6, RUE DES SAINTS-PÈRES, 6

CAUSERIES
DU LUNDI

PARIS. — IMPRIMERIE E. CAPIOMONT ET Cie
6, RUE DES POITEVINS, 6

CAUSERIES DU LUNDI

Lundi, 28 mars 1853.

L'ABBÉ DE BERNIS

Au dernier siècle, quand de jeunes Français allaient à Rome où le cardinal de Bernis résida comme ambassadeur de France à dater de 1769, et où il ne mourut qu'en 1794, un de leurs premiers désirs, c'était de lui être présentés, et une des premières choses qu'ils trouvaient d'ordinaire à lui dire, c'était de le remercier du plaisir que leur avaient fait ses jolis vers; ils s'étonnaient ensuite que le prélat ne répondît point à ce compliment comme ils auraient voulu, et qu'il gardât toute son amabilité et toute sa grâce pour d'autres sujets de conversation. Nous n'imiterons pas ces jeunes Français de 1780, et nous nous garderons de la confusion où ils tombaient. Il y a des temps très-distincts à observer quand on parle de Bernis : il ne fut cardinal qu'à l'âge de quarante-trois ans, et il ne s'engagea réellement dans les Ordres qu'à l'âge de quarante. Jusque-là il était abbé comme on l'était volontiers alors, ayant le titre et quelques bénéfices; mais il n'était point lié à son état, il n'était prêtre à aucun degré; et en 1755, à l'âge de quarante ans, on le voit hésiter beaucoup avant de franchir ce pas dont il sent le péril, et d'où sa délicatesse d'honnête homme l'avait tenu éloigné jusque-là : « Je me suis lié à mon état, écrit-il à Pâris du Verney (le 19 avril 1755), et j'ai mis moi-même dans cette démarche tant de réflexions que j'espère ne m'en repentir jamais (1). » Quant aux petits vers galants, ils sont de sa première jeunesse; il cessa d'en faire à l'âge de trente-cinq ans : « J'ai abandonné totalement la poésie depuis onze ans, écrit-il à Voltaire en décembre 1761; je savais que mon petit talent me nuisait dans mon état et à la Cour; je cessai de l'exercer sans peine, parce que je n'en faisais pas un certain cas, et que je n'ai jamais aimé ce qui était médiocre; je ne fais donc plus de vers et je n'en lis guère, à moins que, comme les vôtres, ils ne soient pleins d'âme, de force et d'harmonie; j'aime l'histoire... » Il y a donc, avant tout, quand on parle de Bernis, à bien marquer les époques, si l'on veut être juste envers un des esprits les plus gracieux et les plus polis du dernier siècle, envers un homme d'une capacité réelle, plus étendue qu'on ne pense, et qui sut corriger ses faiblesses littéraires ou ses complaisances politiques par une maturité décente et utile, et par une fin honorable. Des documents récents, sortis des Archives du Vatican, viennent de jeter du jour sur la seconde moitié de sa carrière, lorsqu'il était ambassadeur de France à Rome. J'y viendrai bientôt, mais aujourd'hui je ne veux avoir affaire qu'au pre-

---

(1) Cela veut dire en termes ecclésiastiques que Bernis prit le premier des Ordres majeurs en avril 1755; il en était encore à ce simple degré de sous-diacre, lorsqu'il fut promu au cardinalat en octobre 1758. Ces dates sont à considérer dans l'appréciation morale de Bernis.

mier et plus léger abbé de Bernis : on verra l'homme sérieux en lui se dégager insensiblement.

Il était né à Saint-Marcel-d'Ardèche en Vivarais, le 22 mai 1715, d'une race ancienne et de la meilleure qualité. A titre de cadet, on le destina à l'Église. Il vint faire ses premières études au collége des Jésuites (Louis-le-Grand) à Paris ; il fit sa philosophie et sa théologie au séminaire de Saint-Sulpice et en Sorbonne. On le voit successivement chanoine et comte de Brioude, chanoine et comte de Lyon, c'est-à-dire membre de chapitres pour lesquels il fallait faire preuve de très-ancienne noblesse : tout cela n'était pour lui qu'honorifique. En attendant les bénéfices qui ne venaient pas et dont il n'avait qu'un tout petit, dit-on, à Boulogne-sur-Mer (1), l'abbé-comte de Bernis se lança dans le monde pour lequel il était fait, et dans le plus grand monde ; mais il y était pauvre comme le dernier des nouveau-venus. Diderot a parlé quelque part des dîners qu'il fit plus d'une fois avec lui, à six sous par tête (2). Pendant des années, Bernis supporta avec insouciance et gaieté cette condition de gêne, ce contraste entre ses goûts et sa situation, entre tout ce qu'il voyait et ce qu'il n'avait pas : il avait « l'âme courageuse et douce. » Et puis, cette prompte et facile consolatrice, la jeunesse, lui tenait lieu de tout ; nul n'était fait pour en jouir mieux que lui ; tous les contemporains nous ont parlé des avantages de sa personne et des agréments de sa

---

(1) Probablement il le devait à l'évêque de Boulogne, M. Henriot, parent de l'abbé de Voisenon.

(2) « Dans sa jeunesse, l'abbé de Bernis avait langui dans la misère, ne vivant que du produit du travail qu'il faisait pour un libraire dont la femme lui était chère, et recevant quelquefois de ses amis ou de ses amies de quoi payer son fiacre. » (Tiré d'une Notice manuscrite qui est en tête du *Recueil des Lettres de Bernis à Choiseul*, dont il sera parlé ci-après.)

figure : « Je me souviens toujours de vos grâces, de *votre belle physionomie*, de votre esprit, » lui écrivait Voltaire après des années. Duclos, son ami, l'un de ceux qui ont le mieux parlé de lui, et dont la brusquerie habituelle s'est adoucie pour le peindre, a dit : « De la naissance, une figure aimable, *une physionomie de candeur*, beaucoup d'esprit, d'agrément, un jugement sain et un caractère sûr, le firent rechercher par toutes les sociétés; il y vivait agréablement. » Marmontel enfin, moins agréable cette fois que Duclos, et avec moins de nuances, nous dit : « L'abbé de Bernis, échappé du séminaire de Saint-Sulpice, où il avait mal réussi, était un poëte galant, bien joufflu, bien frais, bien poupin, et qui, avec le Gentil-Bernard, amusait de ses jolis vers les joyeux soupers de Paris. » Cette figure ronde et pleine, cette belle mine rebondie et à triple menton, qui frappe dans les portraits de Bernis vieilli, il la prit d'assez bonne heure : mais d'abord il s'y mêlait quelque chose d'enfantin et de délicat; et toujours, jusqu'à la fin, le profil gardera de la distinction et de l'élégance : le front et l'œil sont très-beaux.

Il avait à peine où se loger : il commença par faire des vers à ses *Dieux Pénates* (1736), comme Gresset en avait fait sur sa *Chartreuse*. Ces vers de Bernis, faits à vingt et un ans, ont tous les défauts de Gresset; ils ont aussi de sa facilité et de son coulant. On y voit déjà tous ces Amours et ces Zéphyrs qui seront partout chez Bernis, et qui ont fait dire à d'Alembert que « si on leur coupait les ailes, on lui couperait les vivres. »

> Mais qu'une sagesse stérile
> N'occupe jamais mes loisirs;
> Que toujours ma muse fertile
> Imite, en variant son style,
> Le vol inconstant des Zéphyrs.

En ce qui est de l'harmonie, je ferai remarquer ce que

d'autres ont déjà remarqué avant moi : il y a de temps en temps chez Bernis, et par exemple dès la fin de cette première pièce, ou encore dans celle du *Soir* ou dans celle de *la Nuit*, quatre ou cinq vers de suite qui, à l'oreille, donnent déjà le sentiment de la stance de Lamartine :

> L'ombre descend, le jour s'efface;
> Le char du soleil qui s'enfuit
> Se joue en vain sur la surface
> De l'onde qui le reproduit:

Ce que je veux dire, c'est que Bernis, en ses moments les meilleurs, a une certaine langueur harmonieuse qui a un faux air du premier Lamartine en ses plus faibles moments. Mais la note tendre se perd vite et se noie dans un gazouillement brillanté et insipide. A peine trouve-t-on quelques vers de lui à citer dans cette abondante et monotone superfluité; si Bernis a un tour de rêverie et de mollesse, il manque tout à fait d'idées et d'invention. Dans quelques Épîtres, il y a d'assez jolis passages, et qui le peignent, sur l'ambition, sur la paresse :

> Qui sait, au printemps de son âge,
> Souffrir les maux avec courage
> A bien des droits sur les plaisirs.
> . . . .
> Pourquoi chercher si loin la gloire?
> Le plaisir est si près de nous!...

C'est toujours et partout le même refrain. Dans cette Épître *sur la Paresse*, la seule que La Harpe ait distinguée, on voit Bernis au naturel, assez gracieux, mais sans force, sans élévation de but et sans idéal. Ce n'est qu'un élève de Chaulieu, et qui redit avec douceur à vingt ans ce que l'autre trouvait avec feu à quatre-vingts. Habituellement, c'est plutôt encore un disciple de Nivernais; comme lui, il n'aspire qu'à des succès rapides et fugitifs, à des faveurs de société. Le duc de Nivernais est pour lui d'abord ce que Virgile était pour Stace, pour Silius Italicus; il est fier de le suivre et seulement *de loin.* Les myrtes de Nivernais sont les lauriers de Bernis. C'est assez, dit-il quelque part, si je vois tes myrtes refleurir encore,

> Et si ma muse, enorgueillie
> De marcher de loin sur tes pas,
> Unit l'estime de Délie
> Aux suffrages de Maurepas.

Je ne sais quelle est cette *Délie* (1), mais Maurepas était un bien mince oracle pour mériter qu'on y bornât sincèrement ses vœux, et Bernis ne disait point cela par politesse; il le pensait comme il le disait. Marquer ainsi son but tout d'abord, et ne point le placer plus haut, c'est donner sa mesure comme poëte. A tout jeune homme qui entre dans la carrière, il y a une première chose à demander : « *Quels sont tes Dieux?* »

Dans sa pièce de début, *A mes Pénates*, Bernis avait parlé assez sévèrement de Voltaire, et l'avait apostrophé comme si ce brillant esprit avait été dès lors en décadence : il revint très-vite sur ce jugement de jeunesse; ils se lièrent, et Voltaire, tout en l'applaudissant et le caressant beaucoup, lui donna un de ces sobriquets qu'il excellait à trouver, et qui renferment tout un jugement. Bernis avait fait une suite de vers descriptifs, *les Quatre Parties du Jour*, et une autre suite (je n'ose dire poëme), *les Quatre Saisons.* Ces vers obtenaient en société un très-grand succès, qui, plus tard, devait s'éva-

---

(1) J'ai dit là une grande légèreté; j'ai reconnu depuis, en ouvrant les OEuvres de Nivernais, que *Délie* n'est autre que la duchesse de Nivernais elle-même, célébrée par son mari sous ce nom élégiaque; elle était née de Pontchartrain et sœur du comte de Maurepas.

nourir tout à fait à l'impression. Bernis y avait mis, plus encore que d'habitude, une profusion de fleurs, de bouquets, de guirlandes ; et là-dessus Voltaire l'appelait, en s'adressant à lui-même, *la belle Babet*, ou, en parlant à d'autres, *la grosse Babet* : c'était alors une bouquetière en vogue, une marchande de quatre saisons.

Ne soyons pas injuste ni trop rigoureux pour Bernis ; il s'est jugé lui-même en homme de goût, en homme de sens, et comme s'il n'avait rien eu du poëte. Ce Voltaire, qui lui a donné ce joli et malin sobriquet, est le premier, des années après, à le caresser sur ses vers, à lui en reparler, à faire le rôle de tentateur. Bernis, en 1763, après son ministère, est dans l'exil et la disgrâce ; quelque ennemi, pour lui faire pièce, ou simplement quelque libraire avide, fait imprimer ses *Quatre Saisons*, avec ce titre : *Par M. le C. de B.* : « Je ne sais de qui sont ces *Quatre Saisons*, lui écrit Voltaire, qui aime à broder sur ce thème à tout propos ; le titre porte *par M. le C. de B.* C'est apparemment M. le cardinal de Bembo. On dit que ce cardinal était l'homme du monde le plus aimable, qu'il aima la littérature toute sa vie, qu'elle augmenta ses plaisirs ainsi que sa considération, et qu'elle adoucit ses chagrins, s'il en eut… » Puis, d'autres fois, il revient sur les souvenirs de *Babet* « qui remplissait son beau panier de cette profusion de fleurs ; » il joue, il badine, il retourne la critique en éloge. Bernis est sensible à l'intention ; mais il ne s'y laisse point prendre :

« A l'égard des *Saisons de Babet*, répond-il, on m'a dit qu'on les a furieusement estropiées ; car je ne les ai pas vues depuis près de vingt ans. A ma mort, quelque âme charitable purifiera ces amusements de ma jeunesse, qu'on a cruellement maltraités et confondus avec toutes sortes de platitudes. Pour moi, je ris de la peine qu'on s'est donnée inutilement de me faire des niches. On a cru me perdre en prouvant que j'avais fait des vers jusqu'à trente-deux ans (*ailleurs, il semble dire trente-cinq*) : on ne m'a fait qu'honneur, et je voudrais de tout mon cœur en avoir encore le talent comme j'en ai conservé le goût ; mais je suis plus heureux de lire les vôtres que je ne l'ai été d'en faire. Si vous voulez que je vous dise mon secret tout entier, j'y ai renoncé quand j'ai connu que je ne pouvais être supérieur dans un genre qui exclut la médiocrité. »

Il y aurait mauvaise grâce, après un tel jugement, si plein de sens et de candeur, à se donner le plaisir facile de railler Bernis sur ses vers.

Dès ce temps-là, et à travers les compliments, toutes les critiques lui furent faites : « On me demande, dit-il dans un petit écrit en prose de 1741, comment il est possible qu'un homme fait pour vivre dans le grand monde puisse s'amuser à écrire, à devenir auteur enfin. » Et à ces critiques grands seigneurs et de qualité, il répondait « que, s'il n'est pas honteux de savoir penser, il ne l'est pas non plus de savoir écrire, et qu'en un mot ce sont moins les ouvrages qui déshonorent, que la triste habitude d'en faire de mauvais... » En ce qui était des vers en particulier, comme on venait de représenter pour la première fois *la Métromanie* (1738), Bernis donnait cours à ses réflexions : « Il est difficile d'être jeune et de vivre à Paris sans avoir envie de faire des vers. » Et de ce qu'on en fait avec plus ou moins de talent, il ne s'ensuit pas que ce talent entraîne avec lui toutes les extravagances qui rendent certains versificateurs si ridicules : « Heureux, s'écriait-il avec sentiment et justesse, heureux ceux qui reçurent un talent qui les suit partout, qui, dans la solitude et le silence, fait reparaître à leurs yeux tout ce que l'absence leur avait fait perdre ; qui prête un corps et des couleurs à tout ce qui respire, qui donne au monde des habitants que le vulgaire ignore ! »

Ce goût littéraire prononcé, qui était comme une affiche de vie insouciante et mondaine, nuisait beaucoup à Bernis pour sa carrière. Le cardinal de Fleury, ami de sa famille, le fit venir, et lui déclara que, s'il continuait de la sorte, il n'avait rien à attendre tant que lui, cardinal de Fleury, vivrait. Sur quoi Bernis fit son humble révérence, et dit ce mot si connu : « *Monseigneur, j'attendrai.* » En le citant, on a quelquefois supposé que c'est à Boyer, ancien évêque de Mirepoix, et qui tenait la feuille des bénéfices, que Bernis l'avait plus tard adressé; c'est une erreur, et qui ôte au mot de son piquant et de sa vengeance. Il n'a tout son prix qu'adressé par un très-jeune homme à un premier ministre très-vieux, et qui l'oubliait un peu trop en ce moment.

Bernis, homme de société, de conversation aimable, d'un commerce brillant et sûr, et qui semblait borner là son ambition, connaissait déjà madame de Pompadour; il était dans sa faveur ainsi que dans celle du roi, et il n'avait pu rien obtenir encore pour sa fortune. Ce fut l'Académie française qui la commença. Il y fut nommé dès la fin de l'année 1744, c'est-à-dire à l'âge de vingt-neuf ans. Il y succédait à l'abbé Gédoyn, et y fut reçu le même jour que l'abbé Girard, le grammairien. Dans son Discours de remercîment, il rappela avec modestie sa jeunesse qui, « loin de lui nuire, avait parlé en sa faveur. » Il dit quelques mots sur l'utilité des relations entre les gens du monde et les gens de Lettres, sur les avantages qu'en avait recueillis la langue dès le temps des La Rochefoucauld, des Saint-Évremond, des Bussy; lui, c'était bien sur le pied de leur successeur, d'homme de qualité aimant et cultivant les Lettres, qu'il entrait dans la Compagnie. Crébillon, le tragique, qui le reçut, ne trouva à lui donner que ce vague éloge : « Votre génie a paru jusqu'ici tourner du côté de la poésie. » Dans les années qui suivirent sa réception,

Bernis figure plus d'une fois à la tête de la Compagnie, dans les occasions solennelles où il fallait représenter à Versailles. L'Académie le choisissait comme un sujet et un visage agréable au roi.

Ses amis disent qu'à cette époque il n'aspirait qu'à réunir, moyennant quelques petits bénéfices particuliers, une fortune de six mille livres de rente : cela l'eût rendu à jamais heureux. Mais Boyer, chargé de la feuille des bénéfices, résistait aux instances des protecteurs, même les plus puissants, de Bernis ; il mettait une condition (qui d'ailleurs nous semble aujourd'hui assez raisonnable) aux grâces ecclésiastiques qu'on sollicitait pour lui : il exigeait que Bernis s'engageât sérieusement à son état, qu'il cessât d'être abbé seulement de nom, et qu'il devînt un prêtre. Bernis, par conscience même et par sentiment de son peu de force, reculait et retardait : ses mœurs étaient celles de son âge et de son temps ; son cœur et son esprit n'avaient rien d'irréligieux : la perspective d'un évêché, qu'on lui laissait entrevoir moyennant des sacrifices extérieurs, était plus faite pour l'effrayer que pour le tenter :

> Non, tu connais trop ma droiture :
> Coupable par fragilité,
> Mais ennemi de l'imposture,
> Je ne joins pas l'impiété
> Aux faiblesses de la nature.

C'est ce qu'il disait à son ami le duc de Nivernais dans une Épître *sur l'Ambition*. Il y a plus : Bernis, avant cette époque, et dès 1737, avait entrepris, par les conseils du cardinal de Polignac, avec qui il avait plus d'un rapport de nature, de fragilité et de génie, un poëme sérieux qu'il a depuis mené à fin, et qui a été somptueusement imprimé après sa mort (Parme, 1795), *la Religion vengée*. Il y a dans ce poëme, qui n'en est pas un véritablement, et qui est destitué d'invention comme tous les ouvrages de Bernis, de très-bons vers philosophiques, un exposé clair, une réfutation judicieuse et assez vigoureuse des systèmes de Lucrèce, de Pyrrhon, de Spinoza. J'en ai, de tout temps, retenu ces vers qui ne sont pas les seuls qu'on pourrait citer :

> Dieu, père universel, veille sur chaque espèce ;
> Il soumet l'univers aux lois de sa sagesse ;
> De l'homme elle s'étend jusqu'au vil moucheron :
> Il fallait tout un Dieu pour créer un ciron !

Malgré ces essais de retour sincère et cette profession de principes, Bernis avait l'honnêteté de ne s'en point prévaloir, et de confesser son faible, même à Boyer ; sa fortune n'avançait pas. C'est alors que Louis XV, de guerre lasse, lui fit une pension de quinze cents livres sur sa cassette, et lui accorda un logement dans les combles des Tuileries ; Bernis avait été logé jusque-là chez le baron de Montmorency, un de ses parents. Un jour que Bernis sortait de chez madame de Pompadour, emportant sous son bras une toile de perse qu'elle lui avait donnée pour meubler son nouvel appartement, le roi le rencontra dans l'escalier, et voulut absolument savoir ce qu'il portait ; il fallut le montrer et expliquer le pourquoi : « Eh bien, dit Louis XV en lui mettant dans la main un rouleau de louis, elle vous a donné la tapisserie, voilà pour les clous. »

Pourtant l'impatience vint à Bernis, et, suivant la spirituelle remarque de Duclos, voyant qu'il avait tant de peine à faire une petite fortune, il résolut d'en tenter une grande : cela lui fut plus facile. Il débuta par l'ambassade de Venise, en 1752. On a écrit et imprimé bien des choses plus ou moins romanesques, où l'on a mêlé le nom de Bernis à la date de cette ambassade : nous nous en tiendrons à ce qui est à l'usage des honnêtes gens. On a sa Correspondance avec Pâris du Verney pendant ces années; elle est tout à son honneur, et commence à nous le faire connaître par son côté politique et sérieux. Pâris du Verney, homme supérieur, d'une capacité administrative de premier ordre, et d'un talent singulier pour les choses de guerre, était déjà à demi dans la retraite; il s'occupait presque exclusivement de réaliser sa dernière pensée patriotique, l'établissement de l'École militaire. On sait qu'il fut un des grands protecteurs de Beaumarchais à ses débuts : ici on le voit tendrement lié avec Bernis, en qui il a reconnu talent et avenir. Celui-ci entre avec lui dans tous les détails de sa vie d'ambassade : « Ma maison est décente, bien meublée; on n'y voit rien qui sente le cadet de Gascogne. Je tâche, en même temps, qu'elle soit rangée. » Comme tous les absents de Paris, il en ressent aussitôt le vide, se plaint de sa vie languissante, et regrette la société : « Au reste, si l'on est heureux quand on n'a rien à faire, quand on vit avec des gens à qui on n'a rien à dire, je le suis. Il ne manque rien à mon repos, j'oserai dire à ma considération; mais il faudrait un peu plus de pâture à mon esprit. » Bernis regrette surtout les samedis, c'était le jour de la semaine qu'il passait avec Pâris du Verney : « Si mes samedis m'avaient été conservés, je n'aurais qu'à m'applaudir d'avoir pris un parti qui deviendra tous les jours plus avantageux pour moi, mais qui ne sera jamais bon à rien pour le roi, tant que je resterai où il n'y a rien du tout à faire. » Cette inaction, qui se fait sentir à lui dès les premiers jours, va lui devenir de plus en plus pesante, et c'est ainsi que l'ennui finira peu à peu par lui inoculer l'ambition. En attendant, il cause avec son ami, il lui parle de ce qui l'intéresse le plus, de sa chère fondation, de cette École militaire, pour laquelle du Verney rencontrait à l'origine tant d'obstacles. Le digne fondateur a sur ce sujet de belles et nobles paroles qui décèlent, sous cette monarchie de Louis XV, un cœur de citoyen ; j'en veux citer quelques-unes, ne fût-ce que pour moraliser ce sujet de Bernis, dont les débuts sont un peu amollissants :

« Ce que vous me dites, Monsieur, écrit du Verney à Bernis, de l'opinion de l'étranger sur cet établissement n'est guère propre à modérer mon impatience ; j'en ai toujours beaucoup dans les choses qui contribuent à la gloire de notre maître et au bien de la nation... Les objections ne m'ont jamais rebuté. Il est ordinaire que les grandes entreprises soient traversées. L'expérience m'apprend aussi que le mérite des grandes choses n'est jamais mieux connu que de ceux qui ne les ont pas vues naître. Nous louons, nous admirons aujourd'hui ce qui a été blâmé autrefois. Sous M. de Louvois, les amis de M. Colbert disaient que l'Hôtel royal des Invalides n'était qu'un hôpital humiliant pour le militaire ; et aujourd'hui des lieutenants-colonels ne rougissent pas de s'y retirer. Sous madame de Maintenon, on prétendait que les preuves de pauvreté qu'il fallait faire pour entrer à Saint-Cyr en écarteraient la noblesse ; et aujourd'hui la noblesse aisée n'a pas honte de se dire pauvre pour y faire admettre ses filles, qui, sous cet habit de laine brune qui révoltait si fort autrefois, prennent plus de vanité et d'orgueil qu'il n'en faudrait. Le temps dépouille les objets des passions dont on les offusque ; et, quand ils sont bons en soi, on parvient à n'y plus voir que le bon. »

Bernis est digne de cet entretien généreux auquel l'amitié le convie ; il encourage son ami, il le réconforte avec une chaleur affectueuse : « Je voudrais pouvoir rassembler tous les bons cœurs pour vous les donner. » Il voudrait être à même de le défendre contre les injustices et les dégoûts qui le viennent abreuver : « Plût à Dieu que je fusse à portée de rendre témoignage à la vérité ! avec quel plaisir je rendrais compte de la douleur de l'ami et du citoyen dont j'ai été le témoin et le dépositaire ! » Ici même il s'élève à des idées qui ne lui sont nullement étrangères, mais qu'on n'est point accoutumé d'associer à son nom ; il a des accents qui partent de l'âme :

« Si les hommes n'étaient pas ingrats, dit-il, je leur passerais la folie, l'inconséquence, l'humeur et toutes les autres imperfections qui dégradent un peu l'humanité; mais il est dur de ne pas recueillir le fruit de ses bienfaits. C'est le laboureur qui jette son blé dans des cailloux : malgré cela, les âmes supérieures songent à faire le bonheur des hommes sans en attendre d'autre récompense que celle d'être contentes d'elles-mêmes. »

Et encore :

« Si vous n'étiez que raisonnable, vous ne seriez pas un si grand citoyen : *il faut que le zèle fasse affronter les obstacles que la raison conseillerait d'éviter.* Pour moi, je crois que ce qui perd les États c'est cette prétendue sagesse qu'on attribue à tous ceux qui n'osent pas courir les risques qu'il y a toujours à vouloir procurer le plus grand bien possible. On veut trop faire fortune aujourd'hui, et on craint trop de la perdre quand on l'a faite : c'est le mal général qui afflige aujourd'hui l'Europe; car, Dieu merci, on a beau dire, nous ne sommes pas les seuls qui méritions des reproches. Malgré moi, vous voyez, Monsieur, que la morale me gagne : c'est la maladie des gens qui sont presque toujours dans la solitude. »

Ces lettres de Bernis et de du Verney, qui n'ont rien de bien intéressant par le sujet, et qui ont été imprimées en 1790 avec les notes les plus ridicules et les plus impertinentes qu'on puisse imaginer, sont curieuses quand on les lit, comme je le fais, au point de vue de la biographie et de la connaissance des deux caractères. En même temps qu'on y sent chez du Verney la grandeur d'âme accompagnée de bonté et même de bonhomie, le caractère modéré, noble, humain et assez élevé de Bernis s'y dessine naturellement; son esprit y laisse échapper des nuances et des aperçus qui ont de la finesse. Ainsi, parlant d'un de leurs amis communs qui, dans une circonstance critique, avait écrit à du Verney une lettre toute revêtue d'un semblant de philosophie, et de nature à faire illusion, il dira : « Cet esprit philosophique, qui est répandu sur la surface du monde, fait qu'on ne peut plus distinguer, au premier abord, les fous des sages, ni les honnêtes gens des coquins. Tout le monde paraît riche parce que tout le monde a de l'argent ou de la fausse monnaie; mais peu de jours suffisent pour démêler l'un et l'autre. » Cette fine remarque de Bernis sur le vernis d'esprit philosophique qui était alors partout, s'appliquerait aujourd'hui à bien d'autres vernis également répandus, vernis de talent, vernis d'esprit, vernis de jugement. Tous les matins, en lisant son journal, chacun prend son vernis; le journaliste lui-même a pris le sien de la veille; la teinture de l'un s'applique à l'autre; tout le monde se répète à douze heures de distance. Où est l'esprit vrai, le jugement original et neuf? et qu'il faut de temps et d'occasions pour en faire l'épreuve et pour le distinguer! Peu de jours n'y suffisent pas, comme Bernis alors pouvait le croire.

Bernis ne sera jamais un grand ministre dirigeant. Aurait-il pu l'être? Je l'ignore. Le sort ne lui a pas laissé le temps de réparer ses fautes ni de corriger ses hasardeuses entreprises; mais Bernis sera un excellent ambassadeur : il a l'insinuation, la conciliation, la politesse; il représente avec goût et magnificence; il sera le modèle d'un ambassadeur de France à Rome pendant plus de vingt ans. Or, c'est à Venise qu'il fait son apprentissage, au moins pour les dehors, car les affaires y sont à peu près nulles : « Comme cette ambassade, remarque-t-il, est plus de parade que de nécessité, on a cru quelquefois que tout le monde y était propre, et que le premier venu y serait assez bon: en quoi on s'est grandement trompé. » Et il définit à merveille les qualités essentielles pour faire respecter dans un poste de ce genre le représentant du roi. Laissons-le parler lui-même, nous ne saurions dire aussi bien que lui :

« Quand on a des affaires à traiter dans les Cours étrangères, c'est la manière dont on les conduit, ces affaires, qui fixe l'attention et qui décide de l'estime qu'on a pour vous; mais, lorsqu'on n'a rien à démêler avec une Cour, on est alors jugé d'après le personnel; ainsi, l'on a besoin d'une grande attention pour éviter la censure d'une infinité d'observateurs curieux et pénétrants, qui cherchent à démêler votre caractère et vos principes, sans que vous puissiez jamais détourner leur attention. Si le roi veut faire respecter sa couronne et sa nation à Venise, il faut qu'il y envoie toujours un homme de bon sens, ce qui suffit, mais un homme d'une âme élevée et de mœurs décentes; car on n'impose à une nation très-libertine, on peut même dire débauchée, que par des mœurs opposées. »

De telles paroles sont à noter dans la bouche de Bernis. Les a-t-il justifiées de tout point? Du moins on ne saurait mieux marquer à quel prix était, selon lui, la considération; et, quoi qu'aient pu dire des chroniques secrètes, il sut dès ce temps-là l'obtenir.

Cependant les deux années et demie que Bernis eut à passer à Venise lui parurent extrêmement longues. Il sentait bien que ses amis de Versailles ne l'y laisseraient pas éternellement; il avait l'espérance vague, mais certaine, d'un futur retour : « Ma plus grande peine n'est donc que d'aspirer à être utile, d'en ouvrir modestement les voies, et d'être toujours renvoyé à l'inaction et à l'inutilité : voilà pour le moral. » Au physique, sa santé s'altérait faute d'exercice; son embonpoint augmentait, la goutte se portait aux genoux. Et puis l'ambition lui est venue : du moment qu'il n'est plus un simple particulier, jouissant à son gré des douceurs et des agréments de la société, il n'y a plus qu'à être un homme public occupé et utile; il résume en termes parfaits cette alternative : « Être libre et maître de son loisir, ou remplir son temps par des travaux dont l'État puisse recueillir les fruits, voilà les deux positions qu'un honnête homme doit désirer; le milieu de cela ressemble à l'anéantissement. » De Versailles, certains ministres, qui craignaient son retour, lui tendaient des piéges; on employait toutes sortes de manéges dont le détail nous échappe, pour l'immobiliser là-bas dans ses lagunes : « Je vois clairement, disait-il, que, par ces artifices, on trouvera le secret de me faire rester les bras croisés dans mon cul-de-sac. » Du Verney le conseillait et le calmait dans ces accès d'impatience, qui sont toujours tempérés de philosophie chez Bernis, et qui ne vont jamais jusqu'à l'irritation : « Tout ici-bas dépend des circonstances, lui écrivait du Verney, et ces circonstances ont des révolutions si fréquentes, que ce que l'on peut faire de plus sage est de se préparer à les saisir au moment qu'elles tournent à notre point. Il est presque toujours dangereux de vouloir les forcer; on n'y gagne que des tourments qui s'accroissent à mesure que nos espérances semblent s'éloigner, et c'est ainsi que l'on passe sa vie, sans y trouver un moment de satisfaction. Agissons donc toujours, mais ne forçons rien... »

L'argent tourmentait beaucoup Bernis; il n'avait rien que ses appointements. La première année, il dépensa vingt-trois mille francs au delà; c'étaient sans cesse des princes ou princesses d'Allemagne, des personnages de marque qui passaient à Venise en visitant l'Italie, et qu'il fallait traiter. En novembre 1754, le duc de Penthièvre descendit chez l'ambassadeur avec sa suite et y logea treize jours : « Je me suis très-bien tiré de cet embarras, disait galamment Bernis : après beaucoup de dépenses faites avec profusion, mais sans désordre, il me reste l'amitié d'un prince *honnête homme*, et la satisfaction d'avoir contenté tous les ordres et tous les étages de sa maison. » Du Verney se charge de suivre en Cour les intérêts de Bernis; la seule chose urgente, ce sont les secours pécuniaires. Si une bonne abbaye venait à vaquer, ce serait un grand point de l'obtenir. Quant à des places politiques meilleures, il est convenu entre les deux amis que le mieux est de ne rien presser; le mot d'ordre est celui-ci : « A l'égard des places, il faut savoir lever le siége quand elles se défendent trop longtemps. » Bernis a là-dessus une tactique constante, une voie douce et par insinuation : « Ne pas prendre les places d'assaut et ne point refuser celles qui veulent se rendre d'elles-mêmes. » Enfin, le terme de l'apprentissage arrive, et Bernis, rappelé à Paris, se met en route à la fin d'avril 1755.

Duclos, l'ami et le confident de Bernis, nous a très-bien rendu l'emploi de sa vie durant ces années qui vont être si occupées. Ce fut le moment où l'alliance se noua étroitement entre la France et l'Autriche, et où se conçut et se discuta secrètement le Traité de Versailles. Bernis, sans être encore ministre, en fut l'agent principal, le plénipotentiaire confidentiel; il en débattit et en régla les articles avec l'ambassadeur de l'Empire, M. de Staremberg. On a fait l'honneur à Bernis de lui attribuer la pensée première de ce Traité, qui bouleversait la politique de Richelieu et changeait le système des alliances continentales de l'Europe. On a fait plus : on est allé jusqu'à dire qu'en prenant ainsi le parti de l'Autriche contre la Prusse, c'était le poëte, le rimeur en lui qui se vengeait. Frédéric, à la fin d'une Épître au comte Gotter, où il décrit les détails infinis du travail et de l'industrie humaine, avait dit :

> Je n'ai pas tout dépeint, la matière est immense,
> Et je laisse à Bernis sa stérile abondance.

On a supposé que Bernis connaissait cette Épître, et que ç'avait été le motif qui lui avait fait conseiller à Versailles d'abandonner le roi de Prusse et de s'allier avec l'Impératrice. Turgot, dans des vers satiriques anonymes qui coururent tout Paris, et qui étalaient au vif les désastres flétrissants dont la guerre de Sept Ans affligeait la France, s'écriait :

> Bernis, est-ce assez de victimes ?
> Et les mépris d'un roi pour vos petites rimes
> Vous semblent-ils assez vengés ?

Mais, dans cette explication qui s'est tant de fois répétée depuis, rien n'est exact ; le grave Turgot a imaginé une cause gratuite, et, si de petits motifs en effet contribuèrent à produire ces grandes calamités, Bernis du moins n'a point à rougir, pour sa part, d'en avoir introduit un aussi mesquin et aussi misérable que celui dont on l'accuse. Bernis n'avait aucune rancune de ce genre contre le grand Frédéric, et son cœur d'honnête homme était plus haut placé. Algarotti, qui l'avait connu ambassadeur à Venise, écrivait au roi de Prusse (11 janvier 1754) : « Je vois assez souvent M. l'ambassadeur de France, qui est bien fait pour représenter la plus aimable nation du monde. Il se flatte, Sire, que la route où il est entré pourra le mener encore faire sa cour à Votre Majesté. Il a bien des titres pour vous admirer, Sire, comme ministre, comme un des Quarante, comme homme d'esprit. Je le verrais encore plus souvent s'il n'avait pas un si bon cuisinier... » Bernis, lorsque madame de Pompadour s'ouvrit à lui pour la première fois de cette pensée d'alliance nouvelle si contraire à la politique établie, commença par des objections. Duclos, du côté de Bernis, le dit expressément. Frédéric, adversaire équitable, le confirme dans son Histoire : il ne reproche à Bernis que de s'être prêté à des vues dont il sentait jusqu'à un certain point l'imprudence, et qu'il s'efforça ensuite, mais en vain, de modérer :

« Tant qu'il s'agissait d'établir sa fortune, écrit l'historien-roi, toutes les voies lui furent égales pour y parvenir ; mais aussitôt qu'il se vit établi, il songea à se maintenir dans ses emplois en se conduisant par des principes moins variables et plus conformes aux intérêts permanents de l'État. Ses vues se tournèrent toutes du côté de la paix, pour terminer, d'une part, une guerre dont il ne prévoyait que des désavantages, et d'une autre, pour tirer sa nation d'une alliance contraire et forcée dont la France portait le fardeau, et dont la maison d'Autriche devait seule retirer tout le fruit et tout l'avantage. Il s'adressa à l'Angleterre par des voies sourdes et secrètes ; il y entama une négociation pour la paix ; mais, la marquise de Pompadour étant d'un sentiment contraire, il se vit aussitôt arrêté dans ses mesures. *Ses actions imprudentes l'élevèrent, ses vues sages le perdirent*; il fut disgracié pour avoir parlé de paix... »

Et sur l'heure même de la disgrâce de Bernis, Frédéric parle de lui à Milord Maréchal dans le même sens : « On a trop exagéré le mérite de Bernis lorsqu'il était en faveur ; on le blâme trop à présent. Il ne méritait ni l'un ni l'autre. »

Ce point important de l'histoire du dix-huitième siècle ne sera complétement démontré et éclairci que lorsqu'un historien consciencieux aura été mis à même de travailler sur les papiers d'État, et qu'il les aura extraits dans toute leur suite : mais le sens général de la conclusion se peut prévoir et préjuger à l'avance. Quant à la physionomie même de Bernis et à son mouvement d'esprit dans ce torrent, nous pouvons en avoir quelque idée par les lettres et billets qu'il continue d'adresser à du Verney. Pendant cette année si occupée, durant laquelle il met la main aux grandes affaires et qui précède son entrée au ministère (1756-1757), il n'est plus cet homme maladif et languissant de Venise qui a la goutte au genou, et dont la vie se traîne de fluxion en fluxion : il veille, il se prodigue dans le monde, il passe une partie des nuits à jouer, faisant semblant de s'y plaire, pour mieux cacher son autre jeu ; car il n'est pas ministre encore ; la négociation secrète qu'il mène se conduit en dehors du cabinet, et ceux qui sont en place le surveillent : au milieu de tous ces soins, il ne s'est jamais mieux porté. Cette nature, qui semblait surtout épicurienne et paresseuse, a comme trouvé son élément : « Nous sommes dans la crise de la grande décision, écrit-il à du Verney, le 13 octobre 1756; ma santé est bonne, malgré le travail qui augmente et va augmenter de jour en jour. » Sa seule plainte, c'est de n'avoir pas tout à faire, c'est de n'avoir pas sur lui tout le fardeau : « Les derniers ordres sont arrivés (Fontainebleau, 5 novembre 1756); je travaille actuellement au plus grand ouvrage qui ait jamais été fait. On ne veut pas sentir que tout dépend de l'exécution, et qu'il est insoutenable d'être chargé du plan sans avoir le droit de veiller à l'exécution et de la conduire. » Ce sera là sa plainte continuelle pendant sa faveur, et son excuse après la chute; car, même quand il fut entré au ministère, il se trouva constamment contrarié par ceux ou, pour mieux dire, par *celle* qui ne voulait de lui que comme instrument : « On m'a fait danser sur un grand théâtre avec des fers aux pieds et aux mains. Je m'estime fort heureux de m'en être tiré en sauvant ma réputation. » Il ne la sauva point aussi intacte qu'il s'en flattait.

Bernis, entré au Conseil à titre de ministre d'État en janvier 1757, nommé secrétaire d'État aux Affaires étrangères en juin de la même année, promu à la dignité de cardinal en octobre 1758, fut subitement remplacé par Choiseul en novembre, puis presque aussitôt envoyé en exil à son abbaye de Saint-Médard de Soissons. La première commotion passée, il se dit avec ce bon sens et cette réflexion sans amertume dont il était pourvu et qui formait la base de son caractère : « Je n'ai plus de fortune à faire : je n'ai qu'à remplir honnêtement la carrière de mon état, et à m'acquérir la considération qui doit accompagner une grande dignité : pour cela la retraite est merveilleuse. »

C'est sous cette dernière forme, non plus politique, non plus tout à fait mondaine, non pas absolument ecclésiastique, mais agréablement diversifiée et mélangée; c'est dans cette retraite suivie et couronnée bientôt d'une grande ambassade, qu'il nous sera possible de l'étudier désormais en sa qualité de cardinal, et que nous aimerons à reconnaître de plus en plus en lui le personnage considérable, d'un esprit doux, d'une culture rare et d'un art social infini.

Lundi, 4 avril 1853.

DE L'ÉTAT DE LA FRANCE

SOUS LOUIS XV

(1757-1758)

Je demande ici à faire un court chapitre épisodique, à remettre à la prochaine fois ce que je devais dire aujourd'hui de Bernis comme cardinal et ambassadeur à Rome, et à profiter d'un document imprévu dont je dois la communication à la bienveillance de M. le duc Pasquier, ancien chancelier de France. Ce document, qui paraît provenir originairement du cardinal Loménie de Brienne, consiste en un Recueil manuscrit des Lettres particulières de Bernis écrites par lui durant son ministère à M. de Choiseul, alors ambassadeur à Vienne, et qui devait être son successeur aux Affaires étrangères : quelques autres lettres de Bernis à la marquise de Pompadour et au roi, écrites sur la fin de son ministère et dans les premiers moments de sa disgrâce, expliquent les causes de sa retraite et de sa chute plus exactement qu'on ne les savait. Le tout permet de prononcer avec exactitude sur son degré d'insuffisance à la tête des affaires, et sur les motifs d'excuse qui sont à sa décharge. Au reste, dans ce que nous aurons à dire cette fois, nous prendrons Bernis bien moins comme ministre que comme témoin et rapporteur de la situation déplorable qu'il a contribué à créer, et à laquelle il assiste sans avoir force ni crédit pour y porter remède. Le spectacle, que nous ne laisserons qu'entrevoir d'après lui sans l'étaler tout entier, est affligeant; mais il renferme quelques leçons sévères que l'histoire a déjà tirées; il fait pénétrer dans les causes profondes de ruine de l'ancienne monarchie; il fait sentir à quel point les plus nobles nations, et la nôtre en particulier, dépendent, dans l'esprit qui les anime et jusque dans leur ressort intérieur, des gouvernements qui les régissent et des hommes qui sont à leur tête.

La disposition de l'opinion publique en France, au commencement de cette guerre de Sept Ans si légèrement entreprise, n'était pas ce qu'elle devint un an après : la nouvelle alliance avec l'Autriche, conçue au mépris des anciennes maximes, occupait tous les esprits et flattait vivement les espérances. L'impératrice Marie-Thérèse, dans sa lutte passionnée et courageuse contre les agrandissements de la Prusse, avait mis à gagner la France une coquetterie particulière; elle n'avait pas dédaigné de se faire une *amie* de madame de Pompadour, et le parti fut pris à Versailles d'être pour l'Autriche, absolument comme on se déclare pour ses amis envers et contre tous dans une querelle de société et de coterie. Bernis, revenu de Venise et qui était dans la main de madame de Pompadour, fut chargé de rédiger l'œuvre et de concerter le traité d'alliance : malgré ses premières objections d'homme sensé, il ne résista pas longtemps au mouvement général qui entraînait tout le monde autour de lui; il fut ébloui et crut contribuer à la plus grande opération politique qu'on eût tentée depuis Richelieu. Tout d'abord sembla réussir à souhait, et la nouvelle alliance si préconisée en Cour fut très-bien prise encore par le public jusqu'à ce qu'arrivassent les nouvelles des premiers désastres. On avait commencé par des succès : la prise de Mahon, la victoire d'Hastenbeck, les premiers avantages du duc de Richelieu dans le Hanovre semblaient promettre un gain de cause facile à la nouveauté de la combinaison diplomatique. Bernis, ministre des Affaires étrangères depuis juin 1757, conserva toutes ses espérances jusqu'au moment où le duc de Richelieu conclut avec le duc de Cumberland la convention de Kloster-Zeven (8 septembre 1757), qui laissait subsister l'armée ennemie et qui ne devait pas être ratifiée. C'est ici que la Correspondance de Bernis avec M. de Choiseul (alors le comte de Stainville) nous livre la suite régulière de ses pensées et de ses inquiétudes : « M. de Richelieu, mon cher comte, lui écrit-il (20 septembre 1757), a un peu brusqué l'affaire de la Convention. Jamais acte n'a été ni moins réfléchi, ni contracté avec moins de formes. M. le duc de Mecklembourg et les Suédois n'en seront pas fort aises, et je crains bien qu'il n'en arrive des inconvénients qui balanceront les avantages. Il est certain que cet événement est glorieux en apparence, et qu'il donne à M. de Richelieu la facilité de se porter en avant; mais gare les suites! » A partir de ce moment, les chances de la guerre tournent et deviennent défavorables. Deux lettres de Bernis, écrites sur la nouvelle de la défaite de Rosbach, ne sont pas de celles que nous extrairons; ce n'est pas la défaite, ce sont certains détails de la défaite qui sont à ensevelir. Croirait-on qu'en apprenant ce malheur, on n'ait pensé à Versailles qu'à ce pauvre général qui s'était laissé battre : « On n'a vu à la Cour dans la bataille perdue que M. de Soubise, et point l'État. Notre *amie* (1) lui a donné les plus fortes

---

(1) Notre *amie*, c'est madame de Pompadour qui est toujours désignée ainsi.

preuves d'amitié, et le roi aussi. » Ce qui passe la condoléance, c'est qu'on ne songe qu'à lui procurer une revanche, et Bernis lui-même, puisqu'il le faut, s'y prêtera : « Le roi aime M. de Soubise, écrira-t-il le printemps prochain à du Verney; il voudrait le mettre à portée d'avoir sa revanche du 5 novembre (*journée de Rosbach*); voilà la vérité. Il faut ne pas contrarier son maître, et le servir dans son goût, surtout lorsque les circonstances rendent tout autre parti impossible ou dangereux. »

On a quelque peine à se faire au style de Bernis dans cette Correspondance toute politique; plus tard, en écrivant de Rome, il aura bien des familiarités encore; mais la politesse du langage sera continuelle chez lui, et la décence de la pourpre romaine s'étendra graduellement sur les sujets qu'il aura à traiter. Ici, dans ses confidences politiques de chaque jour, il s'abandonne, il parle non-seulement sa langue, mais celle qui se parle autour de lui, et, au milieu de ces révélations trop vraies et dont les tristes parties appelleraient le burin d'un Tacite, il a de ces mots qui trahissent le jargon des boudoirs de Bellevue ou de Babiole (1), *écaniller*, *trigauder*, *brûler la chandelle par les deux bouts*; etc. On publie en ce moment le Recueil des dépêches et des lettres d'État du cardinal de Richelieu. O contraste! Pour le ton, même dans les endroits de mauvais goût, elles sont de l'époque de Corneille.

Ce que paraît bien réellement Bernis d'un bout à l'autre dans ces lettres à Choiseul, c'est un honnête homme qui est au-dessous de la situation, qui est l'auteur désigné et responsable d'une alliance devenue funeste, qui se sent engagé, et qui n'a pas le pouvoir de

---

(1) *Babiole*, petite maison au-dessous de Bellevue, et où s'étaient tenues les premières conférences pour le Traité de Versailles.

tenir ni de réparer : « On ne meurt pas de douleur, écrit-il à Choiseul (13 décembre 1757), puisque je ne suis pas mort depuis le 8 septembre (*époque de la Convention étourdie de Kloster-Zeven*). Les fautes, depuis cette époque, ont été entassées de façon qu'on ne pourrait guère les expliquer qu'en supposant de mauvaises intentions. J'ai parlé avec la plus grande force à *Dieu* et à ses *saints*. J'excite un peu d'élévation dans le pouls, et puis la léthargie recommence; on ouvre de grands yeux tristes, et tout est dit. » Il trouve donc qu'il n'y a ni roi, ni généraux, ni *ministres;* et cette expression lui paraît si bonne et si juste qu'il consent qu'on le comprenne lui-même dans la catégorie de ceux qui n'existent pas : « Il me semble être le ministre des Affaires étrangères des Limbes. Voyez, mon cher comte, si vous pouvez plus que moi exciter le principe de vie qui s'éteint chez nous : pour moi, j'ai rué tous mes grands coups, et je vais prendre le parti d'être en apoplexie comme les autres sur le sentiment, sans cesser de faire mon devoir en bon citoyen et en honnête homme. » Il n'y a en France, à cette date, de direction ni dans les armées ni dans le Cabinet. Les affaires de la guerre se trouvent encore, par les subalternes, sous l'influence des *Ormes*, c'est-à-dire du comte d'Argenson qui est en exil à sa terre des Ormes, et qui a quitté le ministère depuis les premiers mois de 1757. L'insubordination et l'indiscipline sont partout; personne n'est craint ni obéi; la rivalité et la désunion du duc de Richelieu et du prince de Soubise ont amené les désastres de la fin de la campagne; on demande au maréchal de Belle-Isle et à du Verney pour la campagne prochaine des mémoires et des plans qui ne seront pas suivis. Au milieu de ces revers, qui affectent si profondément l'honneur militaire et l'avenir de la monarchie, l'apathie de Louis XV est complète : « Il n'y a pas d'exemple qu'on joue si gros jeu avec la même indifférence qu'on jouerait une partie de quadrille. » Le seul honneur de Bernis chargé de la partie politique, mais naturellement exclu des questions militaires, et qui n'a qu'un peu plus de faveur que les autres sans avoir plus d'autorité et d'influence aux heures décisives, est de comprendre le mal et d'en souffrir : « Sensible et, si j'ose le dire, sensé comme je suis, je meurs sur la roue, et mon martyre est inutile à l'État. » Il demande un gouvernement à tout prix, du nerf, de la suite, de la prévoyance : « Dieu veuille nous envoyer *une volonté quelconque*, ou quelqu'un qui en ait pour nous ! Je serai son valet de chambre, si l'on veut, et de bien bon cœur. »

Bernis n'avait rien qui imposât au roi ni à madame de Pompadour : celle-ci l'avait vu exactement dans la pauvreté; elle l'en avait tiré; elle le goûtait pour la douceur de son commerce et l'agrément de sa société, mais elle le considérait en tout temps comme sa créature; le ministre était toujours pour elle ce petit abbé riant et fleuri qui venait à son lever le dimanche, et à qui elle tapait familièrement sur la joue en lui disant : « Bonjour, l'abbé ! » On raconte qu'un jour, dans les altercations de la fin, elle lui reprocha aigrement de l'avoir tiré de la poussière, et qu'il répondit avec dignité en faisant allusion à sa naissance : « Madame, on ne tire jamais un comte de Lyon de la poussière. » Quoi qu'il en soit, Bernis n'avait aucun ascendant ni sur le roi ni sur madame de Pompadour. Ce fut M. de Choiseul qui, sans être peut-être au-dessus de lui par la naissance, mais en y joignant de tout temps les façons et l'état d'un grand seigneur, sut gagner cette influence nécessaire, et la justifia en définitive par sa capacité.

Pendant toute la dernière année de son ministère

Bernis ne fait en quelque sorte qu'invoquer et appeler à son secours M. de Choiseul. Il semble de bonne heure se l'être choisi et promis pour successeur, dès qu'il aura pourvu aux difficultés les plus pressantes. Son plan, après les victoires remportées par le roi de Prusse à Rosbach et à Lissa, c'est de faire la paix. Mais quelle paix? demandera-t-on. Quoi! France et Autriche, traiter le lendemain et sous le coup d'une double défaite! Il y a là un sentiment de dignité avant tout et de haute convenance nationale, d'honneur de couronne, comme on disait alors, lequel sentiment est au cœur de Marie-Thérèse et que Bernis n'a pas : il raisonne dans toutes ses lettres à peu près comme madame de Maintenon dans celles qu'elle écrivait à la princesse des Ursins, et où le mot de paix revient à chaque page. Il s'en explique nettement dans une lettre à Choiseul du 6 janvier 1758, et lui découvre sa pensée avant même de s'en être ouvert au roi :

« Mon avis serait, dit-il, de faire la paix et de commencer par une trêve sur terre et sur mer. Quand je saurai ce que le roi pense de cette idée, que je n'ai pas trouvée dans ma façon de penser, mais que le bon sens, la raison et la nécessité me présentent, je vous la détaillerai. En attendant, tâchez de faire sentir à M. de Kaunitz deux choses également vraies : c'est que le roi n'abandonnera jamais l'impératrice, mais qu'il ne faut pas que le roi se perde avec elle. Nos fautes respectives ont fait d'un grand projet qui, les premiers jours de septembre, était infaillible, un casse-cou et une ruine assurée. C'est un beau rêve qu'il serait dangereux de continuer, mais qu'il sera peut-être possible de reprendre un jour avec de meilleurs acteurs et des plans militaires mieux combinés... Plus j'ai été chargé *immédiatement* de cette grande alliance, plus on doit m'en croire quand je conseille la paix. »

Ce qui manque évidemment à Bernis dans toute cette carrière purement politique, c'est le caractère et la trempe d'un homme d'État supérieur; n'en ayant ni le fond ni l'apparence, il ne sut point conquérir sur ses alentours cet ascendant qui ne s'accorde jamais à ceux à qui on peut le refuser. Appréciant d'ailleurs en homme de sens toutes les difficultés et les causes de ruine, il ne voit d'autre remède que de renoncer promptement à ce qui a été entrepris si à la légère. Choiseul pourtant résiste au conseil; il croit y voir honte et danger; il fait des objections et amène Bernis à s'expliquer sur cette paix qui est de nature à rompre l'alliance. Bernis alors indique son plan, qui, du reste, ne fut jamais qu'à l'état d'ébauche : il ne s'agit pas, selon lui, de traiter séparément avec le roi de Prusse; mais « la meilleure façon de mettre ce roi à la raison, c'est de faire la paix avec l'Angleterre; et c'est à quoi, dit-il, je songe nuit et jour (25 janvier 1758). » Cette idée d'une paix particulière avec les Anglais, pour laquelle il avait commencé, dit-il, de jeter *quelques petits fondements*, devint à peu près impossible depuis la Convention signée à Londres le 11 avril entre le roi d'Angleterre et celui de Prusse, et la Cour de Versailles, d'ailleurs, n'y entra jamais.

Le point précis que Bernis avait cru pouvoir saisir pour rentrer dans la voie des négociations pacifiques, avant de plus grands revers qu'il prévoyait, était donc vers janvier et février 1758; il avait cru trouver je ne sais quel instant unique « que la sagesse lui montrait du bout du doigt, » et qui fut manqué. Il commençait cette année 1758 avec les plus noires prévisions, trop tôt justifiées : « Nous allons jouer le plus gros jeu du monde. Des 70 millions que nous venons d'avoir, il y a plus de 20 millions qui sont déjà dépensés. La Marine en a coûté 60 cette année sans payer un sou des dettes anciennes, ni la plus grande partie du courant. Où trouverons-nous de nouvelles ressources pécuniaires? Nous allons soudoyer dix mille Suédois et plus de dix mille Saxons; quelle dépense ajoutée à une dépense déjà énorme! Si nous avions des Colbert, des Desmarets, ou des fous ingénieux comme Law, nous pourrions trouver bien des expédients. Le public n'a point de confiance, tout est tourné en fronde et en plaintes... » Un Colbert à l'intérieur, un Louvois à la guerre, ou du moins l'âme d'un Louis XIV sur le trône! c'est là sans doute ce qui manque. Bernis a le mérite de sentir un peu tard tous ces néants et ces vides profonds; mais, en les déplorant, il n'a rien à mettre pour les remplir; il n'est pas de ceux à qui on reconnaît le droit de dire : *C'est moi!* La nature ne l'a point marqué au front du sceau du commandement et de l'autorité. Il s'apitoie continuellement et s'abandonne.

Dans cette suite de confidences lamentables, un trait de ces lettres me fait sourire; j'y vois comme le cachet et la couleur de l'époque, et aussi un reste de cette frivolité qui, chez Bernis, continuait encore de s'attacher même à l'homme public. En février 1758, au milieu des plus graves circonstances, il s'était chargé d'une commission élégante auprès de M. de Choiseul : « N'oubliez pas, je vous prie, ma commission pour un grand habit de femme fond bleu brodé en soie blanche sur une étoffe de printemps. » Léger accident! M. de Choiseul se trompe; le grand habit arrive avec les dépêches fin de mars : « Il est fond blanc et les fleurs bleues; on me le demandait fond bleu avec les fleurs blanches, mais on l'aimera autant tel qu'il est. » Et plus loin : « On a trouvé le grand habit fort joli. » L'abbé-ministre n'était pas entièrement brouillé, on l'entrevoit, avec les chiffonneries galantes.

La situation cependant, du côté de la France, empirait de jour en jour. Dans cette absence d'ordre et de direction supérieure, le duc de Richelieu avait voulu revenir à Paris comme s'il n'y avait eu rien à faire en Hanovre (janvier 1758); tous les généraux demandaient à revenir de même : « Ce sont les Petites-Maisons ouvertes. » Le comte de Clermont, prince du sang, envoyé pour commander en chef, fit faute sur faute; il commença par une retraite précipitée, d'une longueur exagérée, et semblable à une déroute. Il semblait que ce descendant du grand Condé n'eût rien eu de plus pressé que de mettre la panique à l'ordre du jour. Bernis trouve ici quelque accent généreux : « Pour moi, j'aurais mieux aimé détruire notre armée par un combat que par une retraite. Je crois même sur cela que mon calcul aurait été à l'avantage de la conservation des hommes... J'ai pensé en mourir de honte et de douleur. » Et à un autre endroit il ajoute : « J'ai fait la lettre que le roi a écrite au comte de Clermont pour l'empêcher de quitter le Rhin où, chose incroyable! il ne se trouvait pas en sûreté (avril 1758). Cette lettre est ferme et décidée. Mais il ne s'agit pas d'être fort un moment, il faut l'être de suite et dans tous les points. Comment faire pour y parvenir? Ma seule espérance, qui n'est qu'un sentiment de femme ou d'enfant, c'est que puisque je ne suis pas mort de notre honte, il est possible que je sois réservé pour la réparer. Je voudrais que cela fût, et mourir subitement après. » Tenons-lui compte de ces paroles, où il n'a que le tort de parler un peu trop souvent de mourir, et voilons tout à côté l'exposé hideux et trop circonstancié qu'il trace de l'abaissement général d'alors, abaissement qui avait envahi même les camps, ce dernier refuge de l'honneur. Il n'est pas possible, même après un siècle, de lire une certaine lettre de Bernis à Choiseul du 31 mars sans rougeur. Jamais la décadence de la monarchie de Louis XV n'a été démasquée plus à nu : on sent, au caractère du mal, qu'on est très-proche de la dissolution des choses. Quelques traits pourtant, dans ce décourageant tableau, sont à excepter : les soldats exténués de fatigue ont gardé leur bonne volonté et valent mieux.

que ceux qui les commandent. Et puis Bernis conclut par quelques mots, où du moins il rend justice au génie, si plein de ressort, de la race française : « Il faudrait changer nos mœurs, s'écrie-t-il, et *cet ouvrage, qui demande des siècles dans un autre pays, serait fait en un an dans celui-ci, s'il y avait des faiseurs.* » Cette remarque est profondément vraie, en l'appliquant je ne dis pas aux mœurs, mais aux sentiments et à l'esprit de notre nation, qu'on a vue plus d'une fois se retourner tout d'un coup et en un instant sous une main puissante.

C'est ici que l'insuffisance de Bernis et en même temps son honnêteté se manifestent : il commence à être malade moralement et physiquement. Ses nerfs s'affectent; en butte à l'attaque universelle de l'opinion qui, à cette heure, est toute déclarée en faveur du roi de Prusse, sans moyens directs de remédier aux maux et aux désastres de chaque jour, obligé de pourvoir aux subsides des alliés, sensible à l'idée de manquer à ses engagements si l'argent lui fait défaut (et l'argent très-souvent est en retard), il pousse des cris de détresse et n'hésite pas à entrer en désaccord avec madame de Pompadour. Elle peut tout se permettre avec lui ; il lui doit tout; il ne se brouillera jamais avec elle; mais il ne lui dissimule plus ce qu'il croit l'entière vérité sur la situation, et elle ne lui en sait aucun gré. Les finances, nominalement dirigées par M. de Boullongne, sont épuisées; toutes les ressources dépendent du financier Montmartel, frère de du Verney; c'est lui qui fournit les fonds, et le contrôleur général n'est en quelque sorte que son commis : « Montmartel est malade depuis un mois (7 avril 1758) : Boullongne ne fait que l'état de dépense et de recette. Montmartel craint de risquer sa fortune; sa femme l'obsède et le noircit, et moi je suis obligé d'aller lui remettre la tête et de perdre vingt-quatre heures par semaine pour l'amadouer (*quel style, trop d'accord avec la situation!*) et lui demander, comme pour l'amour de Dieu, l'argent du roi. Il faut jouer le même rôle vis-à-vis de son frère, sans quoi tout est perdu; on veut s'en aller et mettre tout en confusion. Le roi sait cela; j'ai usé toute ma rhétorique. On ne veut point s'inquiéter ni du présent ni de l'avenir; il faut que je meure chaque jour de l'indifférence des autres. Je passe des nuits affreuses et des jours tristes. » Et quinze jours après : « Nous sommes dépendants de Montmartel, au point qu'il nous forcera toujours la main. J'ai satisfait sa vanité, je le cultive, je l'encourage, et je mène à cet égard une vie qui ne peut être justifiée que par le service du roi et le bien de l'alliance. Malgré cela, je n'ai jamais pu être assuré de mes subsides. » On est sur le point de faire banqueroute, en ce mois d'avril, pour 12 millions de lettres de change de la Marine « qui ont pensé être protestées. »

Ici Bernis va se montrer de nouveau sujet à quelque illusion. Pénétré de l'idée qu'il faut une unité de direction, un *premier mobile*, un premier ministre de fait, au titre près, il s'abuse jusqu'à croire un moment que ce pourra être lui, et que madame de Pompadour n'a rien de mieux à désirer, sinon que ce soit un ami à elle qui gouverne. Il présente au Conseil un Mémoire en ce sens, pour prouver la nécessité d'une seule et principale direction. Rendons-lui toutefois la justice qu'il ne paraît pas s'être arrêté longtemps sur cette idée qu'il serait lui-même premier ministre. Il incline à proposer le maréchal de Belle-Isle, qui exercerait réellement l'autorité : « Il a de la confiance en moi; je pourrais lui être utile et le conseiller sur bien des choses; je connais ses défauts, mais il a des qualités et un acquis qui fait beaucoup. Un dictateur est nécessaire quand la république est en danger. » Et plus loin, tournant toujours dans le même cercle, il redit la même chose, un peu moins à la romaine : « Il faudrait un *débrouilleur général*. Je me suis proposé moi-même avec courage jusqu'à la paix, mais la proposition n'a pas pris; on veut être comme on est. Dieu seul peut y mettre ordre. »

A Paris, l'exaspération du public était arrivée à son comble dans cet été de 1758, et ce déchaînement dura jusqu'à ce que quelques succès de M. de Broglie, l'année suivante, vinssent rompre l'uniformité des revers : « On me menace par des lettres anonymes, écrivait Bernis, d'être bientôt déchiré par le peuple, et, quoique je ne craigne guère de pareilles menaces, il est certain que les malheurs prochains qu'on peut prévoir pourraient aisément les réaliser. *Notre amie court pour le moins autant de risques.* J'ai vu tout cela, mon cher comte, dès le mois de novembre. » Il eût suffi d'une seconde défaite de M. de Soubise pour faire lapider à Paris madame de Pompadour.

En ce moment, Bernis en était venu lui-même à un état tout à fait maladif, à une exaltation nerveuse réelle, infiniment honorable dans son principe, mais qui devait le rendre médiocrement propre au rôle qu'au fond il n'ambitionne même plus : « Ne parlez plus de moi pour la première influence, écrit-il d'un ton sincère à Choiseul; vous me faites tort; j'ai l'air de vous pousser et de n'être qu'un ambitieux, lorsque je ne suis que citoyen et homme de bon sens. » Dès août 1758, il s'ouvre nettement à Choiseul pour lui offrir sa succession : « Réfléchissez mûrement sur une idée que j'ai depuis longtemps : je crois que vous seriez plus propre que moi aux Affaires étrangères en les considérant sous le point de vue de l'alliance. Vous auriez plus de moyens que moi pour faire frapper de grands coups par notre *amie*. D'un autre côté, unis comme nous sommes, nous deviendrions les plus forts, et mon chapeau rouge (*il allait l'avoir deux mois après*), séparé du département, ne ferait peur à personne. Faites-y vos réflexions pour le bien de la chose et pour vous ». Cette ouverture n'était pas un leurre, et Bernis pensait ce qu'il disait. Son illusion était de croire qu'après avoir été ministre influent et en première ligne, il pourrait se replier à volonté, s'associer un collègue et non un rival, se fondre intimement avec lui, et, sous cette forme agréable qu'il définit lui-même familièrement de *deux têtes dans un bonnet*, faire le bien de l'État, sans plus porter seul tout l'odieux et en décomposant le fardeau : « Je vous parle comme je pense, écrivait-il à Choiseul; répondez-moi de même et franchement. Vous avez du nerf, et vous en donnerez plus que moi, parce que vous ne ferez peur qu'au bout d'un certain temps; car vous méritez bien d'en faire autant qu'un autre; mais du moins vous n'en ferez pas à vos amis, et je pense que notre union *à tous trois* n'en sera que plus forte, plus douce et plus solide. » J'ai dit *deux têtes dans un bonnet*, on voit que c'est *trois* qu'il faut dire.

Choiseul est fait duc (août 1758); Bernis va être cardinal : c'est à ce moment que l'accord ministériel médité par ce dernier, et sur lequel il compte, doit se sceller et s'accomplir. La pensée de Bernis incline toujours vers la paix; le retour de Choiseul en France et son entrée au Cabinet doivent être marqués ou pour conclure cette paix, si on en trouve le moyen, ou pour soutenir plus énergiquement la guerre, si cette seule voie est ouverte. Choiseul, qui est militaire, aura droit d'avoir un avis sur les opérations de campagne : « Vous avez du courage, lui écrit Bernis en le proclamant le meilleur de ses amis et le serviteur qui peut être le plus utile au roi (26 août), et les événements ne vous font pas tant d'impression qu'à moi.

Votre sort est assuré; qu'avez-vous à craindre que le malheur de l'État, et à désirer que sa conservation et celle de vos amis? Les affaires de Rome seront encore très-bien entre vos mains. Nous agirons dans le plus grand concert et, Dieu merci, sans jalousie de métier; nous assurerons le sort de notre *amie*. Son bonheur et sa sûreté dépendent de l'état des affaires; je ne vous en dirai pas davantage. » Il revient en plus d'un endroit sur les dangers auxquels peut donner lieu l'irritation populaire : « Le salut de l'État demande que vous soyez ici pour gouverner notre *amie*, pour la sauver de la rage de Paris, pour rétablir nos affaires sur un ton et un pied que je n'ai pu réussir à faire établir par les ombrages que d'un côté ma franchise, et la malice de l'autre, ont trouvé le moyen d'élever. » (16 septembre.)

Il est un point sur lequel Bernis ne s'exagère pas l'utilité dont il peut être, c'est dans les querelles, alors si envenimées, entre le Clergé et le Parlement. Il a la confiance de cette dernière compagnie, et son système est d'empêcher le choc des deux corps. Ici il a moins à agir en ministre; les qualités du négociateur sont plutôt de mise; il y a lieu à la persuasion et à un maniement insensible des personnes et des esprits. Il y parvint heureusement en plus d'une occasion, et il continua de rendre des services de ce genre jusque dans les derniers jours et comme à l'extrémité de son ministère.

Mais ce n'était pas tout de convier Choiseul et de le convaincre qu'il devait être ministre; il fallait persuader madame de Pompadour et le roi. La proposition ne leur en fut pas d'abord très-agréable. Bernis avait dressé un Mémoire pour le roi tout en faveur de Choiseul, et que madame de Pompadour devait remettre. Celle-ci y répugnait et résistait à l'idée d'un changement. On n'aurait pas la clef de cette révolution ministérielle et le secret qui, dès le principe, est dans l'état moral de Bernis, si on ne lisait les lettres véritablement désespérées qu'il adressait coup sur coup à madame de Pompadour pour qu'on lui donnât le successeur et le collaborateur désiré : en voici quelques passages :

« Je vous avertis, Madame, et je vous prie d'avertir le roi que je ne puis plus lui répondre de mon travail. J'ai la tête perpétuellement ébranlée ou obscurcie. Il y a un an que je souffre le martyre. Si le roi veut me conserver, il faut qu'il me soulage.

« Je n'ai point fait le Mémoire que vous m'aviez demandé sur M. de Stainville (*c'est le Mémoire au roi qu'il fit trois semaines après, et qu'il appelle son Testament*); je ne veux pas proposer une chose qui ne vous plaît pas. Je vous défie cependant de faire occuper ma place, dans les circonstances où nous sommes, par un autre que par lui. Il est le seul instruit de la totalité du système, et il a la confiance de la Cour de Vienne. Cette Cour-là et celle de Rome sont les seules aujourd'hui où nous ayons des affaires épineuses. Ainsi supposez que je sois mort, et il ne s'en faut guère, je vous défie de me trouver un autre successeur que M. de Stainville tant que la paix ne sera pas faite. Voilà mon sentiment : si ce n'est pas celui du roi, il faut chercher promptement un autre sujet avec qui je puisse me concerter. Si je puis respirer quelque temps, ma santé se rétablira, mais elle est affreuse aujourd'hui. J'ai passé la nuit à me trouver mal. Je ne dors plus. J'ai l'esprit trop juste, Madame, et j'ai l'âme trop sensible pour résister à l'idée de notre situation présente et à venir. Il est vrai que l'état de mes nerfs ajoute beaucoup à ma sensibilité naturelle. En un mot, je ne réponds plus de mon travail si le roi n'a la bonté de me promettre de me soulager promptement. Je ne veux pas attendre à l'extrémité pour avertir de l'état où je suis. »

Ce n'est plus un ministre ni un homme d'État, c'est un malade qui écrit et qui nous énumère les symptômes dont il est atteint : coliques d'estomac qui durent dix heures, étourdissements fréquents et qui augmentent, insomnies opiniâtres : « Mon visage est quelquefois comme celui d'un lépreux, parce que la bile arrêtée s'est portée à la peau. » Son cri perpétuel est qu'*il n'en peut plus*, et que son moral même est ébranlé : « Je vous en avertis, ma tête est malade (septembre 1758) : avec du repos et l'espérance de ne me pas déshonorer, je me rétablirai ; sans cela, je tomberai dans un état où il ne me sera plus possible de faire aucun travail... Mais qu'on me sauve du déshonneur si on veut conserver ma tête et ma vie ! »

Une idée politique se mêlait aux inquiétudes et aux angoisses croissantes de Bernis : M. de Choiseul n'était point engagé aussi directement que lui dans la politique de l'alliance, et, à son entrée, on était libre de rompre ou de modifier ce qui avait été réglé par d'autres. « Il n'y a qu'un ministre nouveau qui puisse prendre de nouveaux engagements. — Le duc de Choiseul est le seul qui puisse soutenir le système du roi ou le dénouer. » Telle est l'idée juste de Bernis ; mais, en tant qu'il se l'appliquait personnellement et qu'il la retournait contre lui-même, cette idée lui devenait un remords poignant et insupportable, et c'est ce qui explique ce mot de *déshonneur* qui revient si souvent sous sa plume : « Souvenez-vous, écrit-il à madame de Pompadour (dans la soirée du 26 septembre), qu'il est impossible que ce soit moi qui sois chargé de rompre les traités que j'ai faits. Ainsi préparez-vous d'avance à choisir quelqu'un qui puisse dissoudre des engagements que nous ne pouvons plus remplir. Je l'aiderai de tous mes moyens, et j'aurai la tête plus libre dès que je cesserai de manquer à ma parole. Ce sont ces *manquements* qui me déchirent l'âme. On ne peut avoir de l'honneur et jouer le rôle que je joue tous les mardis vis-à-vis les ministres étrangers. L'affaire du Danemark est affreuse. Je voudrais bien savoir si jamais ministre des Affaires étrangères s'est trouvé dans la situation où je me trouve. »

Ce n'est pas nous qui ferons un reproche à Bernis d'une si honorable susceptibilité : mais il est évident que son moral était plus affecté qu'il ne convient à un homme chargé de conduire de grandes affaires, et que la responsabilité ministérielle était désormais trop forte pour lui. Il fit son Mémoire au roi ; il y développa assez énergiquement ses motifs et y produisit un exposé sans fard de la situation. Avec cela, il continua d'y mêler sa chimère, laquelle consistait à rester dans le Conseil après avoir résigné son portefeuille à M. de Choiseul, à chercher à compléter le nouveau ministre et à se laisser compléter par lui : « Il peut se concerter avec moi ; j'ai des choses qu'il n'a pas, il en a qui me manquent : tout cela ensemble ne peut produire qu'un bon effet. » Louis XV mécontent ne répondit pas sur cet article : il consentit à la démission de Bernis en faveur de M. de Choiseul par une lettre datée de Versailles (9 octobre 1758), qui commence ainsi : « Je suis fâché, monsieur l'abbé-comte, que les affaires dont je vous charge affectent votre santé au point de ne pouvoir plus soutenir le poids du travail... » Il y marquait nettement son système personnel en ces mots : « Je consens à regret que vous remettiez les Affaires étrangères entre les mains du duc de Choiseul, que je pense être le seul en ce moment qui y soit propre, *ne voulant absolument pas changer le système que j'ai adopté, ni même qu'on m'en parle.* »

Choiseul n'avait plus qu'à arriver de Vienne. Cependant le roi et madame de Pompadour restaient mécontents de Bernis ; il recevait précisément dans le moment même le chapeau de cardinal ; il avait été comblé de faveurs et de grâces depuis deux ans ; nommé successivement abbé de Saint-Médard, abbé de Trois-Fontaines (1), commandeur du Saint-Esprit, on pouvait

---

(1) Saint-Médard, d'après les propres chiffres de Bernis, rapportait 30,000 livres de rentes net ; Trois-Fontaines, lui rapportait 50,000 livres net. Il était de plus prieur de La-Charité-sur-Loire, ce qui valait 16,000 livres. En tout c'était donc près de 100,000 livres de rentes dont il jouissait en bénéfices. Il avait réparé le temps perdu.

s'étonner qu'il se lassât de servir justement à l'heure où il lui était difficile de rien obtenir de plus pour sa fortune. Les malins propos circulaient dans les salons de Paris et de Versailles ; on lui prêtait des paroles qu'il désavouait : on lui faisait dire « qu'il se retirait parce qu'il voulait la paix, et parce que madame de Pompadour ne la voulait pas. » On se répétait à l'oreille « que le roi lui savait mauvais gré d'avoir quitté les Affaires étrangères. » Dans ces dernières semaines, Bernis était à chaque minute sur l'apologie ; la position, en se prolongeant, devenait insoutenable. L'arrivée de M. de Choiseul, à la fin du mois de novembre, ne fit que la compliquer : car, quelque loyaux et sincères que fussent le successeur et le devancier, il était impossible que les bons amis de Cour ne fissent pas tout pour les brouiller et les mettre aux prises. L'illusion, et, si je puis dire, la bonhomie de Bernis en cette circonstance, et connaissant le terrain de la Cour comme il le faisait, fut de ne pas s'être rendu compte à l'avance de ces incompatibilités tout à fait inévitables, et qui ressortaient de la nature des choses : il avait conçu et combiné une révolution de ministère comme on concerterait à huis-clos un arrangement de la vie privée. Louis XV coupa court à la difficulté par un ordre que Bernis reçut le 13 décembre et qui l'exilait dans son abbaye près de Soissons : une lettre de lui au roi écrite au reçu de l'ordre, et une autre lettre écrite dans la soirée de la même journée à madame de Pompadour, n'expriment que des sentiments de soumission parfaite et de reconnaissance infinie pour le passé, sans un seul mouvement de plainte.

Quatre jours après, le 17 décembre 1758, de son château de Vic-sur-Aisne, près de Soissons, où il devait passer le temps de son exil, il écrivait à M. de Choiseul pour lui témoigner qu'il ne lui imputait point sa disgrâce et pour régler leurs relations futures :

« Madame de Pompadour, monsieur le duc, a dû vous dire la façon dont j'ai pensé sur votre compte au premier moment de ma disgrâce. J'aurais voulu, pour éviter les jugements téméraires, que les circonstances qui l'ont précédée eussent pu l'annoncer au public; au reste, nous nous sommes donné réciproquement les plus grandes marques de confiance et d'amitié; nous ne saurions donc nous soupçonner l'un l'autre sans une très-grande témérité. Je ne juge pas comme le peuple, et je n'ai jamais soupçonné mes amis. Il faut que, puisqu'ils n'ont pu empêcher ma disgrâce, il ne leur ait pas été permis de s'y opposer. Les instances que j'ai faites pour vous remettre ma place m'ont perdu; j'ai prouvé par là, d'une manière bien funeste pour moi, la confiance que j'avais en vous. Je vous remercie des nouvelles marques d'amitié et d'intérêt que vous voulez bien me donner... »

Dans les lettres suivantes adressées à Choiseul, Bernis le remercie de certaines formes qu'il a apportées en annonçant sa disgrâce à la Cour de Rome; il lui parle ensuite de quelques affaires particulières qu'il a à cœur, et pour lesquelles M. de Choiseul se montre empressé à l'obliger. En homme humain et excellent, il s'inquiète avant tout de la position qu'on fera à ses secrétaires et à ceux qui l'ont servi. On aime en tout ceci à retrouver de part et d'autre les procédés et le ton des honnêtes gens.

L'ensemble de cette Correspondance, dont je n'ai pu offrir qu'une idée rapide, ne grandit point certainement Bernis; elle donne et fixe sa mesure comme principal ministre, et répond à une question que je m'étais adressée précédemment à son sujet : il n'avait pas la trempe de l'homme d'État, et, après l'entrain des premiers succès, son organisation, mise à une trop forte épreuve, a manifestement fléchi. Réservons-le donc pour ce second rôle mieux abrité et plus pacifique où, borné à l'exécution diplomatique et à la représentation, il retrouvera l'emploi et tout le développement de ses qualités heureuses et de sa courtoisie utile. Quant à l'état de la France en ces funestes années et en ces pires instants de Louis XV, les lettres de Bernis sont une révélation bien triste, et il est honorable pour lui d'avoir du moins ressenti et exprimé tout le premier cette profonde tristesse qu'elles sont faites pour communiquer encore aujourd'hui. Et en même temps on sort de cette lecture plus disposé à rendre justice à M. de Choiseul qui, d'une situation si compromise et si perdue en réalité, sut tirer des résultats assez spécieux, assez brillants, pour jeter un voile sur la décadence et pour relever la nation à ses propres yeux, en attendant qu'elle se régénérât décidément à travers les orages et qu'elle entrât, désormais vaillante et rajeunie (mais toujours selon l'esprit des chefs qui la guident), dans l'ordre de ses destinées nouvelles.

Cette parenthèse historique fermée, je reprendrai la prochaine fois Bernis, là où je l'avais laissé à la fin de mon précédent article.

Lundi, 11 avril 1853.

LE CARDINAL DE BERNIS

(FIN)

Je reviens au cardinal de Bernis que je n'avais pas songé d'abord à prendre si politiquement, ni d'une manière si grave ; je reviens au caractère général qui m'avait d'abord attiré vers sa personne et dont je ne me laisserai plus détourner même par les grandes affaires et les controverses très-vives où son nom se trouve mêlé. Ce qui me paraît surtout à remarquer en lui comme en plusieurs personnages du haut Clergé français au dix-huitième siècle, c'est ce mélange de monde, de philosophie, de grâce, qui peu à peu sut s'allier avec bon sens et bon goût à la considération et à l'estime; ces prélats de qualité, engagés un peu légèrement dans leur état, en prennent cependant l'esprit avec l'âge; ils deviennent, à un moment, des hommes d'Église dans la meilleure acception du mot, sans cesser pour cela d'être des hommes du monde et des gens aimables; puis, quand viendra la persécution, quand sonnera l'heure de l'épreuve et du danger, ils trouveront en eux du courage et de la constance; ils auront l'honneur de leur état; vrais gentilshommes de l'Église, ils en voudront partager les disgrâces et les infortunes comme ils en avaient recueilli par avance les bénéfices et possédé les priviléges. Ce fut, à quelques exceptions près, le rôle du haut Clergé français dans la Révolution. Ceux de ces prélats qui survécurent et qu'on vit reparaître après le Concordat, tels que les Boisgelin, les Bausset et autres, nous offrent une physionomie particulière, à la fois respectable et souriante; ils brillent par une littérature polie, pure, et d'une élégance tempérée d'onction; mais Bernis est en quelque sorte leur chef et leur doyen à tous. Il mourut à Rome dépouillé, et dans le plus fort de la Révolution; il eût été digne d'en traverser jusqu'au bout toutes les épreuves. Il était, s'il est permis de traduire ainsi les cœurs, il était de ceux qui, en ces heures mémorables où il fallut faire acte de sacrifice, retrouvèrent la foi catholique par l'honneur même, et qui, se relevant des fragilités de leur passé, redevinrent véritablement chrétiens à force d'être honnêtes gens.

En décembre 1758, Bernis, qui ne faisait que de tomber du ministère, était donc dans l'exil à Vic-sur-Aisne, près de Soissons, et les premiers temps, malgré sa philosophie et sa douceur d'âme, durent lui être assez pénibles. Il avait auprès de lui sa famille, mais il n'osait encore se permettre les amis, ni demander pour eux les autorisations nécessaires. M. de Choiseul épiait (et sincèrement, on peut le croire,) les occasions de l'obliger en Cour et de le servir : il eut de bonne heure l'idée de lui faire avoir la résidence de Rome; mais il fallait préparer les voies : « De mon côté, lui écrivait Bernis (14 mai 1759), je ne songe qu'à m'attacher à mon état et à mettre dans les partis que je prendrai à cet égard le temps, les réflexions et la droiture qui conviennent à mes principes et à mon caractère... Je serai toujours prêt à servir le roi quand vous croirez que je puis lui être utile. Il est dans mon cœur de le faire, mais ma situation ne me permet pas de le demander.

Quand je dis servir le roi, je n'entends pas, comme vous pensez bien, une charge à la Cour, car sur cet article je n'ai pas plus de projet que d'espérance. » Il dut prendre la prêtrise vers l'année 1760 ; il avait quarante-cinq ans. Sa maladie de nerfs durait toujours et lui faisait désirer un changement de climat. L'idée d'aller à Rome en qualité de ministre du roi lui souriait beaucoup ; il désirait n'y aller qu'étant déjà prêtre et de plus évêque. Il fut question pour lui, dès 1760, d'un évêché, soit celui de Lisieux, soit celui de Condom ; ce dernier lui convenait mieux comme situé dans sa contrée natale. Une difficulté était le serment qu'il aurait eu à prêter comme évêque entre les mains du roi : Louis XV, qui, d'ailleurs, n'avait ni aigreur ni animosité contre Bernis, eût éprouvé de l'embarras et de l'ennui à le revoir sitôt. Cinq longues années se passèrent de la sorte, fort adoucies sans doute par les visites d'amis, par des voyages et des séjours que bientôt Bernis put faire dans le Midi chez les personnes de sa famille, mais enfin cinq années d'exil et d'éloignement obligé du monde. Ce ne fut qu'en janvier 1764 que la disgrâce cessa, qu'un rayon de faveur reparut, et Bernis écrivait à Voltaire :

« (Au Plessis, près Senlis, le 16 janvier.) Le roi m'a donné pour mes étrennes, mon cher confrère, le premier de tous les biens, la liberté, et la permission de lui faire ma cour, qui est le plus précieux et le plus cher de tous pour un Français comblé des bienfaits de son maître. J'ai été reçu à Versailles avec toute sorte de bonté. Le public à Paris a marqué de la joie ; les faiseurs d'horoscopes ont fait à ce sujet cent almanachs plus extravagants les uns que les autres : pour moi, qui ai appris depuis longtemps à supporter la disgrâce et la fortune, je me suis dérobé aux compliments vrais et faux, et j'ai regagné mon habitation d'hiver, d'où j'irai de temps en temps rendre mes devoirs à Versailles, et voir mes amis à Paris. Les plus anciens à la Cour m'ont servi avec amitié ; de sorte que mon cœur est fort à son aise, et que je n'ai jamais pu espérer une position plus agréable, plus libre et plus honorable. »

Les horoscopes et les almanachs étaient trop pressés ;

la fortune est souvent plus lente à se décider dans ses retours qu'elle ne l'a été dans ses premières faveurs. Nommé archevêque d'Alby cette même année (mai 1764), Bernis eut à s'occuper de son diocèse plus longtemps qu'il ne l'avait cru ; il le fit avec convenance, même avec zèle, car il était bon et avait cette humanité qui, au besoin, fait quelque temps office et fonction de la charité. Pourtant l'étincelle sacrée ne l'animait pas ; l'ennui était fréquent ; il avait de longues heures de dégoût. C'était trop d'avoir à pratiquer une seconde fois, pendant tant d'années, ce mot de sa jeunesse : *J'attendrai !* Il avait beau dire : « J'aime toujours les Lettres : elles m'ont fait plus de bien que je ne leur ai fait d'honneur, » les Lettres toutes seules ne lui suffisaient pas. Il était temps que les affaires et le monde revinssent occuper cette vive et brillante intelligence. Le pape Clément XIII mourut, et Bernis reçut de M. de Choiseul, le 21 février 1769, dans la soirée, l'ordre de partir sans retard pour le Conclave. Rome désormais allait devenir son séjour et comme sa patrie ; car, aussitôt le Conclave terminé, il y fut nommé ambassadeur, et sa grande carrière recommence.

Pendant ses années d'exil et de résidence dans son diocèse, et même dans les premiers temps de son séjour à Rome, on a une Correspondance de lui avec Voltaire, qui a été publiée pour la première fois, en 1799, par M. de Bourgoing, et qui est d'une très-agréable lecture. Bernis n'y pâlit point du tout en présence de son correspondant redoutable. Pour bien juger du ton de cette Correspondance, il ne faut pas oublier la position respective des deux personnages. Voltaire avait connu Bernis poëte et galant ; il l'avait beaucoup vu en société et sous sa première forme dissipée et légère. Bernis avait de plus l'honneur d'être son confrère à l'Académie française, où, chose singulière ! de vingt ans plus jeune et avec un bagage si mince, il l'avait pourtant précédé. Il y avait donc lieu entre eux à une familiarité de bon goût et dont la limite était assez indécise. Voltaire, quand il vit Bernis devenu cardinal, archevêque, et engagé dans les hautes dignités de l'Église, était disposé à toutes les coquetteries et à toutes les louanges à son égard; à condition d'y mêler plus d'une malice, et, si on le laissait faire, plus d'une impertinence religieuse. Bernis ne pouvait, sans être pédant et ridicule, paraître s'apercevoir de toutes les irrévérences de son confrère et encore moins s'en choquer : il lui suffisait de les détourner indirectement d'un mot, et quelquefois, s'il allait trop loin, de le rappeler à la convenance en déguisant le conseil en éloge. C'est à quoi il ne manque pas; Bernis a le mérite de rester lui-même dans cette Correspondance; il sait entendre la raillerie, et il sait aussi l'arrêter discrètement au moment où elle passerait le jeu. Pour bien juger de l'esprit de ces lettres, il ne faut point les prendre par telle ou telle phrase détachée, mais il convient de les lire dans leur ensemble.

La première lettre qu'on ait de Voltaire à Bernis est du temps même du ministère de ce dernier. Voltaire le complimente au moment où il apprend qu'il va être promu au cardinalat : « Je dois prendre plus de part qu'un autre à cette nouvelle agréable, puisque vous avez daigné honorer mon métier avant d'être de celui du cardinal de Richelieu. » Il pousse la flatterie en ce moment jusqu'à lui dire : « Je ne sais pas si je me trompe, mais je suis convaincu qu'à la longue votre ministère sera heureux et grand; car vous avez deux choses qui avaient auparavant passé de mode, *génie* et *constance*. » La Correspondance ensuite ne reprend que trois ans après, pendant la disgrâce de Bernis (octobre 1761) : « Monseigneur, béni soit Dieu de ce qu'il vous fait aimer toujours les Lettres ! Avec ce goût-là, un estomac qui digère, deux cent mille livres de rente, et un chapeau rouge, on est au-dessus de tous les souverains... » Bernis répond, de Saint-Marcel en Vivarais où il est en ce moment, et il remet tout d'abord le spirituel correspondant au ton et au point qu'il désire :

« Je ne suis point ingrat, mon cher confrère : j'ai toujours senti et avoué que les Lettres m'avaient été plus utiles que les hasards les plus heureux de la vie. Dans ma plus grande jeunesse elles m'ont ouvert une porte agréable dans le monde ; elles m'ont consolé de la longue disgrâce du cardinal de Fleuri et de l'inflexible dureté de l'évêque de Mirepoix. Quand les circonstances m'ont poussé comme malgré moi sur le grand théâtre, les Lettres ont fait dire à tout le monde : « *Au moins celui-là sait lire et écrire.* » Je les ai quittées pour les affaires, sans les avoir oubliées, et je les retrouve avec plaisir. Vous me souhaitez des indigestions ; cela n'est guère possible aujourd'hui ; il y a douze ans que je suis fort sobre ; mais j'ai une humeur goutteuse dans le corps, qui n'est pas encore bien fixée aux extrémités, et qui pourrait bien m'obliger d'aller consulter l'oracle de Genève (*le docteur Tronchin*). Dans cette consultation, il entrerait autant de désir de vous revoir que d'envie de guérir. »

Et qu'on me permette à ce propos une remarque sur le régime et la diète de Bernis : ce régime n'était pas ce qu'on pourrait croire lorsqu'on a entendu parler du faste de sa table, et qu'on voit l'embonpoint de son visage dans ses portraits. Le cuisinier de Bernis était déjà célèbre du temps de son ambassade de Venise, et on a vu qu'Algarotti le redoutait pour les tentations de gourmandise qu'il lui devait et auxquelles il ne savait pas résister. Le cuisinier de l'ambassadeur de Rome ne sera pas moins en réputation, et Bernis dut un jour en écrire à M. de Choiseul pour répondre à de sots bruits qu'on faisait courir sur le luxe de sa table : « Un bon ou mauvais cuisinier fait qu'on parle beaucoup de la dépense d'un ministre ou qu'on n'en dit mot ; mais il n'en coûte pas moins d'être bien ou mal servi, quoique le résultat en soit fort différent. » Or, il est constant que Bernis, au milieu de cette table somptueuse qu'il offrait aux autres, ne vivait lui-même que frugalement et d'une diète toute végétale : « J'ai été dîner avec Angelica Kaufmann (le peintre célèbre) chez notre ambassadeur, écrit madame Lebrun dans ses Mémoires : il nous a placées toutes deux à table à côté de lui ; il avait invité plusieurs étrangers et une partie du corps diplomatique, en sorte que nous étions une trentaine à cette table dont le cardinal a fait les honneurs parfaitement, tout en ne mangeant lui-même que deux petits plats de légumes. » Cela était vrai de Bernis en 1790, et c'était déjà chez lui une ancienne habitude en 1761.

Bernis ne rabat pas moins de ce que dit Voltaire sur l'article des deux cent mille livres de rente. Il n'en a pas alors tout à fait cent mille, et ce ne sera que quand il aura payé ses dettes ; mais il se trouve encore et avec raison bien honnêtement partagé. C'est beaucoup, dit-il, pour un cadet de Gascogne, si c'est peu pour un cardinal : « Les premiers diacres de l'Église romaine n'en avaient pas tant, et je ne suis pas fâché d'être le plus pauvre des cardinaux français, parce que personne n'ignore qu'il n'a tenu qu'à moi d'être le plus riche. Je suis content, mon cher confrère, parce que j'ai beaucoup réfléchi et comparé, et que lorsqu'à la première dignité de son état on joint le nécessaire, une santé passable, et une âme douce et courageuse, on n'a plus que des grâces à rendre à la Providence. » Que Bernis eût réellement cette tranquillité et ce contentement dont il parle, et que ce soit chez lui l'état fondamental en ces années d'inaction et d'exil, je n'oserais en répondre : il suffit qu'il y tende, qu'il y revienne le plus possible par la réflexion, et que son humeur ne jure pas avec son désir.

Voltaire envoie à Bernis quelques-uns de ses écrits avant la publication ; il le consulte sur ses tragédies, sur celle de *Cassandre*, autrement dite *Olympie*; il lui demande ses avis, que Bernis lui donne fort en détail avec conscience et sincérité. *Cassandre* avait été faite en six jours, et Voltaire s'en vantait, l'appelant *l'Œuvre des six jours*. Bernis lui conseille d'en mettre six autres encore à soigner le style de sa pièce et à la perfectionner. Il expose ses raisons en judicieux critique et en bon académicien. Ces consultations innocentes sont entremêlées de plaisanteries plus ou moins vives sur toutes sortes de sujets. Quand Voltaire y fait intervenir de la politique, Bernis l'élude assez agréablement. Le nom de Richelieu revient quelquefois sous la plume de Voltaire comme une flatterie indirecte : « Ah! que de gens font et jugent, et que peu font bien et jugent bien! Le cardinal de Richelieu n'avait point de goût; mais, mon Dieu! était-il un aussi grand homme qu'on le dit? J'ai peut-être dans le fond de mon cœur l'insolence de...; mais je n'ose pas... » Bernis ne répond jamais sur ces insinuations et fait la sourde oreille à ces louanges outrées, et en effet insolentes, du malin. Quand il est touché pourtant d'une manière plus juste, il répond et le fait à ravir. Voltaire, le voyant toujours dans cette inaction de la vie privée, et lui-même s'excusant de ne trouver rien de mieux pour tromper les années que de faire des tragédies, lui disait : « Mais qu'a-t-on de mieux à faire? Ne faut-il pas jouer avec la vie jusqu'au dernier moment? N'est-ce pas un enfant qu'il faut bercer jusqu'à ce qu'il s'endorme? Vous êtes encore dans la fleur de votre âge : que ferez-vous de votre génie, de vos connaissances acquises, de tous vos talents? Cela m'embarrasse. Quand vous aurez bâti à Vic, vous trouverez que Vic laisse dans l'âme un grand vide qu'il faut remplir par quelque chose de mieux. Vous possédez le feu sacré, mais avec quels aromates le nourrirez-vous? Je vous avoue que je suis infiniment curieux de savoir ce que devient une âme comme la vôtre. » Bernis répond avec une pensée et, pour ainsi dire, avec une voix d'une douceur enchanteresse :

« Vous êtes en peine de mon âme, dans le vide de l'oisiveté à laquelle je suis condamné à l'avenir. Avouez que vous me croyez ambitieux comme tous mes pareils. Si vous me connaissiez davantage, vous sauriez que je suis arrivé en place philosophe, que j'en suis sorti plus philosophe encore, et que trois ans de retraite ont affermi cette façon de penser au point de la rendre inébranlable. Je sais m'occuper ; mais je suis assez sage pour ne pas faire part au public de mes occupations ; je n'avais besoin pour être heureux que de cette liberté dont parle Virgile : *Quæ sera tamen respexit inertem.* Je la possède en partie ; avec le temps je la posséderai tout entière. Une main invisible m'a conduit des montagnes du Vivarais au faîte des honneurs ; laissons-la faire, elle saura me conduire à un état honorable et tranquille ; et puis, pour mes menus plaisirs, je dois, selon l'ordre de la nature, être l'électeur de trois ou quatre papes, et revoir souvent cette partie du monde qui a été le berceau de tous les arts. N'en voilà-t-il pas assez pour *bercer cet enfant* que vous appelez *la vie?* »

La singulière douceur de cette philosophie tout horatienne demande grâce, un moment, pour la légèreté qui s'y mêle encore, et qui continuera de s'y mêler longtemps. Notons-y seulement au passage cette *main invisible* qui n'est pas dans Horace et à laquelle Bernis se confie, et sachons que, lorsque viendront les heures d'adversité sérieuse et de ruine, le cardinal-archevêque, de ce séjour à Rome où il apprend les dépouillements successifs et rigoureux dont il est menacé ainsi que tout le Clergé de France, écrira à M. de Montmorin : « Vous avez pu remarquer, Monsieur, que, dans cent occasions, il n'y a jamais eu d'évêque ministre du roi à Rome plus modéré que moi, plus ami de la paix, ni plus conciliant; mais, si on me pousse à bout par des sommations injustes et peu délicates, *je me souviendrai que, dans un âge avancé, on ne doit s'occuper qu'à rendre au Juge suprême un compte satisfaisant de l'accomplissement de ses devoirs.* » Ces dernières paroles de Bernis doivent toujours nous être présentes comme un sommet dans le lointain, lorsque nous nous abandonnons avec lui aux distractions et aux grâces humaines du voyage.

Dans l'action, il pourra avoir ses vanités, ses éblouissements d'amour-propre, son désir de paraître avoir fait quelquefois plus qu'il n'a fait en réalité : au repos et dans la réflexion, en présence de lui-même, il est modeste. Voltaire, en cela moins humain qu'il ne convient, se met à rire par moments de voir le roi de Prusse, son *ancien ingrat*, sur les dents, et la lutte acharnée des chasseurs et du sanglier : « Riez et profitez de la folie et de l'imbécillité des hommes. Voilà, je crois, l'Europe en guerre pour dix ou douze ans. C'est vous, par parenthèse, qui avez attaché le grelot. Vous me fîtes alors un plaisir infini... » Bernis n'est point fier du tout de ce rôle que Voltaire lui attribue : « Nous parlerons quelque jour du grelot que vous dites que j'ai attaché... J'ai connu un architecte à qui on a dit : Vous ferez le plan de cette maison; mais bien entendu que, l'ouvrage commencé, les piqueurs ni les maçons, ni les manœuvres, ne seront point sous votre direction, et s'écarteront de votre plan autant qu'il leur conviendra de le faire. Le pauvre architecte jeta là son plan et s'en alla planter ses choux. » Il ne regrette point le ministère aux conditions où il l'a laissé, et il résume lui-même sa situation politique par un de ces mots décisifs qui sont à la fois un jugement très-vrai, et un aveu honorable pour celui qui les prononce : « Je sens avec vous combien il est heureux pour moi de n'être plus en place; je n'ai pas la capacité nécessaire pour tout rétablir, et je serais trop sensible aux malheurs de mon pays. » Et il essaye de se consoler de son mieux, de se recomposer, dans cette oisiveté, quoi qu'il en dise, un peu languissante, un idéal de vie philosophique et suffisamment heureuse : « La lecture, des réflexions sur le passé et sur l'avenir, un oubli volontaire du présent, des promenades, un peu de conversation, une vie frugale : voilà tout ce qui entre dans le plan de ma vie; vos lettres en feront l'agrément. » Ce dernier point n'est pas de pure politesse : on ne peut mieux sentir que Bernis tout l'esprit et la supériorité de Voltaire là où il fait bien : « Écrivez-moi de temps en temps; *une lettre de vous embellit toute la journée, et je connais le prix d'un jour.* » La manière dont Voltaire reçoit ses critiques littéraires et en tient compte enlève son applaudissement : « Vous avez tous les caractères d'un homme supérieur : vous faites bien, vous faites vite, et vous êtes docile. »

Bernis n'a pas, en littérature, le goût si timide et si amolli qu'on le croirait d'après ses vers. Consulté par Voltaire sur la tragédie du *Triumvirat*, il lui fait une bonne réponse fondée sur des raisons historiques, et qui n'est point du tout fade. Un jour Voltaire lui envoie le *Jules César* de Shakspeare et l'*Héraclius* de Calderon, à titre de farces ou de folies, pour le divertir et le mettre en belle humeur; et Bernis répond par une lettre pleine de grâce et de sens : « Notre secrétaire (*celui de l'Académie*) m'a envoyé l'*Héraclius* de Calderon, mon cher confrère, et je viens de lire le *Jules César* de Shakspeare : ces deux pièces m'ont fait grand plaisir *comme servant à l'histoire de l'esprit humain et du goût particulier des nations*. Il faut pourtant convenir que ces tragédies, tout extravagantes ou grossières qu'elles sont, *n'ennuient point*, et je vous dirai, à ma honte, que ces vieilles rapsodies, où il y a de temps en temps *des traits de génie* et *des sentiments fort naturels*, me sont moins odieuses que *les froides élégies de nos tragiques médiocres.* » Ce n'était point tout à fait dans cette intention que Voltaire les lui avait envoyées, et la vraie leçon littéraire sérieuse vient ici de celui qu'on aurait pu croire le moins sérieux.

Je m'attache aux côtés honorables de cette Correspondance, aux endroits qui montrent dans Bernis un homme qui a de la tenue sans pédantisme, une sagesse liante et qui ne se laisse pas entamer. Je lis dans les *Tables* de l'Édition de Voltaire dressées par Miger pour l'estimable Beuchot : « *Bernis propose à Voltaire de traduire en vers les Psaumes de David.* » Fi donc! Bernis avait trop de tact pour jamais faire à Voltaire une proposition de ce genre. Mais Voltaire est tenté, à tout moment, d'envoyer à Bernis autre chose encore que des tragédies; il veut lui envoyer ses Contes, ses légèretés, *Ce qui plaît aux dames :* « Mais je n'ose, » ajoute-t-il en se retenant à peine. A quoi Bernis répond toujours, surtout depuis qu'il est archevêque : « Si vous m'envoyez des vers, faites en sorte que je puisse m'en vanter; je ne suis ni pédant, ni hypocrite; mais sûrement vous seriez bien fâché que je ne fusse pas ce que je dois être et paraître. » Et un autre jour il lui avait dit : « Envoyez-moi vos Contes *honnêtes;* et, comme il est très-raisonnable que je vous prêche un peu, je vous prie de quitter quelquefois la lyre et le luth pour toucher la harpe. C'est un genre sublimé, où je suis sûr que vous serez plus élevé et plus touchant qu'aucun de vos anciens. » Ce mot de *harpe*, légèrement amené, est tout ce que Bernis se permettait de mettre en avant : mais il y a loin, on le voit, de ce vœu délicat à proposer à Voltaire une *traduction des Psaumes.*

Il y a un bel endroit, et du côté de Bernis, dans cette Correspondance. Voltaire, un jour, a un peu trop ricané : il a écrit au cardinal-archevêque une lettre gaie et même bouffonne pour ses étrennes (22 décembre 1766); en lui envoyant à lire sa tragédie des *Scythes*, il ajoutait : « Pour moi, chétif, je fais la guerre jusqu'au dernier moment : Jansénistes, Molinistes, Fréron Pompignan, à droite, à gauche, et des Prédicants, et J.-J. Rousseau. Je reçois cent estocades, j'en rends deux cents, et je ris... Tout est égal au bout de la journée, et tout est encore plus égal au bout de toutes les journées. » Bernis lui répond, et cette réponse, bien comprise, est d'un bout à l'autre une noble et sage leçon. Il lui fait d'abord quelques critiques sur sa tragédie des *Scythes*. Ce sont moins des remarques, dit-il, que des doutes : « J'aime votre gloire, c'est ce qui me rend peut-être trop difficile. » Puis il félicite Voltaire de ce talent que Dieu lui a donné, de corriger les ridicules de son siècle, et de les corriger en riant, et en faisant rire ceux qui ont conservé le goût de *la bonne compagnie*. Les écrivains se moquent quelquefois de cette bonne compagnie avant d'y être admis, mais il est bien rare qu'ils en saisissent le ton ; or, ce ton n'est autre chose que « *l'art de ne blesser aucune bienséance.* » Il indique alors quelques ridicules du jour qui sont un sujet tout fait pour la moquerie : « Il est plaisant, dit-il, que l'orgueil s'élève à mesure que le siècle baisse : aujourd'hui presque tous les écrivains veulent être législateurs, fondateurs d'empires, et tous les gentilshommes veulent descendre des souverains. » Il finit surtout par un conseil que Voltaire a trop peu suivi, et qui, au lieu de cette ricanerie universelle à laquelle il s'abandonnait, aurait dû être le but idéal suprême du grand écrivain en ces années de sa vieillesse :

« Riez de tout cela et faites-nous rire, lui dit Bernis en lui développant son plan ; *mais il est digne du plus beau génie de la France de terminer sa carrière littéraire par un ouvrage qui fasse aimer la vertu, l'ordre, la subordination, sans laquelle toute société est en trouble. Rassemblez ces traits de vertu, d'humanité, d'amour du bien général, épars dans vos ouvrages, et composez-en un tout qui fasse aimer votre âme autant qu'on admire votre esprit. Voilà mes vœux de cette année ;* ils ne sont pas au-dessus de vos forces, et vous trouverez dans votre cœur, dans votre génie, dans votre mémoire si bien ornée, tout ce qui peut rendre cet ouvrage un chef-d'œuvre. Ce n'est pas une pédanterie que je vous demande, ni une capucinade, c'est l'ouvrage d'une âme honnête et d'un esprit juste. »

Il me semble qu'on saisit nettement dans ce passage l'esprit et le sens de la Correspondance de Bernis avec Voltaire, et que ce vœu principal rachète les concessions un peu risquées que le gracieux prélat a paru faire en d'autres endroits aux agaceries de son interlocuteur. Pour moi, c'est ainsi que j'aime à lire les écrits des hommes célèbres et à en tirer ce qu'il y a de meilleur, de plus élevé : il me semble que c'est de la sorte qu'on est le plus vrai, même au point de vue de l'histoire.

En expliquant pourquoi il regrette moins le séjour de Paris dans les années de son exil, Bernis revient plus d'une fois sur cette idée, que la politique y est devenue un sujet habituel de conversation : « Les hommes et les femmes n'ont aujourd'hui dans la tête que de gouverner l'État. C'est une dissertation continuelle et ennuyeuse : *rien n'est plus plat qu'une politique superficielle.* » Il redira cette même pensée avec une grâce et une vigueur nouvelles, et en résumant sous forme piquante les diverses variations de modes et d'engouements auxquelles il avait assisté dès sa jeunesse : « A l'égard de Paris (juillet 1762), je ne désire d'y habiter que lorsque la conversation y sera meilleure, moins passionnée, moins politique. Vous avez vu de notre temps que toutes les femmes avaient leur *bel-esprit*, ensuite leur *géomètre*, puis leur abbé *Nollet ;* aujourd'hui on prétend qu'elles ont toutes leur *homme d'État*, leur *politique*, leur *agriculteur*, leur *duc de Sully*. Vous sentez combien tout cela est ennuyeux et inutile : ainsi, j'attends sans impatience que la bonne compagnie reprenne ses anciens droits ; car je me trouverais fort déplacé au milieu de tous ces petits Machiavels modernes. » Bernis ne revint plus jamais vivre à

Paris depuis ces années. Qu'aurait-il dit aux approches de 89? Qu'aurait-il dit depuis? Mais il a le mérite d'avoir senti et signalé, l'un des premiers, ce qui devait corrompre le goût léger, vif et spirituel, et la gaieté originale de notre nation.

On voit déjà assez ce qu'il faut penser de Bernis pour l'esprit et pour le jugement. Aussi suis-je surpris de voir avec quel sans-façon et quel ton de supériorité des écrivains qui sont plus ou moins historiens, ont parlé de lui quand ils l'ont rencontré sur leur chemin à titre de témoin et de confident diplomatique dans les grandes affaires de Rome. J'ai lu avec soin les principaux ouvrages où il est question de lui comme cardinal membre du Conclave de 1769, et depuis comme ambassadeur à Rome pendant plus de vingt ans; ces ouvrages, qui contiennent des fragments ou même des séries de lettres et de dépêches de Bernis durant cette dernière moitié de sa vie, sont : l'*Histoire de la Chute des Jésuites*, par notre regrettable confrère le comte Alexis de Saint-Priest; *Clément XIV et les Jésuites*, par M. Crétineau-Joly; l'*Histoire du Pontificat de Clément XIV*, par le Père Theiner; l'*Histoire des Pontifes Clément XIV et Pie VI*, par M. Artaud. Ces divers ouvrages, que je suis bien loin de mettre tous sur la même ligne, et dont le dernier, par exemple, est digne d'une très-médiocre estime, ont cela de commun qu'ils s'appuient à chaque instant sur des pièces émanées de Bernis, et que leur texte en mainte page en est presque tout formé. Le Père Theiner, dans son *Histoire du Pontificat de Clément XIV*, est l'écrivain qui, ayant eu sous les yeux la plus grande partie des dépêches de Bernis, probablement d'après les minutes mêmes recueillies après sa mort et déposées au Vatican, et qui, en ayant fait un usage et un extrait continuel, nous permet d'en porter aujourd'hui le jugement le plus motivé et le plus complet. Je me bornerai à dire mon impression générale sur la ligne de conduite de Bernis à Rome pendant les premières années, et dans cette fameuse négociation de la suppression des Jésuites, à laquelle il prit beaucoup de part.

Bernis arrivé à Rome en mars 1769, et entré au Conclave qui était ouvert depuis un mois, n'y eut point d'abord l'influence capitale qu'on suppose, et dont on l'a plus d'une fois félicité. Il eut son apprentissage à faire; il eut ses préventions à dissiper. Lui qui devait si bien s'acclimater à Rome, en épouser les habitudes, en ressentir et en rehausser encore la noble hospitalité, il fut sévère d'abord jusqu'à l'injustice pour ses collègues les princes de l'Église, et pour le peuple romain en général. Ses lettres au marquis d'Aubeterre, ambassadeur de France avant lui, lettres qu'on a en partie publiées et qui donnent le bulletin et la chronique du Conclave, montrent un revers de tapisserie qui, en toute matière et particulièrement en matière sacrée, ne saurait se divulguer sans exciter quelque surprise et sans avoir des inconvénients. Il faut que le lecteur soit bien judicieux pour redresser ce que de tels renseignements impriment dans l'esprit d'excessif et de disproportionné à l'effet que le narrateur même voulait produire. On assiste à mille suppositions indiscrètes et téméraires, à un flux et reflux de conjectures qui le plus souvent ne tiendront pas. Bernis, ayant compris dans les derniers jours du Conclave que le cardinal Ganganelli avait l'appui des cardinaux espagnols, se rallia à lui et contribua dans le dernier moment à lui procurer l'unanimité. Mais on ne saurait dire aucunement, comme on l'a souvent répété par courtoisie, et comme il le laissait croire assez volontiers, qu'il ait fait cette élection. « Ce fut lui qui fit le pape Clément XIV, et qui forma son Conseil, » a dit Voltaire. Rien de moins exact qu'une semblable assertion.

Il connaissait à peine ce pape; il se méfiait même de lui dans les premiers temps; il lui supposait des engagements formels et mystérieux contractés avec l'Espagne sur la fin du Conclave, au sujet de l'abolition des Jésuites. Ce n'est que depuis, et après connaissance plus ample, qu'il a reconnu qu'il s'était mépris sur ce point, et qu'il est revenu à de plus justes sentiments sur l'homme et sur le pontife. Pour citer des dates positives, Bernis, dans une lettre à Choiseul du 23 août 1769, exprimait encore toute sa méfiance en des termes qu'on n'a pas à craindre de reproduire, parce qu'ils vont donner à la rectification tout son prix : « Il est certain que la Cour de Madrid, disait-il, fait beaucoup de cajoleries au pape, et que Sa Sainteté les lui rend. Quoique je ne me fie nullement à ce moine, et que, s'il vous en souvient, je ne m'y sois jamais fié, je sais positivement qu'il n'aime pas les Jésuites, qu'il croit leur destruction nécessaire, qu'il y travaille tout seul. Il se défie de ses ministres et de tout le sacré Collége... » Ce n'est que le 20 décembre 1769 que Bernis, éclairé et fixé désormais, écrivait avec plus de véritable justesse : « J'ai trouvé le pape de bonne humeur lundi dernier; sa gaieté dépend de sa santé et des personnes avec lesquelles il s'est entretenu. Sa Sainteté est assez maîtresse de ses paroles, mais nullement de son visage. Plus on la voit, plus on lui reconnaît un fonds de justice, de bon cœur, d'humanité et d'envie de plaire, qui la rendent respectable et aimable. Je suis persuadé qu'après l'affaire des Jésuites tout le monde en sera content. Elle procédera lentement, mais elle ne variera pas. » Ce jugement sur Ganganelli est celui dont Bernis ne se départira plus.

Quant au rôle que lui-même eut à remplir dans cette affaire de la suppression des Jésuites, qui dura quatre ans avant de se consommer, il est parfaitement exposé dans l'ouvrage de Theiner, que je ne veux d'ailleurs toucher que par ce point-là. Bernis personnellement n'avait rien d'hostile à la fameuse Société. Quand elle fut supprimée en France, il écrivait à Voltaire : « Je ne crois pas que la destruction des Jésuites soit utile à la France; il me semble qu'on aurait pu les bien gouverner sans les détruire. » Mais, une fois l'affaire entamée, il estime qu'il est politique et presque nécessaire d'achever. Quant aux moyens, il les désire et il les conseille lents, modérés, aussi humains et aussi conciliants qu'il est possible dans un acte de cette vigueur. Aussi, quand il voit le pape retarder et opposer sans cesse des délais aux instances des puissances et à celles de l'Espagne en particulier, Bernis, qui trouve quelquefois ces délais excessifs, fait comprendre pourtant à son Gouvernement qu'ils sont naturels, et, jusqu'à un certain point, nécessaires. Un jour, dans les débuts de la négociation, l'Espagne, et par suite la France, avaient voulu prescrire par manière d'*ultimatum* un délai de deux mois : « Je vous avoue, écrit Bernis à M. de Choiseul (23 août 1769), que, si j'avais été élu pape, j'aurais détruit les Jésuites, mais j'y aurais employé deux ans. » Ganganelli en mit quatre : c'était la même méthode, poussée seulement un peu plus loin. Bernis, à part de rares instants où il eut à prendre l'initiative, dut se borner à assister l'Espagne, qui exigeait impérieusement du pape la suppression de cette Société; mais, en assistant l'ambassadeur d'Espagne, il s'efforça souvent de modérer l'âpreté de sommation de cette Cour et d'écarter toute voie d'intimidation sur le pontife, au risque de se compromettre lui-même et de paraître tiède à ses alliés. En agissant ainsi, il était tout à fait dans l'esprit de ses instructions et dans la pente de son caractère personnel. Entre le pape et l'ambassadeur d'Espagne, il avait fini par être l'intermédiaire ordinaire et le conciliateur agréable à tous deux : « *Je suis le calmant de l'un et de l'autre.* » Le résumé de la conduite de Bernis en cette grande et longue affaire est dans cette parole. Il fut médiateur le plus qu'il put dans la question la plus irritante. Il y gagna l'estime et l'affection reconnaissante de Clément XIV, qui le traita avec autant de confiance qu'il était dans sa nature d'en accorder, et avec une distinction qui ressemblait à une amitié particulière. Un jour le pape lui fit cadeau de toutes sortes de titres et de pièces originales concernant l'église d'Alby, en y joignant un bref où il le comblait de marques d'honneur et de témoignages de tendresse. Peu avant de mourir, il le nomma évêque d'Albano, le traitant ainsi tout à fait en Romain et comme un cardinal de la maison. Aussi, à la mort du pontife, comme les passions irritées cherchaient à se venger sur ses restes, et que le catafalque placé dans l'église de Saint-Pierre, pendant la neuvaine des obsèques, n'était point en sûreté, Bernis, fidèle à l'amitié et au respect envers l'illustre mort, entretint à ses propres frais une garde qui, jour et nuit, veilla autour de ce catafalque pour en préserver les inscriptions et empêcher tout scandale.

Bernis qui, plein d'autorité, cette fois, et d'influence au sein du Conclave, contribua pour sa bonne part à ménager l'élection du nouveau pape Pie VI (février 1775), obtint également son amitié et avec un degré de plus de confiance. Cependant il continuait de représenter la France à Rome avec grandeur, avec grâce et magnificence. Tous les voyageurs qui ont eu à parler de lui ne font qu'un écho. Madame de Genlis qui visita Rome en ces années, et qui accompagnait madame la duchesse de Chartres, s'étend beaucoup sur la réception que fit l'ambassadeur de France à cette princesse :
« Le cardinal de Bernis, auquel j'avais annoncé l'arri-

vée de madame la duchesse de Chartres, envoya au-devant d'elle jusqu'à Terni son neveu, le chevalier de Bernis, avec deux voitures, dont l'une magnifique pour la conduire à Rome, et l'autre chargée d'un excellent dîner... Le cardinal nous reçut avec une grâce dont rien ne peut donner l'idée. Il avait alors soixante-six ans (*il n'était pas si vieux à cette date*), une très-bonne santé, et un visage d'une grande fraîcheur; il y avait en lui un mélange de bonhomie et de finesse, de noblesse et de simplicité, qui le rendait l'homme le plus aimable que j'aie jamais connu. Je n'ai point vu de magnificence surpasser la sienne... » Et après maints détails où elle se complaît, et qui prouvent à quel point l'hôte splendide savait mêler à ses pompes et à ses largesses romaines cette qualité française, la précision, madame de Genlis ajoute : « Le cardinal de Bernis donna à madame la duchesse de Chartres de magnifiques *conversations*, c'est-à-dire des assemblées de deux ou trois mille personnes. On l'appelait *le Roi de Rome*, et il l'était, en effet, par sa magnificence et la considération dont il jouissait. »

Le cardinal de Bernis parlait de lui-même avec moins d'emphase; et quand il voulait excuser cette grandeur de représentation : « Je tiens, disait-il, l'auberge de France dans un carrefour de l'Europe. » — Il avait son palais du *Corso*, pour y tenir sa cour, et sa maison d'Albano pour la *villégiature*. L'appareil ne lui était qu'extérieur : « Il a, disait le président Dupaty, l'accueil le plus facile, le commerce le plus uni. » Le caractère de sa politesse était d'être aisée et nuancée, de même que son esprit, vers la fin, semblait plutôt doux et reposé que brillant (1).

(1) Un témoignage qu'il faut joindre à ceux du président Dupaty, de madame de Genlis et de tous les voyageurs, au sujet de l'état que tenait à Rome le cardinal de Bernis, c'est le passage des *Lettres écrites*

La conduite de Bernis dans quelques affaires délicates telles que le procès du cardinal de Rohan, où il fallut se prononcer entre sa propre Cour et celle de

de Suisse, d'Italie, etc., en 1776, 1777 et 1778, et adressées à mademoiselle Phelipon par Roland, le futur ministre Girondin; il est sous le charme comme tous les autres, et même il les surpasse encore par son expression presque enthousiaste; il vient de parler des tables et des bonnes maisons de Rome, il ajoute :

« Mais il n'y a guère que la table du Ministre de France qui donne *l'idée des possibles*. L'homme revêtu de ce caractère en soutient la dignité de la manière la plus éclatante. Le représentant d'une nation dès longtemps illustre parmi les nations, le ministre du fils aîné de la religion, du roi très-chrétien, a toujours tenu un rang distingué et prépondérant dans Rome.

« Celui d'aujourd'hui, prince de l'Église, prince romain, cardinal enfin, soutient ses dignités avec splendeur. Grand par lui-même, il est en outre magnifique dans ses représentations; tout ce qui concourt à leur éclat est double chez lui de la plus grande magnificence de tout autre; tenant table ouverte, donnant à tout le monde, ne recevant de personne, et toujours au-dessus de toute comparaison dans les fêtes, dans les cérémonies, dans les illuminations publiques.

« Les Romains, vraiment *grandiosi*, ne voient point sans admiration leur faste éclipsé. Tant d'équipages, de livrées, une table somptueuse; le concours des grands, les hommages du peuple; une politique qui a mis plus d'une fois la leur en défaut; une politesse aisée qui toujours est à tout et s'étend à tout le monde, donnent au cardinal de Bernis un crédit, un ascendant, que ses grands talents soutiennent d'une manière imposante. Tout ce qui est dû à la nation française et à son roi rejaillit sur sa personne par l'art avec lequel il le leur fait rendre. Sa Sainteté même, ses ministres, et par conséquent toute la gent subalterne, croient devoir à la France ce que son ministre demande; et à son ministre, ce que la France a droit de demander.

« D'après cela, tout Français qui peut se réclamer de Son Éminence, dans quelque circonstance que ce soit, à son nom seul est respecté. La Garde s'ouvre dans les cérémonies; le *Barigel* (lieutenant de police), ses officiers, les *sbires* s'arrêtent à son nom et lâchent plutôt prise que d'aller se compromettre sous sa juridiction. »

J'ai voulu citer ce passage entier, le témoignage ayant tout son prix de la part de l'homme le moins aristocratique du monde, et qui sera, un jour, l'austère Roland. A un autre endroit il parle encore des *Conversations* ou assemblées du cardinal en homme ébloui. — La liaison établie, l'habitude de société que le cardinal eut jusqu'à

Rome, quelques négociations de confiance et de famille dont il fut chargé, telles qu'une tentative de rapprochement entre le roi d'Espagne Charles III et son fils Ferdinand, roi des Deux-Siciles, et le voyage qu'il fut autorisé de faire à Naples dans cette vue, ne purent qu'accroître son autorité paisible et l'idée qu'on s'était formée de sa sagesse (1). Les événements de la Révolution vinrent mettre à l'épreuve sa fermeté : il vit cette opulence presque royale dont il jouissait depuis plus de vingt ans et dont il usait avec une libéralité vraiment auguste, lui échapper tout à coup, et la misère, à soixante-seize ans, lui apparaître; il fut le même : « A soixante-seize ans révolus, disait-il, on ne doit pas craindre la misère, mais bien de ne pas remplir exactement ses devoirs. » J'ai déjà cité quelques-unes de ses nobles paroles. Il comprit la question posée par la Constituante dans toute son étendue, et, devançant dès novembre 1790 l'heure du Concordat, il disait : « Si l'on aimait le bien, la paix et l'ordre; si l'on était de bonne foi; si l'on était attaché à la religion qui seule est l'appui de toute autorité et de toute forme de gouvernement, jamais pape n'a été plus porté à la conciliation que celui-ci... Mais, si l'on veut tout détruire et faire une religion nouvelle, on y rencontrera des difficultés plus grandes qu'on ne croit. On n'arrache pas

la fin avec la princesse de Santa-Croce, et dont quelques voyageurs ont fait la remarque, n'avait rien qui choquât dans les mœurs romaines.

(1) J'ai sous les yeux une Notice manuscrite très-bien faite qui rappelle les principaux services politiques du cardinal de Bernis en ces années du pontificat de Pie VI; cette Notice a été rédigée en 1806 par M. Guérard, attaché aux Affaires étrangères, et par ordre des chefs de ce département : elle était destinée à servir d'élément et de matière à l'Éloge académique de Bernis que devait prononcer alors le comte François de Neufchâteau. Cet Éloge, retardé et ajourné je ne sais pourquoi, n'a été fait que longtemps après par M. de Feletz, qui a eu la même Notice à sa disposition.

4.

facilement, des cœurs et des esprits d'un grand royaume, les racines profondes de la religion. » C'est sur ces dernières paroles qu'on aime à rester avec Bernis. Tout le cercle de sa vie est accompli, et il a montré en finissant que ses qualités aimables, prudentes et fines, jointes à la délicatesse du cœur, pouvaient devenir des vertus.

Le 5 janvier 1791, mis en demeure de prêter le serment exigé par la nouvelle Constitution, il l'envoya en y joignant une clause interprétative et restrictive. Averti que l'Assemblée nationale avait décidé qu'il fallait un serment pur et simple, et prévenu qu'il s'exposait à être rappelé s'il persistait dans sa restriction, il répondait le 22 février : « La conscience et l'honneur n'ont pu me permettre de signer sans modification un serment qui oblige de défendre la nouvelle Constitution dont la destruction de l'ancienne discipline de l'Église fait une partie essentielle. » Le rappel fut prononcé.

Ainsi se clôt sa longue et honorable carrière diplomatique. Il mourut à Rome en novembre 1794, dans sa quatre-vingtième année. Il subsistait, depuis la suppression de ses traitements en France, d'une pension que lui faisait la Cour d'Espagne. Heureux pourtant et favorisé jusqu'à la fin, puisqu'il lui fut donné, par ses derniers sacrifices, de pouvoir racheter et expier en quelque sorte les mollesses de ses débuts, de confesser une religion de pauvreté par un coin d'adversité salutaire, et de prouver qu'il y avait en lui, sous ces formes tour à tour aimables et dignes, un fonds sincère de générosité humaine et chrétienne !

Lundi, 18 avril 1852.

MALHERBE ET SON ÉCOLE

MÉMOIRE SUR LA VIE DE MALHERBE ET SUR SES ŒUVRES

Par M. de GOURNAY, de l'Académie de Caen.

(1852)

La Normandie est une province qui, de tout temps et dès qu'elle s'est senti un passé, s'est volontiers occupée de ses antiquités et de ses grands hommes : elle n'a cessé de vivre d'une sorte de vie qui lui est propre et qui ne la rend que plus française. Célèbre par les poètes qu'elle a produits et au moyen âge et à la naissance de notre littérature classique (sans parler des plus récents), elle les honore, et, ce qui est la meilleure manière de les honorer, elle les étudie. Le Recueil des Mémoires de l'Académie de Caen en particulier est rempli de recherches sur nos vieux poètes dont un si grand nombre sont Normands. Aujourd'hui M. de Gournay a voulu résumer et recueillir ce qu'on sait de positif sur Malherbe, et graver de nouveau les traits de cette sèche, altière et maîtresse figure. J'en prendrai occasion à mon tour de redire quelque chose et sur Malherbe lui-même (1) et

(1) On peut voir ce que j'en ai dit déjà dans le *Tableau de la Poésie française au seizième siècle* (édit. de 1843), et aussi dans l'ar-

sur ses disciples Racan et Maynard, dont les beaux vers lui reviennent à bon droit, car ils ne se seraient pas faits sans lui. Il y eut là, tout au sortir de l'enseignement de Malherbe, dans notre poésie française lyrique, une veine trop peu abondante, trop tôt distraite et interrompue, mais très-pure, très-française, neuve, élevée et douce : il en est resté quatre ou cinq odes au plus, mais dignes d'Horace, qu'on y retrouve imité sans servilité et avec génie, et bien faites surtout pour enchanter et inspirer, comme cela a dû être, la jeunesse de La Fontaine. Combien il y a peu, dans notre ancienne poésie lyrique, de ces pièces de vers qu'on puisse relire ainsi à chaque printemps !

Les nombreuses anecdotes que chacun sait par cœur sur Malherbe, et dont plus d'une fait sourire, ne doivent point détourner un moment la critique du trait original et significatif qui est à respecter en lui : il eut le caractère et l'autorité, ce qui fait le chef de secte et le chef d'école. Né à Caen en 1555 d'un père magistrat, d'une famille plus noble que riche, l'aîné de neuf enfants, ayant fait d'ailleurs des études assez variées et de gentilhomme sous la conduite d'un précepteur, tantôt à Caen, tantôt à Paris, et pendant deux ans aux universités d'Allemagne, il quitta tout à fait la maison paternelle à vingt et un ans pour s'attacher au service du duc d'Angoulême, fils naturel de Henri II, et grand-prieur de France. Il fut auprès de lui, en qualité de premier secrétaire, à Aix où ce prince faisait fonction de gouverneur. Il s'y donnait un peu glorieusement pour fils d'un conseiller au Parlement de Normandie, tandis que son père n'était que conseiller au présidial : « petit

---

ticle *Bertaut* (même volume, page 366); j'y discute un point essentiel qui avait été contesté. — Enfin j'ai depuis reparlé de Malherbe plus à fond encore, et j'ai repris tout ce sujet avec un entier développement dans un article de la *Revue Européenne* du 15 mars 1859.

mensonge d'amour-propre, nous dit M. de Gournay, par lequel il élevait son père d'un échelon dans la magistrature. » Malherbe reste là dix ans en Provence, et Aix peut se dire sa seconde patrie. Sous le haut patronage du prince, il y voyait l'élite de la société; il s'y maria à vingt-six ans à une femme de trois ou quatre ans plus âgée que lui, veuve déjà pour la seconde fois, et appartenant à une famille parlementaire des plus considérées dans le pays. D'Aix il accompagna quelque temps son prince à Marseille, puis revint avec lui à Aix. Il goûtait la conversation et l'esprit de la Provence. Ces propos de haute saveur lui revenaient fort; on trouverait même trace de lui et de ses gaietés dans les poëtes provençaux de cette date. Quand il eut perdu son protecteur en 1586, il habita tantôt la Normandie, tantôt la Provence, et l'on sait peu de chose de lui durant ces années de troubles civils. Il tira sans doute l'épée quand il le fallut; il vivait de la vie de société et de voisinage; il s'occupait de ses affaires et de sa famille, il essayait péniblement d'établir sa maison : ayant perdu un fils aîné en bas âge et une fille déjà grandissante, il élevait un dernier fils auquel il devait encore survivre. Il a dressé pour ce fils une *Instruction* publiée depuis peu (1), et qui n'est pas, comme on pourrait croire, une instruction morale, mais un état de biens, une pièce de précaution et de défense en cas de procès de famille : l'esprit normand, par un coin, s'y retrouve. Ce qu'on peut dire au point de vue du talent, c'est que tous ces retards, ces contrariétés qui barrèrent si longuement sa carrière, furent utiles à Malherbe : elles l'empêchèrent de se

(1) *Instruction de F. de Malherbe à son fils*, publiée pour la première fois en entier d'après le manuscrit de la bibliothèque d'Aix, par M. de Chennevières (1846). — M. Roux-Alphéran avait le premier, il y a quelque trente ans, retrouvé cette pièce et en avait déjà tiré parti dans ses *Recherches biographiques sur Malherbe*.

classer décidément comme poëte avant l'heure voulue, et de débuter trop en public dans un temps où il aurait encore porté des restes de couleur de l'école poétique finissante. Il eut tout le loisir de prendre son pli et de marquer dans sa manière en quoi il se séparait de ses prédécesseurs. Son genre d'esprit et de génie avait besoin d'ailleurs d'un régime fixe, régulier; l'ordre public rétabli par Henri IV devait naturellement appuyer et précéder cet ordre tout nouveau à établir également dans les Lettres et dans les rimes.

La première ode de Malherbe qui le mit en vue fut celle qu'il présenta, étant à Aix en 1600, à Marie de Médicis, la jeune reine qui venait prendre possession du trône :

> Peuples, qu'on mette sur la tête
> Tout ce que la terre a de fleurs...

André Chénier, commentateur excellent, a remarqué les beautés rares, et à cette date toutes neuves, de cette ode qui aujourd'hui frappe bien plutôt le lecteur par ses côtés exagérés et faux. En même temps, André Chénier touche à un défaut trop réel chez Malherbe, la stérilité d'invention et d'idées : « Au lieu, dit-il, de cet insupportable amas de fastidieuse galanterie dont il assassine cette pauvre reine, un poëte fécond et véritablement lyrique, en parlant à une princesse du nom de *Médicis*, n'aurait pas oublié de s'étendre sur les louanges de cette famille illustre qui a ressuscité les Lettres et les arts en Italie, et de là en Europe. Comme elle venait régner en France, il en aurait tiré un augure favorable pour les arts et la littérature de ce pays. Il eût fait un tableau court, pathétique et chaud de la barbarie où nous étions jusqu'au règne de François Ier. Ce plan lui eût fourni un poëme grand, noble, varié, plein d'âme et d'intérêt, et plus flatteur pour une jeune princesse, surtout s'il eût su lui parler de sa beauté moins longuement et d'une manière plus simple, plus vraie, plus naïve qu'il ne l'a fait. Je demande si cela ne vaudrait pas mieux pour la gloire du poëte et pour le plaisir du lecteur. Il eût peut-être appris à traiter l'ode de cette manière, s'il eût mieux lu, étudié, compris la langue et le ton de Pindare qu'il méprisait beaucoup au lieu de chercher à le connaître un peu. » Cette remarque essentielle d'André Chénier, en nous éclairant sur le côté faible de Malherbe, a l'avantage de faire apprécier Pindare par son côté supérieur et le plus inventif. Ces développements, en effet, qui aujourd'hui et de si loin nous semblent des hors-d'œuvre et des digressions dans les odes de Pindare, étaient précisément ce qui, à l'origine, et dans le temps où les souvenirs étaient vivants, formait l'à-propos le plus heureux de ses sujets et qui en devenait l'enrichissement le plus fertile : c'était le contraire du lieu commun vague, de ce qui domine trop fréquemment dans notre ode classique.

Depuis cette ode de bienvenue à la reine Marie de Médicis, cinq années s'écoulèrent encore avant que Malherbe fût appelé à la Cour, où ses compatriotes Du Perron et Des Yveteaux avaient parlé de lui et l'avaient recommandé au roi. Mais, à partir de septembre 1605, il y fut introduit et aussitôt en pied ; à peu près inconnu de la veille, il y prend sa place dès le premier jour, et son astre règne. Il avait pour lors cinquante ans. Sa vie, depuis cette heure, est en pleine lumière ; ses singularités, ses moindres mots ont été recueillis. Tranchant, exclusif, grondeur, bourru même, avare ou du moins positif, cynique parfois, n'oublions jamais le bon sens qui se mêle à ses saillies et qu'il observe toujours jusque dans ses accès d'enthousiasme et d'orgueil. Sa verve même, quand elle lui vient, se combine avec une certaine habitude raisonnable qui est le propre de la race française en poésie, et qu'il a contribué à fortifier. Jusque dans les familiarités et les inélégances de sa conversation, il avait cela du poëte que, s'il parlait peu, « il ne disait mot qui ne portât. » Dans ses œuvres rares, difficiles, toujours remaniées, qu'il prise haut, mais qu'il n'estima jamais assez terminées pour en publier lui-même le Recueil, il semble avoir cherché surtout à donner des exemples d'une nouvelle et meilleure manière de faire ; on dirait qu'il n'a voulu que changer le procédé et remonter l'instrument plutôt que d'en user largement lui-même. Ne lui demandons que quelques strophes. Les quatre stances où il a paraphrasé une partie du Psaume CXLV sont parfaites :

> N'espérons plus, mon Ame, aux promesses du monde ;
> Sa lumière est un verre, et sa faveur une onde
> Que toujours quelque vent empêche de calmer.
> Quittons ces vanités, lassons-nous de les suivre :
>   C'est Dieu qui nous fait vivre,
>   C'est Dieu qu'il faut aimer !...

Quelques strophes de ce ton suffisent pour réparer une langue et pour monter une lyre. Celles-ci sont des derniers temps de sa vie ; car sa vieillesse est allée jusqu'au terme en s'affermissant et se perfectionnant. Son ode à Louis XIII partant pour la Rochelle (1627), qu'il a faite à soixante-douze ans, est la plus complète de toutes, la plus hardie de composition, de style, d'images, et vers la fin la plus virilement touchante :

> Je suis vaincu du temps, je cède à ses outrages ;
> Mon esprit seulement, exempt de sa rigueur,
> A de quoi témoigner en ses derniers ouvrages
>   Sa première vigueur.
>
> Les puissantes faveurs dont Parnasse m'honore
> Non loin de mon berceau commencèrent leur cours ;
> Je les possédais jeune, et les possède encore
>   A la fin de mes jours...

Le ton de Corneille est déjà trouvé. Ne prononç Malherbe que là où il est bon, là où il est excellent. Retranchons le reste; nous-mêmes soyons-lui Malherbe. Cette belle ode finale à Louis XIII commence en ces mots : *Donc un nouveau labeur à tes armes s'apprête!...* Malherbe a de ces brusqueries majestueuses; il débute bien; il entonne son chant avec vigueur et avec essor en l'accompagnant d'un geste haut et souverain. Cela se retrouve chez lui dans les petites pièces comme dans les grandes; ainsi, dans ce sonnet au cardinal de Richelieu : *A ce coup, nos frayeurs n'auront plus de raison...* Le sonnet, la chanson même chez Malherbe ont de la tournure et de la fierté : cela dure peu, la voix chez lui se casse vite, mais le ton est donné. Il porte le mouvement lyrique jusque dans les moindres choses. On aurait lu, aujourd'hui, dans une demi-heure tout ce qui est à retenir de Malherbe : on commencerait par ses fameuses stances à Du Perrier, stances qui elles-mêmes sont de moitié trop longues : il aurait fallu un second Malherbe pour les abréger. On mettrait au premier rang quelques morceaux que le poëte n'a point achevés, tels que le fragment *aux Mânes de Damon* où se trouve cette belle stance sur l'Orne et ses campagnes, le seul endroit où il ait exprimé avec vérité et largeur le sentiment de la nature champêtre. On a de Malherbe quelques belles strophes *d'attente* qui étaient toutes taillées pour des odes qui ne sont point venues; ce sont des ébauches fières, un peu roides, des jets de marbre coupés court, mais qui sentent un mâle ciseau. En tout, Malherbe, même dans sa maigreur et son peu d'étoffe, est toujours digne et a des moments d'une élégance parfaite et ravissante. C'est un gentilhomme lyrique qui s'entend admirablement à draper son court manteau, et qui laisse voir jusque dans sa pauvreté bien de la distinction et de la noblesse naturelle.

On a dit de nos jours avec un grain de malice et un coin de vérité : « La poésie française, au temps de Henri IV, était comme une demoiselle de trente ans qui avait déjà manqué deux ou trois mariages, lorsque, pour ne pas rester fille, elle se décida à faire un mariage de raison avec M. de Malherbe, lequel avait la cinquantaine. » Mais ce ne fut pas seulement un mariage de raison que la poésie française contracta alors avec Malherbe, ce fut un mariage d'honneur. Elle trouvait un honnête homme et sensé, et qui, s'il ne lui donna pas tous les agréments, la mit désormais hors d'état de déchoir et l'ennoblit.

Nous ne connaissons Malherbe que déjà gris et ridé, dans sa verte vieillesse. A en juger par ce qu'on a de lui, on croirait qu'il a eu de la jeunesse à peine; il en a eu pourtant, et il l'a sentie. N'est-ce pas lui qui a fait ces vers délicieux qui expriment comme dans un regret rapide et sobre les premières grâces de la vie :

> Tout le plaisir des jours est en leurs matinées ;
> La nuit est déjà proche à qui passe midi.

Il y a quelquefois chez Malherbe une grâce fine et rare qui, au milieu de cette hauteur et de cette roideur lyrique, a tout son prix.

Deux contemporains, deux disciples de Malherbe, Balzac et Godeau, ont très-bien marqué un des points principaux de son innovation et de sa réforme. Rendant hommage aux poëtes français du seizième siècle, à ceux que Malherbe avait eu le tort de trop dépriser, et leur faisant jusqu'à un certain point réparation, Godeau, dans le Discours qui servait de préface à la première Édition de Malherbe, ajoutait pourtant : « La passion qu'ils avaient pour les anciens était cause qu'ils pillaient leurs pensées plutôt qu'ils ne les choisissaient. » Et il fait sentir que la méthode habile et combinée, cette méthode d'abeille par laquelle Horace imitait les Grecs, a succédé en France, grâce à Malherbe, à l'imitation confuse, à l'importation trop directe et trop entière des originaux grecs eux-mêmes. Balzac, dans son XXXIe Entretien, ne nous le dit pas moins nettement; après avoir parlé de cette première forme indigeste et avide qu'avait prise chez nous l'imitation des anciens : « Les imitations de Malherbe, remarque-t-il, sont bien moins violentes, sont bien plus fines et plus adroites. Il ne gâte point les inventions d'autrui en se les appropriant. Au contraire, ce qui n'était que bon au lieu de son origine, il sait le rendre meilleur par le transport qu'il en fait. Il va presque toujours au delà de son exemple, et, dans une langue inférieure à la latine, son français égale ou surpasse le latin. » Il en cite quelques exemples qui, s'ils ne prouvent point la supériorité de Malherbe sur les Latins, montrent du moins une émulation savante et assez brillante. Cette observation de Balzac et de Godeau se peut résumer ainsi : Ronsard et son école ne savaient pas l'art d'imiter; dans leur ardeur et leur inexpérience première, ils transportaient tout de l'antiquité, l'arbre et les racines : Malherbe le premier sut et enseigna l'art de *greffer* les beautés poétiques.

Ses disciples en profitèrent, et Racan le premier. C'était un heureux et facile génie que Racan, peut-être mieux doué, à quelques égards, que Malherbe, et en poésie comme en distraction un vrai précurseur de La Fontaine. Mais sans Malherbe, sans sa juste et ferme direction, on peut croire que Racan n'eût point été ce qu'on l'a vu, et lui-même, s'adressant à son maître, a dit : « Je sais bien que votre jugement est si généralement approuvé, que c'est renoncer au sens commun que d'avoir des opinions contraires aux vôtres. » Né en 1589 au château de la Roche-Racan, en Touraine, aux confins du Maine et de l'Anjou, Racan, de trente-quatre ans plus jeune que son maître, connut Malherbe étant page de la chambre de Henri IV. Il s'attacha à lui, prit ses conseils, ne réussit jamais à le satisfaire entièrement, car il avait bien des ignorances involontaires et des nonchalances, mais il réussit une ou deux fois par ses accès de talent à lui donner, honneur insigne! un peu de jalousie. On parle toujours des *Bergeries* de Racan. Ce n'est point là cependant qu'il faut l'aller chercher. Ses *Bergeries*, publiées pour la première fois en 1625, ne sont qu'une espèce de comédie pastorale en cinq actes, assez mal cousus ensemble, où les personnages ne parlent qu'un langage de convention, qui n'est ni celui de la Cour ni celui du village, mais dont le mélange dut plaire, en effet, aux ruelles de ce temps-là, où régnaient les bergers de l'*Astrée*. Quelques vers heureux et d'un caractère vraiment rural et villageois, qui y sont clair-semés (1), ne sauraient en racheter les continuelles fadeurs. Prenons Racan dans les ouvrages de moindre haleine, là où il est supérieur, là

(1) Sans parler du passage célèbre et qu'on récite volontiers : *Heureux qui vit en paix du lait de ses brebis*, etc., voici quelques-uns de ces vers qu'un crayon de poëte se plairait à noter à la lecture :

    Les troupeaux que la faim a chassés des bocages
    A pas lents et craintifs entrent dans les gagnages...

Une musette se fait entendre :

    Je passai tout le front par-dessus un buisson
    Du côté d'où venait cet agréable son.

Il s'agit d'un berger riche qui est un bon parti pour une bergère :

    Sa maison se fait voir par-dessus le village.

L'*Alter ab undecimo*... de Virgile est assez naïvement imité en ces vers :

    Je n'avais pas douze ans, quand la première flamme
    Des beaux yeux d'Alcidor s'alluma dans mon âme :
    Il me passait d'un an, et de ses petits bras
    Cueillait déjà des fruits dans les branches d'en bas.

Mais tout cela n'est pas suivi, n'est pas fondu ; un vers gâte l'autre, où, lui qui ne savait pas le latin, il s'est montré tout à coup un émule d'Horace et en partie *héritier de sa lyre*, comme a dit La Fontaine. Ses stances sur *la Retraite* sont les plus célèbres; il les adresse à un ami qui est engagé comme lui dans le monde, et qu'il convie ainsi que lui-même à s'en retirer :

> Tircis, il faut penser à faire la retraite :
> La course de nos jours est plus qu'à demi faite ;
> L'âge insensiblement nous conduit à la mort ;
> Nous avons assez vu, sur la mer de ce monde,
> Errer au gré des flots notre nef vagabonde :
> Il est temps de jouir des délices du port.

Et bientôt, après quelques mots sur la fragilité de la fortune, sur la vanité des poursuites de l'ambition, il passe à la description des délices des champs; et de cette peinture tant de fois célébrée, il tire une inspiration naturelle, large et durable. Sa pièce n'est, si l'on veut, qu'une paraphrase de l'épode d'Horace : *Beatus ille qui procul negotiis...* Racan, qui ne lisait pas Horace dans l'original, avait sous les yeux une traduction en prose que lui en avait donnée son parent et cousin le chevalier de Bueil. Il y a pourtant entre la pièce d'Horace et celle de Racan des différences de ton et de sentiment qui laissent à cette dernière son caractère tout à fait particulier et son charme propre. Horace est ici imité comme lui-même avait imité les Grecs, c'est-à-dire en n'y prenant pas tout et en y mettant du sien.

le vrai se noie aussitôt dans le faux. Il nous aurait fallu un Cowper pour fixer dans notre poésie toute cette partie réelle et jolie, vraiment rurale. M. Brizeux, de nos jours, y a tâché : mais il tâche trop. Sa poésie est toute caillouteuse. Il y a chez lui une très-grande prétention à la simplicité. Sa poésie pastorale me paraît surtout manquer de naïveté franche, et de cet amour des champs qu'avait Racan. On croit sentir qu'il n'aime le courtil et le moutoir qu'en vers. Il a la colère contre la ville plutôt qu'il n'en a l'oubli et l'amour des champs. Le Cowper, jusqu'ici, nous a manqué.

La pièce d'Horace si souvent citée n'a pas le sens tout à fait simple qu'on lui prête d'ordinaire lorsqu'on y fait vaguement allusion. Cette pièce, dont le cadre premier et le *motif* paraissent empruntés d'un ïambe d'Archiloque, est une satire; cet éloge des champs tourne à l'ironie. Ce n'est point le poëte qui est censé parler dans ces vœux et dans ces jouissances anticipées de bonheur champêtre : c'est un usurier, Alfius, qui, tout d'un coup épris, pour une raison qu'on ne dit pas, d'un merveilleux amour des champs, veut quitter les affaires et la *Bourse* de Rome pour aller cultiver la terre de ses mains et pratiquer la douceur des géorgiques : mais cette belle disposition ne tient pas; le naturel l'emporte, et tous ces fonds qu'Alfius a retirés le 15 du mois, il cherche à les replacer dès le 1er du mois suivant. Telle est la pensée d'Horace, pensée de moraliste bien plus encore que d'amateur des champs. Le piquant, c'est qu'il ne démasque son intention que dans les derniers vers de la pièce : rien jusque-là n'avertit que ces peintures vives et riantes ne soient qu'un transport de l'imagination et un caprice de l'esprit chez celui qui s'y livre. Les meilleurs critiques ont repoussé l'idée que, même en étant averti, on pût y saisir de l'ironie jusqu'au dernier instant où seulement elle éclate. Il est des lecteurs simples et à l'âme droite qui, touchés à première vue de ces paysages et de ces tableaux innocents et les ayant pris au sérieux, ont regretté que l'impression en fût ainsi détruite vers la fin et comme tournée en raillerie ; ils voudraient retrancher les quatre derniers vers. Le docte et ingénieux Orelli combat cette critique : « Supprimez cette fin, dit-il, nous n'aurons plus qu'une amplification de rhétorique en l'honneur de la vie champêtre, célébrée sans motif et sans but, une description plus digne réellement de Vanière et de Gessner, que d'Horace. » C'est pourtant ce que Racan a fait et ce qu'eût fait aussi Fénelon ; Il a supprimé toute ironie, et comme, en le faisant, il était dans sa nature, il a retrouvé par ce côté non pas la supériorité, mais une originalité en face d'Horace.

Et, en effet, ce qui règne et ce qu'on respire en ces belles et harmonieuses stances de Racan, déroulées avec tant d'ampleur et de mollesse d'abandon dans un style un peu vieilli, qui n'en ressemble que davantage aux grands bois paternels et aux hautes futaies voisines du manoir, c'est la paix des champs, c'est l'étendue et le silence. J'en comparerai l'effet à celui que produisent certaines élégies rurales de Tibulle plus encore qu'à celui de l'ode d'Horace. On y reconnaît un amour reposé des champs, non pas tant pour le plaisir de les chanter que pour la douceur et l'habitude d'y vivre. Horace, même quand il célèbre la campagne, est plus brillant, plus travaillé ; il y porte cette curiosité heureuse, cette ciselure de diction qui ne l'abandonne jamais dans ses odes et qui rappelle l'art ; son expression est vive et concise, son image serrée et polie jusqu'à l'éclat : elle luit comme un marbre de Paros, comme un portique d'Albano au soleil. Ne cherchons rien de pareil chez Racan ; avec lui nous sommes en Gaule, en Touraine, tout près du Maine, en bon et doux pays, mais où tout ne brille pas, où chaque colline n'a pas son marbre étincelant ni son bois sacré. Ne cherchons que le sentiment sincère dans sa plénitude, le calme, la tranquillité stable d'une vie heureuse, l'idéal d'une médiocrité domestique frugale et abondante : or, tout cela s'y exhale, et on en reçoit l'impression en le lisant. Son gentilhomme de campagne, il ne va pas le demander aux anciens ; il l'a sous les yeux, et il le décrit d'après nature :

> Il laboure le champ que labourait son père ;
> Il ne s'informe point de ce qu'on délibère

Dans ces graves Conseils d'affaires accablés ;
Il voit sans intérêt la mer grosse d'orages,
Et n'observe des vents les sinistres présages
Que pour le soin qu'il a du salut de ses blés.

Roi de ses passions, il a ce qu'il désire :
Son fertile domaine est son petit empire,
Sa cabane est son Louvre et son Fontainebleau ;
Ses champs et ses jardins sont autant de provinces ;
Et, sans porter envie à la pompe des princes,
Se contente chez lui de les voir en tableau.

Il voit de toutes parts combler d'heur sa famille,
La javelle à plein poing tomber sous la faucille,
Le vendangeur ployer sous le faix des paniers ;
Et semble qu'à l'envi les fertiles montagnes,
Les humides vallons et les grasses campagnes
S'efforcent à remplir sa cave et ses greniers.

Il suit aucune fois un cerf par les foulées,
Dans ces vieilles forêts du peuple reculées...

Laissons le chasseur disparaître dans la profondeur de ces grandes allées sombres, qui nous sont traduites par cette harmonie même. La pièce de Racan est toute de ce ton. S'il dit les choses avec moins de particularité qu'Horace, il ne les rend pas avec moins de naturel; car, en admettant que (les derniers vers exceptés) il n'y ait point d'ironie proprement dite dans le courant de l'ode d'Horace, on ne peut s'empêcher de remarquer qu'Alfius, ce soudain amateur des champs, se complaît fort, au milieu de son vœu frugal, à nommer les huîtres et les poissons du lac Lucrin, auxquels il déclare renoncer; il y parle en détail des mets rares, des gelinottes, faisans ou autres oiseaux recherchés, auxquels il se promet désormais de préférer la mauve et l'olive. Ces ressouvenirs de la vie gastronomique, qui sont bien à leur place dans la bouche du citadin fraîchement converti et bientôt relaps, feraient tache dans un tableau simplement puisé au cœur de la vie rustique. Ce n'est donc pas tout à fait un désavantage pour Racan de s'en être tenu dans sa peinture à des images plus générales et plus larges : il y a gagné de produire une inspiration plus *uniment* champêtre, et sa pièce, moins curieuse pittoresquement que celle d'Horace, a bien plus de naïveté.

A côté et à la suite des stances de Racan, il faut relire les derniers vers de la fable de La Fontaine, *le Songe d'un habitant du Mogol*, sur l'amour de la retraite : c'en est comme la continuation dans la même nuance, dans le même langage. J'indiquerai également, comme sorties du même courant et de la même source, comme inspirées par un semblable et pur amour de la campagne, les belles et douces stances de Lamartine dans ses secondes Méditations poétiques : *O vallons paternels ! doux champs ! humble chaumière !*... M. de Lamartine voudra bien me pardonner de l'oser louer en le rapprochant de La Fontaine. Mais le bon Racan, avant eux, avait retrouvé le premier quelques sons de cette flûte pastorale de l'âge d'or.

Racan, tout ignorant qu'il était, a encore imité Horace avec bonheur dans son ode au comte de Bussy : *Bussy, notre printemps s'en va presque expiré*... Son cousin, également, lui aura traduit ce jour-là le *Quid bellicosus Cantaber*. Les amateurs remarqueront, dans le rhythme qu'il y emploie, une heureuse coupe de vers et un entrelacement de rimes plein de nonchalance. Il a de même imité Virgile, à un endroit, dans des stances de *Consolation à M. de Bellegarde* sur la mort de M. de Termes, son frère. On sait les beaux vers de Virgile (Églogue V) sur la mort de Daphnis : « Daphnis, est-il dit, tout éblouissant de lumière, admire le seuil inaccoutumé de l'Olympe, et voit sous ses pieds les nuées et les étoiles. » Cette consolation est celle qu'on aime toujours à donner aux vivants en deuil lors de la séparation et du départ d'une âme élevée et céleste. Or,

Racan applique ainsi cette image à M. de Termes, mort dans les combats :

> Il voit ce que l'Olympe a de plus merveilleux ;
> Il y voit à ses pieds ces flambeaux orgueilleux,
> Qui tournent à leur gré la Fortune et sa roue ;
> Et voit comme fourmis marcher nos légions
> Dans ce petit amas de poussière et de boue,
> Dont notre vanité fait tant de régions (1).

Pour un homme qui ne savait pas le latin et qui n'avait jamais pu, dit-on, apprendre à réciter par cœur même son *Confiteor*, on conviendra que c'est assez bien imiter et surpasser son poëte. On raconte que Malherbe conçut un peu de jalousie de Racan, pour cette belle stance; et Boileau disait que, pour avoir fait les trois derniers vers, il donnerait les trois meilleurs des siens : ce que Daunou, qui n'entend bien que la prose, ne comprend pas. Ces trois vers sont admirables en effet, pour représenter le bonheur d'un héros chrétien désabusé, dans le ciel. Racan était doué d'une naïveté charmante et d'une élévation naturelle : mais distrait, paresseux, modeste à l'excès, privé trop tôt des conseils de Malherbe et abandonné à son instinct, il vécut au hasard, s'oublia volontiers aux champs, et n'eut que des accidents de génie dont j'ai noté les meilleurs. Il mourut en février 1670, à l'âge de quatre-vingt-un ans, en plein siècle de Louis XIV. Il s'était amusé à traduire en vers les Psaumes pour occuper la seconde moitié de sa vie. Des tribulations de famille, des procès que, dit-on, il

---

1. Un sermonnaire et moraliste anglais, Henry Peacham a dit, parlant de ce *petit amas de boue* : « Cependant c'est ce point sur lequel nous avons promené le fer et le feu pour y établir les divisions qui le partagent entre tant de nations... Là nous avons nos dignités, nos armées, notre autorité ; là nous amassons des richesses, nous entretenons entre nous de perpétuelles guerres pour décider quel sera celui qui, comme le crapaud, s'endormira avec le plus de terre entre ses pattes. »

ne fuyait pas toujours, des infirmités achevèrent de lui remplir ces longues années du déclin.

Un autre élève de Malherbe, et le seul après Racan qui mérite un souvenir, parce qu'il est le seul qui ait laissé en poésie, et dans le goût du maître, quelque chose de durable, c'est Maynard. Né en 1582 dans le Midi, Toulouse, Aurillac et Saint-Céré se disputent, dit-on, l'honneur de sa naissance (1). Il mériterait une étude à part, et je ne puis ici que lui accorder un rapide souvenir. Jeune, il avait été attaché comme secrétaire à la reine Marguerite, la première femme de Henri IV, lorsqu'elle vint dans les derniers temps habiter à Paris. Il devint ensuite président au présidial d'Aurillac en Auvergne et y végéta presque toute sa vie. Il mourut en 1646 à soixante-quatre ans, sans avoir pu jamais forcer la fortune. Il avait joui d'une certaine vogue et d'une première faveur sous Henri IV; il ne la put jamais retrouver sous Richelieu. De bonne heure, il se sent rejeté dans sa province et en danger de se rouiller. Bel-esprit né pour l'Académie, et l'un des premiers sur la liste lors de la fondation, il ne put guère jouir des avantages que procurait cette naissante et déjà illustre Compagnie: Chapelain, sans le vouloir, lui perçait le cœur lorsqu'il lui écrivait dans le premier âge d'or de l'institution (août 1634): « Quand il n'y aurait autre avantage qu'une fois la semaine on se voie avec ses amis *en un réduit plein d'honneur*, je ne croirais pas que ce fût une chose de petite consolation et d'utilité médiocre. M. de Racan est en cette ville, qui n'en manque point et confesse avec sa bonté ordinaire que les conférences qui s'y font ne lui sont pas inutiles, quelque excellent

---

(1) Page 156 des *Lettres biographiques sur François Maynard*, par M. de Labouïsse-Rochefort (Toulouse, 1846) : M. de Labouïsse se prononce pour Toulouse. Il est à regretter que ce petit volume, qui aurait pu établir quelques points nouveaux, soit rempli de digres-

homme qu'il soit (1). » Oh! combien ces conférences, ces *belles conversations* qu'on y tenait, combien les entretiens exquis du Marais ou de la Place-Royale faisaient défaut à Maynard absent! Il le déplore sans cesse. Son peu de bien le retenait au logis et lui interdisait les fréquents voyages. Après la mort d'un de ses fils, il trouva pourtant le moyen d'aller à Rome pour se distraire et se consoler, de s'y attacher à M. de Noailles, l'ambassadeur, et d'y rester environ deux ans; mais il fallut revenir et reprendre la vie de province avec les ennuis du métier. On a le Recueil des Lettres de Maynard qui nous racontent en style fleuri ses occupations, ses tracas, ses inquiétudes. Il passe ses instants de loisir à polir durant des années des épigrammes de toutes sortes qu'il emprunte à Martial, à Catulle ou à de moins dignes, à correspondre avec les Académiciens en renom, avec son voisin Balzac, « l'incomparable ermite de la Charente, » avec les illustres de Paris, Chapelain, Gomberville et autres : il leur prodigue les louanges pour qu'ils les lui rendent; il cherche à se rattacher à ceux qui vivent, et à ce qu'on dise de lui le moins possible *feu Maynard*. C'est là son souci continuel. Tout au contraire de Racan, il se tourmente et se consume autant que l'autre se distrayait aisément et s'oubliait :

sions interminables, et aussi de fautes typographiques qui le défigurent.

(1) La harangue de remerciement que Racan adressa à l'Académie française pour sa réception est du 9 juillet 1635; si la date qui résulte des Lettres manuscrites de Chapelain est exacte, il s'ensuit qu'il faisait partie de la Compagnie et qu'il assistait aux séances dès l'année précédente. — Et en effet, on voit dans l'*Histoire de l'Académie* de Pellisson, qu'il y eut, à partir de janvier 1635, une suite de discours, un chaque semaine, jusqu'au nombre de vingt, prononcés par les Académiciens, chacun à son tour, selon l'ordre indiqué par le sort. Racan ne vint que le douzième. Son discours fut *contre les Sciences*. Étant absent, il l'envoya de Touraine à l'Académie; la lecture en fut faite par M. de Serizay.

« Je suis venu trop tôt ou trop tard au monde, s'écriait-il; tout autre siècle que celui-ci eût rougi de me laisser vieillir dans le village. » Sa plus grande crainte est de passer pour Gascon et pour avoir des gasconismes dans son langage; il est le premier à demander grâce et à s'excuser de ses rudesses; mais, si on le prend au mot et qu'on paraisse lui en trouver en effet, il prétend aussitôt qu'il n'en a pas, et il met au défi toute l'Académie pour la politesse de la diction et l'exactitude. On voit que Maynard prêterait un peu au ridicule et qu'il offrirait au besoin un type de l'écrivain atteint du *mal de province* et qui a la peur d'être devenu suranné avant l'âge. Eh bien ! ce même Maynard, de peu d'invention d'ordinaire, et qui se borne de préférence à mettre en œuvre les pensées d'autrui, a fait une ou deux pièces fort belles. Son ode intitulée *la Belle Vieille* est célèbre; elle s'adresse à une de ces beautés comme nous en avons connu, qui défient les années et dont les retours de saison ont des triomphes comme les printemps :

> Ce n'est pas d'aujourd'hui que je suis ta conquête :
> Huit lustres ont suivi le jour que tu me pris,
> Et j'ai fidèlement aimé ta belle tête
> Sous des cheveux châtains et sous des cheveux gris.
>
> . . . .
>
> L'âme pleine d'amour et de mélancolie,
> Et couché sur des fleurs et sous des orangers,
> J'ai montré ma blessure aux deux mers d'Italie,
> Et fait dire ton nom aux échos étrangers.

Mais ce ne sont là que deux strophes; le reste de la pièce ne se soutient pas à cette hauteur. La pièce vraiment belle de Maynard, celle qui mérite de conserver son nom, est une autre ode de lui : *Alcippe, reviens dans nos bois...* Le thème y est à peu près le même que celui de Racan; il s'agit d'arracher à la Cour un ami que la fortune y abandonne et qui s'acharne à une ingrate poursuite. Maynard, en sondant cette fois dans son propre cœur, a su y trouver des accents de vrai poëte et d'une élévation inaccoutumée :

> La Cour méprise ton encens :
> Ton rival monte, et tu descends,
> Et dans le cabinet le favori te joue.
> Que t'a servi de fléchir les genoux
> Devant un Dieu fragile et fait d'un peu de boue,
> Qui souffre et qui vieillit pour mourir comme nous?
>
> Romps tes fers, bien qu'ils soient dorés;
> Fuis les injustes adorés,
> Et descends dans toi-même à l'exemple du sage.
> Tu vois de près ta dernière saison;
> Tout le monde connaît ton nom et ton visage,
> Et tu n'es pas connu de ta propre raison.
>
> Ne forme que de saints désirs,
> Et te sépare des plaisirs
> Dont la molle douceur te fait aimer la vie.
> Il faut quitter le séjour des mortels;
> Il faut quitter Philis, Amarante et Sylvie,
> A qui ta folle amour élève des autels...

Il continue ainsi l'énumération de tout ce qu'il faut quitter; on reconnaît le *linquenda tellus* d'Horace. Toute l'ode de Maynard se continue et se soutient dans cet ordre d'idées : c'est le lieu commun éternel sur le néant de toute chose, sur la nécessité de mourir, quoi qu'on fasse. Mais le lieu commun est grandement traité; il y est même rehaussé vers la fin; et, allant au delà d'Horace, Maynard, pour détacher son ami des ambitions périssables, montre que ce ne sont pas seulement les hommes, ni les cités, ni les empires qui doivent finir; ce ne sont là que de petits débris : ce ciel physique lui-même, ce théâtre de tant de splendeurs, dit-il, finira, et il aura son jour de ruine :

> Le grand astre qui l'embellit
> Fera sa tombe de son lit.

> L'air ne formera plus ni grêlons, ni tonnerres,
> Et l'univers, qui, dans son large tour,
> Voit courir tant de mers et fleurir tant de terres,
> Sans savoir où tomber, tombera quelque jour.

Pour ce beau trait suprême, Maynard s'est souvenu d'un Chœur de Sénèque dans la tragédie d'*Hercule sur le mont Œta* (acte III). Il a couronné toutes les images d'Horace par la plus vaste image funèbre, et c'est ainsi encore que, dans cet art des imitations combinées et fondues au sein d'une inspiration vive, il s'est montré un digne élève de Malherbe.

On trouverait difficilement la trace directe du maître dans ses autres disciples; ils sont élégants, mais faibles, et, à la seconde génération, les plus purs, comme Segrais, dérivent vers le bel-esprit. Il y eut interruption dès lors dans la descendance lyrique de Malherbe. On aura plus tard d'éclatants retours, et plus d'un jet moderne surpassera en puissance et en largeur la source première : on ne retrouvera plus cette veine charmante et trop peu suivie, qui n'a d'ancien qu'une plus douce couleur, cette veine non plus italienne, ni grecque, ni espagnole, mais purement française de ton et de goût jusque dans ses réminiscences d'Horace.

On représente le plus souvent Malherbe dans sa chambre, entouré de ses disciples, trônant au milieu d'eux et leur disant toutes sortes de mots plus ou moins mémorables. Il y aurait quelque chose de mieux : quand on réimprime ses Œuvres on devrait y ajouter les stances de Racan *sur la Retraite*, son ode *à Bussy*, sa *Consolation sur la mort de M. de Termes*, et aussi l'ode de Maynard *à Alcippe*, quatre pièces de plus en tout, et l'on aurait droit de dire : Voilà ce que Malherbe a fait ou fait faire, voilà l'œuvre de Malherbe au complet dans sa première sève et sa floraison.

Lundi, 25 avril 1853.

GUI PATIN

« C'était le médecin le plus gaillard de son temps, » a dit Ménage. — « Il était satirique depuis la tête jusqu'aux pieds, a dit un autre contemporain ; son chapeau, son collet, son manteau, son pourpoint, ses chausses, ses bottines, tout cela faisait nargue à la mode, et le procès à la vanité. Il avait dans le visage l'air de Cicéron, et dans l'esprit le caractère de Rabelais. » Du Rabelais, à la bonne heure ! quant au Cicéron, j'ai quelque peine à en retrouver trace même dans son air ; laissons ces fausses ressemblances, et demandons plutôt à Gui Patin de se peindre à nous lui-même. Il l'a fait sans y viser, dans des Lettres pleines de naturel, de crudité, de passion, de grossièreté quelquefois, de bon sens bien souvent, d'humeur et de sel de toute sorte. On a en tout, dans les anciennes éditions, sept volumes de ses Lettres, publiées en trois recueils consécutifs. Elles ont été dernièrement réimprimées en trois volumes, avec portrait, fac-simile, etc. (1). Comme les

---

(1) *Lettres de Gui Patin*, précédées d'une Notice biographique, par le docteur Réveillé-Parise (3 vol. in-8°, 1846). Le journal *l'Illustration* du 14 novembre 1846 a fait de cette édition une critique sévère et qui est encore trop indulgente. J'ai un peu connu M. Réveillé-Parise ; on disait que c'était un homme d'esprit : c'est une manière abrégée de se dispenser de rien dire de plus de quelqu'un. Quant à

anciennes éditions fourmillent de fautes, la plus récente se trouve encore être la plus commode pour la netteté et l'exécution typographique. Je reviendrai, en finissant, sur la manière dont je conçois une édition de Gui Patin; commençons d'abord par nous former de lui une idée bien précise.

Né le 31 août 1601, au village de Houdan (ou Hodenc), à trois lieues de Beauvais, d'une honnête famille bourgeoise qui comptait parmi ses membres des marchands drapiers, des notaires, des avocats et même des conseillers au présidial (1), Gui Patin garda toute sa vie la marque du franc Picard et de l'homme de race probe. Son père, qui était capable de mieux, doué, à ce qu'il paraît, d'une certaine éloquence, et qui *parlait d'or*, nous dit son fils, s'était enterré dans la campagne à faire les affaires du seigneur du lieu et de la noblesse. Il voulut que son fils en sortît : « Il me faisait lire, encore tout petit, les Vies de Plutarque tout haut et m'apprenait à bien prononcer. » Ce père, qui avait été reçu avocat lui-même, voulait faire de Gui Patin un avocat. Il le mit au collège à Beauvais, puis l'amena à Paris au collége de Boncourt, où le jeune homme fit sa philosophie. Vers ce temps, le seigneur et les nobles du pays, pour récompenser les services de Patin le père d'une manière qui ne leur coûtât rien, lui voulurent donner un bénéfice pour son fils; mais le jeune homme refusa

ses notes sur Gui Patin, il y parle plus volontiers de la Révolution française et de la décadence sociale que de Gui Patin même et du dix-septième siècle. J'ai quelquefois pensé que si *M. Prudhomme* (le *Prudhomme* d'Henri Monnier) avait été docteur en médecine, il aurait fait de pareilles notes.

(1) On lit dans les *Mémoires historiques et critiques* de Mézeray, à l'article *Avocat* : « Jean Patin, avocat du roi au présidial de Beauvais, pensa être assommé par la populace ligueuse. Il ne laissa qu'une fille. François Patin son frère fut père de l'illustre médecin Gui Patin. »

tout plat, déclarant qu'il ne serait jamais prêtre. On ne saurait, en effet, avoir moins de vocation ecclésiastique que ce libre parleur. Brouillé avec sa mère pour ce refus plus qu'avec son père, qui sentait du moins le prix de sa franchise, il eut quelques années pénibles durant lesquelles il se tourna vers la médecine et s'y appliqua de grand cœur. Tout en l'étudiant, le peu de secours qu'il recevait de sa famille l'obligea d'être quelque temps correcteur dans une imprimerie (1). Enfin il triompha des difficultés, fut reçu docteur de la Faculté de Paris en l'an 1624, et se maria cinq ans après à une femme qui avait, après la mort de père et mère, de solides espérances, vingt mille écus de succession : ces détails ne sont pas indifférents pour l'étude du très-positif Gui Patin. Une fois produit, il travailla vigoureusement à se faire sa place, à concilier l'étude du cabinet avec la pratique : il était littérateur à la façon du seizième siècle, parlant latin autant et plus volontiers que français ; c'est pour le latin qu'il garde ses élégances ; quand il écrit dans sa langue maternelle, son style bigarré exprime à merveille le mélange de goût qui régnait dans les professions savantes durant la première moitié du dix-septième siècle. Gui Patin relève ce mélange un peu épais par une saveur qui lui est propre.

Ses premières lettres en français s'adressent à des confrères de province avec qui il correspond. Il écrit à M. Belin, médecin de Troyes ; c'est une curiosité d'ama-

(1) Cette circonstance de la jeunesse de Gui Patin, dont son dernier biographe paraît vouloir douter, je ne sais pourquoi, est attestée non-seulement par Bayle, mais par des contemporains plus directs. Un des pamphlets que s'attira Gui Patin dans sa querelle avec Renaudot, en 1644, est censé écrit, ou du moins porté à la connaissance du public par *Machurat, compagnon imprimeur*, lequel traite Gui Patin en ancien camarade et lui rappelle le jour où il fut reçu compagnon.

tour qui lui dicte sa première lettre (20 avril 1630) : il s'est mis depuis quelques années à rechercher les antiquités de la Faculté de Paris, à faire collection de toutes les thèses qu'on y a soutenues ; il en a déjà ramassé plus de cinq cents, mais ce sont surtout celles des vingt dernières années qu'il possède, à partir de 1609 : quant à celles qui remontent plus haut, elles sont plus rares, et il s'adresse à M. Belin, son ancien, pour l'aider à combler cette lacune. M. Belin suivait son cours d'études à Paris en 1593 et 1594, années de la Ligue finissante : c'est de cette époque notamment que Patin n'a aucune thèse : « Je vous les demande, écrit-il, à tel prix qu'il vous plaira, et m'offre de vous en faire satisfaction à votre plaisir, soit en argent, soit en livres, ou en toute autre chose qu'il vous semblera bon de choisir. Si vous me daignez faire cette faveur, vous aiderez beaucoup à contenter la curiosité de l'esprit d'un jeune médecin de Paris, qui, en récompense, vous servira en toute occasion... » Dans une autre lettre, ayant appris de M. Belin que celui-ci a entre les mains quelques-unes de ces thèses si désirées, il lui offre de mettre en dépôt vingt pistoles contre ledit paquet, si on le lui confie ; il s'engage à perdre son dépôt s'il n'a rendu les pièces empruntées au temps préfix. Le procédé est honnête et cru. En retour il promet toutes sortes de bons offices : « J'ai en cette ville deux choses desquelles je me puis vanter, de bons livres et de bons amis, qui sont à votre service. » Gui Patin *collectionnait* des thèses, son fils Charles sera un grand *collectionneur* de médailles ; c'est là une passion de famille. Tous ceux qui en sont atteints reconnaîtront en lui les vrais signes : une lacune fait son malheur. Rien ne l'ennuie de ce qui est dans le sens de son désir. Pour mieux satisfaire son correspondant, M. Belin se met en quête auprès des vieux docteurs, mais Patin l'a déjà devancé : « M. Faideau (un de ces vieux docteurs) est mort il y a trois ans, mais je n'ai que faire de ses registres : j'ai une copie des noms et surnoms de tous les licenciés et docteurs, selon qu'ils ont passé par ordre en notre école depuis plus de trois cents ans, avec tout ce qui s'est passé de mémorable dans notre Faculté. *Je connais les vieux et les jeunes, et sais beaucoup de choses de la plupart des défunts.* En cas de nécessité, j'en ferais bien une petite histoire. Je ne suis qu'en peine de retrouver de leurs vieilles thèses pour en achever un beau nombre, et puis j'aviserai après à ce que j'en dois faire, selon le dessein que j'en ai eu par ci-devant. » Voilà un français bien peu élégant, même à sa date. Gui Patin s'y dessine déjà à nous par quelques-uns de ses traits. Il n'a que vingt-neuf ans ; sa curiosité n'est pas encore beaucoup sortie du cercle des écoles, mais il en sait toutes les anecdotes, il en pourrait écrire la chronique, une petite histoire, non pas académique, non pas solennelle, mais recueillie oralement. Tel il sera toute sa vie : à l'affût des nouvelles, des particularités et personnalités, et y appliquant sa nature d'esprit ; railleur, franc-parleur, franc-jugeur ; avide des *on dit* qui courent, les redisant non sans les colorer de son humeur et sans les redoubler de son accent ; un *anecdotier*, comme La Fontaine était un *fablier*. Voltaire, le prenant sur l'ensemble de ses lettres, l'a jugé sévèrement et sans véritable justice : « Il sert à faire voir, dit-il, combien les auteurs contemporains, qui écrivent précipitamment les nouvelles du jour, sont des guides infidèles pour l'histoire. Ces nouvelles se trouvent souvent fausses ou défigurées par la malignité ; d'ailleurs cette multitude de petits faits n'est guère précieuse qu'aux petits esprits. » *Petits esprits*, je n'aime pas qu'on dise cela des autres, surtout quand ces autres composent toute une classe et un groupe naturel : c'est une manière trop abrégée et trop commode d'indiquer qu'on est soi-même d'un groupe différent. En avançant dans la lecture de Gui Patin, nous verrons qu'il n'avait point sans doute l'esprit philosophique et méthodique dans le sens général du mot ; il n'est point à cet égard de la famille de Descartes, il est de ces esprits *à bâtons rompus*, si je puis dire, et qui ne vont pas jusqu'au bout d'une conséquence ; mais il a tout ce que le bon sens à première vue saisit et appréhende, et il le rend avec des jets de verve, avec des éclats de causticité qui sont amusants. Il a su faire de toutes ses notions, de ses préjugés, de ses hardiesses, de ses dictons, de ses centons, de ses inconséquences, un amas très-vif et très-remuant. Il est lui-même un original achevé, non pas un témoin d'histoire, mais une *médaille de mœurs*. Bayle, qui parle de lui en cent endroits, a dit dans une lettre à un ami, et corrigeant à l'avance le jugement de Voltaire : « J'ai pris assez de plaisir, moi qui aime ces sortes de personnalités, et qui travaille *ex professo* à ces recherches, à parcourir les Lettres de Gui Patin qui nous sont venues de Genève. » C'est que Bayle était avant tout de cette famille des curieux. Gui Patin en était si naturellement que, dans ce qu'il lit et recommande aux autres, il s'inquiète moins de savoir si c'est bon que de savoir si c'est curieux. Quand son ami, le docteur Riolan, publie ses Œuvres in-folio (1649), il est heureux d'en dresser lui-même la *table* en quelques soirées : « Et comme tout l'ouvrage est parsemé de quantité de choses fort curieuses, j'ai fait en sorte que la table en retînt quelque chose. » Cette table des matières à composer a été un de ses plaisirs (1). Il devrait bien se trouver un autre

(1) Ceux qui sont curieux comme lui peuvent chercher cet *Index amplissimus et absolutissimus* qui se trouve joint au volume de Riolan, intitulé *Opera anatomica* (1650), contenant l'*Anthropographia* et d'autres opuscules.

Gui Patin qui en fasse une pour ses Lettres, qui en ont tant besoin.

Comme médecin, Gui Patin est un de ceux qui pouvaient à bon droit passer pour éclairés, de leur temps, mais il n'est pas en avant ni au delà. Il ne croit plus aux qualités occultes, il n'ira pas jusqu'à admettre la circulation du sang : « Je ne crois point de qualités occultes en médecine, écrit-il à M. Belin, et pense que vous n'y en croyez guère plus que moi, quoi qu'en aient dit Fernel et d'autres de qui toutes les paroles ne sont point mot d'Évangile. Je les puis détruire par plus de cinquante passages d'Hippocrate et de Galien à point nommé, et par l'expérience même...... » L'expérience ici ne vient pourtant qu'après les textes d'Hippocrate et de Galien. Il fait (et assez sincèrement, on le doit admettre) la part de la religion, et celle de la science. En fait de médecine, il se flatte de ne croire que ce qu'il voit. Il a des idées qui semblent justes sur la nature et l'usage des remèdes. Pour apprécier certaines réformes admises et préconisées par Gui Patin, il convient de se reporter à l'état des choses et au mode de traitement usité à son époque. La guerre n'était pas seulement alors entre les médecins et les chirurgiens, elle était aussi entre les médecins et les apothicaires. Molière, dans ses plaisanteries, n'exagérait pas tant qu'on le croirait, quand il a mis si souvent en scène ces derniers. La *matière médicale* était devenue un cloaque d'abus, et il fallait purger cette officine d'Augias. Une masse de remèdes pour le moins inutiles, dangereux souvent, d'une superstition traditionnelle. et très-coûteux, venaient tout d'abord masquer la maladie au début, et en bien des cas l'accroître. Quand on se sentait malade, on s'adressait d'abord à l'apothicaire, qui prodiguait ses compositions; le médecin n'était appelé qu'ensuite : il trouvait le malade déjà en voie de traitement moyennant juleps, poudres, opiats, tablettes cordiales, etc. Quelques médecins de la Faculté de Paris eurent l'idée de rompre cette routine et d'affranchir le malade de ces habitudes ruineuses. *Le Médecin charitable* de Guybert, publié en français, et qui se composait d'une suite de petits traités simples et d'indications à l'usage de tous, commença de porter la lumière dans le labyrinthe et l'économie dans le laboratoire. Gui Patin contribua pour sa part à ce Manuel par un petit traité hygiénique : *De la Conservation de la Santé par un bon régime* (1632). « Pour bien faire la médecine, pensait-il, il ne faut guère de remèdes, et encore moins de compositions, la quantité desquelles est inutile et plus propre à entretenir la forfanterie des Arabes, au profit des apothicaires, qu'à soulager des malades... Je rends la pharmacie le plus populaire qu'il m'est possible... » Il cite les noms de plusieurs de ses confrères comme ayant introduit dans les familles de Paris « une médecine facile et familière, qui les a délivrées de la tyrannie de ces *cuisiniers arabesques.* » Mais il portait dans cette réforme sa passion même, et autant de désir peut-être de nuire aux apothicaires que d'aider à ses malades. Sa pratique, d'ailleurs, avait aussi ses excès : « Le grand abus de la médecine, disait-il, vient de la pluralité des remèdes inutiles, et de ce que la saignée a été négligée. » Cette saignée, Gui Patin en usait et en abusait, si ce qu'on raconte est vrai. Il nous dit lui-même qu'il saigna treize fois en quinze jours un jeune gentilhomme de sept ans atteint de pleurésie. Il le sauva. Ses ennemis parlent de la femme d'un libraire, qui, pour une petite fièvre de rhume, fut saignée quinze fois en douze jours, et mourut d'un purgatif en sus qu'on lui administra. Les ennemis de Gui Patin l'appelaient le médecin des trois S, parce qu'indépendamment de la *Saignée*, son grand et principal moyen, il avait coutume d'ordonner le *Son* et le *Séné;* ajoutez-y le *Sirop* de roses pâles : ce qui fait quatre S. Tout cela nous importe peu aujourd'hui ; le seul point qui nous touche historiquement, c'est cette demi-réforme tentée par les meilleures têtes de la Faculté d'alors, dont était Gui Patin, contre la tradition et la routine des remèdes mystérieux, merveilleux, *irrationnels;* elle répondait assez bien aux autres demi-réformes analogues qu'avaient proposées, vers le commencement du siècle, Charron dans la morale et l'éducation, Gassendi dans la philosophie, et que proposait Port-Royal dans l'éducation aussi et dans l'art de penser. On tenta et on opéra alors une simplification analogue dans la médecine; on poursuivit la scolastique dans la pharmacopée et la matière médicale. Les médecins, par exemple, commencèrent à écrire certaines de leurs ordonnances en français. Mais, en même temps, Gui Patin n'était pas d'avis qu'on traduisît Hippocrate : « Si j'avais du crédit, je l'empêcherais. » Il craignait que cela ne fournît texte et matière à faire babiller les charlatans et les singes du métier. Il s'arrêtait à mi-chemin; je ne dis pas qu'il eût tort. Ces demi-conquêtes du bon sens, qui aujourd'hui et de loin paraissent peu de chose, ont beaucoup coûté à obtenir. Ceux qui les ont soutenues à leur moment, et qui ont dû prendre sur eux-mêmes pour cela, ont eu sans cesse à combattre au dehors : il n'est pas étonnant que tant de colères et de passions se soient dépensées dans la lutte.

Gui Patin est l'homme de ces colères; il a des verves et des rages de parole tout à fait rabelaisiennes, mais sans rire; il mord à belles dents et emporte la pièce. Après les moines, après les Jésuites, il ne déteste rien tant que les apothicaires; c'est une guerre à mort, une guerre civile et plus que civile, qui est comique. Il met son point d'honneur et celui de la Faculté à les rabaisser, à les anéantir. Une paix plâtrée et fourrée avec eux ne lui suffit pas; il a des plans de campagne médités à l'avance, des projets d'Annibal : « M. Spon, mon bon ami, vous dira le dessein que j'ai contre les apothicaires, écrira-t-il en 1647 à l'un de ses confrères de Lyon, mais il me faut du temps et du loisir dont j'ai fort peu de reste. » En attendant il est cité par eux en justice pour les railleries solennelles qu'il se permet dans ses thèses; l'affaire va en Parlement : il répond et se défend lui-même durant une heure entière devant six mille personnes qu'il fait rire de sa verve et de ses lazzis. Gui Patin, dans ces sortes de séances, est un auxiliaire imprévu de Molière. Mais ce n'est pas ainsi qu'il l'entend; car, s'il se moque des uns, il croit fort et ferme aux autres, et ce qu'il en dit, c'est par amour et gloire de son état.

On avait alors, et lui plus que tout autre, de ces préventions et de ces animosités de profession et de métier; on était de sa robe, l'un du Parlement, l'autre de la Sorbonne, un autre de la Faculté de médecine; on y mettait toutes ses passions, toute son âme; c'était trop. Pourtant, cela faisait des honnêtes gens, même dans l'antagonisme où ils étaient les uns avec les autres, et les maintenait tels plus aisément peut-être qu'en plaine, comme depuis et en rase campagne. Aujourd'hui que toutes les classes sont mêlées et confondues, que tous les angles sont polis et usés, le bon goût, le simple usage empêche qu'on ne ressente ou qu'on ne témoigne les colères ou les préjugés de son état : en a-t-on autant qu'autrefois toutes les convictions et les vertus?

Gui Patin se croyait sorti du seizième siècle, et il ne l'était qu'à demi. Un jour, écrivant à ce médecin de Troyes, son ancien, M. Belin, avec qui il était dans les meilleurs termes, il lui a parlé contre les qualités occultes admises par Fernel. Ce propos a paru assez léger à M. Belin, qui a pour Fernel un culte bien légitime, et à qui l'on a appris les qualités occultes dans sa jeunesse ; mécontent, il renvoie au jeune homme ce mot du seizième siècle : *Ne sus Minervam*. Cette aménité du temps de Scaliger, venant dans une correspondance tout amicale, étonne un peu Gui Patin, qui est *relativement* plus poli ; il proteste n'avoir point voulu offenser M. Belin, et encore moins déprécier Fernel, auquel il décerne le premier rang entre les modernes, mais qui pourtant était homme et a pu faillir ; il ajoute : « Je vous tiens pour Minerve et au delà ; mais j'ai de quoi montrer (*absque jactantia dixerim*) que je ne suis point du tout dépourvu de ses faveurs, après l'huile que j'y ai usée, et une bonne partie de ma santé que j'y ai prodiguée. Je vous tiendrai néanmoins toujours pour mon maître, et réputerai à grande faveur d'apprendre de vous, pourvu que ce soit sans ces mots odieux : *Sus Minervam*, qui sont tout à fait indignes, à mon jugement, d'être proférés entre deux amis de l'un à l'autre. » Ce qui est à noter, c'est que lui qui parle de la sorte, il sera prodigue de pareils mots insultants et grossiers, non pas avec ses amis, il est vrai, mais avec les adversaires qu'il rencontre en mainte occasion. Il leur jette à la face, dès le premier abord, toutes les épithètes injurieuses de Plaute, sans parler de ces autres injures plus raffinées qui n'ont pu être inventées que depuis le seizième siècle et après la découverte de l'Amérique. Parmi ses adversaires les plus maltraités, il en est un surtout avec qui il a engagé un duel à mort très-singulier et très-remarquable dans ses circonstances. C'est un épisode de la vie de Gui Patin qui mériterait un éclaircissement dans une bonne édition de ses Lettres ; j'en donnerai ici un aperçu.

Théophraste Renaudot est le fondateur de la *Gazette* en France ; or la *Gazette*, fondée en 1631 sous le patronage du cardinal de Richelieu, est le premier journal proprement dit, journal politique, officiel, tel seulement qu'il en pouvait exister alors, la première ébauche de tous les journaux nés depuis, et du *Moniteur* en particulier. Ce Renaudot qui avait titres et qualités : « Docteur en la Faculté de médecine de Montpellier, Médecin du roi, Commissaire général des pauvres, Maître et Intendant général des Bureaux d'adresse de France, » était un homme à idées modernes comme plus tard l'a été Charles Perrault. Après quelques années de pratique en province, à Loudun (1), il conçut de bonne heure le projet d'établir à Paris un centre d'information et de publicité. Montaigne, en ses *Essais*, au chapitre XXXIV°, qui a pour titre : *D'un Défaut de nos polices*, avait dit :

« Feu mon père, homme, pour n'être aidé que de l'expérience et du naturel, d'un jugement bien net, m'a dit autrefois qu'il avait désiré mettre en train qu'il y eut ès villes certain lieu désigné auquel ceux qui auraient besoin de quelque chose se pussent rendre et faire enregistrer leur affaire à un officier établi pour cet effet : comme « Je cherche à vendre des perles ; Je cherche des perles à vendre ; Tel veut compagnie pour aller à Paris ; Tel s'enquiert d'un serviteur de telle qualité ; Tel, d'un maître ; Tel demande un ouvrier ; Qui ceci, qui cela, chacun selon son besoin. » Et semble que ce moyen de nous entr'avertir apporterait non légère commodité au commerce public ; car à tout coup il y a des conditions qui s'entre-cherchent, et, pour ne s'entr'entendre, laissent les hommes en extrême nécessité. »

Renaudot, qui savait son Montaigne et qui s'en autorise, résolut d'établir ce centre commun d'annonces, d'adresses et de renseignements ; il eut l'idée de plus, soit par un sentiment d'humanité, soit pour mieux

---

(1) « L'origine et les mœurs de ce réformateur sont à observer : il est né à Loudun où, selon les jugements des Commissaires, *les Démons ont établi leur séjour* ; a témoigné avoir une partie de leurs secrets et de leurs ruses. » C'est ce que disait l'avocat de la Faculté de médecine de Paris dans une plaidoirie contre Renaudot. Cette allusion à la ville de Loudun revient sans cesse à son sujet : *Nebulo hebdomadarius de patria Diabolorum.*

achalander son entreprise, de donner des consultations gratuites, et de se faire le Commissaire officieux, mais qualifié et breveté, des pauvres et des malades, de ceux qui ne voulaient pas entrer dans les hôpitaux, et qui désiraient être traités à domicile : il se chargeait de leur procurer gratis médecins et médicaments. Il joignait à tout cela le prêt sur gages, c'est-à-dire un commencement de Mont-de-piété. Qu'on ajoute à ces nombreuses inventions et innovations sa *Gazette*, seul organe de publicité d'alors, placée sous la protection et comme dans la main du chef de l'État, c'est plus qu'il ne faut pour prouver que Renaudot n'était pas un esprit à mépriser. Mais il était Médecin de la Faculté de Montpellier et non de celle de Paris, et il voulait pratiquer à Paris sans l'autorisation de la Faculté, de l'*Ecole*, comme il affectait de dire un peu dédaigneusement. De là des colères, des injures sans nom, et des procès dont il ne put sortir qu'à ses dépens.

On était en tout sous le régime du privilége. A la fin du dix-septième siècle et dans le dix-huitième, la Comédie française s'opposait tant qu'elle pouvait aux théâtres de la Foire, et leur fermait de temps en temps la bouche, de peur de concurrence. L'Académie royale de musique s'opposait aux Italiens et aux théâtres chantants, ou du moins avait sur eux la haute main. Quand, vers le milieu du dix-huitième siècle, Marmontel ou Le Brun (le poëte), ou tout autre jeune littérateur pauvre, voulait créer quelque petite feuille de littérature et de critique, il ne le pouvait qu'en contrebande, faute d'avoir de quoi payer 300 francs au *Journal des Savants*: c'était un tribut qui était dû à ce père et seigneur suzerain des journaux littéraires. On ne saurait donc s'étonner de la susceptibilité de la Faculté de Paris et de sa protestation en forme contre la prétention de Renaudot, d'exercer et de diriger tout un système de médecine gratuite à Paris. La querelle éclata vers l'année 1644.

Il y eut un Factum publié par Renaudot, auquel il fut répondu par un autre Factum sous le titre : *La Défense de la Faculté de Médecine de Paris contre son Calomniateur*, dédiée à l'Éminentissime Cardinal de Richelieu et signée des *Doyen et docteurs régents*. Gui Patin était au fond de cette Défense, et tenait la plume si l'on en croit Renaudot. Cela est assez vraisemblable, à en juger par la vivacité furibonde qu'il montre à ce sujet dans ses lettres : « Si ce Gazetier (c'est ainsi qu'il l'appelle toujours) n'était soutenu de l'Éminence en tant que *nebulo hebdomadarius* (ces mots de *polisson*, de *fripon à la semaine*, reviennent sans cesse sous la plume de Gui Patin, il est vrai que c'est en latin qu'il les dit), nous lui ferions un procès criminel, au bout duquel il y aurait un tombereau, un bourreau, et tout au moins une amende honorable : mais il faut obéir au temps. » On peut juger par cette modération contrainte de ce que sera la violence dès qu'elle pourra éclater. Richelieu fit venir le doyen de la Faculté, qui était alors Du Val, et Renaudot : « Son Éminence, dit celui-ci, fit l'honneur au doyen et à moi de nous dire qu'Elle désirait notre accommodement, qui n'est pas purement et simplement protéger ceux de l'École de Paris en l'action intentée contre ma charité envers les pauvres malades : ce qu'on ne doit aussi jamais attendre d'une si grande piété qu'est la sienne. Et n'était que je ne veux pas engager, comme ils font trop légèrement, les oracles de sa bouche sacrée, je pourrais ici rapporter le blâme qu'Elle donna à leur procédé. » Malgré cette défense du cardinal, quelques écrits coururent en 1641, et j'en ai trois ou quatre sous les yeux.

Dans les raisons alléguées par la Faculté, par ceux qui écrivent en son nom, et par Gui Patin en particulier, contre Renaudot, et pour preuve de son incapacité et de son indignité à pratiquer la médecine, ce qui tient la première place, c'est le *trafic et négociation* qu'il fait « à vendre des Gazettes, à enregistrer des valets, des terres, des maisons, des gardes de malades, à exercer une friperie, prêter argent sur gages, et autres choses indignes de la dignité et de l'emploi d'un médecin. Il fallait à Thèbes, dit son accusateur, s'abstenir dix ans entiers de trafiquer à celui qui voulait entrer en quelque magistrature. » Les enfants de Renaudot, qui furent depuis les hommes de mérite et des médecins, s'étant présentés au baccalauréat devant la Faculté de Paris, il leur fallut déclarer *par acte de notaire et par serment* qu'ils renonçaient au trafic de leur père. Renaudot, revenant sur cette condition imposée à ses fils et expliquant comment on pouvait tenir le Bureau d'adresses et d'annonces sans se charger pour cela des détails confiés à des commis, reconnaît qu'en effet ses fils ont déclaré devant la Faculté « qu'ils ne se mêlaient point et ne s'étaient jamais mêlés des négociations dudit Bureau. » Mais ce n'est pas, ajoute-t-il, que ces négociations ne soient honnêtes et licites, c'est qu'elles sont remises aux mains de subalternes. Toutefois, voyant qu'on prétendait abuser contre lui de la déclaration de ses fils, il dut se pourvoir contre et demander qu'elle fût rapportée.

Le procès assoupi en 1641 se réveilla en 1643. Il fut précédé d'une plainte particulière de Renaudot contre Gui Patin, lequel l'avait traité dans quelque préface latine avec sa bonne grâce ordinaire (*nebulo*, *blatero*, toujours le *fripon* et le *polisson*). Gui Patin plaida sa propre cause aux Requêtes de l'Hôtel (14 août 1642), en présence, dit-il, de quatre mille personnes : « Je n'avais rien écrit de mon plaidoyer et parlai sur-le-champ par cœur près de sept quarts d'heure : j'avais depuis commencé à le réduire par écrit, mais tant d'autres empêchements me sont intervenus que j'ai été obligé de l'abandonner. Je n'en ai que trois pages d'écrites, et il y en aura plus de quinze. » Dans ce plaidoyer qui était plus comique que sérieux, plus macaronique que français, et « qui appartenait mieux à un Hôtel de Bourgogne qu'à un barreau, » Gui Patin, tout en réitérant ses sarcasmes et ses moqueries, en tournant et retournant son adversaire, et en faisant rire la galerie, déclara pourtant, à ce qu'assure Renaudot, qu'il avait entendu parler d'un autre que de lui (1). Mais quand le roi fut mort et qu'on fut sous la bonne régente, la Faculté jugea que le moment était venu d'avoir raison du Gazetier que Richelieu n'était plus là pour protéger. Renaudot, qui ne s'oubliait pas, adressa une *Requête à la Reine en faveur des pauvres malades de ce royaume,* dans laquelle il renouvelait son projet d'un grand hôtel central à établir pour les consultations charitables et gratuites. Gui Patin fit ou inspira un pamphlet pour critiquer et mettre en pièces cette Requête; et Renaudot de nouveau riposta, en attendant que l'affaire fût jugée devant le Parlement.

Il y a dans toute cette querelle, et dans le fatras d'écritures qu'elle produisit, des choses fort curieuses et pour l'histoire de la médecine et pour l'histoire des journaux en France. On y voit que Renaudot, depuis l'année 1634 ou 1635, tenait tous les mardis de chaque semaine une séance de consultations gratuites dans sa

---

(1) En sortant de l'audience, Gui Patin aborda son adversaire en disant : « Monsieur Renaudot, vous pouvez vous consoler, car vous avez gagné en perdant. » — « Comment donc? » demanda Renaudot. — « C'est, lui répliqua le railleur sans miséricorde, que vous étiez camus en entrant ici, et que vous en sortez avec un pied de nez. » Gui Patin est coutumier de ces plaisanteries à la Dupin ; elles lui partaient à propos et hors de propos, comme à l'autre. Renaudot, en effet, soit de naissance, soit par accident, avait le nez très-court. Ce nez écourté joue un grand rôle dans les injures et pamphlets orduriers contre le pauvre homme.

maison : il y assemblait, à cet effet, plusieurs médecins, la plupart étrangers comme lui et de la Faculté de Montpellier. Cependant la Faculté de Paris ne voulut pas être en reste, et, dans une affiche portant décision du 27 mars 1639, mais qui ne fut placardée que bien des mois après, on lut : « Les doyen et docteurs de la Faculté de médecine font savoir à tous malades et affligés, de quelque maladie que ce soit, qu'ils se pourront trouver à leur Collége, rue de la Bûcherie, tous les samedis de chaque semaine, pour être visités charitablement par les médecins députés à ce faire, lesquels se trouveront audit Collége ; et ce depuis les dix heures du matin jusques à midi, pour leur donner avis et conseil sur leurs maladies et ordonner remèdes convenables pour leur soulagement. » — Une autre annonce plus complète de bienfaisance commençant par ces mots : *Jesus Maria*, fut promulguée et lue dans les prônes le jour de Pâques 1641, en des termes tout conformes à la dévotion chrétienne. Il y était dit que cette espèce de consultation et de clinique gratuite devait se tenir tous les samedis à l'issue de la messe qui se célébrait chaque semaine en la chapelle de la Faculté, et après laquelle on réciterait désormais les Litanies de la Vierge et l'on invoquerait particulièrement les saints et saintes qui de leur vivant, par profession ou par charité, avaient exercé et pratiqué la médecine. On devait cette fois non-seulement donner des avis, mais fournir des médicaments et remèdes gratis, selon les *petits moyens* de la Faculté. Renaudot prétendait que c'était là une imitation et une émulation de l'École de Paris qui s'était piquée d'honneur sur son exemple, et qui profitait de son idée charitable. Il remarquait malignement que les quatre docteurs, spécialement préposés pour ce service gratuit du samedi, recevaient chacun *trente sous* des deniers de la Faculté. La Faculté, au contraire, protesait contre toute idée d'imitation et soutenait que, dans cet essai de bonne œuvre publique, elle n'avait eu à s'inspirer que d'elle-même et de son amour du bien. Toutes ces discussions, où le mot de charité revenait sans cesse, ne se passaient point sans grand renfort d'invectives des deux parts et d'injures infamantes.

L'insulte de *Gazetier* était la plus fréquente que les défenseurs de la Faculté adressassent à Renaudot : et ici Gui Patin, emporté par sa passion, était des plus inconséquents. Lui qui, dans sa malice curieuse et son amour des nouvelles, était homme à inventer les Gazettes et chroniques, si un autre ne les eût inventées, il en faisait presque à Renaudot un crime d'État. « Je vous confesse, disait-on au nom de la Faculté, que vos *Gazettes* vous font reconnaître pour un Gazetier, c'est-à-dire un écrivain de narrations autant fausses que vraies. Il vous eût été plus honorable de prendre la qualité d'*historiographe*, puisque Lucien veut et démontre qu'il appartient plutôt aux médecins à *décrire* les histoires qu'à d'autres. » Mais Renaudot n'était pas facile à émouvoir sur ce point; il croyait à l'utilité de ses diverses innovations et de ses établissements, à celle de sa *Gazette* entre autres, et il s'en faisait gloire : « Mon introduction des *Gazettes* en France, écrivait-il en 1641, contre lesquelles l'ignorance et l'orgueil, vos qualités inséparables, vous font user de plus de mépris, est une des inventions de laquelle j'aurais plus de sujet de me glorifier si j'étais capable de quelque vanité...; et ma modestie est désormais plus empêchée à récuser l'applaudissement presque universel de ceux qui s'étonnent que mon style ait pu suffire à tant écrire à tout le monde déjà par l'espace de dix ans, le plus souvent du soir au matin, et des matières si différentes et si épineuses comme est l'histoire de ce qui se passe au même temps que je l'écris, que je n'ai été autrefois en peine de me défendre du blâme auquel toutes les nouveautés sont sujettes. » Ce premier en date de nos journalistes a la phrase un peu longue ; pardonnons à l'enfance de l'art. En 1644, quand la réaction contre Richelieu se prononce, on veut faire un crime à Renaudot d'avoir enregistré tous les actes de ce grand ministre, et ceux mêmes qui pouvaient être personnellement désagréables à la reine ; on lui reproche notamment certain article du 4 juin 1633, qui lui avait été envoyé le matin même de la publication par le cardinal de la part du roi. A toutes ces accusations Renaudot n'a qu'une réponse : c'est qu'en ce qui s'est passé depuis plus de dix ans dans les affaires d'État, sa plume n'a été que la *greffière*. Il a obéi parce que tout le monde obéissait, et que c'était son devoir plus spécialement encore qu'à tout autre. Il nous apprend qu'il avait pour collaborateur le roi lui-même : « Chacun sait que le roi défunt ne lisait pas seulement mes *Gazettes*, et n'y souffrait pas le moindre défaut, mais qu'il m'envoyait presque ordinairement des Mémoires pour y employer. » Quand le roi était éloigné de Paris, il envoyait des courriers d'un bout du royaume à l'autre, à lui Renaudot, pour lui faire savoir ce qu'il devait insérer ; et plus d'une fois, lorsque le courrier de Paris qui était porteur de la *Gazette* éprouvait quelque retard, il arriva que le roi témoigna son impatience. Voilà les réponses de Renaudot à ses calomniateurs auprès de la reine-mère. Il en résulte qu'à toutes les inventions et fondations de Richelieu, faites en vue de centraliser la puissance, il faut ajouter cette naissante invention de la *Gazette*, le premier et le seul organe alors d'une publicité régulière. L'idée d'un *Moniteur* remonte à Richelieu, et Renaudot en comprenait la portée. En combinant cette idée avec tous les autres moyens d'information centrale et de publicité dont a hérité toute la presse, il demeure pour tous un ancêtre commun.

Maintenant on trouverait bien des grossièretés ou des inconséquences dans ces Factums contradictoires; je laisse les grossièretés et ne touche qu'aux inconséquences. Renaudot, pour se défendre contre les médecins de la Faculté, s'allie à leurs grands ennemis les apothicaires; il fait de justes réserves en faveur de la chimie, que les médecins du bord de Gui Patin dédaignaient trop; il relève dans le *Codex medicamentarius* quelques bévues qui prêtaient à rire aux moindres apprentis en pharmacie. Mais, d'autre part, il veut que l'on continue de faire des ordonnances en latin, à grand appareil, ce qui est peu raisonnable et peu d'accord avec son idée de vulgarisation des choses utiles. D'un autre côté, les médecins qui sont entrés dans la voie de Guybert, dans la voie du Médecin charitable et populaire (et Gui Patin semble quelquefois de ceux-là), continuent de parler comme les membres d'une corporation d'initiés. Ils commencent leur Défense par ces mots sacramentels : « *Aristote nous apprend..* » Ils reprochent à Renaudot d'avoir voulu faire d'une salle de fripiers et usuriers (allusion à son Mont-de-piété), d'une boutique de journal, « une synagogue de médecins, » et concluent que chacun des médecins de Paris a le droit de prendre la verge à la main pour chasser ces profanateurs.

On était sous la Régence; Richelieu n'était plus là pour protéger le pauvre Renaudot, et le Parlement avait peu de goût pour les créatures du défunt cardinal. Renaudot perdit son procès. Gui Patin en triomphe, et avec une sorte de joie cruelle; ses lettres de 1644 sont toutes pleines de ses bulletins de victoire :

« Je vous dirai, écrit-il à Spon (8 mars), qu'enfin le Gazetier, après avoir été condamné au Châtelet, l'a été aussi à la Cour, mais fort solennellement, par un arrêt d'audience publique prononcé par M. le Premier Président (1ᵉʳ mars). Cinq avocats y ont été ouïs, savoir celui du Gazetier, celui de ses enfants, celui qui a plaidé pour les médecins de Montpellier, qui étaient ici ses adhérents, celui qui plaidait pour notre Faculté, et celui qui est intervenu en notre cause de la part du Recteur de l'Université. Notre doyen a aussi harangué en latin, en présence du plus beau monde de Paris. Enfin M. l'avocat général Talon donna ses conclusions par un plaidoyer de trois quarts d'heure, plein d'éloquence, de beaux passages bien triés et de bonnes raisons, et conclut que le Gazetier ni ses adhérents n'avaient nul droit de faire la médecine à Paris, de quelque Université qu'ils fussent docteurs, s'ils n'étaient approuvés de notre Faculté, ou des médecins du roi ou de quelque prince du sang, servant actuellement. Puis après il demanda justice à la Cour pour les usures du Gazetier et pour tant d'autres métiers dont il se mêle, qui sont défendus. La Cour, suivant ses conclusions, confirma la sentence du Châtelet, ordonna que le Gazetier cesserait toutes ses conférences et consultations charitables, tous ses prêts sur gages et vilains négoces, et *même sa chimie, de peur*, ce dit M. Talon, *que cet homme qui a tant d'envie d'en avoir par droit et sans droit, n'ait enfin envie d'y faire la fausse monnaie* (1). »

On voit à quel point le Parlement et les gens du roi entraient avant et prenaient parti dans ces guerres des Corps contre les libres survenants.

L'impitoyable Faculté poussa la rigueur au sein du triomphe, et voyant son ennemi à bas, jusqu'à ne point pardonner à ses deux fils et à leur refuser le bonnet, « après lequel ils attendent depuis quatre ans, dit Gui Patin, et attendront encore. » Et, débordant sur ce sujet, cet homme d'école s'écrie dans un dernier accès de fierté et de superbe plus doctorale que philosophique :

« Tous les hommes particuliers meurent, mais les Compagnies ne meurent point. Le plus puissant homme qui ait été depuis cent ans en Europe sans avoir la tête couronnée, a été le cardinal de Richelieu : il a fait trembler toute la terre; il a fait peur à Rome; il a rudement traité et secoué le roi d'Espagne, et néanmoins il n'a pu

(1) Dans l'*Extrait des Registres de la Cour de Parlement* (1644) où est relaté le plaidoyer de M. Talon, on ne trouve point cette phrase, que M. Talon ne laissa peut-être échapper qu'en conversation.

faire recevoir dans notre Compagnie les deux fils du Gazetier qui étaient licenciés et qui ne seront de longtemps docteurs. »

J'ai à peine, dans tout ce qui précède, donné idée de Gui Patin, qui n'est nullement un homme tout d'une pièce ni un esprit d'une seule venue. On a pu seulement comprendre que, tout en étant instruit et d'un sens commun vigoureux, il n'était pas un homme éclairé à proprement parler. Son humeur, ses rancunes, ses préventions, ses préjugés de corps, de classe, de pays et de quartier viennent à tout moment interrompre ses parties saines et bigarrer, en quelque sorte, ses fortes et brusques qualités. Mais, tout en paraissant un grand original, il n'est pas seul de son espèce ; il n'est qu'un exemple plus saillant et plus en relief d'une inconséquence bourgeoise et de classe moyenne, qui est curieuse à étudier en lui. Je n'ai fait qu'entamer ce que j'ai là-dessus à dire.

Lundi, 2 mai 1853.

GUI PATIN

(fin)

La branche épistolaire de la littérature française commence à proprement parler au dix-septième siècle. Auparavant les gens de lettres et les doctes, à part de rares exceptions (dont celle d'Étienne Pasquier est la plus notable), s'écrivaient en latin. Une grande et belle littérature latine épistolaire régnait depuis la Renaissance ; pour la fixer au Nord et de ce côté des Alpes entre deux noms illustres, on peut dire qu'elle s'étend d'Érasme à Casaubon. La littérature française ne se dégage complétement dans le genre épistolaire qu'à dater de Malherbe et de Balzac. Malherbe n'avait donné que quelques échantillons de lettres pour les grandes occasions, ne s'astreignant point à soigner son style dans l'ordinaire de la vie : Balzac s'y appliqua et en fit proprement son domaine ; il fut toute sa vie le grand *épistolier* de France. Tout sujet de lettres lui était bon comme matière à esprit et presque à éloquence : « un bouquet, une paire de gants, une affaire d'un écu ; prier le maire d'une ville de faire raccommoder un mauvais chemin, recommander un procès à un président, » tout cela, sous sa plume, devenait un texte à belles pensées et à beau langage, et ne lui fournissait pas moins de quoi plaire « que toute la gloire et toute la grandeur des Romains. » La plupart des lettres des littérateurs et beaux esprits du temps de Balzac sont taillées sur son patron : ainsi celles de Maynard, de M. de Plassac, du chevalier de Méré ; mais plus on se rapproche de la Cour et de Voiture, plus le badinage et une certaine familiarité recherchée s'y mêlent et tendent à corriger la solennité du premier maître. Gui Patin a pourtant raison de dire que, bien qu'on joigne souvent, pour les comparer, Voiture à Balzac, il ne doute point que ce dernier « ne le doive emporter de beaucoup, tant pour son *érudition universelle* que pour la *force de son élocution*. »

Gui Patin ne ressemble, est-il besoin de le remarquer ? ni à l'un ni à l'autre : ses Lettres sont purement naturelles et nous rendent le jet de sa conversation même. Elles sont à la gauloise, sans cérémonie aucune, à des amis avec qui il pense tout haut et à qui il raconte ses affaires, celles de la Faculté, les nouvelles de la ville, les curiosités du monde savant, les livres qui s'impriment, les meurtres et assassinats qui se commettent, les exécutions, les faits de tout genre tels qu'ils le frappent et qu'ils lui arrivent : « Vous voyez que je n'y mets aucun soin de style et d'ornement, dit-il, et que je n'y emploie *ni Phœbus ni Balzac*. » Le premier mot qui lui vient, français ou latin, est celui qu'il écrit ; c'est souvent un gros mot, et quelquefois un bon mot ; mais cela vibre toujours et a de l'accent. On lit, en tête du Recueil des *plus belles Lettres françaises* par Richelet, un jugement fort exact et fort net sur Gui Patin et sur sa personne ; ses Lettres y sont louées pour leurs bonnes parties, pour leur liberté et leur enjouement, pour les bons contes et les faits curieux qu'elles renferment : « Ces choses, dit-on, doivent obliger à n'en point regarder de si près le langage : car il n'est pas toujours selon Vaugelas ni Patru. » Ainsi, du temps de la jeunesse de Gui Patin, il y avait une séparation bien marquée dans le genre épistolaire : d'un côté, l'art, et rien que l'art et la rhétorique, comme chez Balzac et ceux de cette école; de l'autre côté, le naturel, et rien que le naturel, avec tous ses hasards et ses crudités comme chez Gui Patin. La réunion d'un certain art et du naturel au sein de l'imagination la plus vive n'aura lieu que chez madame de Sévigné; et cet art encore plus insensible et qui n'est plus que du goût, joint au naturel le plus parfait et le plus continu, ne se rencontrera qu'une fois dans tout son complet, chez Voltaire.

Revenons en arrière avec Gui Patin, et voyons-le sans exagération et sans forcer les traits : il les a déjà bien assez saillants par eux-mêmes. Littérairement, il relève, dans ses admirations et dans ses lectures, des hommes du seizième siècle, des Scaliger et de ceux qui ont succédé. M. de Saumaise, par exemple, est pour lui le type du grand homme littéraire contemporain, le demeurant des savants de *la grande bande;* il l'appelle habituellement « ce grand héros des Belles-Lettres. » Il se tient au courant de tous ses pas et démarches; il regrette de le voir se détourner de ses travaux herculéens pour répondre aux critiques du jour : « Si ce grand héros de la république des Lettres allait son grand chemin, dit-il, sans se détourner pour ces petits docteurs; s'il faisait comme la lune, qui ne s'arrête point pour les petits chiens qui l'aboient, nous pourrions jouir de ses plus grands travaux, qui nous feraient plus de bien que toutes ces menues controverses; sans faire tant de petits livrets, il nous obligerait fort de nous donner son grand Pline. » L'Histoire naturelle de Pline est un des livres qu'affectionne le plus Gui Patin; « c'est une grande mer dans laquelle il fait bon pêcher. » Il aime avant tout ces livres étoffés, fussent-ils de compilation et d'érudition mêlée beaucoup plus que d'invention et de méthode : « L'Histoire de Pline est un des plus beaux livres du monde : c'est pourquoi il a été nommé la *Bibliothèque des pauvres*. Si l'on y met Aristote avec lui, c'est une bibliothèque presque complète. Si l'on y ajoute Plutarque et Sénèque, toute la famille des bons livres y sera, père et mère, aîné et cadet. »

Un jour, en 1648, il a une velléité de voyage, quoique en général il goûte peu les voyages et les estime « une agitation de corps et d'esprit en pure perte. » Mais, dans cet itinéraire dont il trace du moins le plan, son grand but, après avoir embrassé ses bons amis de Lyon, les Spon, les Falconnet, ce serait d'aller à Bâle voir « le tombeau du grand Érasme. » Puis, après une pointe en Allemagne, pour y visiter son collègue Hofmann « qu'il serait ravi de voir et d'embrasser avec sa vieille Pénélope, » il se mettrait sur le Rhin et reviendrait par la Hollande : « Je chercherais à Rotterdam le lieu de la naissance de l'incomparable Érasme, et à Leyden je visiterais avec un dévotieux respect le tombeau du trèsgrand Joseph Scaliger. » Ce sont là les saints pour lesquels Gui Patin a un vrai culte. Il sait et célèbre les anniversaires de leur mort. Il date sa vie par rapport à eux : il avait sept ans quand Scaliger est mort en 1609, à Leyde, tel jour de janvier, la veille d'une éclipse : « Ce démon d'homme-là savait tout, et plût à Dieu que je susse ce qu'il avait oublié ! » Il s'estimerait heureux et riche de ses restes. « Scaliger a été, par ses bonnes parties, un des plus grands hommes qui aient vécu depuis les Apôtres. » Et le médecin Fernel, ce moderne héritier de Galien, Gui Patin a, pour l'honorer, des paroles sans mesure ; il disait un jour à une personne de cette famille, « qu'il tiendrait à plus grande gloire d'être descendu de Fernel que d'être roi d'Écosse ou parent de l'empereur de Constantinople. » Gui Patin a ainsi l'expression pittoresque, inattendue, la comparaison *voyante;* il y a un peu de carnaval jusque dans son sérieux. Une fois il regrette de n'avoir pas fait tout exprès le pèlerinage du Perche pour y connaître la fille de Fernel, qui y était morte il y avait peu d'années; il aurait voulu se donner l'honneur de la voir et de lui baiser les mains : « On nous fait baiser bien des reliques qui ne valent pas celle-là. » Telle est la religion littéraire dans laquelle Gui Patin a été nourri et dans laquelle il persévère jusqu'à la fin, entouré d'amis qui la partagent plus ou moins, des Gassendi, des Gabriel Naudé et autres de cette race, de ce qu'il appelle les *restes du siècle d'or.* Ne lui parlez pas trop de Descartes, de ces génies qui viennent faire table rase et renouveler les méthodes du monde. L'abbé-médecin Bourdelot, revenu de Suède et qui est dans le train moderne, essaye de lui donner quelque idée de la philosophie nouvelle; Gui Patin résiste et nous dit en se raillant de Bourdelot : « Il est tout atrabilaire de corps et d'esprit, sec et fondu, qui dit que tout le monde est ignorant, qu'il n'y a jamais eu au monde de philosophe pareil à M. Descartes; que notre médecine commune ne vaut rien; qu'il faut des remèdes nouveaux et des règles nouvelles; que tous les médecins d'aujourd'hui ne sont que des pédants avec leur grec et leur latin... » Bourdelot, on l'entrevoit, a pu lui dire quelques bonnes vérités, mais un peu trop neuves, et qui lui ont paru des scandales.

« Il y a bien des Tourangeaux qui n'ont l'esprit qu'à fleur de tête, » a dit un jour Gui Patin dans une de ses gaietés de style : il n'a pas assez compris qu'il suffisait d'un Tourangeau comme Descartes pour ruiner son observation de fond en comble. — En vieillissant, il s'enfonce dans ses idées sans les modifier. Spon l'a questionné au sujet des vaisseaux lymphatiques dont on s'occupait alors (1656) : « Pour leurs vaisseaux lymphatiques, répond-il, je n'en dis mot : je n'y connais rien et ne m'en soucie point ; *ad majora et ad meliora propero;* tous ces messieurs-là sont trop curieux de telles nouveautés. Il vaudrait mieux qu'ils étudiassent la science des anciens dans Hippocrate, Galien et Fernel... » Toujours l'érudition et l'autorité plutôt que l'expérience (1). Joignez à ces entêtements, et pour les racheter en partie, bien du bon sens de détail et des observations pratiques. Mais nous tenons l'homme dans sa génération directe, et nous nous heurtons à ses limites.

Une remarque qui est à faire, c'est que tout en s'opiniâtrant ainsi à ses admirations du seizième siècle jusqu'à faire tort à ses contemporains et jusqu'à résister à leur mérite, Gui Patin n'était pas de pied en cap un savant de cette vieille trempe : il n'était qu'un homme très-instruit. Les savants de Hollande, ces savants en *us* qu'il exalte tant, ne le reconnaissaient pas du tout comme un des leurs. *Vir probus, sed minime doctus,* disait de lui Heinsius après l'avoir vu et entretenu. Cela étonne d'abord, cela est injuste, mais cela se conçoit. Et, par exemple, lui qui savait si bien le latin et qui avait une des plus belles bibliothèques de particulier, il avait peu étudié le grec, et des oracles qu'il citait sans cesse, il y avait une bonne moitié qu'il ne prenait

(1) Sur ces résistances de Gui Patin aux découvertes anatomiques, physiologiques et thérapeutiques de son temps, et en général sur ses parties scientifiques, on peut voir les articles de M. Flourens dans le *Journal des Savants* (novembre et décembre 1847) ; — et aussi on se rappelle involontairement cet incomparable discours, dans *le Malade imaginaire*, lorsque M. Diafoirus dit en parlant de son fils : « Mais sur toute chose, ce qui me plaît en lui, et en quoi il suit mon exemple, c'est qu'il s'attache aveuglément aux opinions de nos anciens, et que jamais il n'a voulu comprendre ni écouter les raisons et les expériences des prétendues découvertes de notre siècle touchant la circulation du sang, et autres opinions de même farine. » Les créations comiques de Molière sont immortelles en ce qu'elles ont pied à tout moment dans la réalité.

pas directement à leur source : « J'ai grand regret, écrivait-il à Spon, de n'avoir exactement appris la langue grecque tandis que j'étais jeune et que j'en avais le loisir ; cela me donnerait grande intelligence des textes d'Hippocrate et de Galien, lesquels seuls j'aimerais mieux entendre que savoir toute la chimie des Allemands, ou bien la théologie sophistique des Jésuites... »

Pour bien juger Gui Patin, il le faut voir en son cadre, en sa maison, dans son étude ou cabinet, et, par exemple, le jour enfin où, ayant été nommé doyen de la Faculté (honneur pour lequel il avait déjà été porté plus d'une fois, mais sans que le sort amenât son nom), il traite ses collègues dans un festin de bienvenue (1ᵉʳ décembre 1650) :

« Trente-six de mes collègues firent grande chère : je ne vis jamais tant rire et tant boire pour des gens sérieux, et même de nos anciens. C'était du meilleur vin vieux de Bourgogne que j'avais destiné pour ce festin. Je les traitai dans ma chambre, où par-dessus la tapisserie se voyaient curieusement les tableaux d'Érasme, des deux Scaliger père et fils, de Casaubon, Muret, Montaigne, Charron, Grotius, Heinsius, Saumaise, Fernel, feu M. de Thou (*l'ami de Cinq-Mars et le décapité*), et notre bon ami M. Naudé... Il y avait encore trois autres portraits d'excellents hommes, de feu M. de Sales, évêque de Genève, M. l'évêque de Belley, mon bon ami, Justus Lipsius ; et enfin de François Rabelais, duquel autrefois on m'a voulu donner vingt pistoles. Que dites-vous de cet assemblage ?... »

L'assemblage, en effet, est curieux, et, pour que saint François de Sales pût se trouver si près de Rabelais, il a fallu que le bon Camus, évêque de Belley, fût entre deux. Ces années de son décanat furent le moment le plus glorieux de la vie de Gui Patin. C'est alors qu'il quitta sa maison rue des Lavandières-Sainte-Opportune pour en acheter une autre plus convenable et plus spacieuse place du Chevalier-du-Guet. Les dix mille volumes dont se composait sa bibliothèque purent y être bien rangés « en belle place et en bel air. » Il a décrit sa nouvelle étude avec orgueil et avec amour :

« Je vous puis assurer qu'elle est belle, écrit-il à Falconnet. J'ai fait mettre sur le manteau de la cheminée un beau tableau d'un Crucifix qu'un peintre que j'avais fait tailler (*de la pierre*) me donna l'an 1627. Aux deux côtés du bon Dieu, nous y sommes tous deux en portrait, le maître et la maîtresse (*c'est-à-dire lui et sa femme*). Au-dessous du Crucifix sont les deux portraits de feu mon père et de feu ma mère. Aux deux coins sont les deux portraits d'Érasme et de Joseph Scaliger. Vous savez bien le mérite de ces deux hommes divins. Si vous doutez du premier, vous n'avez qu'à lire ses Adages, ses Paraphrases sur le Nouveau Testament et ses Épîtres. J'ai aussi une passion particulière pour Scaliger, des œuvres duquel j'aime et chéris les Épîtres et les Poëmes particulièrement ; j'honore aussi extrêmement ses autres œuvres, mais *je ne les entends point...* »

Ici se décèle plus naïvement qu'on n'aurait pu l'attendre la part de superstition et de croyance sur parole qui se mêlait à ces cultes et à ces admirations ultra-classiques de Gui Patin. Il continue :

« Outre les ornements qui sont à ma cheminée, il y a au milieu de ma bibliothèque une grande poutre qui passe par le milieu de la largeur, de bout en bout, sur laquelle il y a douze tableaux d'hommes illustres d'un côté, et autant de l'autre, y ayant assez de lumière par les croisées opposées ; si bien que je suis, Dieu merci, en belle et bonne compagnie avec belle clarté. »

On sent dans tout cela l'honnête homme, non pas celui d'aujourd'hui (car c'est un mot dont on abuse bien), mais celui d'autrefois, plein de solidité, dans son cadre domestique tout uni, avec ses traits marqués, un peu heurtés, sa physionomie grave et heureuse, et d'une naturelle franchise.

Et un mot d'abord sur ce Crucifix qui domine tout. On ne connaît jamais bien l'homme qu'on étudie, tant qu'on ne s'est pas demandé quelle est sa religion et qu'on ne s'est pas fait la réponse. Cette réponse n'est pas toujours facile, et, même lorsqu'on croit savoir à quoi s'en tenir, il n'est pas bon toujours de trahir de tristes et arides vérités. Pour Gui Patin, on peut parler tout haut et faire comme lui-même. Il est inconséquent peut-être, mais il n'est pas irréligieux. Je me suis appliqué à recueillir sur ce point et à rapprocher bien des passages de ses Lettres. Il y a des moments où, quand il cause en tête à tête avec ses amis Gassendi et Gabriel Naudé, il a l'air d'aller bien avant et de toucher de bien près, comme il dit, au sanctuaire. Qu'on se rassure : s'il est homme à faire trembler les vitres, il ne les casse jamais. Il a sur les cérémonies, et même sur des points de dogme, des poussées de hardiesse qui semblent ne plus vouloir s'arrêter; mais cela ne se tient pas. Il est loin de tout système. Il ne croit guère aux indulgences; il croit aux prières : « Les prières des gens de bien servent merveilleusement. » Quand il est près d'être continué dans sa charge de doyen (novembre 1651), sentant le poids et les devoirs qu'elle lui impose, il écrit à un ami : « Je me recommande à vos grâces et à vos bonnes prières. » Il a sur la mort en toute rencontre des réflexions philosophiques dont il relève la banalité par un sentiment vif et un certain mordant d'expression : « M. le comte de R. est mort comme il a vécu. *Il est sorti de ce monde sans avoir jamais voulu savoir ce qu'il y était venu faire.* Il a vécu en pourceau et est mort de même. Mon Dieu ! que le vice rend les hommes malheureux !... Dieu ne manque jamais de punir ces brutaux épicuriens, et l'on ne saurait manquer d'attendre de lui telle justice. » En apprenant la mort du débauché Des Barreaux, il note avec blâme « qu'il a bien infecté des pauvres jeunes gens de son libertinage; que sa conversation était bien dangereuse et fort pestilente au public. » Et puis la malice se retrouve tout à côté du sérieux, en ce qu'il remarque que Des Barreaux, qui n'avait qu'un grain de libertinage avant d'aller en Italie, était achevé au retour. Quoi qu'il en soit, c'en est assez pour montrer que, dans le cabinet de Gui Patin, le grand Crucifix pouvait, en toute sincérité, occuper la première place, et que *le bon Dieu*, comme on disait et comme il disait en langage de famille, continuait de régner en effet sur cet assemblage un peu disparate de personnages si divers et sur la conscience du maître lui-même.

Il faut dire la même chose du roi. En politique, Gui Patin a plus que des échappées : il semble dans un état d'opposition et de Fronde continuelle, il blâme tout; cela commence sous Richelieu et ne cesse pas un instant sous Mazarin. Il veut le maître, le roi, mais point de ses serviteurs ni de ses ministres. C'est un pur libéral de l'école du seizième siècle : il a horreur de 93, je veux dire de 1593, de la Ligue et des Ligueurs; il en a connu de vieux dans sa jeunesse et les estime méchants : mais les Frondeurs, c'est tout autre chose à ses yeux; ils ont toute sa tendresse; il ne les voit que par leur beau côté : « Il y a ici des honnêtes gens qu'on appelle des *Frondeurs*, qui sont conduits par M. de Beaufort, le Coadjuteur, madame de Chevreuse et autres. » La première Fronde ne l'a atteint qu'à peine et nullement averti. Il n'en veut qu'un peu plus au Mazarin pour sa belle maison des champs à Cormeilles près Argenteuil, qui a été pillée; il y a perdu d'un coup de filet deux mille écus, et il compte bien que tôt ou tard le ministre impopulaire payera pour ce méfait dont il a été cause et pour tant d'autres. Il reste donc royaliste et anti-Mazarin. Si, sur ces entrefaites, son ami l'incomparable M. de Saumaise écrit « en faveur du roi d'Angleterre contre les Anglais qui lui ont coupé la tête, » Gui Patin en parle comme ferait un pur et un fidèle :
« Pour les Anglais, si vous en exceptez un petit nombre

d'honnêtes gens, je leur souhaite autant de mal qu'ils en ont fait à leur roi. » Si son autre ami, et bien plus intime, Gabriel Naudé, écrit en faveur de Mazarin son volume dit *le Mascurat*, il prend sur lui de ne point blâmer le livre, mais il fait aussitôt ses réserves en ajoutant : « C'est un parti duquel je ne puis être ni ne serai jamais. » La première Fronde, même après qu'elle est terminée et manquée, a tout son assentiment et son éloge : « Ceux qui décrient le *parti de Paris* en parlent avec passion et ignorance : c'est un mystère que peu de monde comprend. Le Parlement a fait de son mieux... » La seconde Fronde le trouve encore tout favorable et crédule à ce qu'il désire. Il est très-lié avec M. de Blancmesnil, l'un des principaux du Parlement, un des deux prisonniers pour la liberté desquels se firent les premières barricades d'août 1648. Le président de Blancmesnil a coutume de dire à ses amis que Gui Patin n'est pas seulement son médecin guérisseur, mais aussi son philosophe et son docteur. Il aime à vivre en garçon en sa maison de Blancmesnil à trois lieues de Paris : « Quand il a besoin de mon conseil, nous dit Gui Patin, il m'envoie un coureur gris qui me porte là en cinq quarts d'heure, et, après y avoir bien soupé et bien causé fort avant dans la nuit, nous deux seuls (car il n'a ni femme ni enfants ni n'en veut avoir, ni valets même), je dors le reste de la nuit pour en partir le lendemain de grand matin. C'est un des plus honnêtes hommes du monde, et un des plus sages pour son âge, n'ayant pas encore atteint l'âge de trente-deux ans... *Nous en disons de bonnes nous deux, quand nous sommes enfermés...* »

Aux approches de la seconde Fronde, Gui Patin paraît croire à la convocation des États généraux. Il a l'air de compter beaucoup sur « le bon duc Gaston; » il reste et restera attaché à Retz qu'il appelle un honnête homme. Parlant du Premier Président Molé qui appuie la Cour, il dira *sa brigue* et *sa cabale.* Il n'hésite pas à déclarer et à maintenir jusqu'au bout le parti des Frondeurs, celui des plus honnêtes gens qui soient aujourd'hui, « et, pour le certain, *reliquiæ aurei seculi.* Je prie Dieu qu'il donne de la force et de la constance à ce parti, qui est le vrai ennemi de la tyrannie. » En même temps, le jour de la majorité du roi et de la cérémonie qui en est célébrée, il suspend son opposition et ses présages ; il fait comme nous avons vu faire à d'autres royalistes de l'opposition en d'autres temps les jours de sacre ou de la Saint-Louis, il fait relâche à ses satires ; il crie de tout son cœur : *Vive le roi!*

La Fronde finie et épuisée, et quand lui-même à bout de colère a fait comme tout le peuple de Paris et a crié : *La paix!* Gui Patin garde sa haine entière contre le Mazarin. Il ne parle jamais de cet habile ministre sans une litanie d'injures ; il n'entend rien à son génie de négociations, ni à ses talents de cabinet ; il lui refuse même d'être un fin politique : Mazarin pour lui n'est qu'un coupeur de bourses, ni plus ni moins. Quant à Richelieu, c'était autre chose : « Il ressemblait à Tibère ; c'était un atrabilaire qui voulait régner, un *Jupiter massacreur.* » C'est la seule différence qu'il établisse entre eux. Mazarin ne versait point de sang ; il en a peu répandu, c'est qu'il aimait mieux sucer en détail celui de tous. La politique de Gui Patin n'est pas plus longue que cela : c'est celle de la Fronde honnête, parlementaire, et surtout bourgeoise, qui n'a jamais regardé dans sa propre coulisse et qui a borné à sa rue son horizon.

Il détestait d'instinct les grands, la noblesse, les princes du sang même : il les raille, il les méprise, il les appelle *anthropophages ;* il a, en s'exprimant, de ces hyperboles à la Juvénal et à la d'Aubigné, et qui font rire. Quand je parle de Juvénal, c'est toujours d'un Juvénal en belle humeur et qui a lu son Rabelais. Il a contre la Cour et tout ce qu'elle renferme une horreur de classe et de race; il distingue peu entre prince et prince, entre le grand Condé ou le duc de Beaufort, sinon qu'il a peut-être un faible pour ce dernier. Du reste, le meilleur, suivant lui, n'en vaut rien; il ne voudrait pas être à leur service. Sont-ils malades, ils peuvent guérir ou ne pas guérir : « au moins le pain est-il encore plus nécessaire » qu'eux tous. Mais ces grands débordements s'arrêtent tout d'un coup et tombent au seul nom du roi : Bayle a déjà remarqué que, sur cet article, le respect de Gui Patin ne se dément jamais. Si le jeune roi est malade, il faut voir comme Gui Patin s'intéresse aux moindres circonstances de sa santé : il aime le roi de toute la haine qu'il porte au Mazarin et à ses entours, et de quelque chose de plus encore, d'un vieux sentiment français héréditaire. Dans la campagne de 1658, le jeune roi tombe dangereusement malade à Calais; il guérit, mais pour avoir pris du vin émétique, dit-on. Ici toutes les passions de Gui Patin sont en jeu. Non, ce n'est point l'émétique, dont il n'a pris que très-peu, qui a décidé la guérison, dit-il : « Ce qui a sauvé le roi, ç'a été son innocence, son âge fort et robuste, neuf bonnes saignées, et les prières des gens de bien comme nous, et surtout des courtisans et officiers qui eussent été fort affligés de sa mort, particulièrement le cardinal Mazarin. » La phrase de Gui Patin, commencée avec sérieux, tourne vers la fin en raillerie; mais ces prières des gens de bien sont sérieuses, et lui-même il a fait la sienne. Cet ami des Frondeurs est royaliste par le côté du bon Louis IX, du bon Louis XII et de Henri IV. Cinquante ans plus tôt, il aurait fourni avec Gilot, Rapin et Passerat sa part de bons mots et de sel patriotique à la *Satyre Ménippée*.

Il ne prétendait point d'ailleurs, en son temps, agir sur les destinées de l'État ni sur l'opinion du public, hors du cercle de ses devoirs et de sa profession. Dans sa maison, place du Chevalier-du-Guet, il avait pour voisin M. Miron, président aux Enquêtes, et M. Charpentier, conseiller. Ce M. Miron était de la famille de celui dont Montesquieu a dit magnifiquement : « Il semble que l'âme de Miron, prévôt des marchands, fût celle de tout le peuple. » Gui Patin aimait à aller passer avec ses deux voisins les après-soupers : « On nous appelle les trois docteurs du quartier, dit-il. Notre conversation est toujours gaie. *Si nous parlons de la religion ou de l'État, ce n'est qu'historiquement, sans songer à réformation ou à sédition.* Nous nous disons les uns aux autres les choses à peu près comme elles sont. Notre principal entretien regarde les Lettres, ce qui s'y passe de nouveau, de considérable et d'utile. L'esprit ainsi délassé, je retourne à ma maison, où, après quelque entretien avec mes livres, ou quelque consultation passée, je vais chercher le sommeil... » La juste mesure des opinions et de la *Charte* de Gui Patin est toute dans ces paroles : Ni réformation ni sédition, mais autant de franc-parler que possible! Ce beau temps, selon lui, où l'on pouvait penser à cœur joie et dire tout haut ce qu'on avait sur le cœur, était *avant que Berthe filât :* « Depuis qu'elle a filé, le monde s'est bien corrompu. »

Je l'ai montré, dans la première partie de sa vie, guerroyant et processif : il s'apaisa pourtant un peu en vieillissant. Indépendamment des deux procès qu'il plaida lui-même contre les apothicaires et contre Renaudot, et qu'il gagna, il en eut un troisième au sujet de l'antimoine, qu'il perdit (novembre 1653); cela le refroidit un peu. A partir de ce jour, il déclara qu'il aimait mieux le repos, l'étude, ou visiter ses malades, que d'aller en justice. Il offrit même la paix et l'accommodement à certains de ses adversaires. Toutefois ses animosités contre l'antimoine et ceux qu'il appelait les chimistes ou les charlatans persistèrent, et il ne contint jamais la liberté de ses propos : il en faisait une affaire d'honneur et de vertu. « La chimie, dit-il, est la fausse monnaie de notre métier. » Il poursuit donc les faux monnayeurs ; il veut *décharlataniser* la médecine. Il croit qu'il y a un parti des honnêtes gens dont il est, et de l'autre il place ses adversaires, Guenaut en tête, les chimistes et empiriques, médecins de Cour et « enjôleurs de belles dames, » avides de lucre à tout prix. Il prétend leur opposer « la résistance forte et généreuse des gens de bien, » absolument comme Pascal opposait les principes d'un christianisme sévère à la morale relâchée des casuistes et directeurs complaisants. Gui Patin se flattait de remplir un rôle analogue en médecine.

De telles gens sont parfois des trouble-fêtes ; il en faut pourtant de cette trempe et de ce ton pour faire contre-poids aux mous, aux doucereux, aux *âmes moutonnières*, comme il les appelle, à tous ceux qui suivent la vogue et le succès, aux honnêtes gens prudents qui se ménagent, qui prennent leurs précautions de toutes parts, qui passent leur vie à côté du mal en se gardant bien de le voir et d'y croire, pour ne pas avoir à le dénoncer. Gui Patin, s'il en eut l'excès, eut du moins en lui de cette vertu. Il était ennemi sincère de la fourberie.

Ce serait à un historien de la médecine de rechercher ce qu'il put faire de mémorable en son décanat (1650-1652). Lui que dans sa jeunesse nous avons vu si curieux des vieilles thèses et antiquités de la Faculté, il eut soin d'en augmenter le trésor lorsqu'il y présida ; il mit de l'ordre dans les Archives. Le second en date des plus anciens Registres concernant l'histoire de la Faculté a été recouvré sous son gouvernement, et, dans une note de sa main qu'on lit en tête, il le constate avec satisfaction (1). Vers le temps des Licences, la coutume était de faire des jetons pour les donner aux docteurs qui y assistaient d'office; on y mettait d'un côté les armes du doyen, et de l'autre, celles de la Faculté. Gui Patin aurait pu, comme un autre, y mettre les armes de sa famille, car elle en avait, et il ne perd pas cette occasion de nous les décrire; mais il a mieux aimé y mettre son portrait. Par malheur, le graveur le manque, et la ressemblance ne le satisfait point. Je ne sais s'il reste encore de ces médailles un peu ambitieuses à l'effigie de Gui Patin. Les vrais jetons de lui qui courent encore, ce sont ses bons mots.

Peu après avoir fait son temps de doyen, Gui Patin succéda au Collége de France à son ami et maître Riolan, qui se démit en sa faveur (octobre 1654). Sa chaire avait pour objet la botanique, la pharmaceutique et l'anatomie. Dans un tel champ il retrouvait tout naturellement devant lui les adversaires qu'il aimait à draper. Il professait en un latin facile, élégant. Un contemporain nous l'a représenté sans charge et tout à son avantage : « Il avait la taille belle, l'air hardi, le visage plein, l'œil vif, le nez aquilin, et les cheveux courts et frisés. Il eût été plus propre au barreau qu'à la médecine, car il était naturellement éloquent. » Il avait quelquefois jusqu'à cent vingt auditeurs à ses leçons. Il avait refusé des propositions qui lui avaient été faites pour aller en Suède du temps de la reine Christine; il en refusa également qui lui furent faites depuis pour aller professer à Bologne et à Venise. Il n'aimait rien tant que la France, Paris, son chez-soi, les thèses de la Faculté aux grands jours, et le Collége de Cambrai, où

(1) Voir page 259 de l'*Histoire de l'Instruction publique*, par M. Vallet de Viriville (1852).

il réussissait si bien. Rentrant de là dans son cabinet : « Je me tiens plus heureux céans, disait-il, avec mes livres (avec *mes maîtres muets*, dit-il encore ailleurs) et un peu de loisir, que n'est le Mazarin avec tous ses écus et ses inquiétudes. » Il ne demandait que la continuation de la santé et de ces intervalles de loisir « pour étudier, ou pour méditer la patience de Dieu sur les péchés des hommes, et considérer le *tric-trac du monde*. » Il se persuadait que, de son temps, le monde était plus fou qu'il ne l'avait jamais été. Il s'en indignait et s'en amusait. Il y avait, malgré ses indignations, des jours où, comme il le dit en son langage plein des anciens, « il était heureux de tout côté » (*ab omni parte beatus*).

Il eut, dans les quatorze dernières années de sa vie, une relation illustre et qui est faite pour honorer encore aujourd'hui son nom. Le Premier Président de Lamoignon, qu'il connaissait d'auparavant, le prit en amitié particulière dès 1658 et le voulut voir souvent; il l'aurait voulu même tous les jours. Ce grand magistrat n'avait guère alors plus de quarante ans; il avait l'âme libérale et généreuse, et portée vers toutes les nobles idées de son siècle, en même temps qu'il tenait de la force du précédent. « Il y a du plaisir avec lui, disait Gui Patin, parce qu'il est le plus savant de longue robe qui soit en France. — Il sait les poëtes grecs par cœur, Plutarque, Cicéron et Tacite, qui ne sont pas des mauvais originaux. Il sait aussi par cœur la Pathologie de notre Fernel, qu'il a autrefois lue par mon conseil. » Envahi par les devoirs de sa charge, M. de Lamoignon regrettait de ne pouvoir vaquer comme il aurait voulu à ses livres et à ses chères études, et il aimait du moins à en causer à souper avec Gui Patin. Il l'envoyait chercher souvent; il lui fit part tout d'abord de son dessein d'établir dans sa maison une petite Académie qui s'assemblerait au moins une fois par semaine. Cette Académie de *belle littérature* se fonda en effet; on s'y rendait tous les lundis. Pellisson, le Père Rapin et un petit nombre de savants gens du monde en étaient. Gui Patin et son cher fils *Carolus*, l'amateur d'histoire et de médailles, y tenaient leur bonne place. Cette amitié si particulière du Président de Lamoignon pour Gui Patin prouve une chose : c'est que ce dernier, malgré ses sorties et ses saillies parfois excessives, était en effet « agréable et charmant en conversation, » qu'il avait le bon sens dans le sel, et était de ceux qu'un esprit solide pouvait agréer dans l'habitude. Je dis cela parce que de loin, en pressant trop les traits et en voulant offrir nos personnages en raccourci, nous sommes tentés d'en faire encore moins des portraits que des caricatures. Évitons ce travers et ne présentons jamais comme burlesque un homme d'esprit original que goûta si constamment M. de Lamoignon.

C'est au même M. de Lamoignon que, bien des années auparavant, en mai 1645, Gui Patin, se trouvant à Bâville, dit ce mot singulier et si souvent cité, que « s'il eût été dans le Sénat lorsqu'on tua Jules César, il lui aurait donné le vingt-quatrième coup de poignard. » M. de Lamoignon, fort jeune alors, était tellement du *parti de Pompée*, qu'il témoigna de la joie à Gui Patin de l'en voir également. Ce sont là des propos de vacances qu'il convient d'entendre comme ils ont été dits. Cette forme d'expression hyperbolique, je l'ai remarqué déjà, est celle qu'affectionne Gui Patin; quand il avait ainsi lancé sa pensée dans une parole à outrance, bien imprévue, pittoresque ou même triviale, il était content : il avait l'hyperbole gaie et amusante.

Sur ce chapitre de Jules César, Gui Patin, après la Fronde, bien que si peu guéri, eût sans doute pensé différemment : « On a imprimé en Hollande, écrivait-il en 1659, un livret intitulé : *Traité politique, etc., que tuer un tyran n'est pas un meurtre;* on dit qu'il est traduit de l'anglais; mais le livre a premièrement été fait en français par un gentilhomme de Nevers, nommé M. de Marigny, qui est un bel-esprit. Cette doctrine est bien dangereuse, et il serait plus à propos de n'en rien écrire. Je n'aime point qu'on fasse tant de livres *De Venenis* par la même raison. J'ai toujours en vue le bien public; je n'aime point ceux qui y contreviennent. » Voilà le correctif du mot tant cité, et adressé treize ans auparavant à M. de Lamoignon.

La sensibilité de Gui Patin a été contestée : il en avait pourtant comme en ont ces natures fortes et ces vies sobres : il ne s'agit que de toucher en elles les vraies cordes. On a pu citer de singuliers passages de Gui Patin, et très-grossiers, sur la maladie ou la mort de son beau-père ou de sa belle-mère; il a l'air d'être plus pressé d'en hériter que de les pleurer, et il ne s'en cache pas. Ce n'est point sur ces endroits qu'il faut le prendre, mais sur ses amitiés de choix ; elles sont vives chez lui et sincères. Avec Spon, avec Falconnet et ses amis de Lyon, avec Gabriel Naudé son ami de jeunesse, il est plein de chaleur, de cordialité, d'un souvenir inaltérable et fidèle. Il a vu Spon en 1642, et, des années après, il pourrait, s'il était peintre, tracer son portrait tel qu'il était alors : « Je pense si souvent à vous que je vous vois à toute heure. » Dans les interruptions de la Fronde, il attend les lettres de Spon aussi impatiemment que les créanciers du roi d'Espagne attendent les galions. Le 12 septembre 1664, pensant à un autre ami bien cher, il lui écrit : « Il y a aujourd'hui vingt-deux ans qu'Armand, cardinal de Richelieu, ministre enragé, fit couper la tête dans votre ville à mon bon et cher ami M. de Thou : *Heu dolor! scribere plura vetant lacrymæ...* » Gui Patin pleure en effet quelquefois; il pleure quand les parties sérieuses de son esprit ou de son âme.

sont remuées. Un jour, en décembre 1652, il est appelé auprès de M. l'avocat général Talon, qu'il trouve en hydropisie et très-malade :

« Ayant reconnu son mauvais état, je vous avoue que les larmes m'en sont venues aux yeux, ce que je ne pus si bien cacher qu'il ne le reconnût lui-même et ne m'en fît compliment. Néanmoins je vous dirai que mes larmes n'ont pas été à cause de lui tout seul, quelque homme de mérite qu'il soit, mais pour le malheur commun de tout le monde qui perd beaucoup à sa mort. M. Talon est un fort homme de bien; de grand jugement, et d'un esprit fort pénétrant, *le plus beau sens commun qui ait jamais été dans le Palais*, qui a le mieux pris une cause, et qui y a le plus heureusement rencontré, aux conclusions qu'il y a données. »

Je n'examine pas si Gui Patin n'avait pas pour M. Talon quelque reconnaissance particulière à cause des conclusions prises dans son ancien procès : mais que j'aime cet éloge : « *Le plus beau sens commun* qui ait jamais été dans le Palais ! » et que c'est bien la marque d'un vigoureux et bon esprit de se sentir ému à en pleurer par la considération d'une perte de cette nature !

Un autre jour, Gui Patin pleure encore. Il a marié un de ses enfants; avec les nouveaux époux et avec sa femme, il fait ce qu'il appelle une *débauche*, c'est-à-dire une grande infraction à ses habitudes; il s'est laissé entraîner à Saint-Denis où la foire se tenait alors. Il visite l'abbaye, le trésor « où il y a bien du galimatias et de la badinerie, » dit-il; puis les tombeaux des rois « où je ne pus m'empêcher de pleurer voyant tant de monuments de la vanité de la vie humaine; quelques larmes m'échappèrent aussi au monument du *grand et bon roi François Ier, qui a fondé notre Collége des professeurs du roi*. Il faut que je vous avoue ma faiblesse; je le baisai même, et son beau-père Louis XII, qui a été le Père du Peuple, et le meilleur roi que nous ayons jamais eu en France. » Heureux siècle, et encore voisin des croyances, où ceux qui étaient réputés les grands railleurs avaient de ces naïvetés touchantes et de ces sensibilités tout antiques et toutes patriotiques!

Dans cette visite à Saint-Denis, Gui Patin, en même temps qu'il laisse voir des restes de simplicité, maintient à ses propres yeux sa supériorité d'homme et de mari, en souriant de sa femme qui écoute et croit tout ce qu'on lui raconte de particularités et de bagatelles sur les derniers princes ensevelis. Il ne prend pas même la peine de la détromper. En général, Gui Patin est à l'égard des femmes dans les principes du bonhomme Chrysale chez Molière : il les exclut de la science et des hauts entretiens. Il les juge évidemment inférieures et ne croit pas qu'on doive entrer en commerce avec elles sur les grands et sérieux articles. Il est fier de son sexe et le fait sonner bien haut : « J'ai souvent loué Dieu, dit-il, de ne m'avoir fait ni femme, ni prêtre, ni Turc, ni Juif. » En présence de l'hôtel Rambouillet et de ce nouvel empire, il reste de l'avis de Scaliger qui raillait le cardinal Du Perron de ce que, pour paraître savant, il entretenait les dames du flux et reflux de la mer, de l'Être métaphysique et autres points de philosophie. Il assemble d'ordinaire dans un commun dédain les courtisans et les femmes. Une de ses plus jolies histoires du temps de la Fronde est celle de M. de Beaufort, pour qui les Parisiens, et particulièrement toutes les femmes, avaient une dévotion singulière : il nous le montre, un jour qu'il jouait à la paume dans un tripot du Marais, visité comme en procession par plus de deux mille femmes tant de la Halle que d'ailleurs. Il conte cela sans ironie, et comme une conséquence toute simple de la faiblesse et de l'exaltation féminine. La reine Christine, dans ses doctes bizarreries et ses inconstances, trouve elle-même difficilement grâce à ses yeux. C'est un trait de plus dans le portrait de Gui Patin que ce dédain pour les personnes du sexe au moment où elles s'établissaient plus généralement dans la société, et où elles allaient y introduire ce qui surtout lui manquait, à lui et aux autres savants cantonnés dans les corps, je veux dire la politesse.

Une grande douleur des dernières années de Gui Patin, ce fut l'aventure fâcheuse et l'exil de son second fils Charles, de celui qu'il aimait le plus tendrement, et qui dut s'expatrier en 1668 sous le coup d'une accusation vague et grave. Il fut soupçonné d'avoir introduit en France des libelles contraires au roi ou aux personnes royales. Sa curiosité d'amateur lui nuisit. Il trouva d'ailleurs hors de France mainte compensation pour sa fortune : son père seulement n'en trouva point à son absence. Gui Patin mourut le 30 août 1672, à soixante et onze ans. Ses dernières lettres, à mesure qu'on avance dans le règne de Louis XIV, montrent à quel point il retarde en quelque sorte et ne peut se faire au siècle nouveau. En 1664, au moment où la jeune et brillante littérature va prendre son essor et où l'époque se dessine déjà, s'appuyant sur quelques cas isolés de désordre et de brigandage, il s'écrie : « Nous sommes arrivés à la lie de tous les siècles ! » Gui Patin est de ceux qui, en vieillissant, ne se renouvellent en rien, et qui prennent chaque jour leur pli plus creux et plus profond. En littérature française, jeune il avait causé avec M. de Malherbe, et il le citait quelquefois ; mais il en avait gardé mémoire bien moins pour ses odes ou sa réforme de la langue que pour ses gaillardises. Il appréciait Balzac et estimait la grande édition posthume qu'on préparait de ses Œuvres (1665) capable de faire honneur à la France et à notre langue. Il parle en un endroit de « M. Corneille, illustre faiseur de comédies. » Il goûte M. Arnauld, et en général tous les écrivains de Port-Royal, non par communion de sentiments ou de doctrine, mais par une sorte de complicité d'esprit et de sympathie morale. Surtout il prise singulièrement Pascal, l'auteur alors anonyme des dix-huit petites Lettres, et il dit sans hésiter : « L'auteur de ces Lettres est un admirable écrivain. » Vers la fin, il nomme une fois Molière. Mais il est évident, à qui le lit jusqu'au bout, que ses prédilections et ses souvenirs le reportent plus naturellement à l'âge des Grotius et des Saumaise ; et dans la dernière lettre imprimée qu'on a de lui (janvier 1672), on lit : « Je viens d'apprendre du jeune Vanderlinden que M. *Gronovius* est mort à Leyden. Il restait presque tout seul du nombre des savants de Hollande. Il n'est plus dans ce pays-là de gens faits comme *Joseph Scaliger*, *Baudius*, *Heinsius*, *Salmasius* et *Grotius*. Je viens aussi d'apprendre par des lettres de Bruxelles que M. *Plempius*, célèbre professeur en médecine, est mort... Adieu la bonne doctrine en ce pays-là ! Descartes et les chimistes ignorants tâchent de tout gâter, tant en philosophie qu'en bonne médecine. » Ce sont là les dernières paroles d'un homme qui s'en va, dont la vue se trouble, et pour qui le livre de l'avenir est déjà clos et scellé. Qu'il suffise à l'honneur de Gui Patin d'avoir attaché son nom comme signe et comme étiquette caractéristique à une longue époque intermédiaire. Il nous la rend dans ses Lettres avec un peu de cahotement, mais sans ennui, et il en est un dernier produit des plus vivants.

J'avais dit en commençant que j'indiquerais de quelle manière je conçois une édition de ses Lettres : il est bien tard pour que je m'étende là-dessus. Les originaux existent tant à Paris à la Bibliothèque impériale qu'à la Bibliothèque de la ville à Lyon. Le premier soin à prendre serait de bien collationner les textes. Dans le premier Recueil des Lettres choisies, publié en 1683, et augmenté dans les éditions suivantes, on a extrait, on a retranché beaucoup; on a légèrement retouché et rajeuni le style. Dans les Lettres à Spon, publiées plus tard, on retrouve quelques-unes des mêmes lettres plus au complet, plus longues, et en général beaucoup plus farcies de latin. Il conviendrait peut-être, en reproduisant fidèlement le texte, de ne pas tout donner, de ménager (en avertissant) quelques suppressions çà et là, de ne pas laisser tout à fait l'agrément périr sous trop de longueurs. Il y aurait surtout à bien éclaircir le texte au moyen de notes claires, simples, précises; il faudrait que, d'un coup d'œil jeté au bas de la page, le lecteur fût brièvement informé de ce que c'est que tous ces auteurs et ces ouvrages oubliés que cite continuellement Gui Patin, et que, sans être médecin, on pût comprendre dans tous les cas s'il s'agit du *Pirée* ou d'un nom d'homme. Quelques notes plus nourries, à la fin des volumes, contiendraient les anecdotes ou les épisodes qui demanderaient plus de développement. Nous savons qu'un littérateur de nos amis, et bien connu du public, a, depuis longtemps, préparé cet intéressant travail. Quand l'Édition présente, qui est en voie de s'écouler, aura fait son temps, il serait bon de penser à celle qui devra être définitive. Un corps bien rédigé des Lettres de Gui Patin n'offrirait pas seulement un tableau de l'histoire de la médecine durant cinquante ans : on y verrait un coin très-étendu des mœurs et de la littérature avant Louis XIV. A mesure qu'on s'éloigne, le moment arrive où, par suite de l'encombrement historique croissant, la postérité est heureuse de rencontrer de ces représentants abrégés qui lui donnent jour sur toute une époque et qui lui font miroir pour tout ce qui a disparu.

Lundi, 9 mai 1853.

SULLY

SES *ÉCONOMIES ROYALES* OU *MÉMOIRES*

La renommée de Sully a eu en France des destinées successives et bien diverses. Au moment où ce grand ministre et serviteur de Henri IV fut forcé de se retirer des affaires après la mort de son maître, il était généralement haï ou du moins très-peu populaire. Ses solides qualités armées de sévérité et de rudesse l'avaient rendu odieux aux grands, et le peuple même ou la bourgeoisie n'appréciait pas en lui un défenseur des intérêts publics. Les Mémoires de L'Estoile, ce bourgeois de Paris et cet écho des autres bourgeois ses compères, nous informent des vers satiriques, pasquinades ou caricatures qui se faisaient contre Sully dans les dernières années de sa puissance. Sa fortune croissante, l'appareil dont elle s'environnait, soulevaient l'envie, et l'humeur du personnage ne la désarmait pas. L'Estoile, dans un sentiment de malignité bien naturel, se plaît à relever et à dénombrer les titres et qualités de Sully à la date de juillet 1609, c'est-à-dire au faîte de sa grandeur : par un autre sentiment non moins naturel à l'homme, Sully se plaisait aussi à les étaler :

« Maximilien de Béthune, chevalier, duc de Sully, pair de France, prince souverain de Henrichemont et de Boisbelle, marquis de Rosny, comte de Dourdan, sire d'Orval, Montrond et Saint-Amand; baron d'Épineuil, Bruières, Le Châtelet, Villebon, La Chapelle, Novion, Baugy et Bontin; conseiller du roi en tous ses conseils; capitaine lieutenant de deux cents hommes d'armes d'ordonnances du roi sous le titre de la reine; grand maître et capitaine général de l'artillerie; grand voyer de France; surintendant des finances, fortifications et bâtiments du roi; gouverneur et lieutenant général pour Sa Majesté en Poitou, Châtelleraudois et Loudunois; gouverneur de Mantes et Jargeau, et capitaine du château de la Bastille à Paris.

« Voilà, ajoute L'Estoile dans un langage plein de satiété et de pléonasme, et qui semble regorger de son objet, voilà les augustes et magnifiques titres de grandeur du grand duc de notre siècle. Pour mon regard, j'honorerai toujours la grandeur en lui et en autrui, mais je ferai plus de cas d'un grain de bonté que d'un monde entier de grandeur. »

Et au moment de la chute ou de la retraite contrainte, il dit encore : « La disgrâce de cet homme était plainte de peu de personnes à cause de sa *gloire* (de son orgueil). » Chose singulière, l'homme le plus éloigné à tous égards de L'Estoile, le cardinal de Richelieu, en ses *Mémoires*, parlant de Sully et de sa chute qui fut toute personnelle, dit à peu près la même chose : « On a vu peu de grands hommes déchoir du haut degré de la fortune sans tirer après eux beaucoup de gens; mais, la chute de ce colosse n'ayant été suivie d'aucune autre, je ne puis que je ne remarque la différence qu'il y a entre ceux qui possèdent les cœurs des hommes par un procédé obligeant et leur mérite, et ceux qui les contraignent par leur autorité. » J'aime à croire que si Richelieu avait poursuivi ses Mémoires jusqu'à l'année de la mort de Sully, laquelle ne précéda que de peu la sienne, il aurait trouvé d'autres paroles pour rendre justice à un si méritant prédécesseur, et que la pensée morale et humaine exprimée par lui, et qui redouble de valeur sous sa plume, n'aurait pas étouffé les autres considérations d'équitable et haute louange que le nom de Sully rappelle.

Quoi qu'il en soit, Sully, en se retirant, était peu populaire, et on ne voit pas que son souvenir le soit redevenu dans les années qui suivirent, ni durant tout le dix-septième siècle. Tallemant des Réaux, cet autre bourgeois de Paris, s'amuse à recueillir, cinquante ans après L'Estoile, toutes sortes d'historiettes satiriques et dénigrantes sur l'illustre ministre de Henri IV. Le bon Hardouin de Péréfixe, qui écrit l'*Histoire de Henri le Grand* pour l'instruction de Louis XIV, n'accorde à Sully qu'une place médiocre dans son ouvrage, et, préoccupé encore de l'idée d'impopularité qui s'attachait au nom de Rosny, il s'applique à justifier Henri de la faveur qu'il lui avait accordée, et à montrer qu'elle n'était pas ce que supposait l'envie. Mézeray, très-bon historien pour ces derniers siècles, portait de Sully le jugement juste et vrai qu'il faut qu'on en porte encore, mais sans embellissement et sans enthousiasme : « Outre qu'il était infatigable, ménager et homme d'ordre, dit-il, il avait la négative fort rude, et était impénétrable aux prières et aux importunités, et attirait à toutes mains de l'argent dans les coffres du roi. » Tant que Louis XIV régna, il fut assez peu question des grandeurs et des gloires des règnes précédents. C'est au dix-huitième siècle qu'il faut venir pour trouver le Sully populaire, celui non pas de la tradition, mais de la création et de la légende philosophique. Voltaire, le premier, était en train d'y aider par *la Henriade*, lorsqu'ayant eu à se plaindre du descendant de Sully, il effaça dans son poëme le nom de l'ancêtre et y substitua celui de Du Plessis-Mornay. Pourtant la popularité de Henri IV prenait dans les imaginations et s'étendait de jour en jour, comme en représailles de la gloire de Louis XIV, et il lui fallait un second, un conseiller, un fidèle : ce ne pouvait être que Sully. La Rochefoucauld a dit : « Nos actions sont comme les *bouts-*

rimés, que chacun fait rapporter à ce qui lui plaît. » Ce ne sont pas seulement les actions de chaque jour et les démarches des personnes de la société que chacun interprète à son gré; ce sont les actions du passé et les noms qui les représentent. Ces grands noms que vont répétant les échos futurs, une fois livrés au tourbillon des âges, ne sont bientôt plus, si l'on n'y prend garde et si l'histoire authentique ne s'y oppose pas, que des espèces de bouts-rimés que chacun tire à soi, remplit à son gré, et sous lesquels on met un sens, des idées, des intentions que le plus souvent le personnage n'a jamais eus. Ainsi en advint-il pour Sully : on avait fait de Colbert le représentant d'un système, on fit de Sully le représentant du système contraire. Au lieu de voir en lui ce qu'il était avant tout, un caractère et une capacité rare, diverse et complexe, formée avec travail et appliquée au fur et à mesure aux diverses circonstances et difficultés de son temps, on lui prêta une doctrine générale, philosophique, d'après le *Télémaque* ou d'après les Économistes. Les Mémoires de Sully existaient, d'un volume considérable, mais d'une lecture lente et pénible: l'abbé de L'Écluse, en 1745, se chargea de les alléger, de les rendre faciles et agréables; il en dénatura la forme, le langage, et parfois le fond; il donna à son auteur un certain air plus dégagé, et qui fait contresens. L'Académie française, habile à profiter des vogues nouvelles et à les favoriser, mit au concours l'*Éloge de Sully* pour lequel Thomas fut couronné (1763) : ce discours de Thomas, « plein de vérités utiles et hardies, » comme on les aimait alors, eut un grand succès. Sully y était loué, même de ce qu'il n'avait pas fait, et, par exemple, de s'être dépouillé de ses charges avec un entier désintéressement, d'avoir refusé, lors de sa retraite, le prix de sa démission de gouverneur de la Bastille et de surintendant des finances : « Il semblait, dit

Thomas, que ce fût le prix dont on voulait payer sa retraite. Il eût été honteux à Sully de l'accepter, aussi le refusa-t-il. » Sur quoi un écrivain de notre temps, bien fait pour juger de Sully avec toute sorte de compétence, M. Daru a dit : « Je ne sais si cette manière de présenter les faits est prescrite par les convenances d'un Éloge académique, mais il n'en est pas moins certain que Sully chercha à tirer de ses charges le plus d'argent qu'il put ; ce sont ses expressions. » Et j'ajouterai : C'étaient les mœurs du temps, desquelles le personnage et le caractère de Sully ne sauraient se séparer. Je laisse donc tous ces usages et ces abus qu'on a faits du nom de Sully au dix-huitième siècle, tous ces Sully accommodés à la Turgot, à la Necker, à la Bernardin de Saint-Pierre, pour revenir à l'homme tel qu'il se montre à nous dans l'histoire et dans ses Mémoires. Je ne saurais certainement prétendre embrasser l'homme d'État ni l'administrateur des finances dans ce qu'il a de positif et de spécial ; ce sera assez si je parviens à saisir et à faire ressortir la forme générale de l'esprit et du mérite de Sully d'après l'ensemble des faits. Il n'y a pour cela qu'à le bien écouter, lui et ses secrétaires.

Une tentation dont on a d'abord à se garder quand on se débarrasse ainsi du Sully de convention pour vouloir retrouver le réel, c'est d'aller à l'extrémité contraire, c'est de lui chercher un défaut précisément à la place de la qualité dont on l'avait loué, c'est de diminuer sa grandeur, parce qu'elle n'est pas tout à fait celle qu'on avait, dans les derniers temps, préconisée. Henri IV et Sully ne sont pas ce que les avait faits, après deux siècles, une tradition complaisante et légèrement mensongère : donc ils sont l'opposé et le contre-pied de cette tradition. Évitons cette autre forme de l'erreur et de l'esprit de système qui se déguise sous la prétention à la finesse. Parmi les remarques un peu longuement déduites, mais justes, au nombre de treize, qui précèdent les Mémoires de Sully, et dans lesquelles il est donné quelques conseils aux historiens futurs, il est une prescription qui est particulièrement vraie, et qu'il convient de nous appliquer à nous tous en l'étudiant, à savoir : « Que les historiens ne témoignent point de vouloir faire des recherches trop exactes des défauts et des erreurs d'autrui, tellement *secrets et cachés* qu'ils ne sont connus d'aucune personne qui en ait reçu dommage ou offense, et desquels nulles voix publiques ne se sont jamais plaintes, ni que l'on ait su que les peuples en général ni en particulier en aient non plus reçu dommage visible et notoire. » Cette remarque est fondamentale pour qui aborde l'histoire et les grandes figures qui y sont en scène. Quand Tallemant des Réaux, par exemple, s'appuyant du manuscrit d'un ancien secrétaire de Du Plessis-Mornay, c'est-à-dire d'un témoignage ennemi, s'amuse à nous conter que tous les soirs, à l'Arsenal, jusqu'à la mort de Henri IV, Sully, déjà arrivé à la cinquantaine, continuait d'aimer si fort la danse « qu'il dansait tout seul avec je ne sais quel bonnet extravagant en tête, qu'il avait d'ordinaire quand il était dans son cabinet, » une telle anecdote, qui n'a aucun rapport prochain ni éloigné avec les actes publics de Sully et qui ne saurait être contrôlée, est indigne d'être recueillie par un historien et n'est propre (fût-elle exacte à quelque degré) qu'à déjouer et à dérouter le jugement général, bien loin d'y rien apporter de nouveau. Encore une fois, Sully, comme s'il avait prévu à l'avance ces dénigrements de détail et ces dégradations de l'histoire, a dit ou fait dire par la plume de ses secrétaires : « Que si quelques grands rois, capitaines, magistrats ou chefs d'armées, de républiques et de peuples, qui ont acquis une générale réputation d'avoir été excellents ès faits d'armes, de justice et de police, ont eu quelques vices et passions particulières *secrètes et cachées, qui n'aient point porté de préjudice au public,* et dont la publication ne peut apporter aucun avantage, » il est bienséant à un historien de les taire et de ne point passer sous silence « les vertus, belles œuvres et actions manifestes » pour s'en aller scruter et découvrir « les défauts et manquements secrets. » Le vrai caractère de Sully se déclare déjà mieux dans cette attention publique et constante à la gravité que dans quelque infraction particulière, s'il y est tombé.

Mais avant d'user des Mémoires de Sully, il importe de bien établir ce qu'ils sont et de se rendre un compte exact de cette composition d'une forme assez étrange. Les préambules avec Sully sont de quelque longueur, et on ne les abrége pas comme on le voudrait. Sully, retiré des affaires dans la force de l'âge, vécut encore trente ans dans ses châteaux, occupé à se nourrir de ses souvenirs et à en rassembler les pièces, les témoignages authentiques et mémorables. Mais, au lieu de se mettre à l'ouvrage comme un simple historien, comme Richelieu dès ce temps-là ne dédaignait pas de le faire, en employant des secrétaires sans doute pour les parties matérielles, mais en les subordonnant et les laissant à l'état d'auxiliaires obscurs, il se fit assister et servir par eux dans cet office de narrateur avec cérémonie et en toute solennité. Il avait de tout temps écrit ou fait rédiger les journaux et mémoires des actions principales et des événements importants de sa vie; il chargea en définitive quatre secrétaires d'en faire un extrait considérable et un recueil à l'usage du public : « Monseigneur, est-il dit dans la Dédicace, Votre Grandeur ayant commandé à nous quatre, que vous connaissez assez, de revoir et considérer bien exactement certains Mémoires que deux de vos anciens serviteurs et moi avons autrefois ramassés et depuis fort amplifiés, etc., etc., de toutes lesquelles choses nous nous sommes acquittés le mieux qu'il nous a été possible, etc. » Les phrases de ces secrétaires sont difficiles à citer, tant elles sont longues, chargées de parenthèses et d'incidences : les phrases d'Homère ou celles d'Hérodote ne sont pas plus difficiles à ponctuer que les leurs. Sully, dans son château, se fait donc raconter et *ramentevoir* par ses quatre secrétaires les choses qu'il sait mieux qu'eux et qu'il leur a racontées ou laissé lire; fidèle, même dans la familiarité, à son goût de hauteur et d'appareil, il se fait renvoyer ses souvenirs sous forme cérémonieuse, obséquieuse, et, pour ainsi dire, *à quatre encensoirs;* il assiste sous le dais et prête l'oreille avec complaisance à ses propres échos. Le lecteur est là derrière, qui écoute comme il peut. On peut regretter en ce style incommode, dans lequel on s'adresse continuellement à lui à la seconde personne, de ne pas trouver l'agrément ni la rapidité des Mémoires ordinaires, et de n'y reconnaître qu'à peine le trait d'expression et la marque originale du narrateur ou de l'inspirateur même : mais n'est-ce pas aussi un premier caractère d'originalité, et plus significatif que tous les autres, qu'une telle forme ainsi adoptée et imposée durant une narration si longue; et n'y voit-on pas déjà le ton et l'étiquette rigoureuse qui régnait dans ce château de Sully quand on s'adressait au maître? Il met son amour-propre à laisser paraître en nombre autour de lui ses secrétaires comme d'autres le mettraient à les dissimuler et à les effacer. Richelieu, plume en main, est un historien, un écrivain, et y vise : Sully tient avant tout à ce que l'on ne cesse de voir son grand état de maison, même dans l'office et les charges de l'histoire. Il y fait son entrée et sa marche avec cortége, dans une ovation continue.

Ces Mémoires en grande partie terminés et en vue du

public, Sully songea à les faire imprimer, et, pour plus de sûreté, il voulut que ce fût sous ses yeux, dans une de ses maisons seigneuriales. Les deux premiers volumes de cette édition *princeps* in-folio furent donc imprimés en 1638 dans le château même de Sully, par les soins, dit-on, d'un imprimeur d'Angers qu'on avait mandé à cet effet. On se passa d'approbation et de privilége; Sully faisait acte de souveraineté. Le titre des Mémoires était singulièrement emphatique, allégorique et symbolique; le voici en son entier :

« Mémoires des sages et royales Économies d'État, domestiques, politiques et militaires de Henri le Grand, l'exemplaire des rois, le prince des vertus, des armes et des lois, et le père en effet de ses peuples françois ;

« Et des Servitudes utiles, obéissances convenables et administrations loyales de Maximilian de Béthune, l'un des plus confidents familiers et utiles soldats et serviteurs du grand Mars des François;

« Dédiés à la France, à tous les bons soldats et tous peuples françois. »

Je ne parle pas de la vignette peinte en vert, de la branche d'amarante, symbole de la vertu qui ne se flétrit jamais, des trois V, qui sont le chiffre de la maison de Sully. L'ouvrage était censé se vendre à *Amstelredam* (Amsterdam), *à l'enseigne des trois Vertus couronnées d'amaranthe* (*Foi, Espérance, Charité*), chez deux imprimeurs désignés sous des noms grecs tels qu'aurait pu les forger Du Bartas; voici ces noms bizarres : *Aleithinosgraphe de Cléarétimélée*, et *Graphexechon de Pistariste;* comme qui dirait : *Écrivain-véridique* de la ville de *Gloire-et-Vertu-Soin*, et *Secrétaire-émérite* de la ville de *Haute-Probité*. Ces deux imprimeurs, dans un Avertissement, s'adressaient *aux Lecteurs vertueux et judicieux*. Le pédantisme déjà suranné de ces recherches et de ces gentillesses d'impression fait bien pendant à ce qu'on raconte du costume de Sully lorsqu'il reparut un jour, avec ses habits à la vieille mode, en pleine Cour de Louis XIII.

Cela dit, allons au fond, et de cet amas de narrations trop souvent déduites en style de greffier ou de notaire, tirons ce qu'il y a de solide et d'excellent. —Sully, qui, dans toute la première partie de sa carrière, s'appelle Rosny, né en 1559 au château de ce nom, était le second de quatre fils, mais de fait il fut considéré comme l'aîné par son père, qui de bonne heure plaça sur lui l'espoir de relever sa maison. Le père du jeune Rosny l'appela un jour qu'il avait onze ans dans la chambre de la haute tour, et là, en présence du seul La Durandière, son précepteur, il lui dit : « Maximilian, puisque la coutume ne me permet pas de vous faire le principal héritier de mes biens, je veux en récompense essayer de vous enrichir de vertus, et par le moyen d'icelles, comme l'on m'a prédit, j'espère que vous serez un jour quelque chose. Préparez-vous donc à supporter avec courage toutes les traverses et difficultés que vous rencontrerez dans le monde, et, en les surmontant généreusement, acquérez-vous l'estime des gens d'honneur et particulièrement celle du maître à qui je veux vous donner, au service duquel je vous commande de vivre et mourir. » Ce maître était le prince, bientôt roi de Navarre, le futur Henri IV, dont le mariage était alors décidé avec Marguerite, sœur de Henri III. Le père de Sully était de la religion réformée : homme de sens et de prudence, il prévit que, « si ces noces se faisaient à Paris, les livrées en seraient bien vermeilles. » Rosny, conduit à Vendôme par son père et présenté par lui à Henri, devant la reine Jeanne d'Albret sa mère, lui débita très-bien sa petite harangue avec des protestations de lui être à jamais très-fidèle et très-obéissant serviteur : « Ce que vous lui jurâtes en si beaux termes, lui rappellent ses secrétaires, avec tant de grâce et d'assurance, et un ton de voix si agréable qu'il conçut dès lors de bonnes espérances de vous ; et vous ayant relevé, car vous étiez à genoux, il vous embrassa deux fois et vous dit qu'il admirait votre gentillesse, vu votre âge qui n'était que d'onze années, et que vous lui aviez présenté votre service avec une si grande facilité et étiez de si bonne race qu'il ne doutait point qu'un jour vous n'en fissiez paraître les effets en vrai gentilhomme. » Et ici, comme nous sommes au seizième siècle, il est nécessaire de remarquer qu'un des précepteurs de Sully, nommé La Brosse, qui se mêlait de tirer des horoscopes et de prédire des nativités, voyant que son élève, de six ans plus jeune que Henri de Navarre, était né, comme ce prince, le 12 ou 13 décembre, jour de Sainte-Luce, l'avait plus d'une fois assuré, avec de grands serments, que le prince, après maint labeur, serait un jour roi de France, et que lui Rosny serait des plus avant dans sa faveur et des mieux participants de sa prospérité. Cet horoscope eut une grande influence sur l'esprit de Sully. Il y revient en mainte occasion ; aux heures de mauvaise humeur et de dépit, et dans toute circonstance critique, il s'en autorise pour persévérer auprès du roi de Navarre et pour s'encourager dans la cause qu'il a embrassée. Dans les conversations qu'il a avec Henri, il cite également son prophète et son auteur : « Sire, dit-il au roi de Navarre à Meudon, au moment où l'on apprend que Henri III vient d'être assassiné à Saint-Cloud, j'espère que Votre Majesté sera un jour paisible et bien heureuse, mais ce ne sera pas sans beaucoup travailler et sans courir de grands hasards. J'ai eu un diable de précepteur lequel, comme je le vous ai déjà conté autrefois, m'a dit que cela était infaillible : il faut aller voir ce qui en est. » Sully n'est donc pas un philosophe ; bien qu'il paraisse, en maints cas, beaucoup plus politique que religieux, il est superstitieux comme on l'était volontiers en son temps. Il croit aux horoscopes, aux maléfices, aux signes vus dans l'air la veille d'une grande bataille. Les caractères forts ne sont pas des esprits forts pour cela.

Lors du massacre de la Saint-Barthélemy, le jeune Rosny se trouvait à Paris en plein danger. Il avait dessein d'aller faire sa cour au roi de Navarre ce jour-là, et il s'était couché la veille de bonne heure. Il fut réveillé sur les trois heures du matin par les cris du peuple et par le tocsin : son gouverneur, le sieur de Saint-Julien, et son valet de chambre, qui s'étaient aussi réveillés au bruit, étant sortis du logis pour apprendre ce que c'était, n'y rentrèrent point, et il n'a jamais su depuis ce qu'ils étaient devenus. L'hôte chez lequel il était logé et qui était huguenot, voulait, pour sauver sa vie, aller à la messe et y emmener le jeune Rosny. Celui-ci refusa; mais, se revêtant de sa robe d'écolier et prenant un livre d'heures sous le bras, il se rendit à travers les périls au Collége de Bourgogne dont le principal le recueillit et le tint trois jours caché. Son père lui écrivit alors qu'il eût à obéir en tout à son maître le roi de Navarre, et à conformer sa conduite à la sienne, à aller à la messe, s'il le fallait, à son exemple, et à courir enfin toutes ses fortunes jusqu'à la mort. Ce que fit soigneusement Rosny : dans les diverses alternatives et boutades de Cour qui suivirent cette sanglante catastrophe, lorsque Henri était traité avec plus d'égards et que ses domestiques avaient liberté de le venir servir, Rosny ne manquait pas à son devoir; lorsque le prince était retenu en prison et séparé de ses serviteurs, le jeune homme se tenait à l'écart et dans l'attente : « Mais, en quelque condition que vous fussiez, lui disent ses secrétaires, vous preniez toujours le temps de continuer vos études, surtout de l'histoire (de laquelle vous faisiez déjà des extraits tant pour les mœurs que les choses naturelles), et des mathématiques, lesquelles occupations faisaient paraître votre inclination à la vertu. » La première partie de la carrière de Rosny se passera à n'être en apparence qu'un homme de guerre et un soldat, mais ce fonds d'études, cet amour d'une instruction solide et sérieuse, *vertueuse* en un mot, il le gardera et le cultivera en toutes les circonstances, dans les intervalles de loisir et jusqu'au milieu des camps.

Le chapitre VIe des Mémoires a cela de remarquable qu'il est copié sur un ancien recueil écrit tout entier, disent les secrétaires, de la main de Sully et qui doit être de sa composition même. Ici le style s'abrége, s'affermit, et ce chapitre peut donner une juste idée de la manière du maître s'il avait pris plus souvent la plume. C'est un tableau raccourci des remords et angoisses de Charles IX après la Saint-Barthélemy, de la résistance que rencontrent les ordres sanguinaires du roi chez quelques gouverneurs généreux de places et de provinces, et du ressort que reprend le parti après le premier effroi, au lieu d'être écrasé et atterré comme on l'avait cru. On sent, au ton ferme qui règne dans ce tableau, un homme qui peut-être n'est pas très-attaché à sa secte en tant que religion, mais qui est très-attaché à sa cause, qui en ressent les parties morales, et qui, ainsi ancré par des raisons de justice et d'honneur, n'en démordra plus. La mort de Charles IX, assiégé de terreurs lorsqu'il se voit tout baigné de son sang dans son lit, et qu'il se rappelle celui des innocents qu'il a fait répandre, est peinte en quelques mots énergiques. Le retour du roi de Pologne Henri III et son arrivée en France, le démenti donné du premier coup aux espérances qu'on avait de lui, ne sont pas moins bien notés; ce dernier des Valois arrive avec le dessein, qui lui a été suggéré par de sages princes et conseillers qu'il a vus au passage (en Autriche, à Venise et en Savoie), d'octroyer la paix à tous ses sujets et de rétablir l'ordre et la concorde avec traitement égal pour tous ; mais, à peine arrivé, il fait défaut, se laisse retourner par la reine sa mère, s'engage dans je ne sais quelle petite guerre et quel petit siége qu'il est obligé de lever avec mille sortes de reproches et d'injures que lui lancent du haut des murailles les femmes et les enfants : « Ce honteux décampement, dit Sully, l'aversion que le roi témoigna dès lors de toutes choses généreuses et de la vraie gloire, qui ne s'acquiert que par les armes, et une inclination et disposition portée toute au repos, aux délices et plaisirs, le firent tomber en mépris qui engendra la haine, et la haine l'audace d'entreprendre contre lui, de laquelle procéda sa perdition avec infamie. » Toutes les fois qu'il a à parler de Henri III, il le dessinera ainsi en quelques traits où le signe d'efféminnation et d'infamie reparaîtra toujours. Quelques années après, ayant eu à traiter avec lui de la part du roi de Navarre, et lui ayant été présenté par M. de Villeroy à Saint-Maur (1586) : « Nous vous avons ouï dire, écrivent ses secrétaires, que vous le trouvâtes dans son cabinet, l'épée au côté, une cape sur les épaules, son petit toquet en tête et un panier pendu en écharpe au cou, comme ces vendeurs de fromages, dans lequel il y avait deux ou trois petits chiens pas plus gros que le poing. » Rosny, jeune, mâle et fier, présenté par le prudent et fin M. de Villeroy à Henri III ainsi accoutré et travesti, n'est-ce pas tout un tableau à la fois de genre et d'histoire ? Je ne sais pourquoi l'on a dit que ces Mémoires de Sully en eux-mêmes « n'avaient aucune valeur littéraire ; » il ne s'agit, pour en saisir les parties vives et qui peignent, que d'en écarter un peu l'attirail, le manteau des scribes et leurs génuflexions.

Cependant le roi de Navarre se sauve des gardes et espions qui l'observent, et se dérobe, à Senlis, pendant une partie de chasse (1576) : Rosny l'accompagne dans sa fuite, et bientôt se met à apprendre sous lui la guerre. Il commence à servir, comme le plus simple soldat, *parmi l'infanterie*, ce qui n'était pas ordinaire alors aux gentilshommes : à ceux qui l'en voulaient divertir, il répondait qu'il avait à cœur d'apprendre le métier des armes dès ses premiers commencements. Quatre ans après, à Nérac, pendant que la Cour huguenote est là comme dans son petit Paris et dans son lieu de délices, la guerre continuant aux alentours, Rosny qui veut s'y mêler, et qui voit que le roi de Navarre a défendu de sortir de la ville à cheval, se remettra à ce premier métier de fantassin et ira, parmi les vignes et les haies, faire le coup d'arquebuse avec les plus simples soldats. C'est donc un valeureux soldat que Rosny, et Henri en mainte occasion est obligé de le faire rappeler quand il s'aventure, de lui commander de se retirer, et il le tance au retour de la bonne sorte : « Monsieur de Béthune, disait un jour Henri dans une escarmouche, allez à votre cousin, le baron de Rosny; *il est étourdi comme un hanneton;* retirez-le de là et les autres aussi. » Ces mots de gronderie militaire si flatteurs à qui les reçoit sont perpétuels de la part de Henri IV au sujet de Rosny. Celui-ci, après être resté quelque temps dans la simple infanterie, passe dans la compagnie colonelle de M. de Lavardin et y sert en qualité d'enseigne; mais bientôt il cède cette enseigne à un de ses cousins, et, ayant fait des épargnes de son revenu durant deux ou trois ans (car il est bon ménager de bonne heure), s'étant retranché durant ce temps à vivre de ses soldes, de ses profits et butins faits à la guerre, il s'arrange si bien qu'il peut figurer désormais comme gentilhomme, ayant ses gens et son équipage à lui, à la suite du roi de Navarre. Il n'avait alors que dix-sept ou dix-huit ans. On n'oublie pas de nous informer que, tout en se livrant à l'exercice de son métier, il continuait ses études, c'est-à-dire à faire des lectures, levées de plans, cartes du pays, etc. Dans ces premières guerres toutes d'escarmouches et de coups de main, on voit le roi de Navarre guerroyant sans grandes vues encore, jouant à chaque instant le tout pour le tout devant la moindre bicoque de Poitou ou de Gascogne; ce ne fut guère qu'à dater de la bataille de Coutras (1587) qu'il étendit ses visées et ses plans, et déploya des desseins de capitaine. Les Mémoires de Sully nous le montrent au naturel dans cette première suite d'aventures, de rencontres et de petits siéges. De très-bonne heure, Henri s'aperçoit du parti qu'il peut tirer de Sully pour les siéges, pour l'industrie des mines, pétards, pour le logement et service des pièces d'artillerie (quand il en a). Dès que Rosny est dans le quartier qui lui est assigné, il s'y fortifie, fait pratiquer des terrassements et retranchements, mettant lui-même la main à la pioche, et appliquant avec art toutes sortes de ressources et d'inventions, sans compter sa valeur ardente et impétueuse les jours de combat. Ce qu'il fera en 1589, dans un des quartiers de Tours qui lui est confié, pour le mettre en défense, il le fit plus ou moins de tout temps. En une nuit, il y ordonna un tel travail qu'il le rendit imprenable aux troupes de la Ligue; et Henri III, qui alors était uni avec le parti de Navarre, l'étant venu visiter le matin, en fut émerveillé et lui dit : « Hé quoi, monsieur de Rosny! travaillez-vous toujours ainsi? C'est pour n'être jamais surpris. »

En résumé, dès sa première jeunesse, Rosny nous est présenté comme bon ménager, ayant toujours de l'argent de reste, et, en cas de besoin, portant de l'or en poche, même dans les batailles, quand les autres n'y songent pas; sachant s'arranger en campagne, s'ingénier dans les siéges pour attaquer et faire brèche, adroit et actif à pourvoir à la défense de ses quartiers; un militaire en un mot, non-seulement très-brave, mais distingué, instruit et précautionné, avec des talents particuliers d'artilleur, et, si je puis dire, des instincts d'arme savante.

Henri comprit aussi, presque dès les premiers temps, l'usage qu'il pouvait tirer de lui comme négociateur. Rosny fut toujours d'humeur assez difficile et assez ombrageuse ; mais sa prudence précoce eut pourtant de la jeunesse ; il eut ses heures de bonne grâce, ses conversations avec les dames, son art de les entretenir et de les faire parler. Dans les trêves de ces guerres fatigantes, à Pau, à Auch, à Nérac, il avait appris le métier de courtisan avec application, absolument comme on apprend un autre métier : en 1576, à Pau, on le voit étudier son premier ballet dont Madame Catherine, sœur du roi de Navarre, prend elle-même la peine de lui enseigner les pas : « Et de fait vous le dansâtes huit jours après devant le roi, » disent ses authentiques secrétaires. A Auch, en 1578, pendant le séjour qu'y font la reine-mère, la reine de Navarre et Henri, on voit Rosny qui, « n'oyant plus parler d'armes, mais seulement de dames et d'amour, devient tout à fait courtisan et fait l'amoureux comme les autres, » chacun ne s'amusant alors à autre chose qu'à rire, danser et courir la bague. L'année suivante, à Nérac, il continue dans le même train : « La Cour y fut un temps fort douce et plaisante ; car on n'y parlait que d'amour et des plaisirs et passe-temps qui en dépendent, auxquels vous participiez autant que vous pouviez, ayant une maîtresse comme les autres. » Une maîtresse avouée, c'est-à-dire une dame de ses pensées.

Il y a des moments, dès les premières années, où il est en altercation assez vive avec Henri, et où la colère du prince qui est prompte rencontre l'humeur de Rosny qui n'est pas endurante. Rosny s'attache dans un temps et pendant une trêve à Monsieur, duc d'Alençon ou d'Anjou, et l'accompagne en Flandre où lui-même il retrouve des alliances, des branches parentes de la famille de Béthune restées catholiques : il semble alors que si ce prince, duc d'Alençon, avait valu un peu mieux, il aurait pu s'affectionner Rosny et le débaucher peut-être du roi de Navarre. Mais ce dernier le rappelle par lettres; il lui remet en mémoire les vrais principes d'un homme de cœur; il lui dit en le revoyant et en l'embrassant : « Mon ami, souvenez-vous de la principale partie d'un grand courage et d'un homme de bien, c'est de se rendre inviolable en sa foi et en sa parole, et que je ne manquerai jamais à la mienne. » Et il l'engage à aller à la Cour de France pour y observer prudemment toutes choses et y découvrir le dessein des adversaires, sous air de se rallier à eux et de s'en rapprocher; car Rosny a des frères ou des neveux qui sont alors des plus avant dans la faveur de Henri III. Rosny remplit les ordres et les vues de son maître. Cependant ce négociateur de vingt-trois ans, dans cette atmosphère d'oisiveté à laquelle il n'était pas accoutumé, se laisse prendre et amorcer à l'amour. Il devient épris de la fille du président de Saint-Mesmin, qui était une personne à la mode en ce temps-là, et, ce semble, un peu coquette. Il songe à l'épouser; mais il s'arrête à temps. Il a entendu parler d'une autre personne plus convenable tant pour sa beauté modeste que pour sa vertu et haute extraction ; c'est Anne de Courtenay, fille de M. de Bontin : c'est cette dernière que la raison désigne à Rosny, et, même en telle matière qui a pour fin le mariage, il se rappelle cette maxime : « que celui qui veut acquérir de la gloire et de l'honneur, doit tâcher à dominer ses plaisirs et ne souffrir jamais qu'ils le dominent. » Un jour, il se trouve dans une situation très-critique : voyageant dans le pays et passant à Nogentsur-Seine, il rencontre les deux jeunes filles rivales, ses deux maîtresses, comme on disait honnêtement alors, logées dans la même hôtellerie que lui : à laquelle ira-t-il la première ? Une jeune sœur de mademoiselle de Saint-Mesmin accourt à sa rencontre et vient le tenter : « Comment ! monsieur, lui dit l'espiègle enfant, l'on nous a dit qu'il y a plus de demi-heure que vous êtes arrivé en ce logis, et vous n'êtes point encore venu voir ma sœur ! Vraiment elle parlera bien à vous, car on lui a dit que vous aviez une autre maîtresse. » Il allait céder et se rendre lorsqu'un ami, représentant le conseil de la raison, lui dit à l'oreille : « Monsieur, tournez votre cœur à droite, car là vous trouverez des biens, une extraction royale et bien autant de beauté lorsqu'elle sera en âge de perfection. » Rosny se déclara donc pour la plus douce, la plus modeste et la plus vertueuse, et qui se trouvait être la plus riche aussi. Il l'épousa cette année même 1583 : « L'amour et gentillesse de laquelle vous retint toute l'année 1584 en votre nouveau ménage, où vous commençâtes à témoigner, comme vous aviez déjà bien fait auparavant en toute votre vie, en la conduite de votre maison, une économie, un ordre et un ménage merveilleux, prenant la peine de voir et savoir tout ce qui concernait la recette et dépense de votre bien, écrivant tout par le menu, sans vous en remettre ni fier à vos gens, chacun s'étonnant comment sans bienfaits de votre maître, ni sans vous endetter, vous pouviez avoir tant de gentilshommes à votre suite, et si honnêtes gens qu'étaient les sieurs de Choisy, Morelly, Boisbrueil, Mallosnay, Tilly, Lafond et Maignan, et faire une si honorable dépense. » Et les fidèles secrétaires entrent dans quelques détails du commerce et de l'industrie auxquels se livrait leur maître, et ils ne nous laissent pas ignorer le secret de son aisance à cette date : il faisait chercher des chevaux, de *beaux courtauds* en quantité aux pays environnants et dans le nord, jusqu'en Allemagne, et, les achetant à bon marché, il les revendait bien cher en Gascogne.

Sully eut, dans sa vie, deux femmes ; on a mal parlé de la seconde ; mais cette première est toute pure, gentille d'esprit, et telle qu'on peut se la figurer à souhait auprès de ce mari sérieux et sévère. Quand on ouvre, au Cabinet des Estampes, le cahier où sont les portraits de Sully et de sa femme, on y voit le Sully tel qu'il nous a été transmis par la gravure et qu'il est fixé dans la mémoire, c'est-à-dire vieux, le front haut et chauve, la figure sillonnée et rude, l'air fâché, avec barbe longue et moustache grise, le tout encadré dans cette fraise bien roide que nous savons, et son écharpe sur l'armure. Puis, à côté, on voit ressortir avec plus de fraîcheur cette figure douce, jolie, mignonne, enfantine, un peu *nicette* et naïve de mademoiselle de Bontin. Il eut la douleur de la perdre en 1589, après cinq ans de mariage. Pendant une peste ou maladie contagieuse qui avait régné dans le pays de Rosny en 1586, il était venu la visiter, la tranquilliser ; il l'avait trouvée enfuie du château, réfugiée dans celui d'une tante, avec trois ou quatre de ses gens ; et là, s'étant enfermé avec elle, et n'ayant lui-même pour tout monde avec lui qu'un de ses gentilshommes, un secrétaire, un page et un valet de chambre, il demeura tout un mois en compagnie de sa douce moitié, sans être visité de créature vivante, tant chacun fuyait la maison comme pestiférée : « Et néanmoins, écrivent les secrétaires, à ce que nous vous avons souvent ouï dire depuis, vous n'avez jamais fait une vie si douce ni moins ennuyeuse que cette solitude, où vous passiez le temps à tracer des plans des maisons et cartes du pays ; à faire des extraits de livres ; à labourer, planter et greffer en un jardin qu'il y avait léans ; à faire la pipée dans le parc, à tirer de l'arquebuse à quantité d'oiseaux, lièvres et lapins qu'il y avait en icelui; à cueillir vos salades, les herbes de vos potages, et des champignons, columelles et diablettes que vous accommodiez vous-même, mettant d'ordinaire la main à la cuisine, faute de cuisiniers; à jouer aux cartes, aux dames, aux échecs et aux quilles... » Et n'allons pas oublier le dernier trait que notre fausse délicatesse supprimerait et qui sent son vieux temps : « à caresser madame votre femme, qui était très-belle et avait un des plus gentils esprits qu'il était possible de voir. »

En cette saison gracieuse, reposée et unique peut-être dans sa vie, Rosny, âgé de près de vingt-sept ans, dans sa maturité première et, si l'on ose dire, dans sa fleur d'austérité, n'avait pas encore cette mine rébarbative qu'il eut depuis, et que nous lui verrons prendre successivement à travers les fatigues, les périls, les contentions et les applications de toutes sortes, où sa capacité opiniâtre, son ambition légitime et jalouse, son amour du bien public et de l'honneur de son maître l'engagèrent de plus en plus.

Lundi, 16 mai 1853.

SULLY

SES *ECONOMIES ROYALES* OU *MÉMOIRES*

(SUITE)

Les Mémoires d'un homme d'État ou de tout autre homme, rédigés par lui-même ou par des personnes à sa dévotion, ne sauraient être acceptés sans contrôle. Il est bien certain qu'on n'écrit pas des Mémoires pour s'humilier ni pour se donner tort; même lorsqu'on a l'air de vouloir confesser ses défauts, on a soin de les montrer par le beau côté. Lorsqu'on parle d'événements considérables où l'on a eu part, on est tenté d'exagérer cette part et de diminuer celle des autres. L'historien, lorsqu'il a pour guide dans la suite du récit un homme d'État qui est très-intéressé dans les principales actions et qui les raconte, doit donc, à chaque pas, s'éclairer, s'il se peut, de témoignages différents et contradictoires. Le moraliste, sans négliger l'occasion du contrôle lorsqu'elle se présente, peut plus aisément s'en tenir aux discours mêmes du personnage si ces discours sont de grande étendue et très-abondants : car il a moins à s'inquiéter du détail et de l'exposé des faits que de celui qui parle, et il est impossible qu'en parlant si longuement de soi ou de ce qui est autour de soi, on ne se découvre. Les aveux percent, les qualités vraies se déclarent, les prétentions se trahissent. On peut de la sorte atteindre avec certitude les principales formes d'un esprit ou d'un caractère, ce qui doit suffire; à moins d'information toute particulière et imprévue, le reste est raffinement de curiosité et témérité.

La fortune de Rosny fut lente et laborieuse comme celle de son maître : ses grands talents et son esprit qui s'annonçaient de bonne heure se compliquaient de certaines obscurités, de certaines humeurs et bizarreries auxquelles on aurait pu se méprendre. Jeune, il était déjà propre et entendu à bien des emplois : le coup d'œil de Henri sut démêler en lui ces capacités diverses qui étaient comme enveloppées, et son art de roi fut de les employer à propos alternativement et successivement, tenant de longue main l'utile serviteur en réserve pour les destinations futures. L'idée que Rosny donnait de lui à quelques-uns de ceux qui l'approchaient est à noter. Un jour, dans un temps (1585) où Henri III et sa Cour n'avaient pas rompu avec les protestants, M. de Joyeuse, allant combattre M. d'Elbeuf en Normandie, emmena Rosny au passage. Mais, pendant l'expédition, survint une dépêche de la Cour, par laquelle Joyeuse apprenait que le vent avait tourné et que Henri III refaisait la guerre au roi de Navarre et à ceux de son bord : s'adressant à Rosny qui était présent quand le paquet arriva, il lui dit en riant qu'il espérait bien que cela ne changerait rien à son projet, et qu'il ne serait pas assez fou pour s'embarquer avec le roi de Navarre et perdre de gaieté de cœur sa belle terre de Rosny. Sur quoi Rosny piqué répliqua que tout ce procédé conduisait à la grandeur du roi de Navarre bien plus qu'à sa ruine, et il en revint, selon son usage, à rappeler ce que son *diable de précepteur* La Brosse lui avait prédit; puis il sortit brusquement, quittant sans autre façon la compagnie et le parti devenu contraire, pour se mettre en devoir de rejoindre le sien. « Voilà un maître fol, dit Joyeuse, et qui n'a peur de rien ; mais il pourrait bien s'abuser avec son sorcier de maître. » Un gentilhomme présent, qui connaissait Rosny, répondit : « Monsieur, ce gentilhomme est brave et a un merveilleux esprit ; croyez que là où il sera, il vaudra toujours un homme. »

Un autre jour, quatre ans après (1589), Rosny qui venait de ménager et de préparer la réconciliation de Henri III et du roi de Navarre, était salué, en revenant près de ce dernier à Châtelleraut, par les acclamations de tous, et un gentilhomme plus enthousiaste que les autres s'écriait : « Voyez-vous, mon frère, mon ami, cet homme-là ? Pardieu ! nous l'adorerons tous, et lui seul rétablira la France ; il y a plus de six ans que je l'ai dit, et Villandry avait même opinion que moi. » Ce sont là des mots qui ne s'inventent pas, et qui deviennent des pronostics après que l'histoire les a confirmés.

Rosny, des plus vaillants soldats et des mieux payant de sa personne, était employé par Henri, même en guerre, aux emplois qui demandaient autre chose encore que du courage. À la bataille de Coutras, qui ouvre la grande carrière de Henri IV (1587), Rosny, avec trois autres officiers, fut chargé de l'artillerie (deux canons et une couleuvrine), dont le jeu fit merveille et décida du gain de la bataille (1). Henri, qui, à cette journée de Coutras, venait de prendre rang de capitaine, montra

---

(1) Pour les détails exacts sur l'artillerie de Henri IV, et sur la part qu'y eut Sully, ainsi qu'aux mines, siéges et attaques de villes, dès les premiers temps ou depuis qu'il eut la direction en chef, je ne puis mieux faire que d'indiquer les *Études sur l'Artillerie* du prince Louis-Napoléon aujourd'hui empereur, tome I (1846), pages 246, 265, 288, 291, et tome II (1851), pages 261, 289, 296, 300.

au lendemain qu'il avait encore à faire pour devenir le politique qu'on l'a vu depuis. Cette armée victorieuse, à la suite d'une action si décisive, se démembra aussitôt par la rivalité des chefs, des princes du sang d'abord, du prince de Condé, du comte de Soissons, et lui-même, Henri de Navarre, aida à cette désunion des parties en s'en allant en Béarn présenter de sa main à la comtesse de Guiche, qu'il aimait alors, les enseignes, cornettes, et autres dépouilles des ennemis, dont il avait fait un galant trophée : c'est ainsi « qu'au bout de huit jours tous les fruits espérés d'une si grande et signalée victoire s'en allèrent en vent et en fumée, et, au lieu de conquérir, l'on vit toutes choses dépérir. »

Après la journée des barricades, la fuite de Henri III de Paris et sa retraite en Touraine, Rosny est employé, je l'ai dit, à une négociation pour rapprocher les deux rois : il y réussit ; mais une maladie qui le retient quelques jours lui ôte l'honneur public de cette œuvre, déjà achevée ou du moins très-avancée. Il en gronde, et ne sait pas bon gré à ceux qui mettent la dernière main à la même affaire, à Du Plessis-Mornay, qui le supplante ici au dernier moment. C'est un caractère de Rosny de n'être pas un camarade facile ni indulgent : il aime son maître, mais il aime peu ceux qui le servent en concurrence avec lui. Il ne dira pas de bien soit des protestants zélés, plus attachés que lui à la cause des Églises et à l'esprit religionnaire, soit des catholiques devenus royalistes à leur corps défendant, soit du tiers parti et de ces hommes politiques qui *nagent tant qu'ils peuvent*, dit-il, *entre deux eaux*, Villeroy, Jeannin. Il n'admet guère qu'une manière d'aimer et de servir l'État et son maître, qui est la sienne. Toute autre lui paraît suspecte, ou du moins il voudrait nous la rendre telle. Très-jaloux lui-même, il donne l'exemple en jalousant les autres. Il porte quelque avarice jusque dans l'affection et la faveur dont il est l'objet, et n'aime à la partager avec personne.

A la guerre, plus habile et plus prudent que bien d'autres, il ne se montre pas au-dessus des mœurs de son temps. Le butin alors et le pillage étaient chose avouée et honorée comme légitime, même sur des compatriotes. A la prise de Cahors, qui fut tant disputée (1580), et qui ne dura pas moins de trois jours et trois nuits à mener à fin après qu'on eut pénétré dans la ville, le pillage fut en raison de la peine ; on ne s'y épargna pas : « Et en votre particulier, disent les secrétaires de Rosny, vous gagnâtes par le plus grand bonheur du monde une petite boîte de fer que nous croyons que vous avez encore, que vous baillâtes lors à l'un de nous quatre à porter, et l'ayant ouverte, trouvâtes quatre mille écus en or dedans. » A une première tentative de Henri IV sur Paris (1589), Rosny donne, avec MM. d'Aumont et de Châtillon, du côté du faubourg Saint-Germain, « où, ayant enclos entre deux troupes, dans une rue près la foire de Saint-Germain, plusieurs Parisiens, il en fut tué quatre cents en un monceau en moins de deux cents pas d'espace. Vous nous dîtes lors (écrivent les honnêtes secrétaires, dont quelqu'un sans doute lui servait d'écuyer et était près de lui en ce moment) : « Je « suis las de frapper et ne saurais plus tuer des gens « qui ne se défendent point. » Lors l'on commença à piller ; vous et huit ou dix des vôtres ne fîtes qu'entrer et sortir dans six ou sept maisons où chacun gagna quelque chose, et y eûtes par hasard quelque deux ou trois mille écus qui vous furent baillés pour votre part. » — De même au sac de Louviers (1591), où toute la ville fut pillée, des gens du pays qui étaient parmi les vainqueurs, et qui savaient tous les êtres de l'endroit, indiquaient les magasins de toiles et de cuirs qui faisaient le fort du butin : Rosny en eut *quelque mille écus* pour sa part. Cette morale en temps de guerre, même chez des voisins et des compatriotes, ne faisait pas un pli.

Honneur à Henri IV! en lui apparaît et brille le cœur noble et clément, élevé au-dessus des cruautés ou des grossièretés de son siècle. Dès qu'il le peut, il civilise la guerre, il l'humanise. Après la prise de Saint-Maixent, qui a capitulé (1586), ayant envoyé à l'avance ses maréchaux de logis, il entre dans la ville, lui, toute sa Cour et les gens de guerre, « tout ainsi que si elle n'eût point été conquise par les armes, toutes les boutiques y étant trouvées ouvertes, et tous les hommes, femmes et enfants épandus aux portes et par les rues, criant : Vive le roi ! et enseignant leurs logis à ceux qu'ils savaient être leurs hôtes. » De même à Fontenay en Poitou : après une bonne défense, la ville se rend et capitule sans vouloir rien mettre par écrit, sans demander d'otages, mais en se fiant entièrement en la foi et en la parole de Henri qu'ils savent bien être inviolable : « De quoi ce brave courage se trouva tellement touché, qu'il accorda tant aux gens de guerre qu'aux habitants quasi tout ce qu'ils voulurent demander, et le leur fit observer loyaument, traitant ceux de la ville tout ainsi que que si elle n'eût point été prise par siége. » Le soin que mettent les secrétaires de Sully à enregistrer ces actes de clémence et ce nouveau droit de la guerre, prouve à quel point il était nouveau en effet, et combien il tranchait sur les mœurs et les habitudes du temps. Sully, qui admire cette magnanimité, n'en avait rien pour son compte.

Ce n'est pas à dire qu'au siége de Paris (1590) Henri IV, prenant pitié de ceux mêmes qu'il pressait et qu'il affamait, ait favorisé, comme on l'a raconté, l'entrée des vivres dans cette capitale, qui était déjà la sienne. Non : Henri IV n'alla point jusque-là ; voulant se rendre maître de Paris et couper court le plus tôt possible à la guerre civile, il eût été peu raisonnable pour lui d'en agir de la sorte. Ce furent ses capitaines et ses officiers qui, peu exacts et peu fidèles, non point par humanité, mais par avarice ou légèreté, permirent sur plus d'un point l'entrée des vivres « pour en retirer des écharpes, plumes, étoffes, bas de soie, gants, ceintures, chapeaux de castor et autres telles galantises. » Voilà le vrai. S'ensuit-il que la tradition et la légende aient tout à fait tort? Je ne le dirai pas. Cette quantité d'actes de clémence et de générosité que Henri IV prodiguait envers les vaincus se résumèrent bientôt après dans l'imagination populaire sous la forme de cette anecdote touchante et un peu fabuleuse. C'est assez que Henri IV ait mérité qu'on l'inventât après coup à sa louange. L'anecdote de l'entrée des vivres dans Paris n'est qu'une hyperbole qui suppose un grand fonds de vérité.

Rosny fut au combat d'Arques et à la bataille d'Ivry. Ce qui lui arriva à cette dernière journée (14 mars 1590) est mémorable. Dans la nuit du 12 au 13, Rosny, qui était en garnison dans Pacy-sur-Eure, vit ou crut voir au milieu d'un orage « de grands signes au ciel de deux armées fort bien distinguées, et les hommes et les chevaux aussi se battant furieusement, » presque de même qu'il devait le voir ensuite le lendemain. Le 13 au soir il reçut une lettre du roi tout allègre et engageante, et qui le pressait de venir, en ces termes :

« Mon ami, je ne pensai jamais mieux voir donner une bataille que ce jourd'hui. Mais tout s'est passé en légères escarmouches et à essayer de loger chacun à son avantage. Je m'assure que vous eussiez eu regret toute votre vie de ne vous y être pas trouvé. Partant, je vous avertis que ce sera pour demain ; car nous sommes si près les uns des autres que nous ne nous en saurions dédire. Je vous conjure donc de venir et d'amener tout ce que vous pourrez, surtout votre compagnie et les deux compagnies d'arquebusiers à cheval de Badet et Jammes, que je vous ai laissées ; car je les connais et m'en veux servir. Adieu, mon ami. »

Au reçu de cette lettre, Rosny fit sonner le bouteselle, monta à cheval avec son monde, et arriva tout juste une heure et demie avant la bataille. Henri, dès qu'il l'aperçut, lui ordonna de mettre ses arquebusiers à pied afin qu'ils servissent d'éclaireurs et d'enfants perdus ; il le plaça, lui, avec sa compagnie de gens d'armes à son aile droite, et, l'emmenant un moment sur la ligne : « Venez avec moi, dit-il, car je vous veux montrer toute la disposition des deux armées, afin de vous instruire à votre métier. » Rosny, même à la guerre, n'est qu'un élève de Henri IV.

Dans l'action et dans le choc des cavaleries, Rosny fut presque d'abord renversé avec son cheval, tous deux blessés ; à une seconde charge et monté sur un autre cheval, il eut ce cheval tué et fut blessé de nouveau. Dans cet état, le mollet emporté d'un coup de lance, blessé d'un coup de pistolet à la hanche, et d'un coup d'épée à la tête et à la main, il ne laissa pas de se relever après quelque étourdissement ; mais il se trouva seul sur le champ de bataille, n'ayant près de lui aucun des siens, ne sachant où aller ni que faire. Un cavalier ennemi accourut l'épée au poing pour le tuer (ce qui était facile, blessé comme il était et sans casque) ; mais il trouva moyen de se ranger contre un poirier dont les branches étaient si basses et si étendues que le cavalier ne put que tournoyer à l'entour sans l'atteindre. Un homme du parti royaliste passa alors menant en main un cheval, un petit courtaud qu'il avait pris ; Rosny offrit à cet homme cinquante écus qu'il avait dans sa pochette : « car vous aviez cette coutume de porter toujours de l'or sur vous lorsque vous alliez aux combats. » Monté sur ce courtaud et en assez méchant équipage, Rosny chercha alors à s'orienter à travers la plaine, lorsqu'il vit venir à lui un groupe d'ennemis au nombre de sept, dont l'un portait la cornette blanche et générale de M. de Mayenne. Rosny, entendant leur *Qui vive?* croyait bien que c'était le moment de se rendre, lorsqu'au contraire, apprenant son nom et le reconnaissant, l'un d'eux lui dit : « Nous vous connaissons bien tous; nous voulez-vous faire courtoisie et nous sauver la vie? » — « Comment! répliqua Rosny, vous parlez comme des gens qui ont perdu la bataille. » — « Est-ce tout ce que vous en savez? répondirent-ils. Oui, nous l'avons perdue, et si sommes trois qui ne nous saurions retirer, car nos chevaux sont comme morts. »

Voilà donc Rosny vainqueur à l'improviste, et même faisant des prisonniers. Trois pourtant des sept cavaliers, les mieux montés, lui dirent adieu et, donnant de l'éperon, lui échappèrent; les quatre autres le suivirent, non sans lui avoir mis en main la cornette blanche semée des croix noires de Lorraine, l'étendard principal de l'armée ennemie; il n'était pas de force à la tenir longtemps, et il fut bientôt obligé de la confier à un page du roi qu'il rencontra. Il a fort à faire dans son retour pour défendre sa capture et pour ramener trois sur quatre des prisonniers : le comte de Thorigny lui en a demandé un qui est son parent, et que Rosny lui cède par courtoisie. M. d'Andelot veut s'emparer de force de la cornette blanche qu'il voit aux mains du page, et qui est une dépouille d'honneur et de profit tout ensemble. Cet acharnement que met d'Andelot, à plusieurs reprises, à voler à Rosny son butin et ses prisonniers pour en tirer rançon et gloire, est un trait de mœurs. Rosny enfin fait si bien qu'il arrive au château d'Anet, s'y maintient avec cornette et prisonniers, et y passe la nuit après y avoir reçu les premiers soins pour ses blessures. Le compliment du maréchal de Biron qui le visite en passant est un autre trait qui montre bien les restes de chevalerie et de féodalité à la Froissart dans cette bataille déjà moderne; voyant les prisonniers dans la chambre du blessé, et l'étendard conquis près de son chevet : « Adieu, monsieur mon compagnon, lui dit le maréchal; vous ne devez point plaindre vos plaies ni votre sang répandu, puisque vous remportez une des plus signalées marques d'honneur que saurait désirer un cavalier le jour d'une bataille, et que vous avez là des prisonniers qui vous fourniront de quoi payer vos chevaux tués, faire panser vos blessures, et boire du bon vin pour faire de nouveau sang. »

Nous ne sommes pas au bout. Deux jours après, et s'étant fait transporter par eau à Pacy, le blessé victorieux veut retourner à son château de Rosny où est le roi. Ce retour se fait en triomphe et avec une pompe singulière. Au moment où il débouche du côté de Beuron, le cortége est rencontré par la chasse du roi qui est éparse dans la plaine; on nous a décrit l'ordre et la marche du convoi et de l'ovation. Les secrétaires ont l'air d'en rejeter le trop de solennel sur la vanité de l'écuyer de Rosny appelé Maignan : il est permis de croire qu'il en revient quelque chose au maître.

Premièrement donc, marchaient deux grands chevaux menés en main par deux palefreniers; puis deux pages montés sur deux autres grands chevaux, l'un desquels était le cheval même de bataille, le grand coursier gris qu'avait monté Rosny, et qui avait été blessé dans la première charge : il avait été retrouvé heureusement, et il décorait la pompe, tout fier de ses nobles blessures. Le page qui le montait avait revêtu la cuirasse de son maître et portait la cornette blanche de l'ennemi; l'autre page portait les brassards et le casque tout fracassé de Rosny au bout d'un bris de lance; car, effondré de coups comme il était, il eût été impossible de le mettre en tête. Après eux venait le sieur de Maignan, écuyer (et ordonnateur de la pompe), ayant la tête bandée et un bras en écharpe à cause de deux plaies. Il était suivi du valet de chambre monté sur une haquenée anglaise, lequel portait sur lui la casaque de son maître, casaque de velours orangé à clinquant d'argent, et, en la main droite, des tronçons d'épées, de pistolets et armes diverses, et des lambeaux de panaches, de son maître également, le tout lié en faisceau et formant trophée :

« Après cela, disent les secrétaires s'adressant à Rosny, vous veniez dans votre brancard (brancard fait à la hâte de branches d'arbres, surmonté de cercles de tonneaux), couvert d'un linceul seulement ; mais par-dessus, pour parade des plus magnifiques, vos gens avaient fait étendre les quatre casaques de vos prisonniers, qui étaient de velours ras noir, toutes parsemées de croix de Lorraine sans nombre en broderie d'argent ; sur le haut d'icelles les quatre casques de vos prisonniers avec leurs grands panaches blancs et noirs, tout brisés et dépenaillés de coups ; et contre les côtés des cercles étaient pendus leurs épées et pistolets, aucuns brisés et fracassés : après lequel brancard marchaient vos trois prisonniers, montés sur des bidets, dont l'un, à savoir le sieur d'Aufreville, était fort blessé, lesquels discouraient entre eux de leurs fortunes... »

Après les prisonniers venaient le surplus des domestiques, puis la compagnie des gens d'armes et les deux compagnies d'arquebusiers, ou du moins ce qui en restait, non sans plus d'un brancard encore pour les blessés, et sans bien des têtes bandées ou des bras en écharpe : toute une ambulance victorieuse.

C'est ce cortége tout chevaleresque et seigneurial que Henri IV, qui chassait par la plaine autour de Rosny, rencontra à l'entrée du bourg ; il y applaudit, il en sourit un peu ; il eut pour son brave serviteur, en l'embrassant, de bonnes et vives paroles, et de généreuses promesses qu'il sut tenir avec le temps : « Je n'aurai jamais bonne fortune ni augmentation de grandeur que vous n'y participiez. »

Rosny, qui aimait le comptant, demandait quelques

jours après le gouvernement de la ville de Mantes, que Henri lui refusait, de peur d'offenser les catholiques. Irrité du refus, il avait de grosses paroles avec le roi, « jusqu'à lui reprocher la longueur de ses services, tant de dépenses faites, de plaies reçues, et de sang épandu. » Ici nous avons encore un autre trait du caractère de Rosny : il est fidèle, il est dévoué, mais il n'est pas désintéressé, et ne se pique pas d'une certaine délicatesse. Le butin et l'honneur, le traitement et l'honneur lui semblent trop une seule et même chose ; l'un est à ses yeux la mesure exacte de l'autre. Peu après ce refus de Mantes, il demandera le gouvernement de la place de Gisors qu'il a contribué à recouvrer. Ainsi fera-t-il en toute rencontre, et pour toute place ou château qu'il aide à reprendre. Il prétend que ce gouvernement de Gisors lui appartient, et, le roi le lui refusant, toujours par les mêmes raisons de ne porter ombrage aux seigneurs catholiques, Rosny s'irritera encore, criera au passe-droit, et fera au roi les mêmes reproches qu'au lendemain d'Ivry :

« A tous lesquels reproches, il (le roi) ne vous répondit jamais autre chose sinon : « Je vois bien que vous êtes en colère à cette heure ; « nous en parlerons une autre fois ; » et s'en alla d'un autre côté ; puis, vous voyant avoir fait de même, il dit à ceux qui le suivaient :
« Il le faut laisser dire, car il est d'humeur prompte et soudaine, et
« a même quelque espèce de raison ; néanmoins, il ne fera jamais
« rien de méchant ni de honteux, car il est homme de bien et aime
« l'honneur. »

Voilà la mesure des bouderies de Sully, et le mot de Henri sur son compte demeure le vrai.

Rosny est difficile, exigeant, bizarre et pointilleux ; refusé, il gronde, il se formalise et s'en va. Une bonne parole, une gaieté du roi le rappelle et le remet en belle humeur. En toute occasion, Henri lui demande de la patience, du temps, d'aller doucement, peu à peu et pied à pied : « Vous pouvez vous assurer que, si je puis un jour être roi et maître absolu, je ferai du bien et de l'honneur à ceux qui, comme vous, m'auront bien et utilement servi. Partant, prenez patience aussi bien que moi, et continuez à bien faire. » Cette grande et colossale fortune de Sully, ai-je dit, est lente à se construire et à s'élever : au moment où Henri IV entre dans Paris et pendant les années qui suivent, il n'est que simple conseiller d'État. Il faut une adresse et des précautions infinies pour le faire entrer au Conseil des finances (1596) et pour l'y installer en pied : il n'y devient maître qu'un an ou deux après. Il est fait grand-maître de l'artillerie en février 1601 ; il ne devient duc de Sully qu'en mars 1606, quatre ans avant la mort de son maître.

Toutes les gronderies de Sully avec le roi ne sont pas de cette crudité et dans son intérêt propre : il en est d'adroites et de flatteuses jusque dans leur rudesse ; il en est de touchantes par le sentiment qui les inspire. Quand il voit Henri IV, à la veille de régner, s'exposer encore comme le plus hardi soldat, il est le premier à lui dire : « Hé quoi ! n'avez-vous pas acquis assez de gloire et d'honneur en tant de combats et batailles, sans vouloir toujours faire ainsi le *cheval-léger ?* » A l'affaire d'Aumale (1592) où Henri s'expose si imprudemment, Rosny est dépêché par les plus fidèles serviteurs du roi pour lui faire remontrance sur le terrain même et le prier de ne point se hasarder ainsi sans besoin :

« Sire, ces messieurs qui vous aiment plus que leurs vies, m'ont prié de vous dire qu'ils ont appris des meilleurs capitaines, et de vous plus souvent que de nul autre, qu'il n'y a point d'entreprise plus imprudente et moins utile à un homme de guerre que d'attaquer, étant faible, à la tête d'une armée. » A quoi il vous répondit : « Voilà un discours de gens qui ont peur ; je ne l'eusse pas attendu de vous autres. » — « Il est vrai, Sire, lui repartîtes-vous, mais seulement pour votre personne qui nous est si chère ; que s'il vous plaît vous retirer avec le gros qui a passé le vallon, et nous commander d'aller, pour votre service ou votre contentement, *mourir dans cette forêt de piques*, vous reconnaîtrez que nous n'avons point de peur pour nos vies, mais seulement pour la vôtre. » Ce propos, comme il vous l'a confessé depuis, lui attendrit le cœur... »

Il y a dans ces Mémoires de Sully, et si l'on en écarte les cérémonies et les lenteurs, des scènes racontées d'une manière charmante et même naïve. Au siége de Laon, on voit Henri, qui passait les jours et les nuits à visiter les batteries et les tranchées, faire un soir la partie d'aller le lendemain à Saint-Lambert, dans la forêt, vers une métairie de son domaine, « où, étant jeune, il était allé souvent manger des fruits, du fromage et de la crème, se délectant grandement de revoir ces lieux-là où il avait été en son bas-âge. » Après le dîner qu'il y fait, il se jette sur son lit, ayant cela encore du soldat capitaine qu'il sommeillait et s'éveillait à volonté. Les serviteurs qui l'ont accompagné, dont est Rosny, le quittent et vont se promener huit ou dix ensemble « vers le plus couvert et le plus frais du bois, car c'était le temps des plus âpres chaleurs de la fin de juin ou commencement de juillet. » Mais ils n'ont pas plus tôt fait quelques centaines de pas qu'ils découvrent à travers les branchages un grand mouvement de l'armée ennemie, qui s'avance derrière ce rideau pour une surprise. Revenant alors en toute hâte, Rosny et ses compagnons trouvent le roi réveillé, « se promenant dans un jardin et venant de hocher un prunier de damas blanc, qui portait les plus belles et meilleures prunes (à ce que vous me dîtes me contant tout ceci, écrit le fidèle secrétaire,) que vous ayez jamais mangées; auquel, en l'abordant, vous criâtes : « Pardieu, sire, nous venons de voir passer des gens qui semblent avoir dessein de vous préparer une collation de bien autres prunes que celles-ci, et un peu plus dures à digérer, si vous ne montez promptement à cheval pour aller donner ordre à votre armée... » — Toute cette scène, le cri soudain de Henri IV, « *Des chevaux! des chevaux!* » les ordres qu'il envoie à l'instant, l'alerte donnée aux plus prochains quartiers, et sa présence d'esprit, son coup d'œil qu'il avait toujours le plus ferme et le plus judicieux, une fois en selle et l'épée au poing, sont rendus d'une manière vive et des plus françaises. On entrevoit ce que pouvait être le récit de Sully revenant dans sa vieillesse sur ces heures glorieuses. En définitive, et à les voir d'aussi près que possible, le serviteur et le roi ne semblent pas tellement différents de ceux de la tradition; ils sont moins purs, ils sont plus rudes et plus marqués, mais au fond ils sont les mêmes.

Henri IV aimait à consulter Rosny dans les circonstances décisives, et il le faisait d'ordinaire en secret pour ne pas donner trop d'ombrage et de jalousie aux témoins. Il le consulte notamment sur la grande affaire de sa conversion (février 1593). Un soir, fort tard, dans un de ses campements de la Beauce ou de l'Orléanais, il l'envoya chercher par un secrétaire; Rosny trouva le roi déjà au lit; on lui apporta un carreau sur lequel il se mit à genoux contre le lit du roi et près de son oreille. Bon nombre de ces conversations secrètes de Rosny, en ces années, se passèrent dans cette posture de respectueuse confidence. Henri IV lui ayant exposé la question complète telle qu'elle s'agitait alors au sujet de sa religion, et lui ayant recommandé d'y bien réfléchir, lui dit qu'il le renverrait quérir dans trois ou quatre jours; car c'était la coutume de Rosny, lorsqu'il était consulté par le roi, de demander du temps pour y penser; il réfléchissait durant plusieurs nuits aux choses sans fermer la paupière, et mettait en ordre avec méthode tout ce qui lui venait dans l'esprit, afin de le déduire ensuite de point en point. Les contemporains ont remarqué qu'il parlait bien. Il apportait ainsi des avis amples et copieux, et où il y avait beaucoup à profiter. C'est ce qu'il fit dans le cas présent : sa réponse à Henri IV est très-belle politiquement. Rappelé trois jours après, le soir, il expose au roi que, depuis que les choses de la Ligue et de la rébellion tirent à leur fin, ce ne sont qu'entremetteurs et négociateurs de toutes sortes; il y en a, pour l'heure, plus de *cent* qui se font de fête. On périt à force de sauveurs, à force de pacificateurs et de rétablisseurs d'État, la plupart *à trois ou quatre visages*. Il les compare spirituellement à cette fourmilière de procureurs au Palais, qui nourrissent les procès et qui en vivent. Ce que le roi a de mieux à faire, c'est de ne pas leur donner lieu de s'unir et de s'entendre pour traiter avec lui; c'est de les lasser et d'avoir bon marché de chacun en détail, en les laissant se diviser et achever de se morceler de plus en plus : « Tant qu'enfin étant tous mal contents les uns des autres, et désespérés de leurs impertinents desseins, il faudra que tout ce qu'il y a de Français parmi eux se vienne jeter entre vos bras *par pièces et lopins*, comme vous devez désirer, ne reconnaissant que votre seule royauté, ne cherchant protection, appui ni support qu'en elle, ni n'espérant d'obtenir bienfaits, dignités, charges, offices ni bénéfices que de votre seule grâce et libéralité. » Quant au conseil direct de se convertir à la religion catholique, Rosny, tout en l'indiquant assez, s'excuse de ne point le donner en propres termes, n'ayant point qualité de théologien; mais il marque assez sensiblement qu'il souhaite que le roi y entre, autant que la conscience le lui permettra.

Rosny, en parlant ainsi, ne faisait-il que donner à Henri IV le conseil que celui-ci désirait tout bas et qu'il eût pris sans doute de lui-même? Je le croirais volontiers : il n'en reste pas moins vrai que Rosny devançait et acceptait le parti le plus juste, le seul possible et le seul suivant l'intérêt de l'État. Il nous a laissé son *Credo* religieux et son symbole, tout chrétien, sans rien d'exclusif. Il était, au fond, plus mal avec la plupart de ses principaux coreligionnaires qu'avec le cardinal Du Perron, de même qu'il était moins bien avec ses collègues, les Villeroy et les Jeannin, qu'avec les Guise, une fois que les Guise se furent réconciliés et convertis à la royauté.

Henri IV destinait de longue main Rosny pour ses finances. La concussion alors, la vénalité régnait partout; il fallait la réprimer et la détruire. Durant le blocus de Paris, c'était une chose presque réglée que des bateaux chargés de vivres remontaient la Seine par la connivence des gouverneurs des places riveraines (Mantes, Meulan,) que Henri IV avait recouvrées. Rosny, un jour, fut averti par un de ses gentilshommes qu'au retour un petit bateau venant de Paris apportait le prix convenu aux susdits gouverneurs, parmi lesquels était le frère même de Rosny, gouverneur de Mantes. Rosny s'arrangea si bien qu'il saisit ce précieux bateau qui ne devait pas renfermer moins de cinquante mille écus. Le compte entier ne s'y trouvant point (et encore ce qui paraissait n'était qu'en lettres de change), et Sully s'en plaignant au gentilhomme porteur et qui était le père de celui même qui avait donné l'avis, tout d'un coup, comme il se promenait dans la chambre avec ce gentilhomme, il arriva que les poches de celui-ci crevèrent et qu'il en sortit une traînée d'écus au soleil : « Nous ne nous amuserons point, disent les secrétaires, à réciter les colères de M. votre frère et de M. de Bellengreville (autre gouverneur), ni les risées du roi lorsque tout cela fut su. » Pour couronner le récit de cette petite affaire, il faut savoir que cet argent de contrebande, ainsi intercepté par Rosny, ne fit pas retour au roi et fut pour lui de bonne prise. Ces risées mêmes du roi nous montrent d'ailleurs que la moralité des agents publics était alors chose bien neuve, et que le contraire égayait et ne scandalisait pas. Rosny fut l'homme qui, le premier, mit ordre à ces licences et qui établit l'exactitude et la probité dans le service du roi. « Je vous tiens pour loyal et laborieux, » lui disait Henri. Esprit actif, entreprenant, intelligent et courageux, il justifia toute la confiance de son maître. Au siége de La Fère (1596), Rosny eut à remplir l'office d'intendant général de l'armée, puis à régler les comptes avec les fournisseurs qui avaient intéressé dans leur marché plusieurs ministres et membres du Conseil. Il commençait son rôle d'administrateur intègre, impitoyable. Il était temps. Henri IV lui écrivait d'Amiens, le 15 avril 1596 :

« Je vous veux bien dire l'état où je me trouve réduit, qui est tel que je suis fort proche des ennemis, et n'ai quasi pas un cheval sur lequel je puisse combattre, ni un harnais complet que je puisse endosser ; mes chemises sont toutes déchirées, mes pourpoints troués au coude ; ma marmite est souvent renversée, et depuis deux jours je dîne et soupe chez les uns et les autres, mes pourvoyeurs disant n'avoir plus moyen de rien fournir pour ma table, d'autant qu'il y a plus de six mois qu'ils n'ont reçu d'argent. Partant, jugez si je mérite d'être ainsi traité, et si je dois plus longtemps souffrir que les financiers et trésoriers me fassent mourir de faim, et qu'eux tiennent des tables friandes et bien servies... »

Rosny introduit, après bien des retards, dans le Conseil des finances, y trouva une conjuration et complicité tacite des autres membres qui tendaient à le déjouer et à le faire tomber en faute : « Or sus, mon ami, lui avait dit le roi au moment de l'y installer, c'est à ce coup que je me suis résolu de me servir de votre personne aux plus importants Conseils de mes affaires, et surtout en celui de mes finances. Ne me promettez-vous pas d'être bon ménager, et que vous et moi couperons bras et jambes à *madame Grivelée*, comme vous m'avez dit tant de fois que cela se pouvait faire? » *Madame Grivelée*, c'est-à-dire la rapine, avait, comme la chicane, bien des tours et des retours. Rosny ne tua pas le monstre, mais il lui rogna les ongles et le mata. Les gens de finances qui redoutaient en lui un collègue vigilant et qui pressentaient un maître, l'attaquèrent d'abord et essayèrent de le miner comme un homme qui, n'étant pas du métier, n'avait que des vues brusques et des saillies impétueuses, peu sujettes à discussion; ce n'était qu'un soldat, disait-on, « qui ne s'était jamais mêlé que de porter une arquebuse et d'endosser un harnais. » Il fallait réduire ces contradicteurs au silence, à l'impuissance, et, pour cela, convaincre le roi, qui était tenté par moments de croire une moitié au moins de ce qu'on lui disait de toutes parts. Rosny, par manière d'épreuve, lui demanda de faire une tournée en province avec autorité de destitution et de remplacement sur les gens de finance. Il fallut de la ruse, même au roi, pour ménager cette expérience à son serviteur. Il y eut six commissaires ainsi envoyés par les provinces; Rosny, pour sa part, eut quatre généralités à visiter. Durant son voyage, les membres du Conseil des finances lui détachèrent de Paris mille croc-en-jambes et mille obstacles : il ne se rebuta de rien, prit à partie les officiers qu'il inspectait, de gré ou de force se fit représenter les comptes de l'année courante et des trois précédentes, examina de près toutes les prétendues dettes et les arrérages, les titres et obligations de tous genres, tondit à son tour sur le vif au profit du roi, et fit tant qu'il rassembla bien cinq cent mille écus :

« De toutes lesquelles sommes ainsi par vous recouvertes vous fîtes dresser quatre petits bordereaux pour vos quatre généralités, où étaient spécifiées par recettes et natures de deniers toutes les sommes par vous voiturées, et iceux signés par les huit receveurs généraux des deux années dernières comme leur ayant été mis ès mains par les receveurs particuliers; lesquels bordereaux vous portâtes toujours sur vous, et vous vinrent bien à propos... Vous aviez un équipage de soixante et dix charrettes chargées, pour ce que vous aviez été contraint de prendre quantité de monnaie; à la suite desquelles étaient les huit receveurs généraux, accompagnés d'un prévôt et de trente archers pour l'escorte. »

C'est à la tête de ce convoi financier d'un nouveau genre que Rosny fit son entrée à Rouen où le roi était alors. Voilà un triomphe qui a son originalité et qui fait le pendant de l'ovation d'Ivry. Financier ou chevalier, l'un et l'autre appareil peignent assez l'homme.

Lundi, 23 mai 1853.

SULLY

SES *ÉCONOMIES ROYALES* OU *MÉMOIRES*

(FIN)

Si, à la bataille d'Ivry, d'Andelot avait essayé de ravir à Rosny l'étendard conquis et l'un de ses prisonniers, on peut croire qu'à son entrée à Rouen, les membres du Conseil des finances qui le voyaient de mauvais œil ne furent pas moins jaloux de lui enlever quelque chose de son convoi d'argent. Et d'abord ils lui en contestèrent l'honneur : ils avaient fait courir le bruit qu'il n'avait ramassé toute cette somme qu'à force d'exactions et en traînant après lui les receveurs et officiers de finances comme prisonniers : il ne les amenait au contraire que comme témoins et auxiliaires et pour l'ornement. Henri IV, ayant à l'instant donné ordre à Rosny de faire mettre à part une certaine somme pour payer la montre (ou solde) aux compagnies suisses, Sancy, collègue de Rosny aux finances et son ancien, essaya de faire acte d'autorité, et, le matin de la revue des Suisses, il lui envoya demander cet argent par un billet qui sentait le supérieur. Rosny refusa net, et, Henri IV s'informant si son ordre avait été exécuté et si les Suisses allaient être payés, Sancy tout en colère répondit : « Non, je n'y vais pas, Sire ; car il ne plaît pas à votre Monsieur de Rosny qui fait l'empereur dans son logis, et dit qu'il ne connaît personne...; étant là assis sur ses caques d'argent comme un singe sur son bloc; et ne sais si vous y aurez plus de crédit que les autres. » Cependant l'envoi était déjà fait, et l'argent porté au quartier des Suisses; Rosny l'avait fait de lui-même après avoir bien marqué que ce n'était point en vertu de l'espèce d'ordre que lui avait envoyé Sancy.

Quelque temps après, un de ses autres collègues des finances, le contrôleur général M. d'Incarville, essaye de faire disparaître quatre-vingt-dix mille écus sur les cinq cent mille ; il ne sait pas que Rosny, depuis un mois, sans en avoir l'air, a pris note de son côté de toutes les dépenses. D'Incarville dit au roi que le fonds s'épuise : Rosny rassure le roi et dit qu'il y en a encore, et, après contestation, quand on en vient aux preuves, il faut bien finalement que les quatre-vingt-dix mille écus qui n'ont pas été dépensés se retrouvent. Toutes ces épreuves et contre-épreuves affermissent l'opinion du roi sur Rosny, et décident de son établissement qui croît à vue d'œil et s'étend de jour en jour.

Amiens a été surpris par les Espagnols (1597); il faut un siége en règle et de grands efforts pour les en chasser. Rosny s'ingénie pour trouver des ressources d'argent. En matière de finances, de même que plus tard en artillerie et dans l'art des siéges, ne demandez pas à Rosny des inventions qui changent la science et la fassent avancer : il n'a pas de ces grandes vues générales, et souvent simples dans leur principe ; mais des inventions et des industries de détail, il en est plein ; il a toutes sortes d'expédients pour tirer parti des circonstances et pour rétablir les choses sur le meilleur pied et le plus solide. A l'effet de subvenir aux dépenses ex-

traordinaires de la guerre, on a créé des offices triou
naux qui se vendent : Rosny, pour en tirer au profit du
roi le plus d'argent comptant possible, s'astreint jusqu'à
faire lui-même l'office de greffier du Conseil, et de trésorier, comme on disait, des *parties casuelles* (c'est-à-dire
des droits perçus pour le roi), vendant lui-même les
offices, donnant de sa main à l'acheteur un billet
adressé au trésorier, afin que celui-ci reçoive l'argent
et délivre la quittance, « tellement que nul du Conseil
n'y puisse gratifier son parent ni son ami. » Rosny se
mettait ainsi de sa personne comme en travers des
pots-de-vin. Un certain jour, à propos d'un nommé
Robin qui venait acheter les offices de la généralité de
Tours et de celle d'Orléans, et qui offrait un présent
pour les avoir à plus bas prix, Rosny, qui le renvoie
avec honte, a une discussion ensuite avec le chancelier
de Chiverny et avec d'autres du Conseil qui favorisent le
susdit traitant. Robin, en effet, en quittant Rosny, est
allé trouver madame de Sourdis qui gouverne le chancelier, et qui est parente d'une autre dame qui elle-
même gouverne un autre membre du Conseil, et il leur
a fait agréer le présent. Le conflit engagé, Rosny écrit
tout grossièrement ces choses au roi en nommant les
masques et sans taire même le nom des dames. Il
montre la lettre à l'un des intéressés avant qu'elle
parte. Ceux-ci rendent les armes. Avec un tel homme il
n'y a pas moyen de s'entendre; il faut céder et marcher
droit dans la stricte intégrité.

L'armée s'en trouve bien, et, si le gentilhomme a
paru s'abaisser un moment à des soins peu dignes, il
se relève aux yeux de tous par l'emploi et le résultat.
Grâce à cet ordre inusité, les vivres abondent dans le
camp d'Amiens, les munitions ne manquent jamais;
Rosny y a fait organiser un hôpital pour les malades et
les blessés, et l'on y est si bien que les gens de qualité

eux-mêmes s'y font traiter plutôt que de venir à Paris. Tous les mois Rosny fait sa visite à l'armée à la tête de son convoi : il fait voiturer avec lui cent cinquante mille écus pour la montre ou solde; cette vue réjouit les cœurs, « tous les capitaines et soldats criant tout haut qu'il paraissait bien maintenant que le roi avait mis en ses finances un gentilhomme d'illustre maison, qui était bon Français, bon soldat et en avait toujours fait le métier, puisqu'il servait si bien le roi et la France...»

Le roi et la France! ces deux mots sont redevenus synonymes dans la langue de Sully; le mot de *patrie* revient chez lui dans son vrai sens. Au Moyen-Age, ce mot de patrie existait peu : on suivait le seigneur féodal; on se battait pour ou contre ceux qui étaient déjà ou qui devaient être des compatriotes. Le chevaleresque historien Froissart ne sait pas ce que c'est que d'être un Français. La grande lignée de nos rois, les Louis IX, les Charles V, les Louis XII et même les François Ier, en rassemblant sous leur main la France et en augmentant le fonds de la nation, contribuaient cependant, de siècle en siècle, à jeter les fondements de l'idée de patrie. Cette idée avait déjà pris dans le personnage héroïque de Jeanne d'Arc une popularité ineffaçable. La défection à main armée du connétable de Bourbon parut presque à tous odieuse. Mais combien d'éclipses encore! cette noble idée s'était de nouveau altérée et pervertie au temps de la Ligue. Les catholiques, violents alliés de l'Espagne, les protestants fanatiques heureux de l'abaissement du trône, la méconnaissaient également. Rosny se charge de la rappeler en plus d'une circonstance à ses coreligionnaires turbulents, aux Bouillon, aux La Trimouille. Écrivant à ce dernier, l'exhortant à ne pas chercher à susciter derechef un État dans l'État et une Ligue sous forme nouvelle, il disait (1597) : « Recevez, je vous prie, de bonne part les conseils que je vous donne, puisque j'en suis par vous requis et par une bonne conscience, *loyale à sa patrie.* »

Il confondait alors tous les intérêts de la patrie dans l'autorité pure et simple, dans le droit divin et humain de Henri IV, et il ne paraît jamais s'être beaucoup soucié des tempéraments ou restrictions qu'y pouvaient apporter les Corps, Parlements, Assemblées de Notables. Il était en cela du même système monarchique que son maître, qui n'a jamais demandé de conseil à ces Corps que pour l'apparence, et qui s'est fâché sérieusement en quelques cas, lorsque les Compagnies se furent émancipées à donner avis sans en être requises.

Rosny n'a pas été le seul ministre utile de Henri IV, mais il a été le principal, et, à quelques égards, le second sous son maître, par la quantité de grands emplois qu'il a remplis et qu'il a menés de front. C'est, avant tout, le bon ménager et l'économe du roi; c'est l'homme le plus diligent et industrieux à lui rassembler des deniers sans surcharger le peuple, à les faire entrer dans le coffre royal, et à les empêcher ensuite d'en sortir autrement qu'à bon escient : « Il ne faut pas faire apporter ici lesdits deniers, lui écrivait Henri IV du camp d'Amiens, qu'il ne soit temps de les employer; car il y a tant d'affamés ici comme ailleurs, que s'ils savaient que notre bourse fût pleine, ils ne cesseraient de m'importuner pour y mettre les doigts, et me serait difficile de m'en défendre. Il faut assembler par-delà nos deniers, les mettre et garder dedans nos coffres, en faire la meilleure provision que nous pourrons et la tenir secrète... » Mais Henri IV sent qu'il peut encore employer Rosny à d'autres fins qu'à celle de financier et d'économe royal, quoique ce soit là son office principal et le plus essentiel s'il fallait choisir. A ce même siége d'Amiens, un jour que Rosny y est allé, le grand maître de l'artillerie, alors, M. de Saint-Luc, l'invite à dîner et le mène voir ensuite les tranchées et batteries d'artillerie : « De quoi le roi averti lui en sut mauvais gré et s'en courrouça fort contre vous, écrivent les secrétaires, disant qu'il vous défendait absolument de faire le métier de la guerre ni d'aller en lieu périlleux tant que ce siége durerait. » Henri IV même paraît craindre qu'il n'y ait dans l'armée plus d'un jaloux et d'un malintentionné, qui ne serait pas fâché d'exposer Rosny à quelque péril, sauf à s'y hasarder soi-même. Cette sollicitude de Henri IV pour la conservation de Rosny paraîtra encore, après que celui-ci sera devenu grand-maître de l'artillerie. Il faillit l'être dès ce siége d'Amiens; M. de Saint-Luc y fut tué. Henri IV, qui savait que « le jugement, l'invention, l'ordre et le ménage » étaient des conditions essentielles à un grand-maître, songea à Rosny, et le lui dit, en paraissant regretter que, destiné dans un temps très-prochain à la direction absolue de ses finances, il ne pût cumuler les deux charges, dont chacune méritait bien un homme tout entier. Rosny, qui sent sa puissance et sa capacité de travail, et de qui l'ambition n'est jamais pressée de dire : « *C'est trop !* » répondait aux raisons d'incompatibilité que soulevait le roi : « S'il m'était permis et bienséant de répliquer, je dirais que tant s'en faut que ces deux charges soient incompatibles, que, selon mon avis, elles devraient être toujours ensemble, et que jamais l'artillerie ne sera mise en son lustre et n'en tirerez l'utilité qu'elle doit produire, qu'elle ne soit exercée par un superintendant des finances, qui entende le métier de l'un et de l'autre et ne manque pas de courage. » Cette charge de grand-maître ne lui fut pas donnée encore pour le moment, et il commença par se livrer tout entier aux finances.

Le propre de la nature de Sully est que la louange l'aiguillonne et l'encourage à mieux faire plutôt que de l'enorgueillir et de le rendre nonchalant : plus la charge s'accroît avec la confiance du maître, plus il redouble de zèle et de vigilance. Porté à la tête des finances dans le temps même où la paix de Vervins (1598) permettait de réduire les dépenses extraordinaires et d'établir un ordre régulier, il s'appliqua à dresser de nouveau un état général sur des bases plus sûres qu'il ne l'avait pu faire jusque-là, et en ne se fiant cette fois qu'à lui-même. On ne s'attend pas à ce que j'entre dans l'examen du budget de Rosny. Je ne remarquerai que deux ou trois points de sa réforme. Entre le roi et le peuple, pour certaine nature d'impôts, il y avait alors les fermiers généraux, et ceux-ci, à qui étaient faites les adjudications générales dans le Conseil du roi ou devant les trésoriers de France, sous-louaient à des sous-fermiers desquels ils tiraient presque deux fois autant qu'ils avaient payé eux-mêmes. Rosny ferma la main aux fermiers généraux, fit défense aux sous-fermiers de ne leur plus rien payer, leur ordonna de rapporter leurs sous-baux, et de verser directement au trésor les sommes qui faisaient auparavant un grand tour et qui allaient diminuant en chemin. Ces procédés expéditifs contre les financiers et traitants, intermédiaires entre le roi et le peuple, n'étaient pas neufs, et ils furent souvent renouvelés depuis : Sully les appliqua en toute rigueur avec art et avec suite, et y tint la main tout le temps qu'il fut maître. Chose non moins capitale : il y avait alors des aliénations considérables de portions et comme de provinces d'impôts. Dans les moments de presse et de nécessité, quand l'État devait une grosse somme, soit à la reine d'Angleterre, soit au comte Palatin, ou à d'autres princes étrangers ou français, on aliénait une portion d'impôts, et on la leur livrait pour payement : « Tirez-en ce que vous pourrez. » Ces créanciers, ainsi pourvus d'une valeur incommode et d'un rapport peu précis, l'affermaient à quelque homme de finance qui leur en rendait le moins et en tirait pour son compte le plus possible. Rosny désintéressa les titulaires en leur payant franchement ce qu'ils réclamaient comme dû, et eut soin que toutes ces provinces démembrées des finances fissent retour à l'épargne, au trésor royal. Il mit un terme à cette espèce de féodalité et à cette usurpation consentie dans les revenus du roi.

Par un examen exact et une application opiniâtre qu'on n'aurait jamais attendue d'un homme d'épée, il se rendit compte de toutes les branches les plus minces et les plus éloignées de recettes et de dépenses; il allait rechercher chaque nature de denier dans ses sources et origines, et, le suivant dans son cours, ne le perdait point de vue jusqu'à sa destination et son emploi. Dans cette poursuite minutieuse et rigide il suppléait, à force de travail, de sagacité et d'adresse, à ce que les méthodes de comptabilité avaient alors de compliqué et d'incomplet.

L'économie et le ménage financier de Sully étaient favorables sans doute au peuple, à l'agriculture; mais il faut bien voir en quel sens et ne pas s'exagérer ses intentions. Sully, certes, veut conserver au roi l'amour et l'affection de ses peuples, et, pour cela, éviter de les surcharger d'impôts; il veut pourtant, et sur toute chose, augmenter les revenus du roi et avoir de l'or dans l'épargne. Un de ses grands moyens est d'être impitoyable pour les gros financiers, receveurs et trésoriers, « qui sont les plus grands destructeurs des revenus du royaume. » Il est hostile à tous officiers de plume et d'écritoire; il veut qu'on leur fasse rendre gorge, et même qu'on les punisse par corps, sans acception ni faveur. Rosny a en haine ce qu'on appelait les parvenus. Il est pour la vieille noblesse militaire, royale et rurale; il pense que la vraie et ancienne noblesse n'a été acquise que *par les armes,* et que le titre de gentilhomme ne convient qu'à celle-là. Il voudrait bannir entièrement par des lois et règlements somptuaires le luxe, « la superfluité, et toutes sortes d'excès en habits, pierreries, festins, bâtiments, dorures, carrosses, chevaux, trains, équipages, etc. » Il a horreur des mésalliances, et il appelle de ce nom les mariages des enfants de la noblesse d'épée « aux fils et filles de ces gens de robe longue, financiers et secrétaires, desquels les pères ne faisaient que de sortir de la chicane, de la marchandise, du change, de l'ouvroir et de la boutique. » Il voit dans ces alliances mêlées l'abâtardissement de la vraie noblesse, sous la seule forme où il la conçoit. Il ne distingue point dans les gens de robe telle ou telle classe. Il n'a que des railleries pour l'ordre des avocats, les jours même où cet ordre obéit, par esprit de corps, à une susceptibilité des plus honorables. L'économie politique de Sully ressemble à bien des égards à celle de Caton l'Ancien. Il a, un jour, avec Henri IV une conversation très-curieuse sur la culture des mûriers et les manufactures de soie, que Henri IV veut introduire en France : ces menus plaisirs du roi paraissent peu solides à Sully. Il croit qu'il ne faut forcer ni les climats, ni la nature des choses. Les principaux produits de la France consistent, dit-il, en grains, légumes, vins, pastels, huiles, cidres, sels, lins, chanvres, laines, toiles, draps, moutons, pourceaux et mulets : la vraie source des richesses pour la France, la matière naturelle du travail est là, il faut s'y tenir. Il voit dans cette nouvelle industrie des soies, « plutôt méditative, oisive et sédentaire, » une cause d'affaiblissement, même au moral ; il craint que cet emploi d'un nouveau genre ne désaccoutume la population de la vie laborieuse et pénible qui est propre à former de bons soldats. Il en revient toujours à ses projets de lois somptuaires pour arrêter le luxe et forcer la bourgeoisie, les gens de justice, police, finance, d'écritoire (c'est tout dire), « qui sont ceux qui se jettent aujourd'hui le plus sur le luxe, » à rétrograder jusqu'aux mœurs de Louis XII ou de Charles VIII et de Louis XI. Sully, par les mêmes principes, n'est point pour les colonies ; il n'augure rien de bon de celle du Canada dont il est question alors. A un certain moment, il a une idée politique assez grande et qui est à lui, d'attaquer l'Espagne par le cœur et les entrailles, c'est-à-dire par les Indes, qui sont sa force ; mais en même temps il n'est pas d'avis que la France profite de la dépouille en colonisant ; il estime ces sortes d'entreprises lointaines disproportionnées au naturel des Français, « qui ne portent ordinairement leur vigueur, leur esprit et leur courage qu'à la conservation de ce qui les touche de près. » Sully est donc le contraire d'un novateur. Il n'est entreprenant que dans le solide et de pied-ferme. Il aime que les États s'établissent *par prudence, par ordre, par or.* On l'a opposé à Colbert ; il est surtout l'opposé de Law, et fermé à toutes les idées modernes de crédit. A une demande que lui fait un jour le duc de Florence, et qui semblait toute simple aux Gondi et à d'autres gens de qualité mêlés dans les affaires, il répond : « A ce que je vois, M. le duc de Florence me prend pour un banquier ou un *mercadant ;* or, veux-je bien qu'il sache qu'il n'y en eut jamais en ma race, et partant que je n'en ferai rien. » Sully régit la fortune de l'État comme on ferait une grande fortune territoriale, en supposant toujours le cas de guerre possible, en s'aguerrissant pendant la paix et en ayant des fonds en réserve pour l'accident. Il n'a rien d'ailleurs du soldat laboureur qui met lui-même la main à la charrue ; mais il est bien pour nous le représentant de la haute noblesse militaire et rurale, je l'ai dit, ménageant et administrant admirablement ses terres, bâtissant et fortifiant ses châteaux, les embellissant, se promenant sur des terrasses ou dans de longues allées de grands arbres le long d'un canal, les jours où il ne se promène pas de préférence dans les grandes halles pleines de canons qui étaient entre l'Arsenal et la Bastille ; et le soir, même quand il est aux champs et dans la tranquillité, aimant à rentrer dans un château flanqué de six tourelles, comme l'était la Bastille encore, ou comme l'était son château de Villebon, et à dormir derrière les fossés et les ponts-levis. Tel est le vrai Sully dans son véritable esprit et dans son attitude.

Même, après tout ce que j'ai extrait déjà, j'avance peu avec lui, et je ne puis espérer de l'embrasser tout entier dans son importance. La fortune de Sully a mis vingt-cinq ans à croître. Cette fortune ressemble à ces grands arbres qu'il a plantés, appelés des *Rosny*, et qui ont été des siècles à prendre leurs dimensions et leur beauté majestueuse.

Rosny désirait la paix de Vervins ; dès qu'il la croit possible, il la conseille à son maître : les ministres des finances aiment en général la paix. Rosny pourtant n'est pas de ceux qui la souhaitent en toute circonstance, et, quand il voit l'année suivante le duc de Savoie venir en France (1599) et essayer de tromper la générosité de Henri IV, il est le premier à conseiller au roi de reconduire ce duc astucieux avec une escorte de quinze mille hommes et de vingt canons jusqu'à la frontière, sauf à s'en servir aussitôt après. Chez Rosny, le soldat, le gentilhomme et bon Français, l'homme des camps vient doubler et rehausser l'économe intègre et habile. Il y a du Louvois en lui, ce qui n'était pas dans Colbert.

Il venait d'être nommé grand-maître de l'artillerie. La manière dont il eut cette place, qui devint entre ses mains un office de la Couronne, continue de le caractériser. Henri IV, au siége d'Amiens, avait songé à la lui donner à la mort de Saint-Luc; mais, ne voulant pas trop faire à la fois, et vaincu par les sollicitations de la belle Gabrielle, il avait accordé la place au père de celle-ci, M. d'Estrées, homme parfaitement incapable. Voyant cependant une guerre prochaine très-probable avec le duc de Savoie, Henri IV revient à Rosny, lui confie son embarras, lui explique qu'il ne peut ôter cette charge à M. d'Estrées, au grand-père de ses enfants, sans lui faire affront, et propose l'expédient de retirer la charge de lieutenant général de l'artillerie au vieil officier qui en est chargé, de rehausser cette lieutenance générale de plusieurs prérogatives singulières : « Étant rendue ainsi honorable, ma résolution, lui dit Henri IV, serait de la bailler à un certain homme que je connais et vous aussi, qui a le courage bon, l'esprit vif, est actif, diligent, a toujours affectionné cette fonction et témoigné en plusieurs occasions qu'il n'en est pas ignorant... Or, devinez maintenant qui est cet homme-là, et m'aidez à le persuader, car il est fort de vos amis. » Rosny s'obstine à ne pas comprendre et à dire qu'il ne connaît personne de tel. Le roi sourit, et, lui mettant la main sur la main, lui dit : « Cet homme-là se nomme le marquis de Rosny; le connaissez-vous bien? » Rosny résiste à tant de bonne grâce; ayant aspiré autrefois à la charge principale, il ne veut point présentement d'un diminutif; il se prétend surchargé d'affaires et insuffisant. Henri IV, à ce mot, l'arrête et lui dit une vérité : « Ce n'est pas là où il vous tient, car je sais que vous ne manquez pas de bonne opinion de vous-même, pour aspirer encore plus haut. Mais, puisque vous avez si peu d'égard à mon contentement et que vous préférez vos fantaisies à mes prières, je ne vous en parlerai plus, vous laisserai vivre à votre mode, comme je ferai aussi moi à la mienne. » Pourtant, comme il a besoin de Rosny, il fait si bien que M. d'Estrées accepte un dédommagement d'argent, se démet de sa charge, et Rosny devient grand-maître, ainsi qu'il l'avait désiré.

Il est entré dans la charge en homme âpre et entier, et qui ne veut rien céder : il s'y comporte en galant homme, en sujet dévoué et fidèle. Au siége de Charbonnières, à celui de Montmeillan, il fait miracles et merveilles. Pour ces siéges « entrepris, comme on disait, à la racine des Alpes, » il fait transporter, au temps voulu, pièces et munitions; il étudie et saisit le côté faible des places, le point unique où le canon y peut mordre; il pronostique le jour et l'heure de la prise; il ne s'en fie qu'à ses yeux et se risque de sa personne, seul, dans des reconnaissances jusqu'au pied des bastions ennemis; sur quoi il mérite que Henri IV lui écrive, à la fin de ce siége de Montmeillan :

« Mon ami, autant que je loue votre zèle à mon service, autant je blâme votre inconsidération à vous jeter aux périls sans besoin. Cela serait supportable à un jeune homme qui n'aurait jamais rendu preuve de son courage, et qui désirerait commencer sa fortune; mais, la vôtre étant déjà si avancée que vous possédez les deux plus importantes et utiles charges du royaume, vos actions passées vous ayant acquis envers moi toute confiance de valeur, et ayant plusieurs braves hommes dans l'armée où vous commandez maintenant, vous leur deviez commettre ces choses remplies de tant de dangers : partant, avisez à vous mieux ménager à l'avenir; car, si vous m'êtes utile en la charge de l'artillerie, j'ai encore plus besoin de vous en celle des finances. Que si par vanité vous vous les rendiez incompatibles, vous me donneriez sujet de ne vous laisser que la dernière. Adieu, mon ami que j'aime bien ; continuez à me bien servir, mais non pas à faire le fol et le simple soldat. »

Chez Rosny, la bonne qualité et le service sont toujours à côté du défaut et de l'exigence.

C'est au retour de cette expédition de Savoie que la fortune de Rosny prend toute son assiette et son développement. C'est aussi le moment où Henri IV, en ayant fini de ses guerres, s'adonne en bon père de famille, en grand et habile monarque, au raffermissement et à la prospérité de l'État dans tous les ordres. Il se marie : sa fiancée, Marie de Médicis, était déjà en route pendant qu'on achevait de mettre le duc de Savoie à la raison. Rosny se hâte d'arriver à Paris pour la recevoir « avec beau bruit d'artillerie. » Le lendemain de l'entrée, le roi, la reine et toute la Cour viennent dîner à *l'Arsenac,* comme on disait, « où vous leur fîtes très-bonne chère, et surtout aux filles italiennes de la reine, lesquelles s'en allèrent si gaillardes que le roi connut bien que vous leur aviez fait quelque malice. » Cette malice de Rosny, tout heureux ce jour-là de voir son maître marié et pouvant désormais espérer des héritiers légitimes, ç'avait été de faire verser aux filles de la reine du vin blanc en guise d'eau, ce qui les avait grisées. Rosny, en plus d'une action et en plus d'une conversation, laissait voir ainsi le trait d'esprit gaulois, et, quand il se déridait, il avait de la vieille plaisanterie de nos pères.

On a devant soi neuf belles et pleines années (1604-1610) : la vie de Rosny devient l'histoire de Henri IV, ou du moins une très-grande partie de cette histoire. Il devient difficile de l'en séparer par une biographie distincte et réduite à de justes mesures. Ses secrétaires n'y ont pas réussi. En continuant les Mémoires et en y revenant à diverses reprises, selon qu'ils se remplacent les uns les autres et qu'ils se succèdent, ils sont les premiers à reconnaître qu'ils ont excédé le dessein primitif et qu'ils se sont laissés aller à des digressions, à des prolixités involontaires. Il semble aussi que, pour cette partie capitale de sa carrière, les confidences directes de Sully leur manquent souvent, qu'elles deviennent moins fréquentes, moins explicites. Sur ces grands et derniers secrets d'État, Sully laisse beaucoup à deviner, même à ses secrétaires, qui s'en tirent comme ils peuvent avec les papiers trouvés dans ses armoires. Dans cette masse indigeste et presque insupportable d'ensemble, il y a toujours des détails fort beaux, des chapitres du premier ordre pour l'intérêt et la réalité historique. Ceux qui ne reculent pas devant des lectures sérieuses les y trouveront. Rosny, désormais, remplit concurremment quatre charges, celles de surintendant des finances, de grand-maître de l'artillerie, de grand voyer de France et de surintendant des fortifications et bâtiments, sans compter une autre charge, la plus épineuse peut-être de toutes, « celle de l'entremise des intrigues et brouilleries domestiques et de Cour. » Henri IV consulte Rosny sur toutes choses, et, sans suivre toujours son avis, tient à l'écouter. Le principal défaut de Henri IV est d'être trop accessible aux importunités, de ne pas savoir résister aux obsessions, « d'être *tendre aux contentions d'esprit ;* » Rosny y était aguerri et cuirassé au contraire ; il réparait de reste le défaut de Henri IV, et celui-ci venait éprouver son jugement et l'aiguiser aux contradictions mêmes de Rosny et à sa solidité résistante. Ces conversations du roi et de son ministre dans la grande allée du jardin de l'Arsenal, à l'extrémité de laquelle était l'espèce de balcon d'où l'on voyait tout Paris, ou dans les grandes halles du côté de la Bastille, entre des rangées de cent canons, durant des heures entières d'horloge, sont reproduites d'une manière substantielle. Certains projets, tels que celui d'une confédération entre les États chrétiens et d'une sorte de grande république européenne, semblent avoir pris dans le souvenir de Sully et sous la plume de ses secrétaires, pendant les années de retraite et d'exil, plus de consistance et d'enchaînement qu'ils n'en durent jamais avoir dans ces libres conversations du monarque ; l'on ne saurait y voir de la part de Henri IV que des saillies et des souhaits tels qu'un roi de grand esprit en jette en causant. Rosny fut deux fois choisi par son maître pour aller en Angleterre, la première fois, sans mission officielle, pour s'entendre confidemment avec la reine Élisabeth, et la seconde fois comme ambassadeur extraordinaire, pour traiter avec son successeur le roi Jacques. A l'occasion de ce second voyage, le roi songea à le créer duc et pair; mais Rosny refusa alors cet honneur, « comme n'ayant pas assez de biens pour soutenir une si haute dignité en sa maison. » Il voulait, en tout, l'effet en même temps que l'apparence. Au commencement de 1606, rassuré sur ce chapitre des biens, il fut fait et reçu duc de Sully, et c'est sous ce nom que la postérité s'est accoutumée à le regarder. Peu après, le roi lui témoignait qu'il lui destinait l'épée de connétable s'il voulait abjurer et se convertir. Ici, seulement, Sully s'arrêta par probité et dit : *C'est assez!* Les hommes sont ainsi faits, a remarqué justement M. Daru, que, tout comblé qu'était Sully, il faut lui savoir gré encore de cet unique refus. Tous ces honneurs cependant, toutes ces dignités accumulées, qui remplissaient son orgueil, ne lui firent rien relâcher de sa vie laborieuse et appliquée. Il était de ces esprits et de ces corps infatigables qui ne prennent de repos qu'en se chargeant de travail :

Cui labor ingeminat vires, dat cura quietem,

a-t-on dit de lui. Un jour (1607), Henri IV, étant venu lui parler à l'Arsenal de quelque projet nouveau et s'étant vu désapprouver, sortit en grondant : « Voilà un homme que je ne saurais plus souffrir, dit-il tout haut ; il ne fait jamais que me contredire et trouver mauvais tout ce que je veux ; mais, par Dieu ! je m'en ferai croire et ne le verrai de quinze jours. » Le lendemain matin, dès sept heures, il était de nouveau en visite à l'Arsenal et entrait sans se faire annoncer. Il frappe à la porte du cabinet de Sully : « *C'est le roi!* » Il entre avec cinq ou six de ses familiers et trouve Sully au travail devant une masse de mémoires et de lettres qu'il était en train d'écrire : « Et depuis quand êtes-vous là? » dit le roi. — « Dès les trois heures du matin, » répondit le ministre. — « Eh bien, Roquelaure, dit Henri IV en se retournant vers son plus facétieux courtisan, pour combien voudriez-vous faire cette vie-là? » — « Par Dieu! Sire, répliqua celui-ci, je ne la voudrais faire pour tous vos trésors. »

Henri IV disait, et avec raison, à Sully : « Dès l'heure que vous ne me contredirez plus aux choses que je sais bien qui ne sont pas selon votre humeur, je croirai que vous ne m'aimerez plus. »

Il a jugé son ministre dans la dernière année (1609) sans complaisance, sans faveur, et d'une voix qui est déjà celle de la postérité. C'était un jour, après dîner, que, pensant en quelque sorte tout haut devant ses familiers, il en vint à le comparer avec Sillery et Villeroy, ses autres ministres, deux collègues que Sully souffrait difficilement, et avec qui il eût supporté impatiemment le parallèle; pourtant Henri IV, qui trouvait à chacun d'eux ses mérites et son utilité propre, disait particulièrement de Sully :

« De l'un aucuns se plaignent, et quelquefois moi-même, qu'il est d'humeur rude, impatiente et contredisante, l'accusent d'avoir l'esprit entreprenant, qui présume tout de ses opinions et de ses actions, et méprise celles d'autrui; qui veut élever sa fortune et avoir des biens et des honneurs. Or, combien que j'y reconnaisse une partie de ses défauts, et que je sois contraint de lui tenir quelquefois la main haute quand je suis en mauvaise humeur, qu'il me fâche ou qu'il s'échappe en ses fantaisies; néanmoins je ne laisse pas de l'aimer, d'en endurer, de l'estimer et de m'en bien et utilement servir, pource que d'ailleurs je reconnais que véritablement il aime ma personne, qu'il a intérêt que je vive, et désire avec passion la gloire, l'honneur et la grandeur de moi et de mon royaume; aussi qu'il n'a rien de malin dans le cœur, a l'esprit fort industrieux et fertile en expédients, est grand ménager de mon bien; homme fort laborieux et diligent, qui essaye de ne rien ignorer et de se rendre capable de toutes sortes d'affaires, de paix et de guerre; *qui écrit et parle assez bien, d'un style qui me plaît, pource qu'il sent son soldat et son homme d'État :* bref, il faut que je vous confesse que, nonobstant toutes ses bizarreries et promptitudes, je ne trouve personne qui me console si puissamment que lui en tous mes chagrins, ennuis et fâcheries. »

La suite du discours de Henri IV concernant Sillery et Villeroy est belle et montre bien la supériorité politique de celui qui parle, qui contrôle l'un par l'autre, et qui met chacun à son juste emploi; mais c'est assez de nous tenir à Sully.

Henri IV assassiné, Sully fut comme frappé du coup : sa conduite à la nouvelle de l'assassinat, son dessein d'aller au Louvre, puis sa crainte qui lui fait rebrousser chemin et son retour dans ses quartiers (se contentant d'envoyer sa femme à la découverte), nous le montrent peu propre à ces situations extraordinaires où l'on n'a plus de maître, et où il faut prendre en soi seul le conseil, l'initiative en même temps que l'exécution. N'oublions pas qu'il y avait trente ans que Sully était sur la scène, et vingt ans qu'il figurait dans les hauts emplois : il n'est pas donné aux hommes de se renouveler à volonté et de s'éterniser. « Le temps des rois est passé, et celui des grands et princes est revenu, » c'était le cri universel dans les cabales du Louvre : Sully ne pouvait en être, et il n'était pas en mesure d'en triompher. Lui qui croyait aux pronostics, il dut se rappeler un horoscope qui avait été tiré à la naissance de Louis XIII devant Henri IV, et qui portait : « Désolations menacent vos anciennes assistances; vos ménagements seront déménagés. » Le pronostic se réalisait, et toute l'œuvre de Henri IV s'écroulait ou du moins allait rester près de quinze ans interrompue et pendante. L'homme qui devait renouer la chaîne et relever l'entreprise monarchique à sa manière, Richelieu connut Sully à cette époque d'irrésolution et de désarroi, et il l'a jugé avec dureté. Il lui reproche de manquer de vue, de conseil, et, dans de telles circonstances, de n'avoir songé qu'à sa situation privée, à ses charges et aux dédommagements qu'il pouvait exiger en se retirant : « Il est vrai, dit Richelieu, qu'on n'avait autre intention que de lui faire un pont d'or, que les grandes âmes souvent méprisent, lorsqu'en leur retraite *ils* peuvent eux-mêmes s'en faire un de gloire. »

Richelieu eut aussi, mais par nécessité seulement, ses heures et ses années de souplesse où, bon gré mal gré, la gloire fut subordonnée à d'autres soins : quand il fut au complet et qu'il put donner toute sa mesure, reconnaissons qu'il eut autrement de généreux orgueil et de grandeur d'âme. Il a de l'élévation, ce que Sully n'a pas. Il n'est pas homme à retenir et à accumuler, à la manière d'un trésorier et d'un bon économe, les gouvernements et les charges, il aime mieux les distribuer aux autres. Il y a du roi autant que du ministre en lui. Il a des combinaisons politiques, vastes et non chimériques, auxquelles son cœur ne fait pas défaut et dont aucune considération personnelle et privée ne le détourne. Henri IV mort, Sully manque de chef ; personnage considérable, homme d'État puissant, mais, somme toute, secondaire, il s'est plu lui-même à reconnaître que, dans tout ce qu'il a exécuté et imaginé de bien, il y avait du fait de Henri IV *autant et plus que du sien propre* ; cet aveu l'honore, mais il a du vrai. Il n'était qu'un second et un admirable serviteur sous un grand roi. En ce sens, Sully n'est pas du même ordre que Richelieu.

Retiré dans ses terres et châteaux, il ne mourut que le 21 décembre 1641, à l'âge de quatre-vingt-deux ans, et vit toute la grandeur et toute la restauration monarchique accomplie par le glorieux ministre de Louis XIII. Il paraît avoir été surtout sensible au passé, à ce qui s'était perdu, selon lui, d'irréparable. Comme tous les hommes qui ont manié les grandes affaires et pris part à une belle et mémorable époque, il la proclamait incomparable; il était indigné quand il voyait des écrivains inexacts, légers, mercenaires, parler inconsidérément de ces choses et de ces hommes au gré des intérêts divers et nouveaux. C'est cette indignation généreuse qui donna naissance à ses Mémoires, et qui lui inspira la pensée de les faire entreprendre sous ses yeux pour rectifier tant de fausses et mensongères notions qu'on était en train d'accréditer. Lui-même il a dû céder quelquefois à un sentiment bien naturel de vieillard et de loyal serviteur voué au deuil, sinon en exagérant le passé, du moins en prêtant à certaines idées qui lui revenaient plus de corps qu'elles n'en avaient eu réellement. « La république européenne de Henri IV est certainement née au château de Sully, a dit judicieusement M. Bazin; au Louvre, à l'Arsenal, on avait bien autre chose à faire qu'à bâtir des utopies. » Un moraliste a fait également cette remarque : « Quand ces grands esprits deviennent vacants, les toiles d'araignées s'y mettent. » Sully, cet esprit solide et positif, mais entier, n'étant plus contredit par personne, a donc sur certains points payé tribut à la chimère en vieillissant. Les saillies de son maître sont à la longue devenues chez lui des systèmes. Pourtant, nul ouvrage, plus que celui qui porte son nom, n'aide à connaître Henri IV dans la vérité héroïque ou naturelle, et dans l'intime familiarité : et à lui-même Sully, au milieu de tout ce qu'il y a de trop, on n'a qu'à tailler dans cette masse un peu informe pour lui élever une statue.

Lundi, 30 mai 1853.

MÉZERAY

Il y a quelques années que, passant à Dijon, je fis visite à l'un de ces hommes savants et modestes comme la province en renfermait beaucoup autrefois et comme il y en a quelques-uns encore : cet homme de mérite, qui s'était de tout temps occupé d'histoire, et qui avait publié lui-même des *Annales* estimées (1), avait les in-folios de Mézeray ouverts sur sa table, et, me voyant y jeter les yeux, il me dit : « En province nous avons encore le temps de lire. Eh bien ! j'ai beaucoup examiné

(1) Je veux parler de M. Frantin, auteur des *Annales du Moyen-Age* et d'une édition des *Pensées* de Pascal, la meilleure qu'on eût faite avant la restitution du texte. Cette édition vient d'être réimprimée, en tenant compte des textes originaux (1853). — M. Frantin, dans une lettre qu'il m'a fait l'honneur de m'adresser depuis le présent article, réitère avec précision son jugement sur Mézeray dans les termes suivants : « Il est vrai que, parmi tant de réputations à peu près éteintes qu'on a relevées de nos jours, je me suis étonné que l'on n'eût point encore pensé au vieux Mézeray. En réimprimant sa grande Histoire, il faudrait la faire précéder de l'*Avant-Clovis*, commenter les premiers siècles (car les matériaux n'en étaient point connus du temps de Mézeray); mais de saint Louis à Louis XIII, je ne crois pas qu'aucun de nos historiens égale Mézeray pour l'exactitude, le profond jugement, et la vivacité de la narration. C'est une œuvre nécessaire et qui ferait la réputation d'un littérateur, puisque aujourd'hui nous en sommes réduits à faire notre inventaire, dernière œuvre des siècles littéraires. »

et comparé, et je puis vous assurer qu'à partir d'une certaine date de notre histoire (car je ne parle pas des premiers siècles et des premières races), Mézeray est encore notre meilleur historien. » Ce jugement m'était resté dans la pensée, lorsque peu après je rencontrai une réimpression d'une partie de l'Histoire de France de Mézeray, *le Règne de Henri III*, que venait de publier en province M. le pasteur Scipion Combet (1), en y joignant une Notice sur Mézeray qui confirmait de tout point les idées du premier juge. Cette coïncidence m'a frappé, et je me suis dit que pour que deux esprits sérieux, appliqués, travaillant en conscience et loin du bruit, l'un à Dijon et dans un ordre d'idées et de considérations catholiques, l'autre à Alais dans la communion protestante, que pour que ces deux esprits, ayant fait chacun de Mézeray une étude spéciale, se fussent ainsi rencontrés dans une opinion commune, il fallait que l'historien, à bien des égards, le méritât. Je n'ai pas la prétention ici d'ajouter à leurs raisons, ni même d'adhérer à une préférence si déclarée : pour en avoir le droit, il faudrait avoir fait les mêmes comparaisons et avoir exploré lentement les mêmes chemins. Je suis de ceux auxquels il suffit de ne point faire de faux pas en courant. Je n'aborderai guère Mézeray que par les côtés qui sont sensibles à tous dès qu'on le considère. Dans les jugements assez sévères et dédaigneux que nos historiens du dix-neuvième siècle ont aimé à porter de leurs devanciers, Mézeray a toujours obtenu une exception; son talent, sa franchise, une certaine naïveté véridique l'ont préservé. On n'a peut-être pas assez rendu justice à son bon sens, à ses vues, à ses recherches; sa vieille couleur du moins a parlé de loin et a souri; il a été respecté de ceux qui savent peindre, de M. Augustin

---

(1) Alais, 1844-1846, 3 vol. in-8.

Thierry comme de M. de Chateaubriand. Voyons-le donc un peu chez lui, avec ses qualités propres et dans son courant de récit; prenons-le à sa vraie date comme un contemporain de Corneille, et comme étant avec Rotrou l'un des derniers Gaulois.

Né en 1610 au village et à la ferme d'Houay près d'Argentan en basse Normandie, il se nommait Eudes de son nom, et appartenait à une famille et à une race originale. Fils d'un chirurgien, il avait pour frère aîné Jean Eudes qui fut de l'Oratoire et en sortit pour fonder la congrégation des *Eudistes*, homme d'une piété vive et zélée, qui excellait à enfoncer l'aiguillon de l'amour divin, même au cœur des tièdes. Il était, nous dit Huet qui l'avait beaucoup connu, et qui même s'était senti dévotement enflammé par lui pendant une semaine sainte, il était d'un naturel *hardi et ardent;* nulle considération ne l'arrêtait lorsqu'il s'agissait des intérêts de Dieu et de la charité. Il était capable de saintes imprudences. Mézeray était le second de trois fils; son plus jeune frère, appelé d'Houay, de la ferme de ce nom, devint habile chirurgien et accoucheur à Argentan; il y fut nommé échevin et y soutint en cette qualité la prérogative municipale. On raconte que M. de Grancey, gouverneur d'Argentan, voulant faire démolir une vieille tour ou beffroi qui renfermait l'horloge de la ville, l'échevin d'Houay résista au nom des bourgeois; et, comme le gouverneur, étonné du feu qu'il y mettait, lui demandait : *Qui êtes-vous ?* il répondit : « Nous sommes trois frères, adorateurs de la vérité et de la justice : le premier la prêche, le second l'écrit, et moi je la soutiendrai jusqu'au dernier soupir. »

Le nom de Mézeray était celui d'un canton, d'un *réage*, selon l'expression du pays, où la famille Eudes possédait quelque pièce de terre (1). Le jeune Mézeray

(1) On lit dans un chapitre de Huet (*Origines de Caen*), où il

fit de brillantes études à l'université de Caen, et de là il vint à Paris où, sous les auspices de son compatriote Des Yveteaux, il comptait débuter dans la poésie. Il avait une grande facilité à rimer; mais Des Yveteaux lui parla là-dessus comme aurait pu faire Malherbe, et, démêlant mieux son génie, lui conseilla de s'appliquer de préférence à la politique et à l'histoire. En attendant, il lui fit obtenir une place de commissaire des guerres, disent les uns, ou d'officier pointeur dans l'armée des Flandres, disent les autres. Quoi qu'il en soit, Mézeray servit pendant deux ou trois campagnes, et, lorsqu'il quitta brusquement sa place, il y avait gagné du moins d'avoir vu la guerre d'assez près pour en savoir la langue et en comprendre les opérations : cela lui servit plus tard comme historien. Il revint à Paris, résolu d'y embrasser la profession toute libre d'auteur et de bel-esprit. On dit qu'il s'exerça dès lors dans la satire et dans le pamphlet, et qu'il en retira assez de profit pour pouvoir s'appliquer ensuite à de plus sérieux ouvrages. S'enfermant au collége de Sainte-Barbe vers l'âge de vingt-sept à vingt-huit ans, il se mit à lire les anciens historiens et à méditer de composer une Histoire de France dans un goût tout nouveau. Il continuait d'y joindre quelque besogne de commande pour subsister. L'excès de travail le fit tomber dangereusement malade. Le cardinal de Richelieu, « appliqué à découvrir, nous dit d'Olivet, tout ce qu'il y avait de mérites cachés dans les galetas de Paris, » apprit en même temps le nom, les projets, la maladie du jeune historien, et sur-le-champ lui envoya cinq cents écus d'or (d'autres disent deux cents) dans une bourse ornée de ses armes (1640).

donne l'étymologie des noms de plusieurs lieux de Normandie tirés du latin. « *Mazure, Maceries.* — *Mézeray, Maceriatum*, lieu bâti à pierre sèche. »

On a voulu voir dans cette libéralité du puissant ministre envers le futur historien une bonne grâce intéressée, une sorte de carte de visite par laquelle il lui recommandait son nom auprès de la postérité et de l'avenir. Si cela était, une telle avance serait trop honorable à la cause des Lettres pour devoir être reprochée à l'homme d'État qui en sentirait si bien la grandeur et la portée durable. Mézeray, d'humeur caustique et franche, plaisanta plus d'une fois, dit-on, de ce bienfait, et il semblait dire qu'en retour, s'il avait eu à écrire sur le cardinal, il aurait dû lui payer tribut en retranchant quelque chose de la vérité. Laissons ces railleries et voyons l'acte en lui-même : il est noble et délicat, il est bien d'une époque où de grandes choses se firent et où l'on sentait le prix de les bien représenter. Mézeray, avant d'en plaisanter entre amis comme il faisait plus tard, commença par en être reconnaissant. Encouragé par ce regard et par ce suffrage, il se remit activement à l'œuvre, et le tome I*er* de son *Histoire de France*, avec tout l'ensemble d'images et de portraits qui la recommandent, put paraître en 1643, l'année même de la victoire de Rocroy et dans les premiers mois de la Régence.

L'ouvrage, qui portait gravé au frontispice le portrait équestre de Louis XIII avec une inscription des plus magnifiques en l'honneur de ce roi, était dédié à la reine régente. Primitivement et dans la pensée de l'auteur, il avait dû l'être au cardinal de Richelieu. En parcourant les papiers du fonds Mézeray à la Bibliothèque impériale, j'ai rencontré (1) cette première Dédicace non employée et mise au rebut, et j'en donnerai quelque chose ici, parce que c'est justice et que l'inspiration de cette grande œuvre historique, qui ne parut que sous

---

(1) Manuscrits de Mézeray, *Mélanges*, tome XVIII.

la Régence, doit se rapporter à l'âge et au règne précédent. Mézeray disait donc à Richelieu dans cette Dédicace toute légitime et qui n'a point été publiée :

« Monseigneur,

« Étant si heureux que de vivre sous l'empire du plus grand des rois et sous l'administration de Votre Éminence, j'ai pensé que c'était une louable témérité de tenter quelque chose de grand et d'entreprendre un ouvrage digne de la gloire que vous avez acquise à la France. *En ce temps,* Monseigneur, *qu'elle est comblée de tant de merveilles, de prospérités et de victoires, c'est un trop bel avantage d'être Français pour n'avoir pas du cœur et de l'ambition.* Aussi, pour m'efforcer de faire savoir à la postérité que j'ai vécu sous un règne si glorieux, j'ai bien osé composer l'Histoire de France, et retracer les illustres actions de plus de soixante souverains qui ont tenu le sceptre d'une si florissante monarchie. Les voici, Monseigneur, représentés et par la plume et par le burin, qui paraissent avec les plus beaux ornements de leur grandeur royale; et, tout chargés qu'ils sont de palmes et de couronnes, je prends la hardiesse de les offrir à l'auguste majesté de leur successeur. Cette offrande n'est pas commune; aussi, pour la dédier d'une façon extraordinaire, j'ai fait une inscription à l'antique... »

Et après s'être étendu sur les louanges de Louis XIII, il ajoutait :

« Certes, Monseigneur, toute sa vie n'est qu'une suite continuelle de miracles. Mais doit-on s'en étonner, puisqu'il est assez visible qu'il n'agit que par vos conseils, et que vos conseils peuvent tout? Vous l'assistez en toutes ses entreprises, vous le soulagez en tous ses travaux. En quelque endroit qu'il porte ses armes, il trouve à son arrivée toutes choses prêtes à le couronner de gloire, et vous faites beaucoup plus pour lui que jamais le bonheur ne fit pour César, puisqu'il a vaincu souvent avant même que d'avoir vu... »

Résumant dans un tableau qui n'est pas trop emphatique cette politique armée qui se montre partout à la fois en divers pays, qui soutient des luttes et des alliances sans nombre, et où la supériorité de la pensée se fait toujours sentir dans l'exécution :

« J'en prendrais à témoin, s'écriait-il, et La Rochelle et Nancy..., si Perpignan n'en était un témoignage plus nouveau et pour le moins aussi glorieux. L'Espagne, se voyant sur le point d'être mortellement blessée par un si grand coup d'État, fondait l'espoir de son salut sur votre maladie; mais son attente était bien vaine. Vous ne combattez pas avec le bras, vous combattez avec l'entendement; et, tout débile que vous étiez, vous avez lutté contre ce Géryon à trois têtes, et l'avez terrassé. Les siècles passés donnèrent le nom de Sage au roi Charles cinquième pour ce qu'il combattait heureusement les Anglais dans son cabinet : de quel titre donc devons-nous vous honorer, vous qui avez si généreusement vaincu l'Espagnol dans votre lit? »

La fin de la Dédicace est employée à montrer la France aussi florissante par les arts de la paix que s'il n'y avait point de guerre, les bâtiments et les Louvres qui s'élèvent, l'émulation dans les Lettres, et l'Académie française qui en est l'interprète, prenant note de tant de beaux titres pour les transmettre aux siècles à venir :

« Et je m'estimerais heureux si je pouvais joindre mes travaux à tant de beaux ouvrages qu'elle prépare pour votre gloire, et vous témoigner par quelque effort comme je suis, de Votre Éminence, le très-humble, très-obéissant et très-fidèle serviteur, Du Mézeray. »

On remarquera, en passant, cette signature *Du Mézeray*; l'auteur signait ainsi en effet sa grande Histoire. *Le Mézeray* était le nom qu'il avait adopté dans sa forme première. A force de le répéter, l'article s'est comme usé et est tombé en chemin. On a dit et lui-même a fini par signer *Mézeray* tout court.

En citant cette Dédicace et en faisant la part de l'éloge obligé, j'insiste pourtant sur un point essentiel. Mézeray est d'humeur libre et non servile, d'humeur même républicaine, à prendre le mot dans l'antique acception de nos pères; il n'a qu'à se laisser aller pour être caustique et satirique. Sous la Fronde, il fera beaucoup de pamphlets, ou du moins il y trempera. Il en avait fait, dit-on, dès le temps même de Richelieu et contre ce ministre. Tout cela est vrai; mais, si Mézeray n'avait été que ce satirique et ce cynique que nous montrent certains biographes, il est douteux qu'il eût entrepris une œuvre aussi pénible et d'aussi longue haleine que sa grande Histoire : pour que cette noble ambition le saisît, il fallait que sa jeunesse s'inspirât des grandes choses auxquelles elle assistait, qu'il se sentît fier, comme il le dit, d'être d'une nation si généreusement conduite, si hautement relevée et honorée aux yeux de l'Europe par l'habileté vaillante de ses chefs. Veut-on trouver dans son Histoire le contre-coup même de la Dédicace et de l'éloge adressé à Richelieu au sujet de la prise de Perpignan : qu'on ouvre le règne de Charles VIII; Mézeray y montre ce roi assez souvent victorieux, mais peu politique, restituant à la maison d'Autriche une partie de l'Artois et la Franche-Comté :

« Ce ne fut pas, remarque-t-il, sans un grand étonnement des sages politiques que le roi restitua ces deux comtés : mais ce fut avec murmure et indignation de la France, et à la risée de toute l'Europe, qu'il rendit encore celle (la comté) de Roussillon au roi d'Aragon. La monarchie française serait venue au point souhaitable de sa grandeur, si elle avait pour bornes les Alpes, les Pyrénées et le Rhin. Cette pièce de terre semble être ainsi taillée pour être le siége du plus heureux et du plus solide empire du monde, si la prudence l'avait pu étendre jusqu'aux limites que la nature lui a posées. Louis XI avait donné un grand avancement à ce dessein, et, s'il se fût trouvé de suite deux ou trois princes tels que lui (j'entends en conduite pour les affaires de dehors, non pas certes pour l'administration du peuple), ils l'auraient heureusement achevé. Mais Charles son fils, tout au contraire, bon à ses sujets, non pas à son État (si rarement se rencontre un prince doux et politique tout à la fois!), écarta bien inconsidérément les pièces de cet assemblage. »

De telles idées nationales et élevées sont perpétuelles chez Mézeray. Ce n'est pas en des temps de Fronde qu'il eût appris à les concevoir, et c'est pour avoir, en ses jeunes années, en sa saison de verve et d'entreprise, vu réunies entre les mains de Richelieu les *pièces* merveillouses *de cet assemblage*, c'est pour lui avoir vu reconquérir ce Roussillon aliéné depuis un siècle et demi, et lui avoir vu refaire en tous sens une France, qu'il a su mêler lui-même à son Histoire cet esprit français étendu, cette intelligence d'ensemble qui y subsiste à travers les remarques plus ou moins libres et les réflexions conformes à notre vieux génie populaire. Avoir vu un grand homme régnant ou administrant, rien n'est tel pour l'historien que ce genre de démonstration vivante, même lorsque ensuite on passerait aux idées d'indépendance et de liberté.

Il faut avoir sous les yeux la première édition de l'*Histoire de France* de Mézeray pour s'en expliquer le succès. Le premier tome parut donc en 1643, le second en 1646, le troisième en 1651. L'auteur se forme sensiblement à mesure qu'il les écrit : la fin du tome premier, à partir de Philippe le Bel et surtout de Charles V et Charles VI, devient fort nourrie et fort pleine; le second volume, qui commence à Charles VII et qui finit avec Charles IX, est constamment soutenu; le troisième, qui comprend le seul règne de Henri III et celui de Henri IV jusqu'à la paix de Vervins, est excellent. Lorsque Mézeray eut terminé son Histoire, il était alors véritablement en état de l'entreprendre, et il reporta les forces de sa maturité dans deux autres ouvrages, son *Abrégé chronologique* (1667), et son traité *de l'Origine des Français* ou *Histoire de France avant Clovis* (1682). Son premier ouvrage reste pourtant le plus original dans son incomplet même. Il semble d'abord que la principale chose y soit les portraits des rois et reines, et que le texte n'y vienne que pour accompagner ces illustres images, cette suite de tailles-douces, figures et médailles, recueillies et payées par un amateur généreux, Remy Capitain. Chaque portrait y est orné de quatrains ou épigrammes en vers de la façon de Jean Baudoin, de l'Académie française, ami de Mézeray. Le texte de celui-ci s'avance modestement d'abord, à la faveur et sous le couvert de tous ces embellissements.

Après le portrait équestre de Louis XIII paraît la gravure d'Anne d'Autriche en pied sur son trône avec ses deux enfants. Dans la Dédicace à elle adressée, où il est fait allusion à la victoire de Rocroy, Mézeray dit galamment : « Ces belles mains qui ont pris le gouvernail de l'État en ont charmé les tempêtes. » Dans la préface, après avoir payé un ample tribut à ses auxiliaires par le burin et à ses collaborateurs, il en vient à parler de sa composition même : « Quand j'ai entrepris ce long et pénible ouvrage, ma première intention n'était pas de le faire si ample ni de si grande étendue qu'il est; je ne le voulais composer que des pièces et des appartements les plus nécessaires; mais il s'est trouvé qu'en travaillant j'ai insensiblement changé de dessein... Tant de rois et de grands seigneurs n'ont pas pu s'accommoder en un si étroit logement, et je n'ai point vu de raison pourquoi je dusse omettre une guerre ou une affaire plutôt qu'une autre. » Il n'a point cru devoir distribuer son ouvrage par sections ni par chapitres; il s'est contenté de le diviser par règnes : « J'ai cru que toutes ces découpures gâtaient l'étoffe, et que les pauses, au lieu d'accourcir le chemin, le faisaient trouver plus long. » On a vu ici une légère critique applicable à l'un des prédécesseurs de Mézeray, Scipion Du Pleix, qui affectait force divisions dans l'histoire. Mézeray justifie les harangues qu'il a mises quelquefois dans la bouche des princes et seigneurs; il y a cherché un ornement et rehaussement à l'histoire « dont le style est de soi simple et naïf, » et aussi un rafraîchissement pour le lecteur « fatigué de suivre toujours une armée par des pays ruinés et déserts. » Si les héros, d'ailleurs, n'ont pas tenu exactement les discours que l'historien leur prête, ils ont dû les penser; et ces considérations en général sont si nécessaires que l'historien, s'il ne les mettait dans leur bouche, serait obligé de les faire lui-même pour son compte. Ce qu'il dit là n'est vrai qu'en avançant; car il est certaines de ces harangues, comme celle qu'il prête à Charles Martel au moment de livrer bataille aux Sarrasins, qui sont plus académiques que véritablement historiques, même à le prendre dans le sens de la définition précédente. Mézeray est modeste sur les erreurs; il reconnaît qu'il a dû en commettre beaucoup : « Et vraiment il n'est pas au pouvoir d'un homme mortel de faire une course de douze siècles sans broncher. » De son style il déclare qu'il ne dira rien; mais on voit qu'il y tient et qu'à ce début il l'a soigné : « C'est à vous, dit-il aux lecteurs désintéressés, à prononcer si *j'ai écrit d'une belle manière*, si j'ai découvert quelques lumières qui n'eussent pas encore été démontrées; là où j'ai touché au but, et là où je m'en suis éloigné. » Il nous rappelle ce que nous ne devons jamais oublier quand nous nous reportons à la première époque où parurent ces ouvrages une fois en vogue, et dès longtemps vieillis : c'est que, si la matière était déjà vieille alors et semblait telle, la forme qu'il lui donnait à son heure la rendait toute nouvelle. Avant Mézeray on n'avait pas encore écrit l'histoire dans cette forme claire, parlante et agréable. Il l'offrit accommodée au goût et, pour ainsi dire, aux yeux du monde de son temps. A ce sujet, il parle de ses devanciers, et, sans les trop écraser, il les relègue assez légèrement dans le passé; il s'empresse pourtant de proclamer que, quoi qu'on puisse tenter de nouveau et quel que soit le nombre et l'émulation des historiens présents et futurs, il y a fort à faire pour atteindre la grandeur et l'immensité d'un tel sujet :

« Mais qu'il en naisse tous les ans de nouveaux, dit-il ; ils ne mettront jamais ce sujet en sa perfection. Ils pourront bien mériter quelque louange particulière, ils pourront bien se surpasser l'un l'autre, aplanir le chemin peu à peu, y apporter de plus en plus de nouvelles clartés ; mais certes il y aura toujours dans leurs ouvrages beaucoup plus à désirer qu'à admirer, plus de choses obscures que d'éclaircies, et moins de vérités que de conjectures. Ne vous en étonnez pas, lecteur ; notre histoire n'est pas l'entreprise d'un homme seul, ni d'un homme privé ; la monarchie française est une pièce de trop grande étendue et de trop longue durée. Elle a eu tant de princes, tant de grands seigneurs et tant de démêlés, soit avec les autres nations de la terre, soit avec ses propres sujets, à raison d'un nombre infini de petites seigneuries qui l'ont divisée cinq cents ans durant, qu'il est impossible à un esprit seul de les pouvoir toutes débrouiller. Et puis l'obscurité est si grande dans la première et seconde race de nos rois, qu'on peut dire que ces temps-là sont comme les pays voisins du pôle, où il n'est jamais jour que par un petit crépuscule. »

N'accusons donc point Mézeray de ces lacunes, et sachons-lui gré plutôt de les avoir si bien signalées et définies : il a fallu deux siècles de défrichement et de critique, des travaux sans nombre et en France et dans d'autres pays, des systèmes contradictoires qui se sont usés en se combattant et qui ont fécondé le champ commun par leurs débris ; il a fallu enfin ce qu'invoquait Mézeray, l'appui des Gouvernements dans les recherches, dans le libre accès aux sources et à toutes les chartes et archives, pour que les faits généraux qui se rapportent à cette première et à cette seconde race fussent éclaircis, pour que la société féodale fût bien connue, et que l'histoire du Tiers-État pût naître. Mézeray a eu le mérite du moins d'embrasser le programme dans son ensemble, et d'ouvrir hardiment la route, sentant bien à quelle distance était le terme dans l'avenir.

C'est Mézeray qui, dans son *Abrégé chronologique*, à la suite de l'article de Hugues Capet, a dit que « le royaume de France a été tenu, plus de trois cents ans durant, selon les lois des fiefs, se gouvernant comme un grand fief plutôt que comme une monarchie. » — « Tout ce qu'on a rabâché depuis sur les temps féodaux n'est que le commentaire de cet aperçu de génie, » a dit M. de Chateaubriand, qui a prononcé sur Mézeray quelques paroles décisives.

Le premier volume de son Histoire n'est pour nous que curieux et mérite assez peu qu'on s'y arrête. Cette Histoire commençant, selon l'usage, par Pharamond, on a eu la décence de laisser en blanc le portrait de ce roi problématique. Mézeray sait assez au fond à quoi s'en tenir; il sait très-bien que l'existence de Pharamond est contestée; il le dira très-nettement dans son *Abrégé chronologique*. S'il le compte pour le premier des rois de France, c'est surtout pour obéir à la tradition et pour suivre l'ordre qui a été gardé jusque-là par les historiens. La première race est pour Mézeray comme une lande aride à traverser; il est à tout moment en disette et le fait sentir : « La fin de cette première race étant si *vaste* et si *déserte* comme elle est, dit-il, par la nonchalance des historiens qui l'ont possible (*peut-être*) fait à dessein pour éteindre la honteuse mémoire de nos princes fainéants, vous ne devez pas m'accuser de stérilité, etc. » Il trace des cadres plutôt qu'il ne les remplit. Au commencement de la seconde race, il lui semble, dit-il, passer d'une nuit obscure à un trop grand jour; il en est trop ébloui pour en jouir; il sent en même temps que son sujet s'agrandit, et qu'il lui faut sortir avec les descendants de Charles Martel des limites de la France. Le sentiment national qui anime Mézeray s'exprime naïvement au début du règne de Charlemagne : « Que j'ai maintenant de plaisir, s'écrie-t-il, d'être né Français, lorsque je vois notre monarchie s'élever à une gloire où jamais aucun État chrétien n'a su monter! » C'est le même sentiment qui, au début du règne misérable et anti-patriotique de Charles VI, lui fera dire : « Comme j'étais près d'entrer dans ce long et pénible règne, deux choses ont pensé m'en détourner : l'horreur que j'ai de repasser sur tant de massacres, de ruines et de désolations, et la peine incroyable qu'il y a à démêler tant d'affaires si embrouillées, etc. » Ces parties ingénues et naturelles plaisent chez Mézeray, en attendant qu'on en vienne avec lui aux parties étudiées et fortes.

Pour toute l'époque du Moyen-Age et des premiers règnes capétiens, il manque à Mézeray une connaissance approfondie de nos anciens historiens latins et de ce monde ouvert par les Du Chesne et les Du Cange. Il se vantait un jour, en présence même de Du Cange, de ne lire aucun de nos historiens latins. En parlant ainsi, il exagérait un peu, et on trouverait dans la masse des notes historiques qu'il a laissées plus d'érudition qu'il n'en avoue. Cependant le mérite sérieux de son histoire ne commence en effet à se faire sentir qu'à dater du moment où il s'appuie sur des chroniqueurs ou historiens de langue nationale : jusque-là il ne faut lui demander que des aperçus et des pages heureuses.

Une de ces pages est celle qu'il a consacrée à Blanche, femme de Louis VIII et mère de saint Louis. La touche un peu rude et parfois cornélienne de Mézeray s'est adoucie pour peindre cette princesse d'une influence à la fois si chaste et si pénétrante. Blanche la prudente, la sage, la raisonnable, la politique et la sainte n'a jamais mieux été comprise et présentée que dans ce portrait de Mézeray. M. Scipion Combet l'a cité comme un chef-d'œuvre, et je ne puis que faire de même. Aussitôt le mariage célébré en Normandie entre Blanche et le fils de Philippe-Auguste, Louis emmène sa chère moitié à Paris :

« Les deux époux étaient à peu près pareils en âge, de treize à quatorze ans, tous deux d'un esprit enclin à la piété, éloigné du vice, pur, ouvert et sans fiel, et en tout tellement semblables l'un à l'autre, que de ce parfait rapport et de cette mutuelle correspondance naquit entre eux deux un amour saint, qui fut désormais l'âme de l'un et de l'autre. Il ne me souvient point d'avoir vu ni dans l'histoire, ni dans la Fable même, de couple plus étroitement uni que celui-là. Ils étaient toujours de compagnie, et, quelques affaires qui pussent survenir, ne s'entrequittaient point de vue. Dans le voyage qu'il fit contre les Albigeois, elle l'accompagna jusqu'en Languedoc, et faisait porter sa tente pour camper avec lui, tant elle avait peur de s'en éloigner d'autant de chemin qu'il y avait à la prochaine ville, et que cependant quelque autre ne s'emparât de son esprit, qu'elle voulait posséder et gouverner toute seule : ce qu'elle faisait encore par zèle contre les hérétiques... »

Le reste du portrait se soutient, et l'auteur achève d'y expliquer l'influence à la fois vertueuse et politique de Blanche, son ascendant dès qu'elle fut entrée dans le Conseil de France. Cette page de Mézeray est de celles qui rappellent le mieux la touche d'Amyot, treize ans avant les *Provinciales*.

Avec Philippe le Bel, avec Philippe de Valois et ses successeurs commence l'intérêt véritable de l'Histoire de Mézeray. Indépendamment de la narration qui devient pleine, variée et nourrie, et qui est d'un mouvement facile et continu, Mézeray est un grand peintre de portraits dans les résumés qu'il donne à la fin de chaque règne et où il retrace en abrégé le caractère, les mérites ou les défauts du roi dont on a lu l'histoire. Un sentiment non-seulement équitable, mais humain et, autant qu'il se peut, loyal et fidèle, domine dans ces jugements et en tempère la rigueur; s'il y a quelque circonstance atténuante ou touchante pour les monarques même les plus désastreux et les plus funestes, Mézeray ne l'omet pas. C'est ainsi qu'il fera même pour Charles IX; c'est ainsi qu'il insiste sur les débuts de Charles VI, surnommé d'abord par ses peuples *le Bien-*

Aimé : « Jamais couronnement ne plut tant aux peuples que celui-là, et jamais règne suivant ne fut plus malheureux. »

— « Il vécut cinquante-quatre ans et en régna quarante-deux, dit Mézeray en résumant cette époque lamentable avec laquelle se termine son premier volume. Je me trompe pourtant d'appeler cela un règne, ce fut une anarchie continuelle : d'autant qu'il vint à la couronne à treize ans ; il fut sous des régents plusieurs années, et puis, étant venu en âge, tomba sous la captivité de ses favoris, et à vingt-six ans en cette longue maladie qui mit presque cette monarchie au tombeau... Si bien que toute sa vie n'a été qu'une folie ou de cerveau ou de jeunesse, et, ni sain ni malade, il n'a jamais eu une once de bon conseil et de forte résolution, mais a toujours été hors de lui-même, ayant été en tout temps possédé par ceux qui l'obsédaient, et ferme seulement en un point, qui était de se changer à l'appétit de tous ceux qui se saisissaient de lui. Aussi faible d'esprit qu'il était robuste de corps, sa force étant telle que d'un coup de massue il abattait le cheval et le cavalier, et rompait la plus forte lance sur son genou... Du reste, il n'avait point de vices d'homme privé, mais était *vaste* et *sans mesure* en toutes choses... »

Je ne fais que toucher les principaux traits, j'en supprime d'énergiques et de familiers, mais qui font bien en leur lieu. On aura remarqué que Mézeray affectionne ce mot de *vaste* dans le sens de l'étymologie, qui est celui d'un défaut. Sa diction, à bien des égards, est ainsi toute voisine de ses origines et sent encore, pour ainsi dire, l'arbre d'où elle a été cueillie : « Le roi s'étant heureusement *développé* des mains des Polonais et de toutes les difficultés du chemin, » dira-t-il de Henri III revenant de Pologne en France (1). Il aime à entremêler son langage de proverbes et de locutions populaires, fussent-elles un peu basses. De ce même

(1) Cette acception du mot *développer* est encore mieux définie dans la phrase suivante, qui se rapporte à Marguerite, sœur de François Iᵉʳ : « Les nouveaux Évangélistes l'avaient autrefois pensé *embrouiller* dans leurs erreurs : mais ce puissant génie, ayant reconnu la vérité, s'en était heureusement *développé*. »

roi Henri III, rentrant en France et débutant par une faiblesse et une perfidie : « Voilà la première faute que fit le roi, *chopant*, comme dit le proverbe, *à l'entrée de la porte.* » Il a habituellement de ces mots, *grabuges*, *empêtrer* dans des filets, etc., qu'on voudrait effacer; il fait, en tout, passer le naturel avant la noblesse. Sa prose a d'ailleurs de ces négligences pleines de grâce et de franchise comme on les aime dans les vers de Regnier ou de Rotrou. Il a de belles paroles qui lui échappent sans qu'il y songe. Parlant de je ne sais quelles superstitions publiques et à grand fracas, venues d'Italie ou d'Avignon, il dira tout courant : « Ces spectacles *inconnus aux âmes françaises...* » Parlant des amours de la dame de Sauve, un des premiers aides-de-camp du brillant escadron de Catherine de Médicis, il la montrera « n'employant pas moins ses attraits pour les intentions de la reine que pour sa propre satisfaction; *se jouant de tous ses mourants* avec un empire si absolu qu'elle n'en perdait pas un, quoiqu'elle en acquît toujours de nouveaux. » Il aura, en se perfectionnant, de ces rapidités de récit qui sont même d'un grand écrivain; parlant, dans l'*Abrégé chronologique*, des premiers succès de Conradin en Toscane : « Ces beaux commencements, dit-il, trahirent le jeune Conradin et *le flattèrent pour le mener à la mort.* » Il ne faut point faire, toutefois, comme Perrault, et aller jusqu'à comparer Mézeray à Thucydide; les discours qu'il place dans la bouche de certains de ses personnages ont de la pensée sans doute, mais on a très-bien remarqué que Mézeray écrit d'abondance et *n'a point de phrase*, c'est-à-dire de forme à lui; il suffit que sa diction soit naturelle, sincère, expressive, sa narration pleine et bien démêlée. Il sait y faire entrer les circonstances qui parlent et qui animent un récit : « Quand il allait par les champs, dit-il de Louis XII, les bonnes gens accouraient de plusieurs journées pour le voir, lui jonchant les chemins de fleurs et de feuillages, et, comme si c'eût été un Dieu visible, essayaient de faire toucher leurs mouchoirs à sa monture pour les garder comme de précieuses reliques. »

J'essaye, en ramassant tous ces exemples, de donner l'idée et le sentiment du genre de mérite et de charme que je trouve au style ou plutôt à la langue et à la touche éparse de Mézeray; il me reste à insister sur ses parties sérieuses d'historien, et aussi à traiter des originalités ou bizarreries de l'homme.

Lundi, 6 juin 1853.

MÉZERAY

(FIN)

Le seizième siècle était pour Mézeray ce que le dix-huitième a été pour nous : il en sortait, il en était nourri, il en savait les traditions, le langage ; il en avait ouï raconter les derniers grands événements à des vieillards ; les souvenirs et l'esprit lui en venaient de tous les côtés ; nul n'était plus propre que lui à en retracer une histoire entière, et c'est ce qu'il a fait pendant l'étendue d'un in-folio et demi. A partir du quinzième siècle et du règne de Charles VII, Mézeray ne considère plus le champ de son Histoire que comme un pays peuplé, « tout entrecoupé, dit-il, de canaux, de retranchements et de places fortes, où une armée, quelque puissante qu'elle soit, ne peut faire ses logements que pied à pied, et n'y avance pas plus durant toute une campagne qu'elle ferait ailleurs en une journée. » Cela est surtout vrai pour lui à partir du seizième siècle, et, dans ce siècle, à dater du règne de François II. C'est alors que commença d'éclater cette furieuse et vaste épidémie de guerres civiles et religieuses, qui ne cessa de sévir jusqu'au règne de Henri IV. Mézeray l'embrasse dans son ensemble ; il la décrit au naturel dans tout son cours, et, quand on l'a parcourue avec lui d'un bout à l'autre, on peut dire véritablement qu'on a vécu avec ces hommes du seizième siècle, qu'on les a vus au juste point, ni trop loin ni trop près, qu'on les a entendus parler, qu'on a eu la saveur de leurs propos, qu'on a conçu la suite des événements dans leur exacte proportion, avec mille particularités de mœurs qui les animent et qui en sortent d'elles-mêmes. Ce pesant Chapelain, qui avait du jugement dans les matières de prose, a dit de Mézeray en notant quelques-uns de ses défauts : « C'est néanmoins le meilleur de nos compilateurs français. » L'éloge est juste, si l'on entend le mot de *compilateur* sans aucune idée défavorable et en se contentant de le prendre par opposition aux écrivains de Mémoires et de première main. Mézeray est certes à l'avance le plus naïf et le plus original des Anquetil ; il est un digne vulgarisateur en français de l'historien de Thou, « de ce Jacques-Auguste, dit-il quelque part, que les bons Français ne doivent jamais nommer sans préface d'honneur. »

Mézeray, qui ne songe pas au drame, nous fait cependant connaître d'abord ses personnages principaux ; il les montre surtout en action, sans les trop détacher des sentiments et des intérêts plus généraux dont ils sont les chefs et les représentants, mais en laissant néanmoins à chacun sa physionomie propre. Le vieux connétable de Montmorency, les Guise, l'amiral de Coligny, le chancelier de L'Hôpital, se dessinent chez lui par leur conduite et leur procédé encore plus que par les jugements qu'il leur applique. Catherine de Médicis y est peinte dans sa dissimulation et ses entrecroisements d'artifices où souvent elle se prend elle-même, ambitieuse du souverain pouvoir sans en avoir la force ni le génie, et tâchant d'y atteindre par ruse ; usant à cet effet, comme nous dirions aujourd'hui, d'un système continuel de *bascule*, « réveillant et élevant tantôt cette faction, et tantôt endormant ou rabaissant celle-là; s'unissant quelquefois avec la plus faible par prudence, de peur que la plus forte ne l'accable, quelquefois avec la plus forte par nécessité, et parfois se tenant neutre quand elle se sent assez puissante pour leur commander à toutes deux, mais n'ayant jamais intention de les éteindre tout à fait. » Loin de paraître toujours trop catholique, il y a des instants où elle a l'air de pencher à la religion réformée et de vouloir trop accorder à ce parti, et cela avec plus de sincérité peut-être qu'il ne lui appartient. La Catherine de Médicis, telle qu'elle se présente et se développe chez Mézeray en toute vérité, est faite pour tenter un moderne : comme il n'y a guère de nouveau que ce qui a vieilli, et qu'on ne découvre bien souvent que ce qui a été su et oublié, le jour où un historien moderne reprendra la Catherine de Médicis de Mézeray en lui imprimant quelques-uns de ces traits un peu forcés qu'on aime aujourd'hui, il y aura un grand cri d'étonnement et d'admiration, et les critiques du moment auront à enregistrer une découverte de plus.

Les Protestants se sont loués en général de la modération de Mézeray à leur égard : il ne faut pas croire pourtant qu'il les épouse et qu'il pallie leurs excès. Mézeray, par l'esprit qui circule dans son Histoire, me représente assez bien un libéral de l'école de 89, qui aurait à raconter la Révolution française et qui tâcherait d'en extraire ce qu'il y a eu de louable, de modéré, de juste, en s'affligeant d'autant plus des horreurs et des représailles qui ont eu lieu dans les deux sens. Au commencement du règne de Charles IX (1560), lors de la tenue des États à Pontoise, puis à Saint-Germain, Mézeray fait un tableau des plus animés et des mieux définis de l'air de la Cour à ce moment et des dispositions diverses qui partageaient les esprits par tout le royaume :

« Or, comme l'exemple du prince transforme toute la Cour, et que le reste de l'État se règle sur elle, la Reine-mère penchant du côté des Huguenots pour récompense de la faveur qu'elle avait reçue de l'Amiral, le Calvinisme était la religion à la mode, et il semblait que celle de l'Église romaine eût une vieille robe qui ne fût plus en usage que pour les bonnes gens. Tous les entretiens ordinaires des compagnies étaient des discours sur les sacrements, sur la Grâce et sur les cérémonies, les dames même et les artisans ayant les Épîtres de saint Paul à la bouche, et avec cela des invectives contre le pape et le Saint-Siége. Il y avait dans le royaume, sans compter les libertins et les athées qui n'étaient pas en petit nombre, trois sortes d'esprits... »

Et il considère ces trois sortes d'esprits, les uns acharnés à la destruction de la religion romaine, les autres à sa défense, et « quelques-uns, tenant le milieu, qui n'eussent pas voulu la détruire, mais seulement y réformer certains abus. » A la manière complaisante dont il développe l'opinion de ces derniers, il est assez sensible qu'il en serait volontiers lui-même. Mézeray, en favorisant cette demi-réforme, ne croit pas innover; en religion comme en politique, il paraît croire qu'il suffit de revenir à une époque antérieure où régnait une sorte de Constitution religieuse, monarchique et suffisamment populaire; on l'eût embarrassé sans doute en le pressant de définir cette période idéale de notre histoire où les abus avaient cessé moyennant la Pragmatique et la tenue régulière des États-généraux. Le règne du bon Louis XII, qu'il nous a exposé avec tant de charme, ne remplit lui-même que bien imparfaitement ces conditions. Quoi qu'il en soit, en toute occasion, et lorsqu'il rencontre des opinions de cette nature chez quelques-uns des personnages de l'histoire, Mézeray les touche évidemment avec plaisir et les fait valoir d'un mot. Au moment où la guerre civile s'organise et où les Huguenots devenus puissants, enhardis par la première faveur de Catherine de Médicis et par les Édits de L'Hôpital, agitent un grand dessein de confédération par toute la France, Mézeray énumère les diverses opinions produites dans leurs conseils, dont quelques-unes n'allaient à rien moins qu'à transférer la couronne de la tête du roi sur celle du prince de Condé, et à remettre le royaume en plusieurs souverainetés particulières comme du temps de Hugues Capet; puis il ajoute, en doutant que l'amiral de Coligny y ait jamais pu consentir : « Pour l'Amiral et le prince de Portian (Antoine de Crouy), comme c'étaient deux âmes libres et qui se piquaient du bien public, ils témoignaient avoir envie de rétablir l'ancienne liberté française, en faisant en sorte que cette monarchie fût gouvernée par le conseil de plusieurs des plus prudents personnages, et que l'autorité du monarque fût restreinte à certains termes, etc. » Quinze ans plus tard (1576), exposant encore les demandes diverses des Huguenots et de plusieurs catholiques confédérés, il se complaira à développer celles du vicomte de Ventadour, « tout à fait généreuses, dit-il, et qui n'avaient pour but que le bien public dont tous les autres ne parlaient point. Il voulait que pour assurer une bonne paix, stable et de longue durée, on allât jusqu'aux racines qui reproduisaient sans cesse les discordes et les troubles; que, pour cet effet, on accordât un Concile national, etc.; qu'on assemblât les États-généraux de deux en deux ans, etc. » Dans toutes ces parties de son Histoire, l'opinion et les préférences personnelles de Mézeray percent assez : pourtant il n'y met pas de système; il s'accommodera fort bien que, sous Henri IV, on arrive au bien public sans toutes ces machines qui sont à double fin en temps de passion, et qui ne sont parfaites que dans l'esprit des vertueux. Ce qu'il faut dire à l'honneur de sa véracité comme historien, c'est que ce fonds d'opinion et d'humeur, encore plus que de principes, ne le mène point à altérer les faits ni à favoriser quelques-uns de ses personnages au détriment des autres. Son Coligny ne nous en paraît pas moins ambitieux pour être une *âme libre.* C'est l'ambition qui le jette d'abord du côté des Réformés; mais bientôt son esprit se prend tout de bon à leurs opinions, et il s'y glisse du fanatisme de doctrine ou de parti : « Il était arrivé la même chose à l'Amiral, dit agréablement Mézeray, qu'il arrive à un jeune homme qui vient à se piquer tout de bon d'une maîtresse qu'il n'aurait entrepris d'aimer que par feinte et pour donner de la jalousie à une autre : il s'était si fort embéguiné de cette nouvelle religion que rien n'était plus capable de l'en désabuser. » C'est en vertu de ce coin de fanatisme qu'on voit Coligny prendre intérêt à Poltrot qui doit assassiner le duc de Guise, lui donner cent écus pour avoir un bon cheval, et le recommander à son frère Dandelot peu avant le coup. Pensez-en ce que vous voudrez; Mézeray vous en laisse pleine liberté. C'est ainsi encore que le plus ou moins de goût que l'historien peut avoir pour les Édits du chancelier de L'Hôpital ne l'empêche pas de nous rendre fidèlement l'état des esprits à cette époque critique où le parti des Protestants faillit prendre le dessus dans le royaume. On voit très-naïvement chez Mézeray comment la population parisienne et des environs demeure, malgré tout, aussi hostile à ceux de la religion réformée que la Cour, à ce quart d'heure, paraît leur être favorable. Vers ce temps du Colloque de Poissy, quand le cardinal-légat envoyé de Rome n'est reçu qu'avec des risées et des railleries, et se voit exposé en Cour aux insultes des pages et laquais, à cette heure où le cardinal de Lorraine lui-même ne serait pas fâché qu'on fît un pas et une pause à mi-chemin du côté de la Communion d'Augsbourg, le fond de la population résiste et se porterait à des voies de fait contre les ministres protestants, si on ne les protégeait. Pour les sauver des attaques et de la fureur du peuple catholique, il est besoin de les faire escorter et conduire de Saint-Germain à Poissy par des archers de la garde du roi. Le moment où les âmes des deux côtés s'exaspèrent et où la guerre, à la voix des prédicants, se démoralise, est énergiquement, et je dirai, vertueusement rendu par Mézeray (1562) : il nous fait assister à cette suite de représailles et d'horreurs où, à part un bien petit nombre d'exceptions, les caractères les plus forts se souillent et se dégradent.

Mézeray, nous racontant la Saint-Barthélemy et le contre-coup de cette nuit sanglante dans les provinces, me fait l'effet d'un historien qui raconterait les massacres de Septembre après en avoir recueilli toutes les circonstances dans les auteurs originaux et de la bouche de quelques témoins survivants : un historien qui déroulerait aujourd'hui, comme il le fait, la longue traînée de forfaits qui s'alluma à ce signal dans les provinces, la bande de massacreurs *en bonnets rouges* à Bordeaux, les massacres des prisons à Rouen en dépit du gouverneur, « si bien qu'il y fut assommé, tué ou étranglé six ou sept cents personnes *qu'ils appelaient par rôle les uns après les autres,* » les scènes de Lyon qui surpassèrent tout le reste en horreur, arquebusades, noyades dans le Rhône, le tout par le commandement de Pierre d'Auxerre, *homme perdu de débauche,* arrivé tout exprès de Paris, le Collot-d'Herbois de ce temps-là ; — un historien qui écrirait, de nos jours, ces mêmes pages de Mézeray, paraîtrait avoir voulu faire des allusions aux personnages et aux événements de la Révolution française : et c'est en cela que le récit de Mézeray me paraît préférable à tous autres et d'un intérêt inappréciable, en ce que l'historien, encore à portée de ces temps, a résumé dans son propre courant tous les narrateurs originaux du seizième siècle, et qu'en nous rendant naïvement les faits et les impressions qu'ils excitent, il nous en fait sentir l'expérience toute vive, sans soupçon de complication ni de mélange.

Le troisième tome de Mézeray, contenant le règne de Henri III et les premières années de celui de Henri IV, parut en 1651, c'est-à-dire entre deux Frondes : jamais pour ces sortes d'ouvrages on n'avait joui de plus de liberté. Lorsque Mézeray décrivait la première journée des Barricades qui avait mis Henri III hors de sa capitale (12 mai 1588), ce n'était pas sans en avoir vu faire lui-même sous ses yeux et sans avoir rappris, ainsi que ses contemporains, la puissance et la tactique de ces grands soulèvements populaires. Là encore Mézeray est plein d'instruction et donne bien à réfléchir à qui le lit. A la veille de cette journée des Barricades et de l'arrivée du duc de Guise à Paris, il n'aurait fallu que bien peu de chose, il nous le fait sentir, pour donner aux événements un tout autre cours. Un courrier expédié au duc qui était alors à Soissons, courrier dont les dépêches avaient pour objet de l'apaiser et de le retenir, ne put partir faute de vingt-cinq écus, et le duc passa le Rubicon : « Telle est, dit Mézeray, la condition des plus grandes affaires, que, lorsqu'elles sont à un certain point où elles ne peuvent pas subsister longtemps, il ne faut que le moindre incident pour les faire tomber d'un côté ou d'autre; et, si la fortune permettait qu'il fût évité, les choses pourraient se mieux tourner et prendre toute une autre pente. » Au moment où dans Paris la sédition se chauffe, il devient très-sensible, d'après le récit de Mézeray, que de tout temps les choses en pareil cas se sont passées à peu près de même. Si un historien de nos jours, me racontant ces scènes du seizième siècle, me le dit, je ne le crois qu'avec une certaine méfiance;

mais la date de Mézeray le laisse à cent lieues de nos réminiscences et de nos allusions; et c'est pour cela qu'il y a une partie de l'histoire qu'il faut continuer de lire dans les originaux ou chez les rédacteurs et compilateurs naïfs qui en tiennent lieu. Dès l'arrivée du duc de Guise à Paris, la physionomie de la capitale a changé : « Tout Paris était plein de gens nouveaux et *de visages qui semblaient ne respirer que la proie et la vengeance;* il se tenait jour et nuit des conférences au Louvre et chez les partisans du duc; on n'entendait plus autre chose dans la ville et à la Cour que des bruits confus de diverses résolutions qui se prenaient, et peut-être qu'à l'heure il ne s'en était encore pris aucune. » Henri III, qui n'était pas toujours cruel, résista, dès le commencement de l'émeute, aux conseils de plusieurs capitaines (et notamment de Crillon) qui voulaient en avoir raison et qu'on la réprimât avec vigueur : « Le roi, dit Mézeray, n'avait envie que de se saisir des principaux de la Ligue et voulait, par un procédé sans violence, désabuser le peuple des bruits qu'on avait semés... Il était d'ailleurs persuadé de cette opinion que la moindre goutte de sang qui se répandrait serait capable d'irriter la populace et de mettre le feu dans cette grande ville. » Henri III empêche donc qu'on ne réprime vigoureusement l'émeute dès le principe : il avait expressément défendu à ses capitaines d'enfoncer les bourgeois, « et il avait tant de peur que l'impatience des soldats et le désir de butiner ne leur fissent oublier ses ordres qu'il leur envoyait de ses officiers de moment en moment pour les réitérer. Ainsi, liant les mains aux gens de guerre, il refroidissait leur ardeur et confirmait l'audace des Parisiens qui, voyant qu'on les redoutait, se mirent à tendre les chaînes, à dépaver les rues pour porter les grès aux fenêtres, à dresser des barricades de carrefour en carrefour. » Cette attention plus que débonnaire de Henri III le conduit, quelques heures après, à s'enfuir. Tous ces récits de Mézeray ne donnent aucune leçon, car il n'y a pas de leçon en pareille matière, mais ils font réfléchir les studieux et ceux qui, dans les jours de stabilité et de silence, aux heures d'intervalle d'une société apaisée, se prennent à méditer sur l'éternelle ressemblance de ces éternelles vicissitudes.

Mézeray, qui aime le vrai avant tout, ne sacrifie point au dramatique. On sait la célèbre réponse du Premier Président Achille de Harlay au duc de Guise, qui lui vient demander son concours dès le soir même du triomphe des Barricades : « C'est grand'pitié quand le valet chasse le maître, etc. » Faisant quelque mention de cette réponse, Mézeray ajoute : « Toutefois ceux-là sont plus croyables qui racontent que ce sage magistrat, usant d'un procédé plus convenable à un temps si dangereux, écouta patiemment ses excuses et les offres qu'il lui fit pour le maintien de la justice, le remercia de la bonne intention qu'il lui témoignait de ne s'éloigner jamais du service du roi, et l'exhorta de la confirmer par de bons effets, afin de rejeter tout le blâme de cette journée sur le front de ses ennemis. » Mézeray paraît donc croire que la réponse tant citée du Premier Président a été une invention royaliste du lendemain et faite après le triomphe. C'est ainsi qu'après l'assassinat de Blois, Mézeray paraît douter que Henri III, du moment que Guise est par terre, « soit sorti de son cabinet l'épée à la main comme victorieux, qu'il lui ait mis le pied sur le front; que, revenant par deux ou trois fois et faisant lever la couverture pour voir s'il ne respirait point encore, il ait demandé aux uns et aux autres s'il était mort. Ce sont, à mon avis, dit-il, des circonstances que la Ligue inventa pour rendre cette action plus horrible. Et ces paroles qu'on lui fit dire après l'avoir un peu contemplé : *Mon Dieu, qu'il est grand! il paraît en-*

core plus grand mort que vif, ont, à ce que je crois, été controuvées longtemps après, lorsqu'on vit les suites de cette mort plus tragiques que le roi ne les avait prévues. » En tous ces passages, Mézeray montre qu'il sait préférer le vrai tout simple et tout naturel à ce que l'imagination est tentée d'accepter pour agrandir les faits.

Une des choses qui me plaisent le plus dans Mézeray, à côté de l'agencement plein et facile de la narration, c'est le talent naturel et presque insensible avec lequel sont traités les caractères; on les voit se développer successivement et sans parti pris selon les circonstances, avec tous leurs flux et reflux de passions; Mézeray ne les fait jamais poser, il les laisse marcher et on les suit avec lui. Il en est qui sont peints, en passant, d'un seul trait qu'on remarquerait dans Tacite et qui échappe ici tout simplement. Par exemple, il dira en un endroit, d'un des serviteurs infidèles du roi Antoine de Navarre : « François d'Escars, *homme qui se vendait à tout le monde pour de l'argent, hormis à son maître...* »

J'avais noté bien d'autres remarques à faire sur les divers caractères et mérites de cette Histoire, mais il faut se borner et laisser quelque chose à ceux qui prendront le même chemin. Mézeray, qui venait de publier ce travail considérable, et de qui la réputation était faite, passe pour avoir été un Frondeur des plus actifs. On lui a généralement attribué la série de pamphlets publiés sous le nom du *sieur de Sandricourt* (1652). Le récent éditeur de la *Bibliographie des Mazarinades*, M. Moreau, discute cette opinion; il la combat, ou du moins il l'infirme, et penche à croire que, dans tous les cas, Mézeray n'est pas le seul ni même le principal auteur de ces pamphlets. S'il les avait réellement faits comme on l'a admis pendant longtemps, sa réputation n'aurait certes pas à y gagner, et il y a lieu de craindre que la Fronde en le dissipant, en le livrant sans réserve à ses instincts d'opposition et de satire, ne lui ait fait perdre l'habitude plus grave et plus contenue qui sied à l'historien.

Je ne me permettrai qu'une seule considération et conjecture sur ce qu'a dû être le rôle et l'état d'esprit d'un Mézeray sous la Fronde. Qu'on se figure bien ce que pouvait être l'ordre et l'habitude d'idées d'un homme qui venait de publier l'année d'auparavant son in-folio historique sur le seizième siècle, et des nombreux lecteurs parisiens qui l'avaient goûté. Nous nous imaginons toujours volontiers nos ancêtres comme en étant à l'enfance des doctrines et dans l'inexpérience des choses que nous avons vues; mais ils en avaient vu eux-mêmes et en avaient présentes beaucoup d'autres que nous avons oubliées. Ainsi, dans l'un des premiers pamphlets attribués à Mézeray (1), je vois l'auteur parler de la France et des Français, et « de la longue durée de plus de treize siècles, et de l'expérience qui devrait être acquise par tant de guerres civiles et étrangères, et des périls de totale ruine si souvent encourus par le changement des races royales, » tout comme nous ferions aujourd'hui. Mézeray, ou l'auteur du pamphlet, qui était du moins de ses amis, y dit des Français : « Ils emportent comme un torrent tout ce qu'ils attaquent, le garde après qui voudra! ils livrent des batailles et emportent de glorieuses victoires, quelque autre en ramasse les fruits... Oh! les avisés politiques!... » Ma seule conclusion, c'est qu'il y avait en ce temps-là pour cette classe moyenne d'esprits, engagés dans la Fronde et manquant leur but, un désappointement et une condoléance presque égale à ce qu'on peut voir aujourd'hui chez les plus étonnés de nos politiques déçus. En ce temps-là aussi on se croyait arrivé au comble de l'expé-

---

(1) *Le Politique Lutin, porteur des Ordonnances*, etc., 1652.

rience humaine et de l'histoire (il en est ainsi de chaque génération), et, si le monde tournait autrement qu'on n'avait compté, on s'écriait : « Eh ! quoi ? tout cela ne sert donc à rien ! »

Mézeray était de l'Académie française dès 1648 : il y avait succédé à Voiture, bel et galant esprit de Cour, du genre le plus opposé au sien. Il y fut nommé Secrétaire perpétuel après la mort de Conrart (1675), et en cette qualité il travailla à préparer le canevas du premier Dictionnaire. Mézeray, par sa brusquerie, contrastait également avec Conrart, ce devancier si poli et si prudent. Il était, avec Patru, des académiciens indépendants qui se sentaient d'avoir passé par la Fronde. Comme Patru, comme Maucroix et quelques camarades de cette date qui sont en dehors de l'Académie, Mézeray ne se transforme point : il continue d'appartenir à cette génération libre et familière d'avant Louis XIV. Il est de ceux qui se disent *mon cher*, qui se tutoient volontiers, qui ne prennent pas la perruque, et qui même, jusqu'à la fin, iront sans vergogne au cabaret. Nous reviendrons sur ce dernier point qui lui est propre. A l'Académie, Mézeray se remarque de loin en quelques occasions. Le jour de la visite que fit la reine Christine à l'illustre Compagnie (11 mars 1658), c'est Mézeray qui, faisant l'office de secrétaire, lut, à l'article *Jeu* du Dictionnaire, cette locution proverbiale qui fit rire, dit-on, du bout des dents la princesse : « *Jeux de prince, qui ne plaisent qu'à ceux qui les font.* » Si le mot n'y avait été déjà, il était capable de l'y avoir mis. Il aimait à mêler sa causticité à ses définitions. Pour éclaircir le mot *Comptable* dans le Dictionnaire et en haine de la finance qui était sa bête noire, il avait mis : « *Tout comptable est pendable.* » On demanda la suppression de cet étrange axiome plus digne d'une Chambre royale de justice que de l'Académie. Mézeray résista pendant toute une séance, et, forcé d'ac-

quiescer enfin à la condamnation, il écrivit en marge.
« *Rayé quoique véritable.* » Ces traits singuliers en représentent beaucoup d'autres qui ne nous sont point parvenus. On sait encore qu'il se piquait de mettre une boule noire à chaque élection nouvelle; quel que fût le candidat, il votait contre invariablement : « C'était, disait-il, pour prouver à la postérité par cette marque qu'il y avait liberté à l'Académie dans les élections. » Ennemi de tout ce qui était étiquette et cérémonie, il se moquait, ainsi que Patru, de voir la Compagnie y mettre tant d'importance et se rattacher à tout propos par des compliments et des députations aux événements de la Cour ; tous deux, dans leur sans-façon, ils avaient donné à l'Académie les épithètes de *délibérante*, de *députante* et *remerciante*.

Tout Frondeur qu'il avait été, Mézeray perdit à la mort de Mazarin. Il avait demandé à ce ministre de quoi subvenir aux frais de réimpression de son Histoire ou de l'Abrégé qu'il en voulait faire; Mazarin le lui avait promis, et de plus l'avait fait porter sur l'état de la maison du roi pour une pension de douze cents livres. On le voit, après la mort du ministre, adressant requête au roi pour obtenir le rétablissement de cette faveur qui lui avait été retranchée, et demandant de plus le fonds promis pour la réimpression (1). Une pièce sans date, mais qui doit être de cette époque environ, nous montre Mézeray en voie de fonder le premier Journal *littéraire* et *scientifique* qui eût paru en France. La pièce est rédigée sous forme de Privilége. Elle est nécessaire-

---

(1) On peut lire cette Requête au tome XXVI, fol. 280 des Manuscrits de Mézeray (Bibliothèque impériale). Elle n'a d'autre intérêt que de bien fixer l'état de Mézeray sous Mazarin : il n'avait pas alors cette pension de 4,000 livres qu'il eut et qu'il perdit plus tard, et que, par une confusion intéressée, dans le but de la rendre plus inviolable, il aimait à faire remonter jusqu'au temps de Mazarin.

ment antérieure à la fondation du *Journal des Savants* (1665), et elle doit se rapporter aux premiers temps de l'influence de Colbert (1663). Je la donne ici en entier à cause de la généralité du projet et du plan qui fait honneur à Mézeray, bien qu'il fût sans doute trop paresseux à la fois et trop cassant pour l'exécuter et le mener à bonne fin (1) :

« Louis, etc.

« Le sieur de Mézeray, notre historiographe, nous a très-humblement représenté que l'une des principales fonctions de l'Histoire à laquelle il travaille depuis vingt-cinq ans, c'est de marquer les nouvelles découvertes et lumières qui se trouvent dans les sciences et dans les arts, dont la connaissance n'est pas moins utile aux hommes que celle des actions de guerre et de politique, mais que cette partie ne se pouvait pas insérer dans le gros de son ouvrage, sans faire une confusion ennuyeuse et un mélange embarrassé et désagréable, et qu'ainsi sa principale intention étant, comme elle a toujours été, de servir et profiter au public et lui fournir un entretien aussi fructueux et aussi honnête que divertissant et agréable, il aurait pensé de recueillir ces choses à part et d'en donner une relation toutes les semaines, sous le titre de J. L. Gl. (*Journal littéraire général*), ce qu'il ne saurait faire s'il n'a sur ce nos lettres qui lui en permettent l'impression.

« A ces causes, considérant que les sciences et les arts n'illustrent pas moins un grand État que font les armes, et que la nation française excelle autant en esprit comme en courage et en valeur; d'ailleurs désirant favoriser le suppliant et lui donner le moyen de soutenir les grandes dépenses qu'il est obligé de faire incessamment dans l'exécution d'un si louable dessein, tant pour payement de plusieurs personnes qu'il est obligé d'y employer que pour l'entretien des correspondances avec toutes les personnes de savoir et de mérite en divers

(1) Ce curieux projet de Privilége se trouve également aux Manuscrits de la Bibliothèque impériale dans les papiers de Mézeray, au milieu du volume intitulé *Dictionnaire historique, géographique, étymologique, particulièrement pour l'Histoire de France et pour la Langue française*; c'est le même ouvrage que Camusat a publié sous le titre de *Mémoires historiques et critiques*, etc., par Mézeray. Camusat, qui s'était occupé de l'Histoire des journaux, n'a pas eu sous les yeux le manuscrit original, sans quoi il n'eût pas omis cette pièce. J'en dois l'indication à l'obligeance de M. Claude, de la Bibliothèque.

et lointains pays; nous lui avons permis de recueillir et amasser de toutes parts et endroits qu'il advisera bon être les nouvelles lumières, connaissances et inventions qui paraîtront dans la physique, les mathématiques, l'astronomie, la médecine, anatomie et chirurgie, pharmacie et chimie; dans la peinture, l'architecture, la navigation, l'agriculture, la texture, la teinture, la fabrique de toutes choses nécessaires à la vie et à l'usage des hommes, et généralement dans toutes les sciences et dans tous les arts, tant libéraux que mécaniques; comme aussi de rechercher, indiquer et donner toutes les nouvelles pièces, monuments, titres, actes, sceaux, médailles qu'il pourra découvrir servant à l'illustration de l'histoire, à l'avancement des sciences et à la connaissance de la vérité; toutes lesquelles choses, sous le titre susdit, nous lui permettons d'imprimer, faire imprimer, vendre et débiter soit toutes les semaines, soit de quinze en quinze jours, soit tous les mois ou tous les ans, et de ce qui aura été imprimé par parcelles d'en faire des recueils, si bon lui semble, et les donner au public; comme aussi lui permettons de recueillir de la même sorte les titres de tous les livres et écrits qui s'imprimeront dans toutes les parties de l'Europe, sans que, néanmoins, il ait la liberté de faire aucun jugement ni réflexion sur ce qui sera de la morale, de la religion ou de la politique, et qui concernera en quelque sorte que ce puisse être les intérêts de notre État ou des autres princes chrétiens. Défendons à tous autres, etc. »

Ce fut le *Journal des Savants*, imaginé par M. de Sallo, et bientôt dirigé par l'abbé Gallois, qui se chargea de remplir imparfaitement une partie du programme de Mézeray, qu'il faut peut-être appeler aussi bien le programme de Colbert.

Sous un régime qui redevenait absolu, Mézeray, du caractère dont il était, eut bientôt maille à partir avec les puissances. Son *Abrégé chronologique* parut en trois volumes (1667); il s'était fait aider, pour la partie ecclésiastique, du docteur Launoy, esprit critique, et qui avait un coin d'originalité en commun avec lui. Sur le chapitre des finances, il s'était laissé aller à son antipathie naturelle et avait trop oublié qu'il n'écrivait plus en temps de Fronde. On raconte que l'aimable fils de Colbert, M. de Seignelai, pour lors âgé de seize ans, et qui étudiait en philosophie au Collège de Clermont, ayant lu le livre, en parla à son père, et lui parut singulièrement instruit, d'après cette lecture, de l'origine des impôts et revenus du roi, de la taille, gabelle, paulette, etc., et même de leurs abus et inconvénients, que Mézeray était plus porté à exagérer qu'à diminuer. Colbert, après avoir pris connaissance par lui-même de l'ouvrage, envoya son premier commis Perrault à Mézeray pour lui remontrer son imprudence et lui faire sentir qu'il pouvait être atteint dans sa pension d'historiographe. On a publié les lettres de Mézeray à Colbert au sujet de cette affaire (1) ; elles sont lamentables, et ne doivent point être jugées au point de vue de ce temps-ci. Mézeray, ne l'oublions pas, était un républicain d'avant Louis XIV et non d'après Louis XVI, un républicain royaliste d'un genre approchant celui de Gui Patin. Son républicanisme, s'il faut se servir de ce nom, ne l'empêchait pas d'honorer le roi et de priser fort ses bienfaits. Son indépendance, d'ailleurs, luttait en lui avec une très-réelle avarice, comme nous l'avons vu de nos jours dans l'exemple de l'historien libéral Lemontey. Après la visite de Perrault, il écrit donc à Colbert, et le supplie résolûment, sans marchander sur l'expression (janvier 1669) :

« Monseigneur,

« Oserai-je vous réitérer par cette seconde lettre les mêmes prières que j'ai déjà pris la hardiesse de vous faire par ma première, dont voici les mêmes termes? Ce que m'a dit M. Perrault de votre part a été un terrible coup de foudre, qui m'a rendu tout à fait immobile et qui m'a ôté tout sentiment, hormis celui d'une extrême douleur de vous avoir déplu. Ma seule espérance est, Monseigneur, que Dieu vous ayant rendu votre santé, vous ne me défendrez pas aujourd'hui de prendre part à la réjouissance publique, et que, pendant cette satisfaction universelle des gens de bien, vous ne voudrez pas que je sois le seul qui demeure dans une tristesse mortelle... »

(1) On les trouve au tome II des *Voyages aux Environs de Paris*, par Delort, page 214.

Bref, Mézeray voulait garder sa pension. Il proposa donc de faire une seconde édition de son *Abrégé*, où il *passerait l'éponge* sur tous les endroits qui seraient jugés dignes de censure. Mais il avait promis plus qu'il n'était capable de tenir : il ne fit qu'adoucir et affaiblir ces passages, et il subit pour sa peine une diminution de pension, qui le porta à écrire d'autres lettres suppliantes. Ce sont des faiblesses qui sont faciles à comprendre, et qu'il n'est pas juste de trop étaler.

C'est peut-être le jour où il souffrait d'avoir adressé ces lettres un peu trop *terre à terre* au Contrôleur général, qu'il écrivit, pour se revancher, ces mots latins et courageux à huis clos en tête de son exemplaire de l'*Histoire universelle* de d'Aubigné : « *Duo tantùm hæc opto, unum ut moriens populum Francorum*, etc. » Ces deux souhaits de Mézeray étaient de voir, avant de mourir, la liberté du peuple français, et que chacun fût dorénavant rétribué selon ses services. Ce que les Saint-Simoniens de mon temps traduisaient dans leur sens : « A chacun selon sa capacité, et à chaque capacité selon ses œuvres, » tirant de la sorte à eux Mézeray.

Mézeray ne se laissait trop tirer par personne. Il devint de plus en plus original et bizarre en vieillissant. Il se donna le plaisir de tous ses défauts : c'est une des formes du découragement. Son biographe La Roque a fait un recueil de ses singularités. Il se mettait si mal qu'on l'aurait pris parfois pour un vagabond et presque pour un galérien, à ce point qu'un jour il fut arrêté par des archers sur sa mine. Il s'était accoutumé, même en été, à fermer ses volets en plein midi et à travailler à la chandelle : il reconduisait, lumière en main, les visiteurs jusqu'au grand jour. Il s'était pris d'amitié dans les dernières années pour un cabaretier de La Chapelle Saint-Denis nommé Le Faucheur ; il l'appelait son compère, et fit de lui en mourant son héritier. Il aimait à le visiter, goûtait fort sa compagnie, et vantait à chacun son genre d'esprit naïf et son gros sel qui l'amusait extrêmement. Il est trop souvent de ces côtés bizarres et secrets dans le tempérament d'un chacun, de ces recoins de passion ou de vice qui se démasquent et se creusent en vieillissant : avec les années les goûts cachés se découvrent. Il en est, comme Des Yveteaux, qui font leur idéal de jouer la bergerie en cheveux gris sous un éternel bocage; tel met jusqu'à la fin son cadre de bonheur dans un cabinet bleu et dans un boudoir; tel veut un Louvre, tel veut un bouge. Mézeray avait glissé du côté du cabaret et de la tonnelle. Quand il avait la goutte, ce qui lui arrivait quelquefois, il disait, en jouant sur le mot, qu'elle lui venait « de la fillette et de la feuillette. » Il était riche d'ailleurs et serré; il entassait les sacs d'écus derrière ses livres, avait maison rue Montorgueil et une campagne avec vigne à Chaillot. Il est dommage que sa dernière manière de vivre soit allée si fort jusqu'à la manie : car on conçoit un philosophe, un sage un peu marqué d'humeur, ayant écrit ces libres Histoires et se taisant désormais, renonçant au bruit, à la gloire, pour la plus grande indépendance, et se cachant pour bien finir. Il n'est pas mal, après un temps de vogue et de renom, de s'écouler dans la foule, d'être de ceux qui aiment à vivre et à mourir aussi près de terre que possible.

Par malheur, Mézeray, dans ce genre de vie, pas plus que dans son style, ne sut éviter le bas; il était devenu un anachronisme sous le règne de Louis XIV. Ses propos libres en toutes choses, et même en matière de religion, n'avaient rien pourtant qui sentît à l'avance le dix-huitième siècle : c'est toujours en arrière et à l'esprit des âges gaulois qu'il faut se reporter pour le bien juger. Ce frère du Père Eudes, qui n'avait jamais eu qu'une irrévérence de tempérament en quelque sorte et une impiété sans venin, se repentit avant de mourir. Il avait souvent répondu à son saint frère qui essayait de lui faire peur sur ses propos d'incrédulité, que cela ne l'effrayait guère, et qu'ils iraient tous deux en paradis, « l'un portant l'autre. » Dans sa dernière maladie, Mézeray, qui n'obéissait en rien au respect humain ni à l'esprit de système, fit amende honorable devant témoins sur les points capitaux de la croyance : « Oubliez, dit-il, ce que j'ai pu autrefois vous dire de contraire, et souvenez-vous que Mézeray mourant est plus croyable que n'était Mézeray en vie. » Il mourut le 10 juillet 1683, laissant un testament qu'on a publié et qui prête aux commentaires.

C'est trop nous arrêter à des faiblesses et à des travers : Mézeray s'est mieux peint, par le meilleur côté de lui-même, dans ses Histoires. On l'y reconnaît génie droit et sensé, négligé et libre, irrégulier, inconséquent peut-être, véridique avant tout. Duclos, qui plus tard tint de lui en quelque chose pour le mordant, n'eut jamais cette ampleur de veine et cette largeur de récit. L'Histoire de France de Mézeray (je parle toujours de la grande Histoire et non de l'Abrégé), depuis le règne de François II notamment jusqu'à la paix de Vervins (1559-1598), est une lecture des plus fertiles et des plus nourrissantes pour l'esprit; on y apprend chemin faisant mille choses de l'ancienne France, de l'ancien monde, que les meilleures histoires modernes ne sauraient suppléer. On y apprend cette vieille France racontée dans son propre langage, avec ses propres images, ses plaisanteries de circonstance ou ses énergies naïves, et toutes ses couleurs familières, et non traduite dans un style modernisé. L'Histoire du Père Daniel, qui parut cinquante ans après, est bien autrement approfondie et savante: celle de Mézeray, pour les derniers règnes, mérite de rester comme une représentation et une reproduction naturelle de la France et de la langue du seizième siècle, avant que le régime de Louis XIV et les règles de l'Académie y aient mis fin et que tout ait passé sous le niveau.

Lundi, 13 juin 1853.

LE PRINCE DE LIGNE

Il y a quelques années, une Revue (*la Revue nouvelle*, 1846) a publié d'abondants et curieux extraits de *Mémoires* inédits du prince de Ligne, que des journaux ont reproduits depuis et ont mis en circulation. Madame de Staël en 1809, et du vivant du prince, a donné un choix de ses *Lettres* et de ses *Pensées*. On a plus d'une fois puisé dans la collection de ses Œuvres en trente-deux volumes, assez bizarrement intitulée *Mélanges militaires, littéraires, sentimentaires* (1795-1809), pour en faire des extraits soit en deux, soit en cinq volumes, sous le titre d'*Œuvres choisies* ou de *Mémoires et Mélanges*. Quand on a parcouru l'un ou l'autre de ces recueils abrégés, on a dans l'esprit un prince de Ligne très-vif et très-ressemblant. Plus on le laisse parler lui-même, mieux il se dessine; il semble d'ailleurs que, sur son compte, toutes les formes de l'éloge brillant soient épuisées. Quand les *Mémoires* paraîtront un jour au complet, tout sera dit, ou plutôt tout recommencera; car on aura alors le portrait en pied et dans toute sa fraîcheur. Le temps ne peut qu'ajouter au prix de certains détails qui tiennent aux mœurs d'une société évanouie: « Je n'écrirais pas tout cela si l'on devait me lire à présent, dit le prince de Ligne à la fin d'un de ses récits ; mais, cent ans après, ces petites choses, qui ont l'air d'être des riens, font plaisir. J'en juge par celui que me font les Souvenirs de madame de Caylus, les Mémoires de la mère du Régent, ceux de Saint-Simon (*on ne les connaissait alors que par fragments*), et cinquante auteurs d'anecdotes de la Cour de France de ce temps-là. » Sans prétendre devancer cette idée finale qu'il laissera après qu'on aura publié ses Mémoires au complet, je voudrais ici parler un peu du prince de Ligne comme de quelqu'un qui a beaucoup écrit, et, sans le traiter précisément comme un auteur, m'appuyer de ce qu'il a fait imprimer pour donner quelques remarques et sur l'homme et sur le temps.

Né en Belgique, le 12 mai 1735, de l'illustre famille qu'on sait, il n'aime pas à dire au juste son âge ; il dit que son extrait baptistaire a été perdu. Il aurait voulu être, et il a été, en effet, l'homme *qui n'a jamais eu que vingt ans*. Il nous a égayés sur le compte de ses divers précepteurs plus ou moins incapables ou vicieux. Il a parlé singulièrement de son père : « Mon père ne m'aimait pas, je ne sais pourquoi ; car nous ne nous connaissions point. Ce n'était pas alors la mode d'être bon père ni bon mari. Ma mère avait grand'peur de lui. Elle accoucha de moi en grand vertugadin... » Au temps de ce père altier et sévère, l'habitude était de se faire craindre ; et, si les mœurs avaient de la roideur antique, en revanche, du temps que le prince écrivait ces lignes légères, cette mode avait bien changé ; les mœurs s'étaient détendues tout d'un coup, et du respect on avait subitement passé à l'impertinence. On plaisantait de tout ; et l'on voudrait que l'aimable prince eût l'air lui-même de moins badiner sur ces sentiments de famille et de nature qu'il était fait pour ressentir. Il citait gaiement la correspondance qu'il avait eue avec son père, le jour qu'il fut nommé colonel du régiment de son nom et duquel son père était le colonel propriétaire :

« Monseigneur,

« J'ai l'honneur d'informer Votre Altesse que je viens d'être nommé colonel de son régiment. Je suis avec un profond respect, etc. »

La réponse ne se fit pas attendre, dit le comte Ouvaroff (auteur d'une spirituelle Notice sur le prince de Ligne); elle était conçue en ces termes :

« Monsieur,

« Après le malheur de vous avoir pour fils, rien ne pouvait m'être plus sensible que le malheur de vous avoir pour colonel. Recevez, etc. »

Ce moqueur, qui nous fait ainsi les honneurs de son père, a dit d'ailleurs, en rendant plus de justice à ses hautes qualités : « Il avait une grande élévation, et était aussi fier en dedans qu'en dehors. » La dernière fois qu'il le vit, après quelques détails d'affaires dont son père, déjà malade, le chargea, en ajoutant : « Au reste, cela vous regarde plus que moi, puisque... ; » ce *puisque*, confesse-t-il, qui exprimait la certitude d'une fin prochaine, le fit fondre en larmes. Le prince de Ligne eut un fils qu'il aima tendrement, dont il fut le camarade et l'ami, qu'il conduisit au feu dès qu'il en eut l'occasion, et dont la mort, dans la première guerre de la Révolution, brisa son cœur (1). Il avait plus de senti-

(1) Voici une lettre de ce fils du prince à son père, dans la guerre des Turcs, après la prise de Sabacz (avril 1788), où il venait d'être nommé lieutenant-colonel et de recevoir l'ordre de Marie-Thérèse ; elle contraste par le ton avec la correspondance du père et de l'aïeul :

« Nous avons Sabacz. J'ai la croix. Vous sentez bien, papa, que j'ai pensé à vous, en montant le premier à l'assaut. »

ments naturels qu'il n'aime à en accuser. Si donc, dans la rigidité féodale et seigneuriale de la génération précédente, il y avait encore un excès de mœurs antiques, on voit, dans la seule façon dont le prince de Ligne en parle, qu'il y a chez lui de l'excès opposé, une légèreté de bel air et une affectation de laisser-aller qui suppose quelque *manière* et du *genre*.

C'est là le défaut de ses premières années; c'est le premier pli qu'il a cru devoir se donner pour plaire. Jeune, il a pourtant une autre religion encore que celle de plaire, et qui le domine avant tout, celle de la gloire et de l'honneur militaire. Dès l'âge de quinze ans, il écrit un petit *Discours sur la Profession des Armes :*

« Que peut-on à quinze ans ? dit-il en se relisant quelques années après. Je voulais échauffer l'imagination de mes parents et de mes maîtres; je voulais qu'ils me lâchassent au service : je m'y regardais déjà un peu, puisque de vieux dragons du brave régiment de mon oncle me portaient sur leurs bras et qu'ils me racontaient Clausen, Dettingen et Bonef. A sept ou huit ans, j'avais déjà entendu une bataille, j'avais été dans une ville assiégée (Bruxelles), et de ma fenêtre j'avais vu trois sièges. Un peu plus âgé, j'étais entouré de militaires. D'anciens officiers retirés de plusieurs services dans des terres voisines de celles de mon père entretenaient ma passion. Turenne, disais-je, dormait à dix ans sur l'affût d'un canon. Annibal, à neuf ans, avait juré aux Romains une haine éternelle. Je la jurai dans mon cœur aux Français, que l'on me faisait regarder comme nos ennemis nécessaires : j'en suis bien revenu ; et même alors, tant mon goût pour la guerre était violent, je m'étais arrangé avec un capitaine (français) de Royal-Vaisseaux, de garnison à deux lieues de là. Si la guerre s'était déclarée, je me sauvais ignoré du monde entier, excepté de lui ; je m'engageais dans sa compagnie, et ne voulais devoir ma fortune qu'à des actions de valeur. Je me répétais sans cesse : *Rose et Fabert ont ainsi commencé* (1). »

Ce goût du jeune prince de Ligne pour les armes est quelque chose de plus que l'instinct brillant de la valeur : il a beaucoup écrit sur la guerre ; il a beaucoup étudié

---

(1) C'est un vers de Voltaire dans *l'Enfant prodigue*, acte IV, scène 3e.

et médité sur toutes les parties de ce sujet ; il a analysé les actions et les mérites des grands capitaines des guerres précédentes et des généraux de son temps. Je ne sais ce qu'en pensent les gens du métier : on dit que le duc de Wellington estimait les ouvrages militaires du prince de Ligne. Indépendamment des connaissances spéciales dont il fait preuve et des améliorations positives qu'il proposait à sa date, j'y vois ce qui fait l'âme de ce noble métier de soldat, l'alliance de l'abnégation et d'une émulation glorieuse : « on y rend des services, dit-il ; l'on y endure des peines ; l'on y reçoit des éloges. » Il a des apostrophes *aux Commençants*, qui respirent le feu sacré :

« Fussiez-vous du sang des héros, fussiez-vous du sang des Dieux s'il y en avait ; si la gloire ne *vous délire* pas continuellement, ne vous rangez pas sous ses étendards. Ne dites point que vous avez du goût pour notre état : embrassez-en un autre, si cette expression froide vous suffit. Prenez-y garde, vous faites votre service sans reproche peut-être ; vous savez même quelque chose des principes ; vous êtes des artisans ; vous irez à un certain point, mais vous n'êtes point des artistes. Aimez ce métier au-dessus des autres à la passion ; oui, passion est le mot. Si vous ne rêvez pas militaire, si vous ne dévorez pas les livres et les plans de la guerre, si vous ne baisez pas les pas des vieux soldats, si vous ne pleurez pas au récit de leurs combats, si vous n'êtes pas mort presque du désir d'en voir, et de honte de n'en avoir pas vu quoique ce ne soit pas de votre faute, quittez vite un habit que vous déshonorez. Si l'exercice même d'un seul bataillon ne vous transporte pas, si vous ne sentez pas la volonté de vous trouver partout, si vous y êtes distrait, si vous ne tremblez pas que la pluie n'empêche votre régiment de manœuvrer, donnez-y votre place à un jeune homme tel que je le veux : c'est celui qui sera fou de l'art des *Maurice*, et qui sera persuadé qu'il faut faire trois fois plus que son devoir pour le faire passablement. Malheur aux gens tièdes ! »

Et en même temps qu'il donne ces conseils électriques aux commençants, le prince de Ligne ne parle pas d'un ton moins généreux et moins réchauffant à ceux qui n'ont pas fait tout leur chemin l'ayant mérité.

aux mécontents qui se plaignent du service et qu'un froissement va peut-être y faire renoncer. C'est le revers de la médaille, mais à ce revers même il montre encore l'honneur :

> « Un passe-droit, une injustice, ou trop peu de justice ou de grâce, vous donne quelquefois des regrets d'avoir sacrifié vos jours à la patrie : ah ! ne vous les reprochez pas. La considération de l'armée venge et console de la sotte distribution des faveurs. Voyez l'air caressant et respectueux à la fois de ceux que vous avez menés à la victoire. Rappelez-vous ce que vous leur avez entendu dire de vous dans leurs tentes ou au bivouac après la bataille. Quel est l'état, malgré ses inconvénients et les caprices de la fortune, où l'on est plus respecté ? un vieux sous-lieutenant l'est plus qu'un ministre. Son peloton tremble quand il paraît ; personne ne se range pour un grand seigneur, et le soldat qui rencontre un officier dans la rue s'arrête et fait front. Ne quittez jamais le plus beau des métiers... Il se présente souvent des occasions où la Cour se rappelle d'avoir oublié, négligé ou mal jugé le mérite, et où un bon bras, dirigé par une bonne tête, est recherché pour rendre encore service à son maître. »

On a vu dans Vauvenargues un militaire distingué et philosophe, sentant la gloire des armes et forcé à regret d'y renoncer. Le prince de Ligne a dit de lui : « Vauvenargues est trop triste pour un homme de guerre ; il voyait trop noir. » Il y supposait de la prétention de la part de Vauvenargues, mais ce n'était que de la mélancolie sur un fond sérieux et de la mauvaise santé. Lui, il porte à la guerre un dégagé qui rehausse la valeur et lui donne une sorte de bon goût. On a son *Journal de la Guerre de Sept ans*, dont il fit toutes les campagnes au service de l'Autriche, journal « qui est écrit plus à cheval qu'autrement. » Dans cette guerre, il fut successivement capitaine, lieutenant-colonel, puis colonel dans le régiment wallon qui portait son nom et qui appartenait à son père. Le 17 mai 1757, il vit pour la première fois les postes avancés ; il entendit siffler les premières balles : « J'étais heureux comme un roi. » Son impatience s'accommode assez peu en tout temps de la lenteur méthodique du maréchal Daun ; on chante, après chaque succès, des *Te Deum* qui font perdre le temps. Même après les avantages, on laisse souvent l'ennemi se retirer en bon ordre : « Il aurait été difficile de l'entamer, dit-il d'une de ces premières marches prussiennes dont il est témoin ; à la vérité *nous n'étions pas entamants.* » A une première affaire où il s'agit d'occuper une crête de hauteur, il y arrive avec son monde en même temps que l'ennemi : « Nous eûmes un moment de flux et de reflux comme au parterre de l'Opéra. » Cette image lui vient tout naturellement comme à une fête. Il fait ses premiers prisonniers ; c'étaient quinze ou seize hommes et un capitaine qui, se trouvant coupés, se rendirent : « Et je les fis passer derrière les rangs avec un plaisir qui tenait de l'enfance. » L'affaire faite, il a perdu plus de la moitié de son bataillon, et ces débris victorieux continuent de rester encore exposés au canon fort mal à propos : « Il n'était venu en tête à personne de nous mettre à l'abri ; cependant tout était fini, et notre artillerie répondait fort mal à celle des Prussiens. Mais on n'aime pas à donner un avis là-dessus. » Voulant faire entendre qu'on aime mieux rester exposé à un péril, même inutile. — Je ne cite ces passages que pour donner idée du ton du prince de Ligne parlant de ces choses de guerre avec rapidité et avec goût.

Si l'on allait plus au fond, même sans prétendre au technique, on trouverait les caractères des divers généraux vivement dessinés d'après leurs actions mêmes : le maréchal Daun, prudent, circonspect, méthodique, à qui il arrive un jour de galoper pour la première et la dernière fois de sa vie, et qui, après la victoire de Hochkirch, se met à écrire à Marie-Thérèse pour sa fête de sainte Thérèse la relation de la victoire, au lieu de donner les derniers ordres pour la poursuivre ; il s'appuie sur une pierre pour écrire : « Cette pierre-là fut notre pierre d'achoppement, » dit le prince de Ligne qui aimait les jeux de mots, surtout si dans ces gaietés sur le mot il y avait de l'imagination. Il fallait, selon lui, achever la bataille au lieu de l'écrire. Lacy et Loudon sont bien plutôt les généraux de son goût et de son admiration : il est glorieux et fier de se dire de loin leur élève (1). Quant au grand Frédéric, le prince de Ligne nous fait bien sentir aussi l'esprit de sa tactique durant cette guerre pénible où il lui suffit le plus souvent de n'être point écrasé, « ni vainqueur, ni vaincu, et content même de cet état d'indécision. » A propos de je ne sais quelle position avantageuse aux Prussiens : « Le roi l'occupa parfaitement bien, dit le prince de Ligne ; il jouit de son plaisir ordinaire, qui était de nous tenir en suspens. »

A la fin de la campagne de 1759, le prince de Ligne est choisi pour aller porter au roi de France à Versailles la nouvelle de l'affaire de Maxen ; il a raconté sa première apparition dans cette Athènes dont il était déjà, et il l'a fait avec piquant et un peu de cliquetis. Son beau moment parisien, sa belle heure française n'était pas encore venue.

La paix faite et après quelques années, il y reparut souvent, il y vécut et fut quelque temps avant d'y être apprécié comme il devait. Madame du Deffand, juge des

---

(1) Le prince de Ligne écrivait, au mois d'octobre 1789, au maréchal de Lacy, après la prise de Belgrade, en lui parlant du maréchal Loudon : « Le maréchal a grondé tout le monde, excepté moi ; il a été aussi vif, aussi rapide que dans son meilleur temps. Il est au feu comme Votre Excellence, c'est tout dire. *Vous avez tous les deux le même éclair dans l'esprit*, mais il n'a pas votre sang-froid imperturbable ; vous ne faites et ne dites jamais rien qui ne soit parfait, jamais rien que vous puissiez vous reprocher : aussi n'y a-t-il jamais eu de mérite supérieur au vôtre, ni d'admiration qui égale la mienne pour mon cher maître. » — (Voir aussi ce qu'il dit de caractéristique sur Lacy et sur Loudon, au tome XXI, page 127 de ses Œuvres.)

plus sévères, mais aussi des plus clairvoyants, parle de lui comme venant de faire sa connaissance, dans l'été de 1767; il avait alors trente-deux ans : « Le prince de Ligne, dit-elle dans une lettre à Horace Walpole (3 août), n'est point le beau-fils de la princesse de Ligne du Luxembourg, c'est son cousin; il est de ma connaissance, je le vois quelquefois; il est doux, poli, bon enfant, un peu fou; il voudrait, je crois, ressembler au chevalier de Bouflers, mais il n'a pas, à beaucoup près, autant d'esprit; il est son *Gilles.* » Ce qui me frappe, c'est que Grimm, vers cette date, dit à peu près la même chose; parlant de la lettre adressée par le prince à Jean-Jacques Rousseau en 1770, lettre dans laquelle il lui offrait un asile contre la persécution et une retraite à Belœil, comme M. de Girardin la lui fit accepter plus tard à Ermenonville, Grimm ajoute : « Cette lettre n'a pas eu de succès à Paris, parce qu'on n'y a pas trouvé assez de naturel, et que la prétention à l'esprit est une maladie dont on ne relève pas en ce pays. » Il y a sur ceci deux points à remarquer : d'abord, c'est que les personnes, déjà en crédit et en possession, qui vous voient à vos débuts, ont peine à vous admettre : elles vous comparent à d'autres qui tiennent déjà un rang; les places sont prises dans leur esprit, les hauteurs sont occupées. Il faut, pour s'en emparer, déloger quelques-uns de ses devanciers, ce qui ne se fait pas en un jour ni sans quelque effort. Puis il est à croire qu'à ses débuts, le prince de Ligne forçait en effet … Saint-Lambert avait dit de Bouflers … … : « C'est Voisenon le Grand. » Le prince de Ligne visait à être Bouflers le Grand. C'était une prétention. Il a écrit quelque part : « J'aime mieux une chanson d'Anacréon que l'*Iliade,* et le chevalier de Bouflers que le *Dictionnaire encyclopédique.* » J'ai noté (car j'aime jusque dans les gens aimables à saisir les côtés élevés ou sérieux) ce culte de religion militaire, qui transportait tout enfant le prince pour la gloire des Eugène et des Maurice de Saxe. Il ne lui a peut-être manqué, pour marquer hautement sa place de ce côté, qu'un commandement en chef donné à temps ; car, sans parler de l'intrépidité sur le champ de bataille, il avait le coup d'œil. Mais, à côté de cet idéal noble et fortifiant, il en avait un autre d'un tout autre genre et qui tenait d'une imagination un peu atteinte et gâtée en naissant de l'air du siècle : « Qui est-ce qui sait, dit-il, que Bussy se battait à la tête de la cavalerie légère de France à la bataille des Dunes? mais on se ressouvient de l'*Histoire amoureuse des Gaules* et de la chanson des *Alleluia*. Quand un homme se peint dans ses ouvrages, surtout du côté de la volupté, il intéresse toujours, surtout les jeunes gens; on voudrait avoir vécu avec ces aimables débauchés d'Anet et du Temple, et ces messieurs à Roissy. » Cela nous ramène aux petits soupers avec les mauvais sujets, avec les Du Barry et autres, et à une certaine affectation première de rouerie et de débauche à la mode, dont le prince de Ligne eut peut-être insensiblement à se corriger. Il s'en corrigea comme de vouloir paraître avoir trop d'esprit : il en avait bien assez sans y songer. « Même dans les écarts, il y a des gens à qui tout va, parce qu'ils ont de la grâce et du tact. » Il fut de bonne heure de ces gens-là. Jusqu'à la fin il aura le désir de plaire : « il n'y a que les bourrus qui ne l'aient pas; » mais son grand précepte, en pareille matière, sera surtout de *n'imiter personne :* « La méthode se verrait, tout serait gâté. Le plus grand art pour plaire est de n'en pas avoir. » Tel il dut être, sinon dans le premier, du moins dès le second moment.

Celui que madame du Deffand et Grimm faisaient d'abord quelque difficulté d'admettre comme de la pure race des esprits français, l'était si naturellement devenu, qu'écrivant en 1807 de Tœplitz à son compatriote le prince d'Arenberg, l'ancien ami de Mirabeau, et lui parlant de M. de Talleyrand, qui venait d'arriver : « Jugez, disait-il, de son plaisir d'être reçu par moi, car il n'y a plus de Français au monde que lui, *et vous et moi, qui ne le sommes pas.* » Et il disait vrai en parlant ainsi.

Il s'était essayé sous Louis XV, et il réussit complétement sous Louis XVI, dans cette Cour jeune et folâtre, au milieu de ses véritables contemporains. Il a peint en quelques pages légères et d'une touche inimitable ces promenades, ces cavalcades matinales et familières, où la reine Marie-Antoinette ravissait et effleurait les cœurs, et ne cessait de mériter les respects : il nous a rendu cette reine aimable et calomniée sous ses vraies couleurs, comme il fera également de tous les illustres souverains qu'il a connus, de l'impératrice Catherine, de Frédéric le Grand, de Joseph II, de Gustave III. Sur tous ces personnages historiques, le prince de Ligne est le témoin le plus juste et le plus rapide, le peintre le plus animé, le plus aisé et le plus au naturel. Ses jugements sont d'un grand prix, et le bon sens qui est au fond de son amabilité s'y décèle.

Dans les entretiens qu'il eut avec Frédéric au camp de Neustadt (1770), la conversation étant venue à tomber sur la religion, le roi se mit à en parler librement et peu décemment, comme il faisait avec les La Mettrie et les d'Argens : « Je trouvai, dit le prince de Ligne, qu'il mettait un peu trop de prix à sa damnation et s'en vantait trop... C'était de mauvais goût au moins de se montrer ainsi... Je ne répondis plus toutes les fois qu'il en parla. » Avec Voltaire, autre souverain, chez qui il va faire un séjour à Ferney, et dont il nous rend la conversation, les gestes, les incongruités même dans tout leur déshabillé et leur pétulance, il a plus d'un propos sérieux : « Il aimait alors, dit-il de Voltaire, la Constitution anglaise. Je me souviens que je lui dis : Monsieur de Voltaire, ajoutez-y comme son soutien l'Océan, sans lequel elle ne durerait pas un an. » L'homme qui semblait des deux le plus léger ne se trouvait pas être ici le moins sage.

Ce côté sérieux et sensé, qu'il n'eut jamais l'occasion de développer avec suite dans les affaires, tourna avec les années chez le prince de Ligne au profit de l'homme aimable : même en ne restant que cela avant toute chose, il y a un progrès qui est à faire pour continuer d'en mériter la réputation. Il faut nourrir cette amabilité, en avançant, de toutes sortes d'idées justes et solides sans en avoir l'air : l'homme aimable de soixante ans, même pour paraître n'en avoir jamais que vingt, ne doit pas être aimable comme on l'est à vingt, où l'on paye de mine et de jolies manières en bien des cas; il faut, tout en conservant le désir de plaire, qu'il y joigne bien des qualités qu'il n'avait pas à cet âge; il faut qu'en sentant toujours de concert avec la jeunesse, il ait l'expérience de plus, et qu'elle accompagne sans se marquer. Au reste, le prince de Ligne, qui s'y connaît mieux que personne, va nous développer tout ce qui convient à son idée, et nous raconter ces divers degrés et, pour ainsi dire, ces saisons successives de l'homme aimable :

« Je connais des gens, dit-il, qui n'ont d'esprit que ce qu'il leur faut pour être des sots. Écoutez-les, ils parlent bien; lisez-les, ils écrivent à merveille : du moins cela se dit comme cela. Tout le monde a de l'esprit à présent, mais, s'il n'y en a pas beaucoup dans les idées, méfiez-vous des phrases. S'il n'y a pas du trait, du neuf, du piquant, de l'originalité, ces gens d'esprit sont des sots à mon avis. Ceux qui ont ce trait, ce neuf, ce piquant, peuvent encore ne pas être parfaitement aimables; mais, si l'on unit à cela de l'imagination, de jolis détails, peut-être même des disparates *heureux*, des choses imprévues qui partent comme un éclair, de la finesse, de l'élégance, de la justesse, un joli genre d'instruction, de la raison qui ne soit pas fatigante, jamais rien de vulgaire, un maintien simple ou distingué, un choix heureux d'expressions, de la gaieté, de l'à-propos, de la grâce, de la négligence, une manière à soi en écrivant ou en parlant, dites alors qu'on a réellement, décidément de l'esprit, et que l'on est aimable. »

Mais voici le second degré et la seconde saison qui fait la maturité durable, et sans quoi l'homme aimable, même défini de la façon qu'on vient de voir, court risque de mourir en nous ou de se figer avec la jeunesse :

« Si, ajouté encore à cela, on a des connaissances agréables de la littérature et de la langue de plusieurs pays, si l'on a de la philosophie, si l'on a beaucoup vu, bien comparé, parfaitement jugé, eu des aventures, joué un rôle dans le monde; si l'on a aimé, ou si on l'a été; on est encore plus aimable. »

Vous vous croyez au dernier degré; mais le prince de Ligne qui ne se contente pas à peu de frais, et qui porte dans cette grâce et dans cette félicité sociale quelque chose de ce feu, de cette poésie vivifiante que nous lui avons vu mettre dans les entreprises de guerre, dira en complétant son modèle et en nous laissant par là même son portrait :

« Si, ajouté encore à cela, on inspire l'envie de se revoir, si l'on y fait trouver un charme continuel, si l'on a une grande occupation des autres, un grand détachement de soi-même, une envie de plaire, d'obliger, de prendre part aux succès d'autrui, de faire valoir tout le monde; si l'on sait écouter; si l'on a de la sensibilité, de l'élévation, de la bonne foi, de la sûreté, et un cœur excellent; oh! alors on porte le bonheur dans la société où l'on vit, et l'on est sûr d'un succès général. »

Vous remarquerez que, pour l'achever et la couronner, il a cru essentiel de mêler à son idée de l'homme aimable un sentiment d'humanité, d'affection, et presque de détachement sincère au milieu du succès : c'est qu'il sait bien que l'écueil de ce qu'on appelle ordinairement l'amabilité dans le monde et de l'usage exclusif de l'esprit, c'est la *sécheresse* et la *personnalité*. Il faut donc dans la qualité même le remède, le contraire du défaut, pour qu'il y ait tout le charme et que ce charme dure.

Parmi les ouvrages décousus échappés au prince de Ligne dans la première moitié de sa vie, et qui le peignent le mieux à cette date, je distingue ce qu'il a écrit sur les jardins à l'occasion de ceux de Belœil. *Coup d'œil sur Belœil*, avait-il intitulé son Essai (1781) par un de ces jeux de mots et de ces sortes de calembours qui sont un de ses petits travers. C'était le temps où l'abbé Delille publiait son poëme des *Jardins*, et disait de ce beau lieu de Belœil près d'Ath en Belgique, qui était la propriété et en partie la création du prince de Ligne :

> Belœil, tout à la fois magnifique et champêtre...

On était alors en France dans une veine de création et de renouvellement pour les jardins : le genre anglais s'y introduisait et y rompait l'harmonie de Le Nôtre. C'était à qui s'étudierait à diversifier la nature et à en profiter pour l'embellir. M. de Girardin créait Ermenonville, M. de Laborde Méréville; M. Boutin avait Tivoli, et M. Watelet Moulin-Joli. Belœil était, et, j'aime à le croire, est encore un assemblage et un composé charmant de jardins anglais et français, quelque chose de naturel et de régulier, d'élégant et de majestueux. Tout ce qui, à Belœil, était grand, régulier, dans le genre de Le Nôtre, venait du père du prince : lui, il s'occupa d'y jeter le varié et l'imprévu; il ne lui manqua que plus de temps pour achever son œuvre, son poëme. Il n'est pas exclusif; il serait bien fâché de bannir la ligne droite; il ne veut pas substituer la monotonie anglaise à la monotonie française, ce qui de son temps arrivait déjà; mais, en jardins comme en amour, il est d'avis qu'il ne faut pas tout montrer d'abord, sans quoi, le premier moment passé, l'on bâille et l'on s'ennuie. Il traite des bâtiments dans leurs rapports avec la campagne : autre doit être une *résidence* et un *palais*, autre un *château*, autre une maison de *plaisance*, une maison de *campagne*, une maison de *chasse*, une maison des *champs*, une maison des *vignes*, etc.; mais quels que soient les bâtiments, « j'exclus, dit-il, tous ceux qui ont une façade bourgeoise, sans mouvement dans le toit ou la bâtisse, sans milieu, sans saillant sur les ailes, ou en plâtre avec un air vulgaire; et je recommande encore le beau ou le simple, le magnifique ou le joli, et *toujours le propre, le piquant et le distingué.* »

Pourquoi dit-on jardins anglais, plutôt que jardins chinois, plutôt que jardins naturels? Selon lui, Horace nous a tracé un jardin anglais : son *Qua pinus ingens...* est la meilleure description, la plus douce, la plus riante : « Ce petit ruisseau qui travaille à s'échapper a fait, dit le prince, mon bonheur à exécuter encore plus qu'à le lire. » En lisant tout ce qu'il écrit sur les jardins et cette suite de boutades décousues avec un peu d'indulgence, on en est payé par de charmants passages, par de jolies peintures de sites et, comme par des gouaches et des aquarelles légères trèsvivement enlevées. Bien qu'il s'élève quelquefois contre la *templomanie*, il y mêle encore un peu trop d'autels, de statues et d'allégories selon le goût du temps; mais il y a, dans les jolis dessins où il se joue, des plans et des devis tout naturels et pour toutes les fortunes :

« Je ne voudrais point, dit-il, faire venir l'ombre et l'eau dans mon jardin, que j'abandonnerais pour les chercher ailleurs. Si vous n'êtes pas riche vous aurez tout ce qu'il vous faut, avec une maison à un étage, simple, propre, un toit caché, un enduit de couleur, quelques bas-reliefs en plâtre, ou un encadrement rustique, un ruisseau large et rapide, s'échappant d'un vrai rocher, un pont tremblant comme celui d'Aline, quelques bancs, peut-être une table de pierre ; une cabane de berger, salon ambulant, monté sur quatre roues ; quelques pins, fiers sans orgueil, quelques peupliers d'Italie, élevés, sans faste, lestes et obligeants ; un saule pleureur, un arbre de Judée, un acacia, un platane, trois plates-bandes de fleurs jetées au hasard, des marguerites sur une partie de votre pelouse, un petit champ de coquelicots et de bluets... »

Je supprime ici le chapitre des allégories, inscriptions, hiéroglyphes, dont il ne veut pas qu'on abuse, mais que toutefois il accorde, tribut payé au goût du temps :

« Avec tout cela, dit-il, et un *haha* (1) environnant et ignoré, qui fait jouir des coteaux, des plaines, des bois, des prairies, des villages et des vieux châteaux des environs, je surpasserais et Kent et Le Nôtre, et, avec vingt mille francs pour tout l'ouvrage et deux cents francs d'entretien, je détournerais de dix lieues tous les voyageurs. »

C'est ainsi qu'il construit son Tibur selon le rêve d'une médiocrité dorée ; mais, si vous êtes riche, il travaille sur d'autres frais ; il vous proposera les colonnes, les marbres, les galeries avec dôme de cuivre doré ou terrasses en plomb, tout un ordre de fabriques à la romaine : « Et je veux que tout cela soit éloigné l'un de l'autre dans un grand espace, et joue avec l'eau, le gazon et les plus beaux chênes. »

Je ne veux, par ces citations, que rendre le sentiment qui circule dans tout ce qu'a écrit le prince de Ligne sur les jardins. Le prince a le style le plus contraire à celui de certaines personnes de notre connaissance ; il a le style gai et qui laisse passer des rayons. Il apporte, dans sa composition des jardins, un grand souvenir de la société et un goût de l'y réunir et de la retrouver. Il est de l'avis de La Fontaine : *Les jardins parlent peu.* Il aime la nature, mais rarement toute seule. Il prend la campagne au retour des camps, dans l'intervalle de

(1) *Haha*, simple fossé de clôture, sans mur ni haie.

deux campagnes, comme il dirait lui-même en plaisantant : « Vous que la Cour et l'armée dispensent pour quelque temps de vos soins, amusez-vous dans vos jardins ; puis élevez vos âmes dans vos forêts. » Il est resté tellement sociable, même dans ses heures de solitude et de retraite, qu'il ne serait pas fâché que de son habitation champêtre on découvrît une grande capitale : « Voilà, dirais-je assis au pied d'un vieux chêne, le rassemblement des ridicules et des vices... » Et il entre dans l'énumération, il pousse jusqu'au bout le développement de ce joli motif qui parodie le sage de Lucrèce jouissant en paix du spectacle de l'orage. A défaut des visites qu'il n'a pas l'air de craindre, il veut du moins que tout soit peuplé autour de lui : « Que sur la rive de mes fontaines tout retentisse des cris d'une augmentation considérable d'animaux. Que toutes les pièces d'eau soient troublées par les sauts de plusieurs milliers de carpes. Que les canards fassent partout des nids. Que l'on rencontre jusqu'à des oies. Que les pigeons chassés de tous les côtés viennent se réfugier sur les toits. Il me semble que c'est augmenter la richesse de la nature que d'augmenter le nombre de ses enfants. Beaucoup de paons surtout, quoique je déteste les orgueilleux. Que tout soit bien habité. Que l'on rencontre beaucoup de gens, n'importe de quelle espèce ils soient. » Enfin toutes sortes de gens, même des bêtes, pourvu que ce ne soient pas des sots. C'est bien là l'esprit de société tel qu'il se mêlait, au dix-huitième siècle, au goût des jardins. On a fait un pas depuis dans le culte de la nature ; je ne dis pas qu'on aime beaucoup plus à être seul qu'autrefois, mais on a moins peur de l'être, et on trouverait moins d'amateurs des jardins qui diraient avec le prince de Ligne : « J'ai toujours tant aimé la société quelconque, que je me suis défait, il y a quelque temps, presque pour rien, d'un *Salvator Rosa*, parce qu'il n'a que des déserts, et que les déserts ont l'air de l'anéantissement. Un tableau sans figures ressemble à la fin du monde. »

Pourtant le prince de Ligne, dans les dernières années de sa vie passées à son *Refuge* sur le Léopoldberg près de Vienne, paraîtra en être venu à admirer plus véritablement la nature pour elle-même. Il a laissé là-dessus quelques pages qui sentent une âme enfin initiée, et qui montrent qu'il avait été récompensé de ses soins champêtres assidus. L'habitude de ce genre de beautés renouvelait ses jouissances au lieu de les diminuer, ce qui est le grand signe en toutes choses qu'on aime : « Je m'aperçois tous les jours de plus en plus, disait-il, qu'on ne se lasse pas du beau spectacle de la nature. » Pour conclure avec lui sur les jardins, sa morale pratique en ce genre est qu'il faut « en chercher et n'en pas faire, » reconnaître et trouver les points de vue existants, les mouvements de terrain naturels, se contenter de les dégager, et non vouloir les créer à toute force ni les construire.

Combien de fois ces jours derniers, en lisant cette suite de pensées et d'excursions du prince de Ligne sur les jardins, en comparant l'édition de 1781 avec celle de 1795 des OEuvres complètes, et y voyant des différences sans nombre et sans motif explicable, j'ai souhaité que, pour ce travail comme pour le reste de ces OEuvres, un homme d'attention et de goût (non pas un éditeur empressé et indifférent) pût faire un choix diligent et curieux qui ferait valoir tant d'heureux passages! Il y a surtout dans la première édition, dans celle de 1781, quantité d'aperçus pleins d'invention et de fraîcheur. Il y en a un sur le choix des semences aux environs des parcs; le prince suppose toujours qu'ils ne sont point enclos de murailles et que la vue s'étend à l'entour par des éclaircies bien ménagées: il soigne alors les nuances diverses des semences dans les plaines, et veut assortir « le petit vert du lin, le mêlé, le tacheté du sarrasin, le petit jaune du blé, le gros vert de l'orge, et bien d'autres espèces que, dit-il, il ne connaît pas encore, » toutes ensemble faisant le fond du tableau et qui deviennent le plaisir des yeux. Tout cela est dit d'un rien, avec une légèreté négligente et piquante, mêlée d'un certain aveu d'inexpérience, et comme par un Hamilton qui en serait venu à aimer sincèrement les champs.

Dans l'histoire du pittoresque en notre littérature, les esquisses et paysages du prince de Ligne à propos de Belœil peuvent servir assez bien de date et de point de mesure. On avait Jean-Jacques Rousseau qui avait découvert et révélé la solitude, les douceurs ou les sublimités qu'elle enferme; on allait avoir Bernardin de Saint-Pierre et Chateaubriand découvrant et décrivant à leur tour la forêt vierge, les sauvages et splendides beautés d'un autre monde; on allait avoir Oberman s'abîmant dans la contemplation solitaire et dans l'expression intime des aspects reculés ou désolés; mais les amateurs restés gens du monde, les gens de goût, et d'un noble goût, touchés en effet de la nature, et ne la voulant point cependant séparer jamais de la société, disaient entre autres choses avec le prince de Ligne, et ne pouvaient en cela mieux dire que lui :

« J'aime dans les bois les quinconces et les percés, de belles routes mieux tenues que celles des jardins, de belles palissades, des allées de hêtres surtout : elles ont l'air de colonnes de marbre quand elles ressortent sur un taillis bien haut et bien vert. J'aime l'air jardin aux forêts, et l'air forêt aux jardins; et c'est comme cela que je compte toujours travailler. »

Ces aperçus et bien d'autres du prince, qui sont juste de la date du poëme des *Jardins* de Delille, me paraissent aujourd'hui représenter, mieux que ne le feraient quelques vers du charmant abbé, l'esprit de transition véritable qui, profitant des idées et des inspirations des grands écrivains pittoresques novateurs, les voulait concilier avec les traditions de notre goût et avec les inclinations de notre nature. Je parle du prince de Ligne comme étant tout à fait un Français quand il écrivait sur Belœil, et il l'était pour ne plus cesser de l'être.

Lundi, 20 juin 1853.

LE PRINCE DE LIGNE

(FIN)

« Point de demi-aimables ni de demi-savants : on peut tirer plutôt parti de ceux qui ne le sont point du tout ; du naturel, et surtout du naturel ! » C'était une des maximes du prince de Ligne. Ce naturel, il l'avait de son vivant dans sa personne : aujourd'hui il ne semble pas toujours l'avoir dans son style qui n'est que de la conversation écrite, ni dans ses lettres même ou dans les mots qu'on cite de lui, dans ce qui ne vit plus. Le cachet du temps et du monde où il avait vécu s'y marque par un coin ; et quoiqu'il ait dit . « Ayons dans tout ce que nous faisons ce qu'on appelle en peinture une *manière large*, » il se ressentait de Trianon. Il faut citer quelques-uns de ces mots de lui, et un peu au hasard, pour qu'il y en ait de toutes les sortes. Prié un jour par un de ses amis de Paris ou de Versailles d'être son témoin dans une affaire d'honneur, et, de plus, de lui prêter pour le combat sa terre de Belœil à la frontière de France, il s'empressa d'y consentir, et il écrivit à son intendant : « Faites qu'il y ait à déjeuner pour quatre, et à dîner pour trois. » De tels billets s'adressent moins à l'intendant qu'à la galerie.

Au duc Albert de Saxe-Teschen, qui venait de perdre la bataille de Jemmapes et d'être gravement malade, et qui lui demandait, en le revoyant à Vienne, comment il le trouvait : « Ma foi, Monseigneur, répondit le prince de Ligne, je vous trouve passablement défait. »

Il disait encore très-joliment du prince royal de Prusse qui s'était trouvé indisposé et pris d'un étourdissement à une séance de l'Académie des sciences à Pétersbourg : « Le prince, au milieu de l'Académie, s'est trouvé sans connaissance. »

Tout ceci est du meilleur : mais après une visite qu'il avait faite au cardinal de Luynes, archevêque de Sens, au sujet d'un procès, il outre-passait le mot, il le cherchait et le tirait de bien loin quand il répondait à M. de Maurepas, qui lui demandait comment il avait trouvé le cardinal : « Je l'ai trouvé hors de son diocèse, » voulant dire hors de *sens*.

Ainsi le prince de Ligne, vif, brillant, étincelant de traits, rencontrait le mieux, mais ne s'y tenait pas; il avait plus d'imagination que de mesure et de goût. Cet homme de haute taille, d'une belle et noble physionomie, à l'air martial et intelligent, portait boucles d'oreilles. Cela dit, prenons-le par ses bons côtés, par ses saillies qui souvent vont fort loin dans le vrai et dans le sérieux, prenons-le dans sa parfaite connaissance de la vie, du monde et des hommes.

Un des épisodes qui se rattachent le plus à son nom et dont ses lettres ont consacré le souvenir, c'est le voyage qu'il fit, en 1787, jusqu'en Crimée, avec l'impératrice Catherine, son ministre Potemkin et tout le corps diplomatique, dont était M. de Ségur, représentant de la France. Le roi de Pologne Poniatowsky apparut un moment à une des stations de ce voyage. L'empereur d'Allemagne, Joseph II, fut de la partie dans toute la dernière moitié. Le prince de Ligne a écrit neuf lettres

à la marquise de Coigny; c'est un bulletin de féerie et d'enchantement, à l'usage de ce monde de Paris et de Versailles, que l'Assemblée des notables travaillait déjà :
« La flotte de Cléopâtre est partie de Kiovie dès qu'une canonnade générale nous a appris la débâcle du Borysthène. Si on nous avait demandé quand on nous a vus monter sur nos grands ou petits vaisseaux, au nombre de quatre-vingts voiles, avec trois mille hommes d'équipage : *Que diable allaient-ils faire dans ces galères?* nous aurions pu répondre : Nous amuser; et *Voguent les galères!...* » Nous amuser, et autre chose encore, entamer une guerre. En arrivant, en effet, à l'embouchure du Dniéper, la flottille de l'impératrice trouve la ville d'Oczakow, qui appartenait encore à la Turquie, et découvre une dizaine de vaisseaux turcs qui viennent se placer en travers du fleuve. Cela impatiente Catherine; elle prend une carte pour se rendre compte du pays, et donne en souriant une chiquenaude sur le papier : présage d'une guerre. Il faut voir chez le prince de Ligne avec quelle légèreté cette affaire fut entreprise. Il s'agissait d'y entraîner l'empereur Joseph II, qui n'était pas prêt. Le prince de Ligne y contribua; il confesse tout ce manége, non pas dans ses lettres à la marquise de Coigny, écrites sur le moment et faites pour être vues, mais dans une relation écrite plus tard après l'événement, et qui peut se lire dans le XXIV° tome de ses Œuvres. Chose singulière! Catherine, qui se croyait prête elle-même, ne l'était pas; elle avait envie et elle hésitait : « Regardant le portrait de Pierre Ier qu'elle a toujours dans sa poche quand elle est en voyage, elle me dit plusieurs fois d'un air qui dictait ma réponse : *Que dirait-il? que ferait-il, s'il était ici?* On se doute aisément de tout ce que mon désir de faire plaisir et de faire la guerre m'inspira dans l'instant. » Ici le prince de Ligne fait son *meâ culpâ* sincère; il

contribua sans le savoir, dit-il, au mal qui se fit. Chaque fois que Catherine lui montrait ce portrait de Pierre Ier sur sa tabatière et répétait son *Que dirait-il? que ferait-il?* il faisait la réponse désirée. C'est la seule fois où on le surprend à dire un mot léger sur l'impératrice Catherine et sur l'inconvénient des femmes sur le trône : « On leur prodigue des hommages, elles n'en font pas la distinction et les acceptent comme souveraines. — Ainsi la galanterie de Ségur, la piquante indifférence de Fitz-Herbert (l'ambassadeur d'Angleterre), qui n'en rendait sa petite louange que bien plus fine, ayant l'air de ne la laisser échapper qu'à regret; la flatterie des uns, la courtisanerie des autres enivraient cette princesse. » Il nous a tracé à ravir quelques-unes de ces scènes d'enivrement, surtout au moment de l'arrivée en Crimée. La mise en scène était de l'habile prince Potemkin, mais les feuilletons sont du prince de Ligne; j'y renvoie les curieux. Pourtant, quand la guerre éclate, quand la Turquie (elle le pouvait alors) se pique la première, et lorsqu'on apprend que l'ambassadeur russe a été mis aux Sept-Tours, Catherine, rentrée dans sa capitale, reçoit ces événements d'un air moins joyeux qu'elle ne les avait provoqués : elle redevient ce qu'elle était en réalité, une souveraine pour l'histoire bien plus que pour le roman, et ne songe plus qu'à se procurer le moins difficilement quelques résultats possibles et solides. On était allé fort loin et fort vite dans les projets anticipés de partage entre souverains, et, du milieu de ces enchantements de Crimée, on en était déjà à se demander : « *Que diable faire de Constantinople?* » On se contente pour cette fois d'assiéger Oczakow.

Le prince de Ligne, durant ce voyage du Dniéper et de la Crimée, n'avait été que le plus aimable des courtisans et des chevaliers de roman. Un jour que la galère impériale passait tout près du rocher où la tradition place le sacrifice d'Iphigénie et comme on discutait ce point de mythologie historique, Catherine, se promenant sur le pont avec majesté, grâce et lenteur, étendit la main et dit : « Je vous donne, prince de Ligne, le territoire contesté. » On ajoute que le prince, se voyant assez près de terre, se jeta à l'eau comme il était, en uniforme, et alla prendre à l'instant possession du rocher, y gravant d'un côté, du côté apparent, le nom divin de Catherine, et de l'autre côté (assure-t-il), le nom tout humain de la dame de ses pensées, de la dame d'alors, car il en changeait souvent. Il aimait ces espiègleries.

Mais à la fin de cette année 1787, le prince de Ligne redevient tant qu'il peut un personnage d'histoire; il a désiré la guerre, et il s'y met au premier rang. Comme il ne croit pas que son souverain, l'empereur Joseph, soit en mesure de la commencer assez vite, il demande à être provisoirement au service de la Russie : « Après avoir fait quelques sottises dans ma vie, dit-il à ce propos, j'ai fini par faire une bêtise. » Le voilà donc sans rôle défini, en qualité de militaire à moitié diplomate, et d'officier général à demi conseiller et très-peu écouté, côte à côte avec le prince Potemkin, qui le caresse et le joue : « Je suis confiant, moi; je crois toujours qu'on m'aime. » On assiége Oczakow; Potemkin n'est rien moins que militaire, et il veut le paraître. Le prince de Ligne, par délicatesse, s'abstient de rien écrire en Cour contre lui, et il se dévore à voir des intrigues, des rivalités mesquines au lieu de combats : « Que de folies, de bizarreries, d'enfances, de choses antimilitaires se passèrent dans l'espace de quatre ou cinq mois que je restai devant cette bicoque ! J'ai tâché de les oublier, mais je souffrais comme un musicien quand il entend des instruments qui ne sont pas d'accord. » Il passe de là à l'armée de Moldavie, auprès du maréchal Romanzow, celui-là militaire, mais encore plus astucieux que Potemkin, et qui ne l'écoute pas davantage. Tout en s'ennuyant de ne rien faire, le prince de Ligne a son quartier à Yassi; il y voit les boyards et les femmes des boyards, les belles Moldaves, les indolentes Phanariotes, les Grecques à demi asiatiques qu'il décrit avec leur grâce, leur nonchaloir et leurs danses : « On se fait des mines, on se sépare presque, on se retient, on s'approche, je ne sais comment; on se regarde, on s'entend, on se devine, on a l'air de s'aimer... Cette danse-là me paraît fort raisonnable. » On y voit les jolies femmes de Yassi recevant le ton de Constantinople et préoccupées de l'idéal de beauté turque, qui consiste à être grasse et à avoir du ventre. Une mère demande pardon que sa fille n'en ait pas encore : « Mais cela viendra bientôt, me dit-elle, car à présent c'est une honte, elle est droite et mince comme un jonc. » Les aperçus politiques se mêlent à ces jolies peintures. La littérature même du prince y trouve son compte; lorsqu'il lira plus tard le *Cours* de La Harpe et qu'il y fera des annotations, souvent très-fines et très-justes, il reprendra le célèbre professeur sur le chapitre des Grecs : « Si vous aviez vu, monsieur de La Harpe, et étudié les Grecs d'aujourd'hui comme moi, qui ai eu des affaires de politique à traiter avec eux, vous sauriez qu'ils ressemblent aux anciens. Mais les circonstances les empêchent de paraître comme eux; en attendant examinez l'esprit, la beauté de leurs yeux, la vivacité ou la noblesse même de leur langue grecque vulgaire. » Il dira encore, en faisant la critique de notre manière de traduire les anciens et des jugements qu'on en a portés à l'aveugle : « C'est à la source qu'il faut aller. Je sais bien que la distance des temps peut l'avoir corrompue; mais j'ai montré des traductions à des Grecs du faubourg de Péra, de l'Archipel, et à des femmes jolies et instruites des boyards à Yassi, sachant bien le français, parlant le grec vulgaire en conversation, mais entendant le littéraire de père en fils : ils m'ont tous assuré que c'était tout autre chose, et qu'il était plaisant de voir en France des querelles sur les anciens, qui, surtout en poésie, n'y sont pas entendus. » Cet aperçu (à moi presque aussi ignorant, il est vrai, que le prince) me paraît, à cette date, la justesse même.

Cependant Joseph II, de son côté, a entamé sa guerre contre les Turcs, et moins heureusement qu'il n'avait compté; le prince de Ligne n'a plus de raison pour ne pas être dans les rangs autrichiens. Il sert sous son ancien général Loudon au siége de Belgrade (septembre-octobre 1789); il l'y aide efficacement par une suite d'attaques bien ménagées, et vers la fin par une batterie imaginée à la pointe d'une île, et qui fait merveille. Après Lacy, plus complet et qui unissait l'éclair et le sang-froid, il n'estimait rien tant que Loudon, grand homme de guerre dès qu'on était dans l'action : « J'étais tout en feu moi-même par cet être qui tient plus du dieu à la guerre que de l'homme. » Après la prise de Belgrade, le prince de Ligne, qui s'était vu quelque temps dans une demi-disgrâce, obtient une distinction due au seul mérite : il est nommé commandeur de l'ordre militaire de Marie-Thérèse. Sa santé altérée par les fièvres a besoin de bien des mois pour se remettre. La révolution des Pays-Bas est commencée; celle de France s'allume. Le prince de Ligne est au moment des grandes choses; il a cinquante-cinq ans, et sa constitution robuste, remise des suites de Belgrade, peut encore fournir à bien des fatigues. Il aspire à un commandement en chef; il va peut-être enfin donner toute sa mesure, car ce n'est qu'à la guerre qu'il a rêvé un grand rôle : ailleurs il n'a voulu être que témoin et confident. Mais l'empereur Joseph meurt (20 février 1790), son *adoré* Joseph II, comme il l'appelle, et avec lui la fortune du prince de Ligne s'arrête; sa carrière se brise ou du moins se ferme. O douleur! il a beau nourrir de nobles désirs et des ambitions généreuses, il ne sera plus que le vétéran des élégances, le dernier des chevaliers d'autrefois (1).

Nous qui cherchons partout matière à l'histoire des mœurs et à la distinction des caractères, notons bien le point de séparation que, mieux que personne, il nous aide à observer et à définir. Dans ses lettres écrites à M. de Ségur, et datées d'Oczakow, de ce triste siége où, malgré les lenteurs et les intrigues, il y avait eu pourtant quelques brillantes canonnades et des combats, le prince de Ligne parlait du prince de Nassau, ce brillant paladin, sorte de chevalier errant par tous les pays, tour à tour et à volonté colonel d'infanterie, de cavalerie, ou vice-amiral. Il parlait également d'un volontaire français, d'un autre *joli phénomène* chevaleresque, le comte Roger de Damas, de qui il disait : « François Ier, le grand Condé et le maréchal de Saxe auraient voulu avoir un fils comme lui. Il est étourdi comme un hanneton au milieu des canonnades les plus vives et les plus fréquentes, bruyant, chanteur impitoyable, me glapissant les plus beaux airs d'opéra, fertile en citations les plus folles au milieu des coups de fusil, et jugeant néanmoins de tout à merveille. La guerre ne l'enivre pas, mais *il y est ardent d'une jolie ardeur, comme on l'est à la fin d'un souper.* » Voilà le dernier bouquet, si je puis dire, de l'ancienne chevalerie française, de ces

---

(1) Il a écrit à Catherine, sur la mort de Joseph II, une lettre qui a mérité de devenir historique. Voir page 505 de l'*Histoire de Joseph II* (2e édition, 1853), par M. Camille Paganel. Cette recommandable *Histoire* est toute remplie du prince de Ligne et des témoignages non seulement de son agrément, mais de son mérite.

aimables et preux courtisans, civilisés et raffinés, dont les épées étaient valeureuses et brillantes, mais avaient des fourreaux de soie. Le prince de Ligne était de cette race; au moment de la prise de Belgrade, il écrivait à M. de Ségur, combinant avec art toutes ses sensations : « Je voyais avec un grand plaisir militaire et une grande peine philosophique s'élever dans l'air douze mille bombes que j'ai fait lancer sur ces pauvres infidèles... » Et après l'entrée dans la place : « On sentait à la fois le mort, le brûlé et l'essence de rose; car il est extraordinaire d'unir à ce point les goûts voluptueux à la barbarie. » Il se plaît lui-même à se jouer à ces antithèses. Or, une nouvelle ère allait commencer, tout imposante et toute sévère : dans la grande convulsion démocratique où la terre de France enfanta des armées, après les premiers temps d'aguerrissement et d'apprentissage, on eut des héros, des chevaliers aussi ; mais ceux-là, les Lannes, les Murat, les Ney étaient des Achille et des Roland primitifs qui n'entendaient rien à ces grâces polies et à ces raffinements des vieux règnes. M. de Narbonne seul, comme pour en honorer le souvenir, en offrait un dernier échantillon dans l'état-major de l'Empereur; le reste était comme sorti de terre, gardant de son origine jusque sous l'or et la pourpre, ayant du lion dans le courage, génération toute faite pour la lutte des géants.

Le prince de Ligne qui, malgré ses alliances d'esprit avec le dix-huitième siècle, n'hésita pas un instant dans son antipathie contre la Révolution, fut des premiers à bien juger du grand mouvement nouveau, de sa portée et de ses conséquences dans l'avenir. Ce ne sont pas des prédictions, comme à un de Maistre, que j'irai lui demander, mais des saillies et des vues pleines de perspicacité et de justesse. Une lettre piquante adressée à son ancien ami Ségur qui avait donné quelque adhésion aux premiers actes de la Révolution, nous montre le prince de Ligne à la date d'octobre 1790, dans le premier instant de son irritation et de sa colère :

« La Grèce avait des sages, dit-il, mais ils n'étaient que sept; vous en avez douze cents à dix-huit francs par jour,... sans mission que d'eux-mêmes,... sans connaissance des pays étrangers, sans plan général,... sans l'Océan qui peut, dans un pays dont il fait le tour, protéger les faiseurs de phrases et de lois... Messieurs les beaux-esprits, d'ailleurs très-estimables, ont bien peu de talent pour former leurs semblables. Une nation si jeune, si vive, si exaltée, qui dans ce moment fait une litière d'épines au-dessus des roses qu'elle veut étouffer, tiendra-t-elle des engagements de *manége*? Je suppose un cas horrible, imprévoyable, et possible pourtant à des *tigres-singes*, comme vous a appelés M. de Voltaire; on peut culbuter un roi, mais jamais le trône.... Êtes-vous faits pour être des hommes, mes enfants, les plus jolis enfants du monde?... Je sais que votre nation peut s'aguerrir et qu'elle est capable des plus grandes choses par la supériorité de talents en tout genre : mais on ne sera pas assez maladroit, j'espère, pour vous laisser faire. »

On voit le ton; il y a du vrai et du faux; mais la situation est vivement sentie, vivement caractérisée. Le prince de Ligne y mêle de ses jeux : « J'aime encore mieux les *barils* que les *tonneaux*, » allusion aux Du Barry et à Mirabeau-tonneau. Le prince a une manière gaie et parfois *polissonnante* (c'est un de ses mots) de dire même des choses sérieuses. Il exhorte Ségur à émigrer, ce que celui-ci eut le bon esprit de ne pas faire. Il le lui dit d'ailleurs en de nobles termes : « Donnez la main à Louis XVI pour remonter sur son trône, au lieu de l'aider à en descendre. Soyez tous plus royalistes que lui. » Le prince de Ligne en parlait à son aise, lui dont la patrie était en quelque sorte *ad libitum*, et qui se définissait Français en Autriche, Autrichien en France, l'un ou l'autre en Russie.

Il ne tarde pas cependant à être plus circonspect, moins pressé en pronostics : les Puissances coalisées n'ont pas fait ce qu'il souhaitait; elles ont laissé à la

France le temps de s'aguerrir. Il aurait voulu qu'on commençât par *tonner* et *étonner* : on a manqué ce premier coup. Les émigrés, selon lui, ont emporté l'honneur (dans le sens royaliste) ; les *rebelles* n'ont gardé de leur nation que l'intelligence et le courage : il oublie que ces *rebelles*, qui sont à peu près tout le monde, ont, de plus, gardé intact le sentiment de *patrie*. Il est forcé de reconnaître que le talent bientôt a remplacé la guillotine : « D'Athènes la France a été à Sparte, en passant par le pays des Huns. » Dans un mémoire sur la nouvelle armée française, il lui rend une justice incomplète encore, du moins un commencement de justice. Quant à la république, il ne lui pardonne pas plus que le premier jour. Selon lui, et contrairement à Montesquieu, c'est la *terreur* seule qui fait la république : « Dieu veuille qu'elle ait de la *vertu* pendant six mois, elle sera détruite. »

Il estime de bonne heure que le résultat le plus net de la Révolution de France et de ce qui s'y est passé en 93, sera de fortifier partout le principe monarchique; ce régime de 93 aura fait l'effet de l'Ilote ivre et aura dégoûté de l'imitation : « On verra plutôt, dit-il, des républiques devenir des royaumes que des royaumes devenir républiques. On pleurera le meilleur des hommes dans Louis XVI, la plus belle et la plus parfaite des reines, des milliers de victimes, on servira Dieu mieux qu'auparavant, et on respectera plus son souverain. » Ceci devient sérieux et de ton et de fond : « Il est bien difficile de n'être pas sérieux au fond, disait le prince en une de ses Pensées, si ce fond n'est pas, comme chez quelques gens, à la superficie. »

Il était royaliste, non par préjugé, mais par réflexion et par principes. Il était d'avis que, dans tous les grands moments de l'histoire qui se prolongent et qui se fixent, « tout tient à un seul homme, » ou à un très-petit nombre; les règnes, même les plus durs, lui semblaient offrir plus de chances aux talents et aux grands hommes que l'anarchie : « Les Scipions, dit-il, étaient de grands aristocrates ; Périclès était une espèce de roi. Horace et Virgile auraient eu peu de succès pendant les guerres civiles. Si Montaigne et le bon La Fontaine avaient vécu de notre temps, l'un avec ses vérités, l'autre avec ses naïvetés et ses distractions, ils auraient été pendus les premiers. » En tout ceci, le prince de Ligne fait comme chacun en pareil cas : il tire volontiers toute l'histoire de son côté.

Il y a une lettre du prince à un émigré des plus distingués, M. de Meilhan, ancien administrateur, homme de lettres et homme d'esprit. Il y discute des changements que la Révolution devra apporter dans les mœurs publiques et dans le goût : « Après tout ce qui est arrivé depuis quelque temps, toutes les idées doivent décidément se renouveler. » Et d'abord il croit que l'universalité de la langue française en souffrira; que Paris ne sera plus comme auparavant la capitale intellectuelle et littéraire reconnue de l'Europe, les autres nations voulant se venger d'avoir si longtemps obéi à l'esprit venu de Paris. Il fait une remarque fine sur les émigrés et sur l'esprit d'aristocratie qui trouve son compte à la démocratie même. Bien des gens se sont flattés d'être des gentilshommes en émigrant : « et il n'y en a aucun, si petit qu'il soit, qui ne se croie égal à un Montmorency, puisqu'il sert l'autel et le trône. » Le résultat de l'émigration aura donc été de vulgariser la noblesse. Ne séparant point l'idée de goût d'avec celle des sociétés charmantes où il a vécu, il conclut en disant : « On peut remettre le trône en France, mais le goût jamais. La vue des crimes a ôté cette fraîcheur, cette grâce, cette urbanité des mœurs de la nation la plus aimable. La farouche république a mis à la place l'esprit de discussion et la fausse éloquence. Ce sera *la France antiquaire* au lieu de *la France littéraire.* » Ne prenez tout cela que comme la conversation vive et nourrie d'un homme qu'on trouve au lit le matin et qui pense tout haut, et vous en emporterez de tous côtés des traits, des aiguillons, qui vous feront aussi penser, pester, dire oui et non à la fois; et c'est ce qu'il a voulu. — Et même lorsqu'on approuve, c'est comme dans la conversation encore : il faut suppléer, à tout moment, à ce qui manque.

Parlant de ce même M. de Meilhan, qui avait eu l'idée d'écrire l'Histoire de l'impératrice Catherine, le prince de Ligne disait en l'y encourageant : « Il faut être homme de bonne compagnie pour écrire l'histoire. »

Cependant de grandes choses se faisaient à la guerre, et le prince de Ligne n'en était pas. Cette inaction à laquelle sa Cour le condamnait lui fut cruelle : « Apparemment, disait-il, que je suis mort avec Joseph II, ressuscité un moment pour mourir avec le maréchal Loudon, et être malade avec le maréchal Lacy. » Il y eut des moments où il aurait voulu être désigné pour commander en chef en Italie, et pour se mesurer avec le vainqueur de Rivoli ou de Marengo. Une telle ambition est honorable : il y avait plusieurs manières possibles d'être vaincu par Bonaparte, et on en imagine qui pouvaient encore être dignes d'envie. Le prince de Ligne déroba sa douleur de guerrier sous le sourire de l'homme du monde et sous l'indifférence du philosophe. Pourtant la blessure lui en demeura.

Il passait les années insensibles du déclin dans sa retraite de Vienne, dans sa petite maison du rempart ou dans son *Refuge* au Léopoldberg. Il lisait, il écrivait chaque matin à tout hasard; il faisait imprimer ses Œuvres trop mêlées et trop noyées, toutes criblées des fautes de l'imprimeur, sans parler des siennes. Découragé sur la gloire, goûté de tous, il charmait la société autour de lui et trompait de son mieux le temps. Quand le *Cours de Littérature* de La Harpe ou la *Correspondance* du même avec le grand-duc de Russie, ou encore quand les *Mémoires* de Bezenval paraissaient, le prince de Ligne les lisait la plume à la main et les accompagnait page par page de remarques curieuses, dont les éditeurs soigneux de ces divers ouvrages devraient dorénavant profiter. Sur Raynal, son ton et sa pesanteur; sur Beaumarchais, ses mystifications et ses charlatanismes; sur Duclos, Saint-Lambert, Crébillon fils et cent autres, il a des traits qui sont d'original et comme d'un homme qui a dîné avec eux. De madame Geoffrin, il disait en approuvant le portrait qu'en a tracé La Harpe :

« Le portrait de Mme Geoffrin est de la plus grande vérité; il devait y ajouter le plus grand talent pour les définitions. Avant de la connaître (si elle n'avait pas passé par Vienne), je ne l'aurais jamais vue à Paris. *Je la croyais un bureau d'esprit, et c'en était un plutôt de raison.* Les gens d'esprit qui allaient chez elle n'en faisaient plus et devenaient presque de bonnes gens. Il y avait entre elle et Mme du Deffand une espèce de rivalité. Mais, au lieu du gros bon sens de la première, l'autre avait une conversation pleine de traits, et avait l'épigramme et le couplet à la main. — Le genre de Mme Geoffrin était, par exemple, *une espèce de police pour le goût,* comme la maréchale de Luxembourg pour le ton et l'usage du monde. »

On sent tout le prix de telles remarques fines de la part d'un homme qui a si bien vu, et qui n'a d'autre prétention que de se souvenir avec justesse.

Il est un sujet auquel il revient souvent, soit à propos de Bezenval, soit à propos de La Harpe, toutes les fois qu'il en trouve l'occasion, c'est la reine Marie-Antoinette; et chaque fois, inspiré par son cœur, par une imagination fidèle et émue, il nous la montre sous un vrai jour, avec ses ingénuités, ses étourderies innocentes, et dans tout l'éclat de sa figure « sur laquelle on voyait se développer, en rougissant, ses jolis regrets, **ses excuses**, et souvent ses bienfaits. » C'est en y songeant le moins qu'il nous la peint le mieux, et qu'il nous fait voir d'un même trait sa bonté et sa grâce : « Elle s'occupait si peu de sa toilette, dit-il en un endroit, qu'elle se laissa, pendant plusieurs années, coiffer on ne peut pas plus mal, par un nommé Larceneur qui l'était venu chercher à Vienne, pour ne pas lui faire de la peine. Il est vrai qu'en sortant de ses mains, elle mettait les siennes dans ses cheveux pour s'arranger à l'air de son visage. » Après l'avoir vengée sur les points essentiels, il finit, dans un sentiment chevaleresque et qui rappelle celui de Burke, par mettre sa royale mémoire sous la protection des jeunes militaires français qui ne l'ont point connue et qui, venus depuis, sont purs envers elle d'ingratitude : « Au moins, écrivait le prince de Ligne vers la date d'Austerlitz et d'Iéna, que ceux qui s'acquièrent tant de gloire sous les drapeaux de leur Empereur, plaignent cette malheureuse princesse qu'ils auraient bien servie... » Ce sont là des alliances d'idées et de sentiments qui honorent. En y faisant appel, le prince de Ligne a touché juste, et il ne s'y est point trompé : la France nouvelle a vengé Marie-Antoinette de l'ancienne.

La vieillesse arrivait pourtant ; le prince de Ligne orna la sienne, jusqu'à la fin, d'agrément et d'élégance. Ceux qui le veulent connaître dans les dernières années, peuvent lire ce qu'en ont dit le comte Ouvaroff dans ses *Esquisses* (1848), et le comte de La Garde au tome premier de ses *Souvenirs* du Congrès de Vienne (1843). Un jour, le prince de Ligne s'aperçut que deux belles Juives, chez qui il allait souvent, demeuraient bien haut ; il leur écrivit un petit billet le plus dégagé possible, par lequel il prenait congé d'elles à l'avenir, leur disant : « Adieu ! vous êtes décidément les dernières que j'aie adorées au troisième. » Mais cette anparence légère ne faisait que renfermer plus tristement en soi les regrets et les souvenirs :

« Les souvenirs ! s'écriait-il dans les moments de solitude, on les appelle doux et tendres, et, de telle façon qu'ils soient, je les déclare durs et amers... L'image des plaisirs innocents de l'enfance retrace un temps qui nous rapproche de celui où nous n'existerons plus. Guerre, amour, succès d'autrefois, lieux où nous les avons eus, vous empoisonnez notre présent ! *Quelle différence !* dit-on ; *comme le temps s'est passé ! J'étais victorieux, aimé et jeune !* On se trouve si loin, si loin de ces beaux moments qui ont passé si vite, et qu'une chanson qu'on a entendue alors, un arbre au pied duquel on a été assis, rappellent en faisant fondre en larmes ! *J'étais là,* dit-on, *le soir de cette fameuse bataille. Ici on me serra la main. De là, je partis pour un quartier d'hiver charmant. J'avais bonne idée des hommes. Les femmes, la Cour, la ville, les gens d'affaires ne m'avaient pas trompé. Mes soldats* (société d'honnêtes gens plus purs et plus délicats que les gens du monde) *m'adoraient. Mes paysans me bénissaient. Mes arbres croissaient ; ce que j'aimais était encore au monde, ou existait pour moi.* O mémoire ! mémoire ! elle revenait quelquefois au duc de Marlborough tombé en enfance et jouant avec ses pages ; et un jour qu'un de ses portraits, devant lequel il passa, la lui rendit, il arrosa de pleurs ses mains qu'il porta sur son visage. »

Page éloquente ! accents échappés du cœur ! voix de la nature ! pourquoi l'aimable prince ne se les accorde-t-il que si rarement ?

Lorsque s'ouvrit le Congrès de Vienne en 1814, le prince de Ligne se trouva par position et tout naturellement comme le grand maître des cérémonies de cette réunion brillante. La jeunesse des diplomates aimait à se grouper autour de lui, à l'écouter, à le prendre pour introducteur et pour guide, à faire écho à ses saillies qu'on se redisait : « Le Congrès ne marche pas, il danse... Le tissu de la politique est tout brodé de fêtes. » On le consultait sur la broderie. M. de La Garde nous l'a peint durant cette dernière année avec un sentiment d'entière admiration. Mais, au milieu des couleurs brillantes dont il l'entoure, on saisit quelques ombres. Le prince de Ligne souffrait par moments de n'être pris que comme une curiosité, une simple utilité mondaine dans cette réunion de rois et de ministres qui allait trancher les destinées du monde. Il avait commencé trop tôt de paraître un monument Ce qu'il considérait comme manqué dans sa carrière de soldat lui revenait à certains moments avec amertume. Un jour qu'il était allé à Schœnbrunn où était le jeune roi de Rome, l'enfant, à qui le vieux maréchal (car le prince de Ligne avait ce titre) agréait beaucoup, se mit à jouer aux soldats devant lui; le maréchal se prêta au jeu et commanda la manœuvre. En la voyant faire à cet enfant, il devait se rappeler qu'il y avait plus de vingt ans qu'il ne l'avait commandée au sérieux et devant l'ennemi.

Un jour qu'il avait reçu un de ces affronts comme la vieillesse la plus aimable n'en saurait éviter lorsqu'elle s'obstine à vouloir être toujours jeune, il lui échappa, à lui si bienveillant, quelques paroles contre la jeunesse : « Mon temps est passé; mon monde est mort... Mais enfin quel est donc aujourd'hui le mérite de la jeunesse pour que le monde lui prodigue ainsi toutes ses faveurs? » Ce mérite, c'était simplement d'avoir le sourire et d'être jeune à son tour. Le prince de Ligne, malgré sa douceur de mœurs habituelle, ne pouvait s'empêcher d'avoir quelque accès de misanthropie; il en voulait aux engouements et à toutes ces contrefaçons de talent ou d'esprit qui usurpent la réputation des originaux et des véritables : « Il se fait, disait-il, dans la société *un brigandage de succès,* qui dégoûte d'en avoir. » Mais il était plus dans sa nuance de philosophie et dans les tons qui nous plaisent, lorsqu'il écrivait cette pensée qui résume sa dernière vue du bonheur :

« Le soir est la vieillesse du jour, l'hiver la vieillesse de l'année, l'insensibilité la vieillesse du cœur, la raison la vieillesse de l'esprit, la maladie celle du corps, et l'âge enfin la vieillesse de la vie. Chaque instant apporte avec lui l'idée du décroissement. Tout est mobilité, mais bien plus longtemps on mal qu'en bien. On n'est pas si gai à quinze ans qu'à dix, à trente qu'à vingt; ainsi du reste jusqu'à la mort. Que de blessures, d'accidents, de chutes, de chagrins, de dérangements d'estomac, n'a-t-on pas déjà éprouvés à trente ans! On en souffre tout le reste de sa vie. Les emplois, les rubans, la gloire même font-ils autant de plaisir que la première poupée, le premier habit de matelot? L'enfant mange quatre fois par jour, le héros souvent ne soupe point. Heureux celui qui, par le prix qu'il met et le goût qu'il prend aux plus petites choses, prolonge son enfance! *Les jours les plus heureux sont ceux qui ont une grande matinée et une petite soirée.* »

C'est presque comme le vers de Malherbe :

Tout le plaisir des jours est en leurs matinées.

Le prince de Ligne mourut à Vienne, le 13 décembre 1814, dans sa quatre-vingtième année, pendant la tenue même du Congrès, à qui il procura entre deux bals le spectacle de magnifiques funérailles. Un écrivain protestant s'est montré sévère jusqu'à l'injustice pour cette fin du prince de Ligne. Celui-ci, au milieu de ses fragilités et de ses maximes d'Hamilton ou d'Aristippe, n'était rien moins qu'un incrédule et qu'un impie. « Tout cela est très-joli, disait-il des incrédulités fanfaronnes, quand on n'entend pas la cloche des agonisants. » Personne n'a mieux parlé que lui du principe de l'irréligion chez Voltaire, « de ce désir d'être *neuf, piquant* et *cité*, de rire et de faire rire, d'être ce qu'on appelait alors un écrivain hardi, » toutes choses qui, selon lui, avaient plus animé Voltaire qu'aucune conviction positive. C'est le prince de Ligne qui a écrit cette belle pensée :

« L'incrédulité est si bien un air que, si on en avait de bonne foi, je ne sais pas pourquoi on ne se tuerait pas à la première douleur du corps ou de l'esprit. On ne sait pas assez ce que serait la vie humaine avec une irréligion positive : les athées vivent à l'ombre de la religion. »

Dans tout ce qui précède, je n'ai point voulu faire une biographie ni même un portrait du prince de Ligne, mais seulement présenter de lui et, pour ainsi dire, sauver de l'ancien naufrage de ses Œuvres quelques beaux ou jolis endroits, et le rappeler à l'attention comme un des plus sensés parmi les arbitres des élégances, un des plus réellement aimables entre les heureux de la terre (1).

(1) Il existe une bonne biographie du prince de Ligne, une Notice sur lui par M. de Reiffenberg (*Nouveaux Mémoires de l'Académie des Sciences et Belles-Lettres de Bruxelles*, tome XIX, 1845). L'auteur a ingénieusement construit cette Notice avec les paroles mêmes, autant que possible, avec les expressions et les mots du prince : dans ce travail M. de Reiffenberg, à qui l'on a pu reprocher quelquefois des légèretés et des rapidités comme érudit, s'est montré de la plus agréable et de la plus française littérature.

Lundi, 27 juin 1853.

HISTOIRE LITTÉRAIRE DE LA FRANCE

OUVRAGE COMMENCÉ PAR LES BÉNÉDICTINS
ET CONTINUÉ PAR DES MEMBRES DE L'INSTITUT.

(Tome XXII, 1853.)

Ce volume in-4° de près de mille pages, publié sous la direction de M. Victor Le Clerc, et rédigé par des membres de l'Académie des Inscriptions, MM. Félix Lajard, Paulin Paris, Émile Littré, M. Le Clerc lui-même et feu M. Fauriel, renferme des articles de ces divers auteurs sur des écrivains français du treizième siècle. La poésie y tient une grande place : les restes de poésie latine, les chants d'Église ou d'école n'y sont pas oubliés; les longs récits épiques en français, dits *Chansons de geste,* y sont analysés avec ampleur et avec une connaissance comparée de toutes les divisions et de toutes les branches. Un chapitre particulier y traite du *Roman de Renart,* une des plus curieuses et des plus spirituelles productions du génie satirique du Moyen-Age. J'essayerai tout à l'heure d'en faire apprécier l'esprit; mais auparavant je demande à dire quelques mots sur l'économie de ce monument de labeur et d'érudition, sur cette *Histoire littéraire* qui, après vingt-deux volumes, n'a pu encore arriver au terme du treizième siècle.

Le tome Ier de cet ouvrage parut en 1733, il y a cent vingt ans. Il fut entrepris par des Religieux Bénédictins de la Congrégation de Saint-Maur, ainsi que le titre le porte, mais plus véritablement par un seul Bénédictin, dont l'humilité se dérobait sous le nom commun de l'Ordre, par Dom Rivet. Cet homme, aussi respectable par sa piété que par sa docte ardeur, était né en 1683, en Poitou, d'une famille fidèle aux vieilles mœurs. Il n'avait pourtant point dirigé ses premières vues du côté de la vie des cloîtres; mais, un jour qu'il était à la chasse avec quelques jeunes gens de son âge, son cheval le renversa et l'entraîna quelque temps, le pied engagé dans l'étrier. En ce danger il s'adressa à Dieu, et, s'étant relevé sain et sauf, il sentit le désir de se donner tout entier à celui à qui il devait le salut. Sa mère veuve s'opposait à son dessein; il combattit contre sa tendresse durant deux années, et put enfin prendre l'habit religieux à Marmoutiers, à l'âge de vingt et un ans; il fit profession l'année suivante. Successivement placé à l'abbaye de Saint-Florent de Saumur, au monastère de Saint-Cyprien de Poitiers, et à Paris aux Blancs-Manteaux, il méditait des projets d'histoire littéraire ecclésiastique; ses supérieurs, reconnaissant sa vocation, l'appliquaient à des recherches de ce genre, et ce ne fut qu'après s'être vu délivré de ces premiers engagements qu'il conçut de lui-même le projet de se consacrer à l'Histoire littéraire générale de la France.

Pour exécuter son dessein, il avait besoin des secours d'une grande bibliothèque; il désira naturellement être placé à Saint-Germain-des-Prés, capitale de l'Ordre, au centre de toutes les ressources et des trésors manuscrits. Par malheur, Dom Rivet avait pris parti dans les querelles ecclésiastiques du temps, comme un jeune religieux ardent, généreux, qui penche du côté des idées qu'il croit les plus chrétiennes et qu'il voit persécutées. Il publiait en 1723 le *Nécrologe de l'Abbaye de Port-Royal-des-Champs*, avec les éloges et épitaphes des fondateurs, bienfaiteurs et amis de ce monastère détruit. Il s'était prononcé contre la bulle *Unigenitus*. Il se vit donc repoussé dans sa demande d'admission à Saint-Germain-des-Prés, et il se retira dans l'abbaye de Saint-Vincent du Mans, où il vécut vingt-six années; il y mourut le 7 février 1749.

C'était l'heure où commençait à paraître l'*Encyclopédie*, où la congrégation des philosophes allait régner sans partage, et où le monde était jeté bien loin des études silencieuses. Durant les années de sa retraite au Mans, le docte religieux avait successivement publié les huit premiers volumes de son *Histoire littéraire de la France* (1733-1748) : le 9e, qui était de lui encore, ne parut qu'après sa mort, en 1750. Les trois volumes suivants, jusqu'au 12e inclusivement (1763), furent principalement l'œuvre de deux autres Bénédictins, Dom Clémencet et Dom Clément. Mais l'ouvrage, arrivé à ce tome 12e et au douzième siècle, et n'étant plus soutenu par la pensée active du fondateur, était resté interrompu durant près de cinquante ans, lorsque l'Institut le reprit sous l'Empire. Le Gouvernement avait désiré la continuation de cet utile travail. Un Bénédictin survivant, Dom Brial, devenu membre de l'Institut, fut le lien entre les nouveaux et les anciens rédacteurs; non pas que Dom Brial eût participé à la rédaction des derniers volumes de l'*Histoire littéraire*, qui remontaient déjà à une date si éloignée, mais il avait été employé à d'autres publications historiques des Bénédictins, et il avait hérité des traditions et de la méthode. On vit donc, à côté et à la suite de Dom Brial, ces dignes académiciens des Inscriptions et Belles-Lettres, Pastoret, Ginguené

Daunou, plus tard Fauriel et quelques autres, ceux d'aujourd'hui, M. Victor Le Clerc en tête, tous plus ou moins mondains, plus ou moins voltairiens (qui ne l'est ou ne l'a été un peu?), très-laïques, et pourtant restés à demi Bénédictins par l'étude, poursuivre scrupuleusement le plan de Dom Rivet leur devancier, l'accepter dans toute son étendue et le remplir avec exactitude. Ils ont donné, dans l'espace de près de quarante ans (1814-1853), dix volumes, depuis le 13ᵉ jusqu'au 22ᵉ inclusivement. Cependant le seul Dom Rivet, en vingt ans, avait produit neuf tomes, moins gros et moins considérables il est vrai. Qu'on me permette encore un retour d'un moment sur ce premier fondateur et sur sa noble pensée.

Dom Rivet n'était pas, on peut le conjecturer d'avance, un esprit de ceux qu'on appelle philosophiques; il n'était même pas de ceux qu'on peut appeler éclairés dans le sens le plus chrétien du mot : il avait ses préventions, son coin de secte. Un des auteurs qui l'ont loué lui en a fait un mérite : « Il était extrêmement attaché aux *Convulsions,* » aux miracles qui se faisaient ou qu'on faisait sur le tombeau du diacre Paris. Il lui est même arrivé d'intervenir et d'écrire sur ce sujet malheureux. Mais, du milieu des bornes que certaines doctrines imposaient à sa vue, et du fond de sa solitude, cet homme de labeur et de vérité fut saisi d'une noble ardeur, du désir de faire quelque chose « pour l'utilité de l'Église et de l'État, » et d'unir le devoir d'un chrétien et celui d'un bon citoyen : « Nous nous proposons, disait-il, de ménager aux Français l'agrément d'avoir un Recueil complet des écrivains qu'eux et les Gaulois leurs prédécesseurs, avec qui ils n'ont fait dans la suite qu'un même peuple, ont donnés à la république des Lettres. Tous ceux de la nation dont on a connaissance et qui ont laissé quelque monument de littérature, y trouveront place, tant ceux dont les écrits sont perdus, que ceux dont les ouvrages nous restent, en quelque langue et sur quelque sujet qu'ils aient écrit. » En un mot, pour la gloire de notre nation, recueillir en un corps d'histoire tout ce qui concerne la littérature française, c'est ce que personne n'avait encore exécuté et ce qu'entreprit le courageux solitaire. Dès les premiers volumes, il prêta aux critiques et aux objections; l'abbé Prévost, qui avait été Bénédictin et qui faisait alors un journal, parla de l'ouvrage et substitua un autre plan à celui qu'on avait adopté : il aurait voulu un choix dans les auteurs et dans les matières; qu'on mît à l'écart les écrivains ecclésiastiques, les controversistes; qu'on ne dît pas tout sur chacun. Il voulait surtout une histoire *critique*, c'est-à-dire où il y eût des jugements, et il citait pour modèles les Histoires ecclésiastiques de M. Ellies du Pin, lequel avait fait des compilations honorables et commodes, mais où il y avait du léger et de l'inexact plus qu'il ne semblait. Ce M. du Pin, cousin de Racine, trouvait le moyen d'être le matin un savant homme, et l'après-dînée un abbé fort coquet; il faisait sa partie de cartes avec les dames, et ce n'était déjà plus un docteur de la vieille roche. Enfin l'abbé Prévost (c'est tout simple) proposait un plan agréable, expéditif et un peu mondain, et il n'entrait pas dans celui de Dom Rivet, dont l'originalité était dans le complet même : « Ce sont, disait encore Dom Rivet insistant sur ce plan qu'il voulait fertiliser à force de patience et animer d'une certaine vie suffisante aux esprits solides, ce sont les monuments connus de la littérature gauloise et française, recherchés avec soin, réunis avec méthode, rangés dans leur ordre naturel, éclaircis avec une juste étendue, accompagnés des liaisons convenables, dont nous formons l'Histoire littéraire de la France. On y aura un tableau vivant et animé, non des faits d'une nation policée, puissante, belliqueuse, qui se borne à former des politiques, des héros, des conquérants, mais des actions d'un peuple savant, qui tendent à former des sages, des doctes, de bons citoyens, de fidèles sujets. »

Il n'y avait qu'un point sur lequel Dom Rivet se faisait illusion : le tableau qu'il avait conçu, et qui a été en bonne partie exécuté, qui forme toute une suite si bien établie, existe, mais il ne vit pas. Cette fois encore l'auteur n'avait fait qu'entreprendre et organiser un plus vaste Nécrologe.

Pour se mettre tout entier à une telle œuvre en dérobant son nom, en ne citant que ceux des personnes à qui l'on a obligation de quelque secours et communication bienveillante ; pour se résoudre à aborder sur son chemin tous les auteurs *quelconques* qui ont écrit, les ennuyeux, les épineux, les scolastiques, les sages, les menteurs, les frivoles, et ceux qui édifient et ceux qui scandalisent ; pour s'engager à rendre de tous un compte honnête, scrupuleux et impartial, en vue de l'exactitude et même de la charité, il fallait avoir un zèle et une candeur primitive qui n'est pas étrangère à l'âme des vrais et purs studieux, mais que la religion ici consacrait et arrosait pour ainsi dire d'une douceur et, je ne crois pas profaner ce mot, d'une bénédiction secrète. Dom Rivet employait à un travail, qui eût semblé ingrat et aride à d'autres que lui, de longues heures, régulièrement commencées, interrompues et terminées par la prière. Nos savants d'aujourd'hui, ceux que j'appelle nos demi-Bénédictins, dans leur application aisée, au sein de leurs cabinets chauffés et commodes, sont loin de nous représenter ces existences austères. Un simple mot d'un biographe de Dom Rivet nous ouvre un jour au passage sur cette vie mortifiée, dont la flamme intérieure nous est inconnue. Dom Rivet avait soixante-cinq ans, et, d'une santé naturellement délicate, il s'était usé dans ces occupations assidues de la bibliothèque et de la cellule, qui ne l'empêchaient pas de vaquer encore à bien d'autres soins et à la pratique des bonnes œuvres ; car « nous ne sommes point différents des autres hommes, disait-il, et nous avons nos occupations, comme eux les leurs. » Il sentit donc, sans être très-avancé en âge, les premières atteintes du mal qui devait l'emporter : « Un gros rhume dont il fut attaqué vers la fin de l'année 1748, nous dit son biographe, le força de prendre *une chambre à feu. c'est le seul adoucissement qu'il se permît.* » Ainsi, jusque-là, il avait vécu, travaillé, étudié, comme le moins délicat de nous ne consentirait pas à vivre, même un seul hiver. — Sachons-le bien, quand l'encre venait à geler dans une de ces froides bibliothèques de Bénédictins, le savant religieux était obligé, pour s'en servir, de l'aller faire dégeler un moment au feu de l'infirmerie ou de la cuisine.

Un des heureux du siècle et le plus actif des voluptueux, Voltaire, n'appréciait pas ces mérites lorsque, parlant de la publication commençante de Dom Rivet, il écrivait à Cideville (6 mai 1733) : « La fureur d'imprimer est une maladie épidémique qui ne diminue point. Les infatigables et pesants Bénédictins vont donner, en dix volumes *in-folio*, que je ne lirai point, *l'Histoire littéraire de la France.* J'aime mieux trente vers de vous (trente vers de Cideville !) que tout ce que ces laborieux compilateurs ont jamais écrit. — Vous voyez souvent un homme qui me trompera bien s'il devient jamais compilateur ; il a deux talents qui s'opposent à cette lourde et accablante profession : de l'imagination et de la paresse. » Et il continue de badiner sur l'ami très-médiocre et assez peu digne (un certain abbé de Linant), à qui il décerne ce dernier éloge. Voltaire revient plus d'une fois sur cette antipathie qu'il témoigne pour l'œuvre monumentale du patriotique Bénédictin. Peu s'en faut, dans sa légèreté et son inattention, qu'il n'y voie un présage de la décadence du goût, et il se fait un plaisir de mêler et brouiller tout cela avec les mauvais vers de ce libertin d'abbé Pellegrin : « Voilà une *Pélopée* de l'abbé Pellegrin qui réussit, écrivait-il à son ami Formont (26 juillet); *ô tempora! ô mores!* et cependant les Bénédictins impriment toujours de gros *in-folio* avec les preuves. Nous sommes inondés de mauvais vers et de gros livres inutiles. Mon cher Formont, croyez-moi, j'aime mieux deux ou trois conversations avec vous que la bibliothèque de Sainte-Geneviève. »

Qu'aurait dit Voltaire, s'il avait vu les plus circonspects, il est vrai, mais non les moins malins de ses disciples, comme Daunou, désignés pour continuer l'œuvre du premier Bénédictin, s'attachant tout entiers à le faire dignement sans en altérer l'intention, et y mettant leur honneur?

Un inconvénient, en effet, d'une Histoire littéraire ainsi composée, c'est que le caractère personnel des rédacteurs, leur talent doit s'effacer pour ne laisser paraître et se développer que leur savoir, leurs recherches, et les résultats qui en ressortent : tout ce qui serait une vue un peu vive, une idée neuve un peu accusée, tout ce qui aurait un cachet individuel trop marqué semblerait jurer avec la circonspection et la méthode de l'ensemble. Aussi, est-il bon qu'il n'y ait qu'une seule Histoire littéraire de cette sorte et de ce ton, vaste répertoire de faits, d'analyses et de documents authentiques. A mesure qu'on avancera dans le monde moderne, il deviendra pourtant de plus en plus difficile aux rédacteurs qui seront en exercice alors de se contenir à l'exposé des faits, à l'analyse des ouvrages, sans y mêler quelque chose des idées et des impressions qui sortent presque inévitablement : mais jusqu'à présent l'esprit essentiel et primitif de l'œuvre, convenablement entendu et dans une juste extension, a été fidèlement observé.

Ce 22e volume offre, je l'ai dit, un article sur le *Roman de Renart;* il est de feu M. Fauriel et peut nous aider à apprécier une des productions les plus populaires et les plus célèbres de notre Moyen-Age : c'est donc du *Roman de Renart* que je voudrais donner ici quelque idée, en supposant que je m'adresse à des lecteurs pressés, qui n'ont pas lu le texte et qui n'auront pas le loisir de le lire de longtemps. Au premier abord, le *Roman de Renart* ne semble guère autre chose qu'une fable de La Fontaine en plusieurs volumes; mais il y a plus et mieux, il y a pis. On a, dans ce recueil de fables et de récits dont le Renard est le héros, un assemblage de bien des types et des personnages qui ont couru depuis sous d'autres noms. Nous connaissons *Figaro, Gil Blas, Tartufe, Panurge;* nous connaissons l'esprit qui circule dans la Farce de *Patelin* et dans les débauches de Villon. Faut-il à côté de ces noms littéraires en prononcer un tout moderne et qui n'est qu'ignoble, celui de *Robert Macaire?* Nous connaissons tout cela; eh bien, le *Roman de Renart* dans ses parties diverses nous rend tour à tour ces divers types : aux bons endroits, il a des touches très-fines, gracieuses et légères; aux mauvais endroits, il en a de grossières ou même d'immondes. En se prolongeant, l'allégorie est trop systématique et trop appuyée. Mais partout c'est la gausserie de la nature humaine, la fable de ce bas monde, l'esprit de *renardie* opposé à celui de *chevalerie* et le plus souvent parvenant à en triompher; en un mot, c'est la parodie de la nature humaine prise dans tous ses vices.

Lorsque Goethe s'est amusé à versifier à la moderne

le roman allemand de *Renart*, il n'a fait à bien des égards que varier une des formes de son *Méphistophélès*.

Le Moyen-Age avait de la rudesse, de l'héroïsme et de la grandeur : cette grandeur et cette force héroïque se marquent en quelques endroits des Chansons dites de geste. Le poëme de Roland à *Roncevaux* est un de ceux qui rendent le plus directement l'écho du monde chevaleresque dans notre littérature, et notre poésie : les récits en prose de Villehardouin en donnent une haute idée également. Le Moyen-Age en France eut ses tableaux gracieux, d'une tendresse un peu enfantine, comme dans le roman d'*Aucassin et Nicolette* : en prose et dans un ordre plus sérieux, les récits du sire de Joinville éveillent le même sentiment de fraîcheur et d'enfance. L'esprit gaulois de nos pères prévalut pourtant et l'emporta de bonne heure sur la pureté et sur la force. Les fabliaux les plus moqueurs florissaient déjà du temps de saint Louis : cette veine est encore la plus sûre et la moins interrompue, quand on veut remonter à l'esprit français des vieux âges. Aujourd'hui, nous pouvons retrouver ce même esprit en plein, et comme à sa source, dans un large réservoir où toutes les inventions satiriques sont rassemblées ; c'est ce qu'on nomme le *Roman de Renart*.

On a beaucoup discuté pour en retrouver les origines et les premières rédactions en diverses langues : l'Allemagne du nord et la Flandre semblent avoir des droits ; la France du nord pourrait aussi soutenir des prétentions. Assez peu importent aux simples lecteurs ces questions ardues et insolubles, qui servent surtout à faire briller l'érudition des doctes. Le critique allemand Jacob Grimm a fait à ce sujet un livre de recherches et de discussion très-admiré et réputé classique dans son genre. Ce qui est certain, c'est que la vieille langue française du nord, elle aussi, possède, dès le douzième et le troizième siècle, toutes sortes de récits en vers, dont le Renard est le sujet et le héros. Le treizième siècle, en France, fut « un grand siècle littéraire, » dit un de nos auteurs, que je crois être M. Le Clerc (Avertissement du 22ᵉ volume). Fauriel, plus circonspect, dit également : « Il y eut, à ce qu'il paraît, entre le milieu du douzième siècle et les commencements du treizième, un grand mouvement dans la littérature française. » Ce fut le beau moment des trouvères. Le sujet du Renard, de ses tours et de ses aventures, était un des thèmes que ceux des trouvères qui ne se piquaient pas d'être héroïques adoptaient et remaniaient le plus volontiers. C'est l'ensemble de ces récits, appelés *branches*, qu'un érudit estimable, M. Méon, a fait imprimer pour la première fois en 1826 ; il les a donnés pêle-mêle, sans beaucoup de soin, dans une reproduction de texte souvent fautive, pourtant suffisante. On y a ajouté depuis (1). Tels qu'ils sont, ces récits en vers du *Renart*, ouvrage de divers auteurs, la plupart anonymes, plaisent, amusent, rebutent et dégoûtent quelquefois, mais instruisent toujours sur les mœurs et les opinions de nos pères.

Comme singularité, sachons d'abord que *Renart* est un nom propre, comme qui dirait *Tartufe* ou *Patelin*, ou *Villon*. Le nom commun de l'espèce renard était alors *Gorpil* (*Vulpes*) ; mais, un poëte ayant primitivement baptisé le *Gorpil* de ce sobriquet de *Renart*, la chose réussit et courut si bien que le sobriquet devint le nom générique et fit oublier l'appellation première : c'est comme si *Tartufe*, à force de succès, s'était substitué dans l'usage au mot *hypocrite*, qui serait dès lors

---

(1) M. Chabaille a publié, en 1835, un volume supplémentaire contenant quelques branches nouvelles, et surtout beaucoup de variantes et des corrections utiles qui se rapportent au texte publié par M. Méon.

tombé en désuétude; c'est comme si, dans La Fontaine, *Raminagrobis* ou *Grippeminaud* avait remplacé et fait oublier le nom du *chat*, et *Bertrand* le nom du *singe*. Il fallait donc que le succès de ce premier *Renart*, qui mit le nom si en honneur, eût été bien grand.

Commençons par un de ces récits quelconques où Renart figure, et prenons-en un où il y ait de l'agrément, et pas trop d'allégorie ou de satire. Ce qui fait la grâce et la naïveté en ces sortes de fables, c'est quand, tout en représentant quelque vice humain, les animaux restent un peu eux-mêmes, c'est quand il y a, de la part du poëte, des instants de confusion et d'oubli, et que d'heureux détails, d'une vraisemblance naturelle, viennent ôter à l'ensemble ce qu'une allégorie trop constante y introduirait de minutieux et de tendu.

Ainsi donc, supposons Renart déjà connu par ses méfaits : il est en guerre habituelle avec son compère *Ysengrin*, le Loup; sous prétexte d'alliance et de cousinage, il lui joue mille tours odieux, dans lesquels Ysengrin succombe presque toujours. Ysengrin ou le Loup, c'est la brutalité, la force violente, la gloutonnerie stupide, opposées à tout ce qu'il y a de faux, de fin et de perfide dans Renart Ulysse et le Cyclope peuvent donner idée de l'antagonisme; mais Ulysse, même dans ses fourberies, est un héros, et le Renard ne l'est jamais. Renart est accusé devant le roi des animaux, *Noble*, le Lion, d'avoir fait tort à Ysengrin et notamment de lui avoir séduit sa femme, dame *Hersent* la Louve. L'hiver est passé; on est au temps où l'aubépine fleurit et où s'épanouit la rose, vers l'époque de l'Ascension. Sire Noble, le Lion, convoque tous les animaux en son palais pour juger du cas et pour prononcer sur la plainte qu'a portée par-devant lui Ysengrin; c'est une Cour plénière. Tous les animaux s'empressent de s'y rendre; aucun n'oserait être en retard, aucun, excepté l'accusé Dom

Renart qui se tient enfermé dans sa tanière ou forteresse de Malpertuis, attendant que l'orage soit passé.

Le Lion empereur, entendant le Loup faire éclat de la séduction de sa femme, lui parle en homme de sens: « Ysengrin, lui dit-il, laissez tomber cela. Vous ne pouvez rien y gagner, à rappeler votre honte. Les rois et les comtes sont gens de loisir et de plaisir; dans les grandes Cours l'accident arrive, c'est l'habitude aujourd'hui :

> Jamais de si petit dommage
> Ne vis-je faire si grand'rage ;
> Telle est cette œuvre à bon escient
> Que d'en trop parler ne vaut rien. »

Là-dessus chaque animal, chaque haut baron donne son avis, et chacun selon son humeur et son caractère. *Brun*, l'Ours, ne se montre pas content de la manière un peu légère dont le Lion a parlé. Le Lion est roi et suzerain ; il doit mettre la paix entre ses barons ; il doit rendre jugement, et on en passera par là. Si Renart a tort, il payera ; s'il faut l'aller chercher à Malpertuis, l'Ours s'offre à y aller lui-même. — *Bruyant*, le Taureau, prend alors la parole : Brun voulait le jugement ; lui, Taureau, n'en veut pas. Il s'emporte contre Renart, il le menace, et, en brise-raison qu'il est, il se vante (s'il était dans le cas du Loup) qu'il saurait bien saisir de force son ennemi dans son château de Malpertuis. J'omets les injures. — Ici le Blaireau, sire *Grinbert*, cousin germain de Renart et son défenseur déguisé, prend la parole et sème la zizanie parmi les opinants. On ne sait trop d'abord où il en veut venir ; il rappelle certains orateurs cauteleux dont nous tairons les noms ; il a l'art d'irriter les opinions qu'il effleure. Il finit par trouver que ce serait plutôt à la dame Hersent à se plaindre de ce que le Loup son mari lui fait aujourd'hui un tel procès, une telle avanie, où tant de bêtes sont à regarder. Certes, ce n'est pas là le fait d'un bon mari, et il n'y a pas assez de lardons pour elle si jamais elle lui pardonne. — Il a réussi dans son moyen oratoire : la dame Hersent, ainsi provoquée, rougit et saisit la parole en soupirant. Certes, elle aimerait mieux la paix qu'un tel éclat; elle se déclare innocente; elle est prête à en passer par l'épreuve ou de l'eau froide ou du fer chaud; elle jure par tous les saints, par le Dieu tout-puissant, que Renart lui fut toujours étranger. Elle atteste la foi qu'elle doit à *Pinçart* le Louveteau, son fils. Elle rappelle, en chaste épouse, le premier jour de ses noces : « A Ham (et ceci indique bien la France du nord pour lieu de la scène), le premier jour d'avril, au temps de Pâques, il y eut dix ans qu'Ysengrin me prit. » Les noces furent belles et plénières; toutes les bêtes y vinrent, et remplissaient tellement les fossés et les *louvières* qu'à peine eût-on pu trouver place « où une oie pût couver. » (La comparaison est naturelle et empruntée du genre loup.) C'est là qu'elle devint loyale épouse; ne la tenez pas pour menteuse ni pour bête folle. Que la sainte Vierge Marie lui soit témoin ! elle n'a jamais plus fait ni fait pis qu'une nonne ne peut faire. Elle dit tout cela avec feu, avec pathétique, et de manière à persuader les bonnes âmes.

Fromont, l'Ane, en est à l'instant ému, attendri, réjoui; il ressent un vrai bonheur de croire qu'Ysengrin n'a pas été trompé : « Ah! s'écrie-t-il en s'adressant dans son transport à dame Hersent; gentille baronnesse, plût à Dieu qu'aussi loyale fût mon ânesse,

> Et Chien et Loup et autres bêtes,
> Et toutes femmes comm' vous êtes! »

Et il fait le serment (et puisse-t-il aussi sûrement trouver un chardon tendre en la pâture!) qu'elle n'a jamais failli ni eu un coup d'œil pour Renart.

Grâce à cette diversion et au parti qu'en tire Grinbert le Blaireau, les affaires de Renart se raccommodent devant l'assemblée, si bien que le *Connil*, le timide Lapin, ose se mettre en avant, parler à son tour en sa faveur et se porter pour sa caution avec l'Ane.

Tout se passait donc au mieux pour Renart : le roi penchait à la paix, et Ysengrin, tout dolent, ne sachant plus comment s'en tirer avec sa colère, restait assis à terre entre deux bancs, sa queue entre les jambes, lorsqu'un coup de théâtre vient tout changer. On voit s'avancer processionnellement *Chanteclair* (le Coq) et *Pinte* (la Poule), elle cinquième, accompagnée de Noire, Blanche et Roussette, conduisant une charrette enclose d'un rideau, et dedans gisait une poule morte dans une espèce de bière : c'était des œuvres de Renart.

Ici scène dramatique qui rappelle plus au sérieux le moment où l'Intimé, dans les *Plaideurs* de Racine, produit la famille du chien *Citron* :

. . . . Venez, famille désolée,
Venez, pauvres enfants qu'on veut rendre orphelins !...

Mais, chez le vieux trouvère, dame Pinte ne plaisante pas; elle s'avance la première et donne le ton à toutes les autres de sa suite, qui s'écrient avec elle tout d'une haleine :

« Pour Dieu! font-elles (je traduis et je transcris presque littéralement), gentilles bêtes, et Chiens et Loups, qui êtes ici assemblés, venez en aide à cette malheureuse; je hais l'heure où je vis le jour. Que la mort me prenne et me délivre, puisque Renart ne me laisse vivre! J'eus cinq frères du côté de mon père; tous les mangea Renart le larron : ce fut grand'perte et grand'douleur. Du côté de ma mère j'eus quatre sœurs, tant poules vierges que jeunes dames; elles étaient de bien belles glaines (1). Gombert de Fresne les menait paître, qui

(1) *Glaine*; *gallina*, *geline*; le mot est resté en picard.

les pressait à l'envi de pondre. Hélas! ce fut pour leur malheur qu'il les engraissa, puisque Renart ne lui en laissa de toutes les quatre qu'une seule : toutes passèrent par son gosier. Et vous qui ici gisez dans cette bière, ma douce sœur, mon amie chère, comme vous étiez tendre et grasse! Que fera désormais votre sœur malheureuse, qui vous regarde avec grande douleur? Renart, le feu d'Enfer te brûle! tant de fois tu nous as foulées et chassées et harcelées, et as déchiré nos robes, et nous as rabattues jusqu'aux barrières. Et hier matin devant ma porte me jetas-tu ma sœur morte, puis t'enfuis à travers un vallon. Gombert n'avait pas de cheval rapide, et il ne put t'atteindre à pied. Je suis venue de toi me plaindre ; mais je ne trouve qui me fasse droit; car tu ne crains ni menace de personne, ni colère, ni paroles. »

— « La malheureuse Pinte, en parlant ainsi, tomba pâmée sur le carreau, et toutes les autres de même à la fois. Pour secourir les quatre dames, se levèrent aussitôt et Chiens et Loups, et autres bêtes, et ils leur jetèrent de l'eau au visage. »

M. Fauriel, en citant tout ce passage, a dit : « Ce qui me frappe le plus dans ce discours, ce n'est pas d'être pathétique et naturel, c'est d'être, et d'être éminemment ce que nous ne saurions mieux exprimer que par l'épithète d'*homérique.* » L'expression est si juste que, dans ce qui suit, on est forcé encore de se ressouvenir de Virgile et surtout d'Homère, et des noirs sourcils du roi des Dieux, dont un mouvement fait trembler tout l'Olympe. Qu'on juge si le hasard seul a pu produire une parodie si fine, qu'elle ressemble à l'art même. Chanteclair (le Coq), en effet, s'avance à son tour; il s'agenouille et mouille de larmes les pieds du roi Lion :
« Et quand le roi vit Chanteclair, pitié lui prit du bachelier. Il a poussé un soupir des plus profonds; pour tout l'or du monde, il n'eût pu s'en retenir. De mécontentement il dresse la tête; il n'y eut bête si hardie, Ours ni Sanglier qui ne tremblât à ce soupir et à ce mugissement de leur roi, et *Couard,* le Lièvre, en prit une telle peur, qu'il en eut deux jours la fièvre... » Et encore : « De mécontentement, il (le roi) redresse sa queue et s'en frappe d'une telle colère, qu'en résonne

toute la maison. » Quant à ce qui est de la fièvre que le Lièvre a prise, il est à remarquer qu'il ne s'en guérira qu'après avoir dormi sur le tombeau de la pauvre Poule qu'on enterre solennellement par ordre du roi, et qui, martyre du fait de Renart, devient un objet de vénération.

Du moment que le bruit se répand qu'elle est bienheureuse et martyre, le Loup, tout bête qu'il est, mais bien conseillé par Rooniax (le gros Chien) fait semblant d'avoir mal à l'oreille et veut dormir aussi sur le tombeau, après quoi il se dit guéri : le tout pour empirer le cas de Renart, dont les victimes sont des saintes. Mais la guérison du Loup obtient peu de créance, et Rooniax a beau témoigner, le miracle cette fois passe pour faux. Je n'ai fait dans tout ce récit que suivre fidèlement mon auteur, et j'ai ôté plutôt au piquant, que je n'y ai ajouté.

On ne fait jusqu'ici qu'entrevoir les rapports d'esprit et de talent qu'il peut y avoir entre notre grand fabuliste La Fontaine et ces ancêtres homériques qu'il n'a point connus. La Fable, conçue d'une manière épique, existait bien avant lui dans notre littérature; elle s'est brisée en chemin et ne lui est revenue que comme du temps d'Ésope, toute coupée et morcelée. Il en a fait ces admirables petits drames, qui vont parfois jusqu'à la grandeur : mais son talent et son génie, ç'a été surtout de s'y être mis lui-même, de n'y avoir vu qu'un cadre à parler de l'amitié, de la campagne, de la solitude, du sommeil, de tous ces charmes qu'il sentait si bien : *Amants, heureux amants, voulez-vous voyager ?*...

Nos fabulistes épiques du Moyen-Age, dont quelques-uns sans doute allaient en récitant, comme les Rhapsodes, par les villages et les bourgs, n'ont jamais de ces mouvements touchants ou élevés; mais ils entendent la Fable en elle-même et la développent souvent avec une grâce, une invention et une fertilité de détail, avec un riant d'expression qui serait encore aujourd'hui d'un vif agrément s'ils ne tombaient pas tout aussitôt dans la prolixité. En ce sens seulement, et pour le détail heureux, ils n'ont pas à craindre la comparaison avec La Fontaine. Il me reste à le prouver, et à ne pas dissimuler non plus le côté grave, audacieux, profondément agressif, qui se décèle dans quelques parties du *Roman de Renart,* dans les parties les plus allégoriques et les moins aimables.

Lundi, 4 juillet 1859.

DE LA DERNIÈRE SÉANCE

DE

L'ACADÉMIE DES SCIENCES MORALES ET POLITIQUES

ET DU

DISCOURS DE M. MIGNET

Je comptais aujourd'hui parler encore du *Roman de Renart* et de ces malices du Moyen-Âge; mon second article est terminé, mais on me permettra de l'ajourner à huitaine pour m'occuper d'un petit événement littéraire et philosophique qui est d'hier, et dans lequel il s'est déployé du talent, de l'habileté, de la candeur, et même un peu de ruse.

Le samedi 25 juin, l'Académie des Sciences morales et politiques a tenu sa séance annuelle; M. Damiron y présidait; M. Mignet y a prononcé l'Éloge de Jouffroy, mort il y a plus de dix ans, mais qui est encore assez présent par sa physionomie et par ses écrits au souvenir de ses amis et contemporains pour qu'on ait pu songer naturellement à le célébrer. Il n'y avait donc rien en apparence que de très-simple : une des Sections les plus graves de l'Institut allait rendre un hommage un peu tardif, mais bien mérité, à l'un de ses membres, à un philosophe mort en 1842. On allait être entretenu des idées et des doctrines du défunt, des qualités du personnage en lui-même; on était loin des passions et des allusions du jour.

Vous vous trompez : il y a dans presque toutes les choses de ce monde le spectacle qu'on affiche et le derrière du rideau. Il y a le prétexte et le vrai motif. Jouffroy, sur lequel il a été dit, dans cette séance, beaucoup de vérités intéressantes, bien qu'incomplètes, n'était que le prétexte. Oui, mort il y a dix ans, il aurait pu attendre quelques années encore à être célébré par M. Mignet, si l'on n'avait vu cette fois en lui une occasion naturelle de faire allusion aux choses présentes, et, jusqu'à un certain point, de leur faire guerre et injure.

Et afin que ce que je dirai ici sur des hommes dont je suis un peu le collègue, comme membre de l'Académie française et de l'Institut, ne puisse étonner personne, je définirai ma situation en deux mots : Je suis critique, et, en avançant dans la vie, j'ai le malheur de sentir que je m'attache de plus en plus au vrai en lui-même et que je n'entre plus dans le jeu. Quand le jeu est innocent pourtant, je m'y prête encore; quand il s'y glisse des sentiments compliqués et équivoques, je ne fais pas comme Alceste, mais en prenant la plume, je tâche de rendre compte hautement de ce qui est, de manière que même les mécontents ne puissent me contredire.

L'Institut est un corps de l'État : les pensées, les opinions de chacun de ses membres sont diverses et libres; mais chaque Président, chaque Secrétaire perpétuel, portant la parole dans les séances publiques au nom de la Compagnie qu'il représente, ne parle plus en son nom propre, et s'il lui arrive de froisser à dessein les opinions et les vues paisibles de beaucoup de ses collègues, il est dans le cas d'être redressé par l'un d'eux.

M. Damiron, président actuel de l'Académie des

sciences morales et politiques, n'est pas de ceux qui blessent : il a commencé, en quelques paroles très-émues, par préconiser le Discours éloquent qu'on allait entendre, et que, disait-il, il ne voulait point retarder ; il a annoncé M. Mignet avec un peu trop d'appareil peut-être ; car enfin, il était assis à côté de lui, et l'instant d'après, cet éloge qu'il venait de donner est remonté jusqu'à lui-même et lui a été rendu avec usure. Ce sont là des procédés d'Académie (dans le vieux sens) et des émotions de famille ; il faudrait être un trouble-fête pour trouver à y redire. Mais alors, si vous êtes si charmants les uns pour les autres, laissez donc vos pointes d'épée que vous cachez sous des roses.

M. Damiron a encore parlé des prix que l'Académie proposait et de ceux qu'elle distribuait cette année même ; il n'a point paru, à la façon dont il s'exprimait, qu'il y eût ralentissement dans ces travaux honorables et utiles, ni qu'on fût menacé de cette disette prochaine d'études qu'a présagée aussitôt son successeur.

C'est par là que M. Mignet a commencé. Il y a, selon lui, deux espèces d'époques, celles où la philosophie est en honneur et où l'on pense, celles où la philosophie est découragée et où l'on ne pense pas : « Là où il n'y a pas de philosophie, a-t-il dit en homme qui sait les lois et presque les dogmes de l'histoire, il n'y a pas de civilisation ; là où il n'y a plus de philosophie, la civilisation dépérit et l'humanité s'affaisse. Il ne faut pas même supposer que le mouvement de la science puisse de beaucoup survivre à l'ardeur de la pensée. La pensée est la séve qui vivifie le grand arbre de l'esprit humain... » On voit le développement. Or, nous sommes menacés de ne plus penser : nous touchons à l'un de ces moments « où l'humanité énervée n'aspire qu'à se reposer et à jouir, où la science, passant surtout des théories aux applications, s'expose à perdre sa force inventive en laissant éteindre le souffle spirituel qui la lui avait donnée. » Mais quand tout l'univers se matérialiserait, quand partout la philosophie et la liberté seraient en disgrâce, il est cependant un lieu qui devrait rester inaccessible à de semblables lassitudes, et où il faudrait conserver le feu sacré : « Ce lieu est l'enceinte de l'Institut, qui est comme le sanctuaire de l'esprit humain. » Et presque comme exemple aussitôt, comme preuve de cette force inviolable de la pensée, M. Mignet évoque et introduit le souvenir de Jouffroy qui se trouve ainsi singulièrement agrandi et présenté comme un des oracles modernes, comme un puissant démonstrateur des vérités invisibles et comme le théoricien religieux de l'ordre universel.

Tout cela était dit par M. Mignet avec nombre, avec aisance, avec complaisance, en marquant chaque mot, en balançant chaque membre de phrase, et de manière à séduire un auditoire élégant, où le plus grand nombre (sans lui faire injure) ne savait pas très-bien la différence qu'il y a entre la *métaphysique* et la *psychologie*.

On a applaudi, et l'orateur, ainsi que les chefs de file qui étaient à sa gauche, ont obtenu l'effet voulu. Voltaire, en son temps, s'est moqué de ces philosophes optimistes

Qui criaient : *Tout est bien!* d'une voix lamentable;

mais que faut-il penser de ces philosophes modernes ou de ces esprits académiques qui, lorsqu'ils ont dit du temps présent et du régime où l'on vit : *Tout est mal!* ont l'air satisfait et presque rayonnant si, pour avoir dit cela, on les a applaudis? On est induit à penser que ce sont des citoyens de satisfaction facile et des philosophes qu'excite encore mieux le succès d'un moment que la recherche et le tourment de la vérité.

Et puis, si l'on va au fond, qu'est-ce que cette pensée et cette philosophie, avec laquelle M. Mignet se plaît à confondre l'honneur des sociétés et la civilisation tout entière? Ici, ne jouons pas sur les mots : au dix-septième siècle, on appelait *philosophie* la physique et l'astronomie tout autant que les spéculations sur les idées ou sur l'âme. Que si l'on prend *philosophie* dans le sens purement moderne, comme l'a entendu, par exemple, l'école de M. Cousin, c'est-à-dire une école qui dans ses analyses intellectuelles est restée complétement étrangère à la connaissance soit des mathématiques, soit de la physiologie, de ces sciences qu'y joignit toujours Descartes, on a affaire à quelque chose de beaucoup moins considérable. Vous parlez toujours de *pensée*; mais quelle pensée? Est-ce la pensée appliquée aux sciences, à l'histoire, aux langues, à l'érudition? — Non, me direz-vous : je parle de la pensée appliquée aux grands problèmes de la destinée, aux facultés de notre nature; je parle de la pensée appliquée à elle-même. — Ici, je vous arrête encore, et je ne puis admettre que ce genre d'application et d'étude ait jamais été la mesure de la force morale des sociétés ni de la vigueur de la civilisation : car cette philosophie-là touche de bien près à la sophistique. Bossuet, dans le *Discours sur l'Histoire universelle*, après avoir énuméré les principales écoles philosophiques de la Grèce, celles de Platon, d'Aristote, de Zénon, d'Épicure, ajoute en passant brusquement aux Romains : « Les Romains avaient dans le même temps une autre espèce de philosophie, qui ne consistait point en disputes ni en discours, mais dans la frugalité, dans la pauvreté, dans les travaux de la vie rustique et dans ceux de la guerre, où ils faisaient leur gloire de celle de leur patrie et du nom romain; ce qui les rendit enfin maîtres de l'Italie et de Carthage. »

Je suis bien loin d'en faire un reproche aux jeunes gens de 1813, à ceux qui entrèrent alors à l'École normale, que M. Mignet a appelé un vrai séminaire laïque;

toutefois il est évident que, s'ils avaient été par tempérament un peu moins Grecs et plus Romains, s'ils s'étaient moins préoccupés du problème de la destinée humaine et un peu plus du salut immédiat de la patrie, au lieu d'entrer en ce séminaire qui les exemptait de porter les armes, ils auraient volé à la frontière et eussent fait la campagne de 1814. Mais l'esprit des générations se renouvelait alors, et un grand souffle recommençait dans un autre sens. Les exploits qu'on rêvait furent tout d'un coup d'un autre ordre. Il y eut là aussi des conquêtes réelles, il y en eut d'illusoires. Un petit groupe d'esprits distingués, après s'être exercé fortement sous M. Royer-Collard, suivit M. Cousin pour général en chef dans cette suite d'expéditions et d'aventures très-pacifiques, où il eut parfois des airs du grand Condé.

Jouffroy (car, avec tout mon désir de le laisser en dehors de cette critique, je ne puis tout à fait l'omettre), Jouffroy n'avait rien du comédien et était sérieux; il a fini par mourir de ce qui a fait vivre les autres. Jeune, c'était un mélancolique sincère et un amant passionné de l'idéal. Il a raconté, dans des pages publiées après sa mort, et qui n'ont été que légèrement affaiblies par l'éditeur, la crise morale qu'il subit à l'âge de vingt ans, le moment plein d'effroi, où lui, élevé dans ses montagnes et dans la foi des patriarches, il s'aperçut tout d'un coup qu'il ne croyait plus :

« Je n'oublierai jamais, écrivait-il, la soirée de décembre où le voile qui me dérobait à moi-même ma propre incrédulité fut déchiré. J'entends encore mes pas dans cette chambre étroite et nue, où, longtemps après l'heure du sommeil, j'avais coutume de me promener; je vois encore cette lune à demi voilée par les nuages, qui en éclairait par intervalles les froids carreaux. Les heures de la nuit s'écoulaient et je ne m'en apercevais pas; je suivais avec anxiété ma pensée, qui de couche en couche descendait vers le fond de ma conscience, et dissipant l'une après l'autre toutes les illusions qui m'en avaient jusque-là dérobé la vue, m'en rendait de moment en moment les détours plus visibles.

« En vain je m'attachais à ces croyances dernières comme un naufragé aux débris de son navire; en vain, épouvanté du vide inconnu dans lequel j'allais flotter, je me rejetais pour la dernière fois avec elles vers mon enfance, ma famille, mon pays, tout ce qui m'était cher et sacré : l'inflexible courant de ma pensée était plus fort; parents, famille, souvenirs, croyances, il m'obligeait à tout laisser; l'examen se poursuivait plus obstiné et plus sévère à mesure qu'il approchait du terme, et il ne s'arrêta que quand il l'eut atteint. Je sus alors qu'au fond de moi-même il n'y avait plus rien qui fût debout.

« Ce moment fut affreux, et quand, vers le matin, je me jetai épuisé sur mon lit, il me sembla sentir ma première vie, si riante et si pleine, s'éteindre, et derrière moi s'en ouvrir une autre sombre et dépeuplée, où désormais j'allais vivre seul, seul avec ma fatale pensée qui venait de m'y exiler et que j'étais tenté de maudire... »

Si M. Mignet, qui a décrit en termes heureux le talent de l'homme, avait voulu traiter du philosophe un peu à fond et sans précautions fausses, il aurait insisté sur ces pages dont l'accent pénètre et doit trouver grâce auprès de tous. Il y a du Pascal dans cette douleur du jeune incrédule. Mais Jouffroy, le vrai Jouffroy et non celui de l'Académie, ne s'en tint pas là : rompant avec son passé et avec ses croyances, il résolut de se reconstituer à son usage une méthode et une science qui pussent lui rendre avec certitude les résultats essentiels qu'il avait dus à la foi chrétienne et qu'il avait perdus. Tout l'effort de ses actives années porta sur ce point, et il crut un moment, dans son orgueil de jeunesse, y avoir réussi. Il y eut une époque où, se croyant sûr de lui et de sa science nouvelle, il ne craignit pas à son tour de porter l'attaque dans les croyances d'autrui et de les battre en brèche, afin d'y substituer ce qu'il estimait plus raisonnable et mieux démontré. On ne sait pas bien l'histoire de notre école éclectique moderne. Quand il y a eu un éclat intérieur, un déchirement, les survivants l'arrangent et le dissimulent dans l'intérêt de la cause. Ces hommes que de loin on se figure si unis ne l'étaient pas autant qu'on le pense. M. Royer-Collard, parlant à moi-même, me fit un jour l'honneur de s'expliquer au sujet de Jouffroy : son jugement était des plus sévères, il était même injuste; je me permis de le lui représenter. Mais c'est qu'autrefois, dans une leçon à l'École normale, vers le temps où M. Royer-Collard cessa de présider le Conseil de l'Instruction publique, Jouffroy avait attaqué le Christianisme et compromis par là même l'enseignement. M. Royer-Collard ne le lui pardonna jamais; plus de vingt ans après, il montrait Jouffroy recevant sa réprimande, « assis là, à cette place que vous voyez, » et il rappelait les larmes qu'il lui avait fait verser. De loin tout cela s'efface, quand il y a un chef d'école, actif, entreprenant, et qui, amoureux du gouvernement des esprits, a forcé jusqu'à la fin M. Royer-Collard à passer pour son maître, et tous les autres pour ses lieutenants (1).

(1) Un jour, dans une discussion à l'Académie où il était question de saint Augustin, M. Cousin, qui n'était pas du même avis que M. Royer-Collard, l'appelait son maître; celui-ci l'interrompit sévèrement sur ce mot, en lui disant : « Monsieur, il y a longtemps que je l'ai été ! » — Un jour que M. Cousin allait à l'École normale présider une conférence, voulant exprimer le goût qu'il a pour cette formation et cette manipulation des esprits, il disait de ce ton légèrement exagéré où le vrai et le comique se confondent : « Je suis un pédagogue, j'aime la pédagogie ; j'ai fait quelques ouvrages, mais ce que j'ai peut-être fait de mieux, c'est encore Jouffroy, qui est presque un homme. » Ces paroles sont de toute exactitude. — Quant à M. Damiron, il n'a cessé de le traiter comme un pur disciple. Des premiers écrits qui ont fondé la réputation de M. Damiron, M. Cousin disait à qui voulait l'entendre : « Damiron, — *clarté littéraire, obscurité philosophique.* » Depuis, après vingt années d'enseignement, et quand l'auteur de tant de Mémoires étudiés et fins avait pris rang de maître (s'il devait jamais le prendre), M. Cousin lui disait devant témoins, du ton d'un chef satisfait : « Damiron, tu fais des progrès. » — Ce n'est certes pas ainsi qu'on est philosophe dans le goût de Montaigne, de La Rochefoucauld ou de Saint-Évremond ; mais ces allures servent beaucoup quand on prétend faire une *école de philosophie* et qu'on en met l'enseigne : dès qu'on veut accaparer les hommes, un peu de charlatanisme ne nuit pas.

Jouffroy n'avait rien de cette activité extérieure, et toute la sienne se portait sur le fond même des questions morales et purement philosophiques qui faisaient son charme et son tourment. Dans sa période d'orgueil et d'audace, il écrivit un article fameux : *Comment les Dogmes finissent.* Ce morceau, écrit en 1823, fut publié dans *le Globe* en 1825. C'était une description large, transparente et très-significative, des divers degrés de décroissement dans la foi par où passent les antiques religions avant de finir, et il indiquait en même temps sa manière de concevoir les croyances recommençantes. Cet article était une sorte de déclaration mortuaire, superbement jetée au Catholicisme, et une préface désormais inséparable de toute croyance ou tentative de religion nouvelle. En ces années 1824-1827, Jouffroy eut une ardeur de polémique qui, plus tard, s'apaisa fort et s'évanouit.

Mais comment, dans son Discours, M. Mignet n'a-t-il pas même mentionné ce morceau capital : *Comment les Dogmes finissent*, qui donne la clef de M. Jouffroy et sans lequel on ne peut saisir son caractère distinctif entre les hommes de la même école? Pourquoi M. Mignet n'en a point parlé, ne le comprenez-vous pas? Il s'agissait de faire applaudir par un auditoire de salons un Discours dont les allusions allaient adroitement flatter et caresser les passions de cet auditoire. Or, si les salons qu'avait en vue M. Mignet sont en partie redevenus libéraux et amateurs déclarés de la *pensée*, ils n'en sont pas encore venus à être philosophes au point de repousser le Christianisme et de le combattre. Il a donc fallu que M. le Secrétaire perpétuel, pour rendre son sujet tout à fait agréable et pour l'accommoder au goût particulier du public dont il recherchait la faveur, dissimulât le côté essentiel qui y aurait jeté une ombre.

M. Mignet, comme auteur de Notices et d'Éloges, a à

se garder de cette faculté d'omettre ce qui le gêne dans les sujets qu'il traite. C'est ainsi que, parlant de Cabanis il y a quelques années, il lui a presque supprimé son matérialisme; aujourd'hui il a supprimé chez Jouffroy sa guerre au Catholicisme.

En louant Jouffroy et en le faisant souvent par des traits d'une juste ressemblance, M. Mignet a trop pensé à célébrer la génération dont il était lui-même. Je souris de voir comme, en avançant dans la vie, on ne sait pas se garder de ce penchant au retour, et comme on étale ingénument devant les générations nouvelles le contentement d'avoir été d'une génération meilleure. C'était déjà le faible du vieux Nestor, et, si nous n'y prenons garde, c'est le nôtre. Parlant des premières années de la Restauration, de cette époque où lui-même il avait un peu moins de vingt-cinq ans, M. Mignet s'écrie, en ne nous montrant que le beau côté et en revoyant tout à travers un prisme :

« Un esprit nouveau s'éleva de toutes parts. La plus vaste communication entre les peuples amena le plus merveilleux rapprochement entre les idées. Le contact des nations fut suivi du contact des siècles. Les systèmes furent confrontés comme les temps. Il s'établit un immense éclectisme. La recherche du vrai dans toutes les théories, le goût du beau sous toutes les formes, la jouissance du droit conquis par la raison publique et consacré par la loi commune, l'application rapide de toutes les découvertes utiles et l'échange des productions multipliées de l'univers, devinrent en philosophie, en littérature, en politique, en industrie, le travail, l'ambition, le partage de *l'heureuse génération à laquelle appartenait M. Jouffroy.* »

Mais tout cela, d'abord, ne vint pas à la fois ni tout d'un coup; ceux qui vivaient alors et qui parlent si bien aujourd'hui étaient les premiers à se plaindre des années mauvaises, des mauvais jours, comme on les appelait, du pouvoir oppresseur, et ne se cachaient pas de l'espoir qu'ils avaient d'en être délivrés. Ce n'est que par un étrange oubli et par une illusion d'optique qu'on nous offre aujourd'hui ces tableaux tout lumineux et sans ombres. Et, en effet, sans chercher si loin, pourquoi ne pas marquer aussi quelque chose de nos fautes? car on en faisait; on avait ses imprudences, ses passions, ses ignorances. On travaillait de toute sa force à détruire ce qu'on célèbre et qu'on a l'air de regretter aujourd'hui. Par exemple, on créait exprès un journal pour mettre le siége devant la dynastie et pour la faire tomber. Vous, monsieur Mignet, vous aviez votre romantisme à vous, sous forme austère; vous faisiez une *Histoire de la Révolution*, dogmatique, systématique, étroite, où vous, le meilleur et le plus bienveillant des hommes, vous offriez d'effrayants ou d'imposants simulacres de Danton, de Saint-Just ou de Sieyès. Quelques-uns de vos lecteurs vous prenaient au pied de la lettre dans vos explications fatalistes; ils disaient : *Quel révolutionnaire terrible!* et ne savaient pas que vous, le justificateur sentencieux du *fait*, vous seriez un jour un partisan si zélé et si tendre de ce que vous appelez le *droit*. Ce n'était là chez vous qu'une forme littéraire sans doute, qu'une première roideur de talent. Conclusion : Ne nous célébrons pas sans mélange dans le passé, ne nous complimentons et ne nous adonisons pas si constamment en arrière en nous revoyant dans notre *heureuse* génération et dans notre jeunesse.

Cette génération, d'ailleurs, que vous louez tant, n'est-elle pas responsable très-directement de ce dont vous vous plaignez aujourd'hui? Car enfin elle est arrivée au pouvoir et au gouvernement des affaires à partir de 1830; et dès lors (je puis en parler devant M. Mignet, qui est resté, de tout temps, homme de lettres, et qui a fait une honorable exception) elle s'est empressée d'abandonner les lettres mêmes, la philosophie, la *pensée*, pour occuper les premiers postes de l'État, que tous n'étaient pas également aptes à remplir. Cette génération, en un mot, à peine montée, a tiré l'échelle des idées après elle. Aussi la jeunesse qui est survenue depuis, et qui, chaque année, se versait des écoles dans la société, n'a plus trouvé, à son entrée, de groupes bienveillants, ni des initiateurs et des guides, et elle s'est dispersée au hasard, se portant vers des doctrines souvent vagues ou fatales, vers des talents corrupteurs ou hasardeux.

M. Mignet commet de légères inexactitudes ou des fautes de nuances dans les couleurs qu'il emploie. Je suis de ceux qui assistaient à ces petits Cours intimes, à ces leçons que Jouffroy faisait à quinze ou vingt auditeurs dans sa petite chambre de la rue du Four-Saint-Honoré, et qui nous ont laissé une impression si vive. M. Mignet remarque un peu trop fortement qu'on était vingt, et non vingt et un, afin ne point passer le nombre voulu, et pour éviter qu'un Cours de philosophie fût assimilé à un complot contre le Gouvernement. Ce sont là de ces traits un peu trop appuyés, qui font rire aux dépens des Gouvernements les gens mêmes qui sont le plus en peine quand les Gouvernements viennent à leur manquer. Le vrai, c'est qu'on avait à éviter sans doute une réunion trop apparente; mais aussi celle des deux petites chambres de Jouffroy où se faisait son Cours particulier était déjà bien remplie quand on était quinze ou seize. Il n'est pas exact non plus de dire que, vers la fin de ces leçons à huis clos, quand le professeur, qui était lent à s'animer, venait à déployer toute son étendue d'inspiration et toute sa veine, « il courût des frissons, comme il en descendait autrefois de la tribune politique dans la vaste assemblée où s'entretenait l'intelligence et où battait le cœur du pays. » Cette comparaison, qui vise à l'applaudissement, est très-fausse, et l'impression que laissaient les leçons de M. Jouffroy à ceux qui y assistaient était plutôt celle d'un Cénacle un peu mystérieux, d'où l'on sortait avec recueillement et en silence.

L'idée de tribune et celle de M. Jouffroy s'accordent peu ensemble. La chaire même devant un vaste auditoire lui fut médiocrement favorable; il avait l'étendue dans les idées et dans les horizons, mais il n'avait pas toujours l'haleine; il n'avait pas non plus l'abondance et la fertilité qui font oublier le chemin. Il était remarquablement lucide, mais cette lucidité et ce grand jour qu'il aimait ne faisaient souvent vers la fin qu'éclairer les cadres spacieux qu'il ne remplissait pas.

Homme de cœur et d'une grande bonté morale, il était supérieur lorsque, triomphant de ses airs d'aristocratie intellectuelle et de ses assertions absolues auxquelles il s'abandonnait quelquefois, il retrouvait l'onction. Il y a un Discours prononcé par lui à une distribution des prix du collége Charlemagne, en août 1840, qui est singulièrement touchant et qui nous montre le Jouffroy des dernières années, déjà languissant, abattu et à demi brisé, mais dans toute sa beauté sympathique et indulgente. Ce n'était plus le jeune enthousiaste de l'École normale, rompant douloureusement avec le Dieu de ses pères et se mettant en marche vers la découverte d'un dogme nouveau; ce n'était plus le superbe initiateur des premiers temps du *Globe*, altier et plein d'ambitieuses promesses, et qui croyait tenir la nouvelle vérité : c'est l'homme qui a connu le néant des espérances, qui a reçu la leçon des choses et les injures de la vie. Sa morale n'est que celle de Socrate, et, je dirai, celle du Catéchisme. L'humilité lui est venue.

M. Mignet a touché d'une manière juste le passage de Jouffroy dans la politique. Il aurait pu marquer avec plus d'énergie le malheur qu'il y eut pour lui à y entrer, les versatilités un peu promptes qu'on lui reprocha, les influences qu'il ne savait pas écarter; car cet homme qui, au premier abord, avait l'intelligence si haute et la parole si absolue, avait le caractère faible, ou du moins il l'eut tel dans les dernières années. Il y aurait eu, si l'on avait voulu être entièrement vrai, à tirer de là une leçon toute naturelle sur les esprits non aguerris et non trempés qui entrent dans la politique et qui n'en recueillent que l'amertume. M. Jouffroy fut un remarquable exemple et presque une victime des misères parlementaires. Mais comment oser dire cela?

Quelque vocation qu'eût M. Jouffroy pour les études philosophiques et pour l'observation intérieure, j'ai toujours cru qu'après son premier feu jeté, il eût été bon pour lui de se détourner de cette contemplation absolue et un peu stérile où il s'est consumé, et d'appliquer son beau talent à des matières qui l'eussent nourri et renouvelé. Il avait une langue pure, facile et pleine, une perception vive et pénétrante de la nature, un tour d'imagination assez romanesque, et un sentiment exquis de critique littéraire : il aurait pu se porter sur plus d'un sujet qui eût du corps, s'y reposer du moins et s'y refaire dans les intervalles de ses soliloques psychologiques trop prolongés. Au lieu de cela, il s'est usé à vouloir créer méthodiquement une science conjecturale, et je crois sentir chez lui, à travers la limpidité de l'expression, de la fatigue et comme de l'élévation dans le vide (1).

(1) Une science conjecturale, ou du moins contestable dans son principe. — Quelques jours après cette parole écrite, et comme pour la réfuter, M. Riaux, dans *le Moniteur* du 17 juillet 1853, s'est attaché à montrer M. Jouffroy organisateur d'une science psychologique réelle. Il est bien juste assurément que M. Riaux, professeur de philosophie, parle à l'appui du genre d'étude qu'il professe. Il relève particulièrement et proclame comme un fait acquis la démarcation absolue, radicale, que M. Jouffroy tendait à établir entre la physiologie et la psychologie. Or, voici sur ce point ce qui me semble : Supposez un

Il s'était fort séparé de M. Cousin depuis quelques années; il avait la prétention d'avoir organisé avec exactitude la partie centrale de la science que, selon lui, M. Cousin n'avait que traversée et bientôt quittée pour se livrer à des excursions historiques en tous sens. Je crois qu'en cela M. Jouffroy s'exagérait un peu son rôle; il avait certes son originalité, mais c'était surtout par le talent. En somme, MM. Cousin, Jouffroy et Damiron sont bien de la même philosophie : seulement chacun y a porté son humeur et son tempérament : M. Cousin ses airs de génie et sa haute verve, M. Jouffroy sa lucidité et sa mélancolie, M. Damiron sa prud'homie et sa frugalité. — M. Cousin, qui excelle à réparer sa ligne quand elle est rompue, voyant Jouffroy mort, a repris solennellement possession de son disciple sur sa tombe.

Il n'entrait pas dans le cadre et dans les convenances de M. Mignet de dire toutes ces choses, et peut-être même ne les a-t-il jamais sues qu'à peu près : car,

homme assis au bord d'une rivière ou au bassin d'une source, qui s'appliquerait à considérer avant tout la réflexion des objets dans l'eau, à en saisir tous les reflets, les nuances, à en déterminer les rapports, les plans, les perspectives et les profondeurs apparentes; que penseriez-vous de cet homme s'il posait comme premier principe que les reflets qu'il observe n'ont rien de commun avec les objets du rivage, avec l'état des bords ou du fond, que son étude ne se rattache en rien à cette partie de la physique qu'on appelle l'optique, et qu'il n'a rien de mieux à faire que de s'en passer ? Vous diriez que ce contemplateur est peut-être un peintre, un paysagiste, à qui il suffit, comme au Canaletto, d'observer, pour les reproduire, les couleurs et les transparences, mais que, certes, ce n'est pas un vrai savant. Le psychologiste en question peut se faire, selon moi, l'application de l'image : si ingénieux qu'il soit comme observateur, il n'a qu'une science de reflets et de miroitements, et, avec cela, il n'est pas peintre. — (Voir La Fontaine, et comment pour l'étude de l'homme, pour la connaissance de l'esprit, il était loin de s'interdire l'observation des animaux et les comparaisons tirées de l'Histoire naturelle, Fable première du livre X.)

homme de mérite et d'un talent supérieur, il a la faculté, ce me semble, de ne voir qu'imparfaitement tout ce qui ne se passe pas en plein sous son regard ; ce qui aide fort à la sérénité. Je ne serais même pas étonné que, tout lié qu'il était avec Jouffroy, il ne fût jamais allé entendre une seule de ses leçons. M. Mignet a l'esprit naturellement peu porté à la métaphysique ; il la jugeait viande creuse dans sa jeunesse, et aujourd'hui il l'accepte volontiers toute faite de la main de ses amis. Sa vraie supériorité est dans la manière dont il entend et dont il traite l'histoire, non pas celle de ce temps-ci et qui se passe sous nos yeux (elle est trop mobile et trop variable à chaque instant), mais l'histoire morte et telle qu'elle se refait après coup. Ici, maître de son terrain, manœuvrant de pied ferme, prenant son temps et ses mesures, il étudie les faits, il les ordonne et les combine, il les appuie et les enchaîne dans des compositions savantes qui ont de l'intérêt, du jugement, de la force et des parties d'éclat. Ce qui y manque peut-être en éveil et en sagacité ne serait bien sensible que si l'on voyait cette même méthode appliquée à une histoire toute moderne. C'est alors qu'on apercevrait, j'imagine, combien les mailles du filet, toutes bien faites qu'elles sont, se trouvent trop larges et laissent souvent passer le poisson.

Comme interprète de l'Académie des Sciences morales et politiques, et comme auteur de Notices et d'Éloges, M. Mignet a également une manière à lui, large, brillante, majestueuse, un peu carrée, éminemment faite pour la façade et le frontispice. Il l'a notablement ornée et même assouplie, cette manière, dans les derniers de ses Discours. Il garde pourtant une certaine monotonie d'ensemble, et l'on croit reconnaître dans la forme de ses phrases, comme dans celle de ses pensées, un certain moule favori dont il ne se prive pas aisément. Son élégance, à force d'être grave, a quelquefois ses pesanteurs : il n'a jamais rien eu à faire avec les grâces négligées. Dans le dernier Discours sur Jouffroy, il me semble avoir sacrifié plus que d'ordinaire à la mise en scène ; il y a mêlé un but étranger au sujet même qu'il étudiait ; il a voilé en un sens et drapé son personnage ; il a pris parti, plus finement qu'il ne convient, pour la malice et la rancune des grands sophistes et des grands rhéteurs dont l'histoire sera un jour l'un des curieux chapitres de notre temps, intolérants et ligués comme les Encyclopédistes, jaloux de dominer partout où ils sont, et qui, depuis que l'influence décidément leur échappe, s'agitent en tous sens pour prouver que le monde ne peut qu'aller de mal en pis. La rhétorique est proprement justiciable de la critique littéraire, et M. Mignet en a mêlé un peu trop à son dernier Discours, sans compter que son apprêt était à double fin. Il a eu du Fléchier à l'usage de la Fronde.

Lundi, 11 juillet 1858.

LE ROMAN DE RENART

HISTOIRE LITTÉRAIRE DE LA FRANCE, T. XXII

(FIN)

Chez La Fontaine la fable du *Renard* et du *Corbeau* est aussi courte que possible et réduite à sa plus simple expression. Il semble que le grand fabuliste ne l'ait voulu traiter que pour l'acquit de sa conscience et pour en tirer vite la moralité. Le même apologue, chez le vieux trouvère inconnu, est au contraire traité avec complaisance et forme toute une petite scène complète, toute une branche.

Le lieu d'abord est décrit : entre deux monts, en une plaine, Renart qui, en marchant, a une rivière à sa droite, aperçoit un très-beau lieu dans la prairie, de l'autre côté de l'eau; il y voit un hêtre dont l'aspect lui fait envie; il traverse l'eau et se dirige vers l'arbre, tourne autour en dansant, puis s'étend sur l'herbe fraîche. Il est hébergé à bon hôtel, et il n'en voudrait pas changer s'il avait à manger seulement. Dom Tiècelin, le Corbeau, qui avait jeûné longtemps, s'était lassé de ce même séjour; la faim l'avait chassé du bois; il était allé vers un plessis ou enclos tout proche de là, pour livrer assaut et chercher aventure.

Tiècelin y aperçoit un millier de fromages qu'on avait fait *assoleiller;* la vieille qui devait les garder était rentrée au logis. Tiècelin saisit l'occasion et en prend un pour se restaurer ; la vieille sort et lui jette des pierres. Le corbeau la raille et emporte le fromage, faisant à la vieille ce que tout à l'heure Renart lui fera à lui-même.

Il vient se percher sur le hêtre au pied duquel est Renart : l'un dessus, l'autre dessous, ils y sont tous deux, avec cette différence que l'un mange et l'autre bâille. Le fromage, qui nous est décrit « tendre, jaunet, et de bonne saveur, » est sous la patte du Corbeau ; il y donne de grands coups de bec, mais pas si adroitement qu'il n'en laisse tomber plus d'une miette devant Renart qui l'a vu. Renart reconnut bien la bête à cette maladresse : il en secoue deux fois la tête, se lève pour mieux voir, et avise là-haut Tiècelin qui était son compère d'ancienne date, tenant le bon fromage entre ses pieds : « Par les saints de Dieu, que vois-je là? s'écriet-il; hé! Dieu vous sauve, sire compère! qu'il ait l'âme de votre bon père Dom Rohart qui sut si bien chanter. Mainte fois je l'ai entendu vanter pour n'avoir son pareil en France. Vous-même en votre enfance vous vous y appliquiez beaucoup : vous saviez faire votre partie. Chantez-moi une rotruenge. » C'est une espèce de chanson ou de ronde qui se chantait d'ordinaire avec accompagnement de vielle.

Tout ce début de Renart parlant au Corbeau est celui de Patelin s'adressant au marchand dont il veut emporter le drap, et à qui il se met également à parler de feu son père. Tiècelin, le Corbeau, goûte la flatterie ; il ouvre la bouche et jette un cri ; mais, comme il ne tient pas le fromage dans le bec, il ne le laisse pas tomber du premier coup ; la fable serait trop tôt finie. Renart l'entend et lui dit : « C'est bien ! vous chantez mieux que vous ne faisiez ; et, si vous vouliez, vous iriez encore un degré plus haut. » Et Tiècelin, à qui est venu l'amour-propre de chanteur, commence à crier de plus belle. Renart le pousse de plus en plus, car il s'agit de l'enivrer tout à fait : « Dieu ! dit Renart, comme maintenant est claire et comme est pure votre voix ! Si vous pouviez vous abstenir de noix, vous chanteriez le mieux du monde. Chantez donc encore une fois. » Tiècelin, qui veut avoir le prix du chant, s'y met tout entier ; il s'écrie à haute haleine, mais il ne sut si bien faire, quelque peine qu'il se donnât, que son pied droit ne s'en desserrât et que le fromage ne tombât à terre, tout juste devant les pieds de Renart.—Vous croyez la fable finie ; pas le moins du monde. Nos vieux trouvères ne sont pas pressés : ils chantent et récitent cela dans les fermes, ou les jours de foire, devant tout un monde rustique dont c'est la vie et qui est flatté de retrouver dans des rimes grossières, mais parfois vives et piquantes, les scènes et accidents de chaque jour. Le trouvère, dans le cas présent, a du poëte en lui, il a du talent et sait peindre. Le fromage vient de tomber devant celui qui le convoite, mais qui va rester immobile : « Le friand lascif frémit et brûle, et frissonne tout entier de convoitise (ces deux vers dans le texte sont pleins d'expression) ; mais il n'en touche une seule miette, car encore, s'il peut en venir à bout, voudrait-il bien tenir Tiècelin. » Tout son art alors est d'attirer le Corbeau lui-même et de lui persuader de descendre. Il fait le blessé et le boiteux ; ce fromage qui vient de tomber l'incommode, assure-t-il, par son odeur. Le fromage n'est pas bon pour les plaies ; la médecine le lui défend : « Ha ! celin, descendez donc, et de ce mal me délivrez ; s, je ne vous en prierais pas si je pouvais vous en er ; mais avant-hier je me suis cassé la jambe dans un piège par mésaventure, et je ne puis bouger d'où je suis. »

On voit tout le jeu et le développement de cette petite action. Tiècelin se hasarde enfin à descendre, non sans crainte ; il fait un pas en avant et deux en arrière. Renart pourtant joue si bien l'estropié que Tiècelin s'est enhardi ; il est déjà à sa portée, mais ici Renart est trop pressé : il s'élance et manque le Corbeau, qui en est quitte pour quatre plumes de l'aile droite et de la queue. La moralité est donc double, et Renart, tout en ayant le fromage pour se consoler, n'a que la moindre moitié de ce qu'il désire.

Un des plus jolis épisodes de l'ancien *Renart* est l'aventure du maître fourbe avec Chanteclair, le Coq ; les avantages y sont également balancés, et Renart à la fin y trouve sa leçon. Cet apologue heureusement développé offre la peinture et la poésie de la basse-cour au naturel, et nous montre dans un cadre bien rempli le genre de talent des prédécesseurs de La Fontaine. On est dans une ferme proche d'un bois : il y a abondance de coqs et de poules, de canes et de malarts (1), de jars et d'oies. Le dedans de la ferme est garni à l'avenant de chair salée, de jambons et de quartiers de lard. Le tout appartient à un riche vilain Costant Desnoes qui se méfie de Renart : dans son clos ou plessis (2), il a de bonnes cerises, des pommes et autres fruits à foison ; ce plessis est très-bien fermé tout autour de pieux de chêne aigus et gros, et il est bordé d'aubépines ; pour plus de sûreté les poules sont dedans. Renart vient rôder à l'entour tout doucement, le col baissé ; mais la force des pieux et des épines l'arrête. Il s'agit d'entrer dans la place de côté, sans faire trop de violence et sans épouvanter l'ennemi.

(1) *Malart*, le mâle de la cane, comme *jars* est le mâle d...
(2) On appelait proprement *plessis*, un lieu planté...
pliées, entrelacées.

Il avise un pieu brisé qui donne ouverture par le haut ; il s'y glisse et se laisse tomber tout d'une masse ; puis il se cache à plat ventre sous un chou. Mais les poules l'ont entendu et se hâtent de faire retraite. Sire Chanteclair, le Coq, n'est pas avec elles : il est allé dans un sentier près du bois se blottir entre deux pieux dans la poussière. Il les voit fuir ; il s'avance fièrement à leur rencontre, la plume au pied, le col redressé ; il les interroge d'un ton de maître. Pinte que nous retrouvons ici, Pinte qui en sait plus que les autres, qui est volontiers l'orateur de la bande et la sultane favorite, qui enfin a l'honneur de jucher à droite du Coq, Pinte lui explique ce qu'elles ont vu, une bête sauvage qui s'est glissée dans le pourpris. — « Et comment l'avez-vous vue ? » — « Comment ? je vis remuer la haie et la feuille du chou trembler. » — « Tais-toi, sotte, reprend le Coq ; Renart n'a pas les os si durs qu'il ose se mucher ici ; notre palis n'est pas si vieux qu'il l'ait pu déjà mettre en pièces. Ce n'est qu'une plaisanterie. » — Et il retourne à son sillon de poussière, moins rassuré pourtant qu'il ne le veut paraître ; il regarde souvent de côté et d'autre ; un œil ouvert et l'autre clos, un pied replié et l'autre droit, il s'appuie à un mur, et, comme celui qui est fatigué de chanter et de veiller, il se met à sommeiller peu à peu.

Tout sommeillant, il a un songe. Le songe est un lieu commun et une machine en usage dans les romans de chevalerie : ici la parodie en est heureuse et très-spirituelle. Le Coq rêve donc qu'il voit je ne sais quelle chose qui est dans le courtil et qui lui vient dessus pour le revêtir : ce je ne sais quoi a une peau rousse, blanche sous le ventre ; le bord est en os, le col est étroit, et force lui est, après y être entré, de s'en revêtir au rebours, c'est-à-dire de telle sorte que sa taille aille à l'autre extrémité de l'habit et que sa queue reste dans le collet.

Il s'éveille effrayé et court jusqu'à ses poules; il s'adresse à Pinte, en qui il a le plus de confiance, et lui raconte son rêve. Celle-ci le lui explique, non sans avoir pris sa revanche avec ironie, et essaye de lui démontrer que ce je ne sais quoi d'où son cauchemar lui est venu n'est autre que Renart, caché là sous ce buisson.

Chanteclair, que la leçon a piqué, est incurable; l'orgueil et la forfanterie le poussent; il traite Pinte encore une fois de folle, et retourne se mettre *en sa poudrière au soleil*. Renart fait le mort et se tient coi; Chanteclair s'endort; Renart s'approche pour le happer, mais le manque. Chanteclair, qui le reconnaît enfin, saute sur un fumier, et ici la scène du Corbeau recommence : il s'agit pour Renart de décider Chanteclair à ne pas fuir, et, qui plus est, à fermer les yeux, afin de se laisser prendre : « Ne fuis pas et n'aie crainte; je ne suis jamais plus content que quand tu te portes bien, car tu es mon cousin germain, » lui dit Renart. Et à ce premier mot Chanteclair, un peu rassuré, se met à chanter de joie. Renart, insistant sur le cousinage : « Souviens-toi de Chanteclin, lui dit-il, le bon père qui t'engendra :

> Jamais Coq si bien ne chanta;
> Telle voix eut et si clair ton
> Que d'une lieue l'entendait-on,
> Et chantait fort à longue haleine
> *Les deux yeux clos* et la voix saine;
> D'une grand'lieue on l'entendait
> Quand il chantait et refrainait. »

Ce que Renart veut obtenir cette fois, c'est que le Coq ferme les deux yeux en chantant; c'est, selon lui, la seule bonne méthode. Il n'est adresse ni rhétorique d'Ulysse qu'il n'emploie pour l'y décider. Chanteclair ne demande pas mieux, mais il prie Renart de s'éloigner au moins un peu, et, à cette condition, il lui jure qu'il n'y aura voisin aux environs qui n'entende son fausset. Renart sourit de la condition et lui dit, en touchant toujours la corde filiale : « Chante, cousin ; je saurai bien si Chanteclin mon oncle te fut de quelque chose. » Chanteclair chante ; mais il chante comme il dormait d'abord, un œil clos et l'autre ouvert, et il regarde souvent de côté : « Ce n'est pas cela, dit Renart, Chanteclin chantait autrement, *tout d'un trait, les yeux fermés*, tant qu'on l'entendait par delà les plessis. » A ce coup Chanteclair n'y tient pas ; il commence sa mélodie en fermant les yeux de toutes ses forces, et Renart, s'élançant par-dessus un chou rouge, le prend au cou et l'emporte.

La fable n'est pas finie ; n'oublions pas qu'avec les trouvères nous sommes dans le récit épique : il ne s'agit pas de faire une fable courte, qu'on lit dans un livre, mais de réciter une action qui se développe, qui tient un auditoire en suspens et qui fait la joie du vilain. La poule Pinte voit le coup qu'elle avait, hélas! prévu, et donne l'alarme. La femme gardienne du ménil, comme c'était le soir, vient appeler ses poules et s'aperçoit du malheur ; maître Costant arrive à son tour : on court sus de tous côtés à Renart ; on le poursuit de menaces et de huées. Ici le Coq a un trait de génie : tout gêné qu'il est et à demi croqué par celui qui le tient à la gorge, il lui dit : « Eh quoi! sire Renart, n'entendez-vous pas les infamies dont vous chargent ces vilains qui vous huent si fort? Costant vous suit plus que le pas. Lancez-lui donc un de vos bons mots, et, quand il criera : *Renart l'emporte*, dites-lui en vous retournant *Oui, et malgré vous!* » Il n'est si sage qui n'ait son moment de folie, qui ne *foloie* (*foloier*, quel joli mot!) ; Renart y fut pris cette fois ; l'idée lui parut heureuse, et, au premier cri que lança Costant, il lâcha ce mot d'ironie : « *Oui, malgré vous!* » Mais pour cela il lui fallut ouvrir la bouche ; le Coq, qui n'attendait que l'instant, en profita, battit des ailes et s'envola sur un pommier, d'où à son tour il fit en souriant la leçon au cousin Renart. Il y a ici une contre-partie et comme une revanche de la scène du Renard et du Corbeau.

Les modernes ont eu souvent sur ce canevas ou sur un canevas analogue des fables agréables et bien tournées : ainsi Florian dans sa fable *l'Écureuil, le Chien et le Renard;* ainsi Le Bailly surtout dans *l'Écureuil et le Renard.* Ce dernier fabuliste semblerait s'être souvenu, en vérité, de l'ancien apologue, et en avoir tiré quelques-uns de ses traits. Mais la différence qu'il y a entre ces modernes, ceux même qui sont plus exclusivement et plus uniquement fabulistes que La Fontaine, et les anciens trouvères, c'est que ceux-ci se complaisent beaucoup plus aux détails domestiques et familiers, à tout ce qui est du monde et des mœurs des animaux, et qu'ils ne craignent ni de déroger, ni d'ennuyer en y insistant. Il est sensible qu'ils s'adressent à des imaginations un peu neuves et comme d'enfants, et qu'ils en tiennent eux-mêmes.

Je pourrais multiplier les exemples, mais il ne faut point abuser. Maintenant j'ai à marquer qu'à côté de ces parties du *Roman de Renart* toutes vives, naturelles et gracieuses, il en est d'un tout autre caractère. Dans les tours que fait Renart il en est d'odieux, il en est d'infâmes, et qui sont de la profanation la plus effrontée. Rois, pontifes, sacrements, la croisade, la confession, les funérailles, tout n'est que jeu pour cet hypocrite et ce pervers. Comme le sujet resta longtemps en circulation, il est évident que les esprits satiriques du temps y virent un cadre commode au dénigrement, et qu'ils y embarquèrent petit à petit toutes sortes d'audaces. Sous le titre de *Renart le Novel* (le Nouveau Renart), un poëte des dernières années du treizième siècle, Jacquemard Gieslée, de Lille en Flandre, a fait un ouvrage de morale et d'allégorie dans lequel il a réuni toutes ces inventions de la fin, qui s'écartent de ce qu'il y avait d'abord de vif et d'enjoué dans les simples branches en apologues. Qui dit *allégorie*, en effet, dit corruption et décadence de l'apologue et de l'épopée. Dans cette nouvelle et dernière forme, Renart est pris pour synonyme de mal, de vice et de péché dans le sens le plus absolu du mot ; c'est Satan en personne usurpant le règne de la terre. Le sujet est la révolte de Renart contre Noble, le roi des animaux, honnête homme qui a des faiblesses et qui a le tort de pactiser en fin de compte avec Renart. A un certain moment de la guerre, Renart, désespérant de tenir dans sa forteresse de Malpertuis, construit un grand vaisseau allégorique, une arche de malice, destinée à embarquer tout son monde. Ce vaisseau, dont chaque partie et chaque agrès est un vice et une méchante pensée, est décrit d'une façon ingénieuse et pédantesque qui rentre déjà tout à fait dans le genre faux du quatorzième siècle, et qui signale une véritable décadence de goût en même temps qu'un raffinement très-habile dans les idées. Un autre vaisseau, le vaisseau du bien, construit par le roi Noble, et offrant le symbole de toutes les vertus et qualités, tient la mer et lutte contre celui de Renart ; mais le traître regagne toujours ses avantages par la ruse ; il amène le roi à une fausse paix et signale par là son triomphe : le roi consent, pour s'en retourner chez lui, à monter sur le navire de Renart, et il s'y trouve mieux que dans le sien propre. Dès lors tout est dit ; Renart, sous un titre ou sous un autre, règne et gouverne, et il n'est personne qui ne reconnaisse sa puissance. Les Ordres religieux du temps, les Jacobins et les Franciscains, viennent à l'envi lui demander d'être des leurs et de se mettre à leur tête. Il se contente de donner à chacun des Ordres un de ses fils pour gardien. L'Ordre des Templiers et celui des Hospitaliers lui adressent la même demande; chacun des deux réclame et tire à soi Renart qui, cette fois, se décide et obtient du pape la permission d'appartenir aux deux ensemble. Son vêtement sera mi-parti, à droite d'Hospitalier, et de Templier à gauche; à gauche il aura la barbe longue, il sera rasé à droite, et il les gouvernera les uns et les autres. Je cours sur ces audaces finales qu'on entrevoit assez, et que déplore le poëte tout en les racontant et les dénonçant comme le signe d'une société perdue et d'un siècle désespéré.

Certes elle était malade, en effet, et en danger de se dissoudre, cette société finissante du Moyen-Age, qui engendrait ce dernier *Roman de Renart* comme peinture et expression d'elle-même : pourtant elle avait des ressources encore, de la force héroïque et des exemples à opposer tout à côté à cette corruption des subtils et des lâches. Il n'est pas bon, même quand on étudie le passé, de rester sur ces impressions décourageantes, et je veux indiquer l'antidote après le poison, un poëme d'honneur et de courage en face de ce tableau d'hypocrisie consommée et de rouerie impudente. Qu'on ouvre le chant ou récit du *Combat des Trente* (1), ce fragment épique qui retarde en quelque sorte au milieu du quatorzième siècle, et qui raconte dans la forme des Chansons de geste un dernier grand duel chevaleresque, le combat de trente Anglais et de trente Bretons (1350). C'est l'épisode épique le mieux détaché peut-être qui se puisse présenter. Les beautés toutes rudes y sont concentrées et fortes. Quand tout changeait autour d'elle et que la littérature à la mode se surchargeait de vaines recherches d'école, l'Armorique un peu arriérée et can-

---

(1) *Le Combat de trente Bretons contre trente Anglais*, publié par M. Crapelet, 1825.

tonnée restait fidèle à la vieille forme poétique comme aux vieilles mœurs; elle restait surtout fidèle à ce courage qui est toujours prêt en France à renaître et à sortir quelque part de terre, quand les grands raisonneurs disent qu'il a disparu.

Ici le trouvère est sérieux et grave; il est sincèrement religieux; il s'adresse au début à tous les gens de bien et d'honneur, non aux traîtres ni aux jaloux; il veut raconter comment un jour trente Anglais et trente Bretons se combattirent, cette noble bataille qui a nom des *Trente*. Il commence et il finira par prier le Dieu qui mourut en croix d'avoir pitié des âmes de tous ceux qui combattirent ce jour-là, et qui sont morts la plupart au moment où lui, trouvère, il raconte : tous tant qu'ils sont, soit Bretons, soit Anglais, il ne les sépare point dans sa prière.

Dagorne, le chef anglais, est mort; Bombourg lui a succédé; mais il n'observe pas la même trêve qui consistait, dans ces guerres de nobles, à épargner le menu peuple et *ceux qui travaillent le blé*. Le bon chevalier Beaumanoir va vers lui, et lui dit dans un sentiment tout humain qui est rare au Moyen-Age, qui manque chez Froissart, historien de Cour, et qu'on est heureux de retrouver ici :

> Chevaliers d'Angleterre, vous faites grand péché
> De travailler les pauvres, ceux qui sèment le blé...
> Si laboureurs n'étaient, je vous dis ma pensée,
> Les nobles conviendrait travailler en l'airée (*aux champs*),
> Au fléau, à la houe, et souffrir pauvreté ;
> Et ce serait grand'peine quand n'est accoutumé.

En les citant, j'altère le moins possible ces espèces l'alexandrins qui sont à l'état brut. Dans cette forme épique du *Combat des Trente*, le poëte procède ainsi par couplets de longueur inégale, où tous les vers sont sur une seule rime, ou du moins sur une seule assonance. Cette monotonie, à la longue, produit son effet et fait vibrer la fibre. C'est une forme mnémonique et qui, à force de retomber sur le même ton, inculque le fait ou le trait dans la mémoire.

Bombourg répond fièrement à l'ouverture de Beaumanoir ; il ne veut entendre à aucun adoucissement : Montfort sera duc de la noble duché, Édouard d'Angleterre sera roi de France. Beaumanoir s'incline et répond humblement :

> Songez un autre songe, celui-ci est mal songé.
> Ceux qui le plus en disent, à la fin leur méprend.

Dans tout ce début très-simple, il y a un certain art du trouvère. Il met la bravade du côté des Anglais, de ceux qui auront le dessous. Cependant Beaumanoir propose à Bombourg de s'ajourner pour combattre à jour fixe, et là, au nombre de soixante, ou quatre-vingts, ou cent, de vider la querelle, de trancher entre les deux prétendants la question du droit. Bombourg consent à la proposition de Beaumanoir ; il est convenu qu'on sera trente de chaque côté, et que l'on combattra proche de Ploërmel.

Beaumanoir revient au château de Josselin, proclame l'entreprise et se met à choisir entre ses barons. Tous ceux qu'il choisit, soit chevaliers, soit écuyers, sont désignés nommément, sans qu'un seul soit oublié ; chacun obtient son épithète d'honneur. — Bombourg, de son côté, fait de même ; il complète son nombre de vingt Anglais par six bons Allemands et quatre Brabançons. Ses hommes obtiennent aussi des épithètes honorables ; quelques-uns pourtant y sont présentés comme tenant du rusé et du *renard*.

Le jour venu où l'on doit se rendre sur le pré, Beau

manoir exhorte ses compagnons; il leur fait dire une messe ; chacun a reçu l'absolution et prend son sacrement au nom du roi Jésus. Son discours est d'un héros pieux. Bombourg, de son côté, assemble aussi les siens; mais il leur déclare qu'il a fait lire ses livres de prophétie, et que Merlin (l'enchanteur) leur a promis la victoire. Il y a là un reste de païen ou un commencement d'hérétique qui jette sur lui de la défaveur et qui montre que sa cause n'est pas pure.

Bombourg, avec ses trente compagnons, est venu le premier sur le pré : il s'écrie à haute voix : « Beaumanoir, où es-tu? » Il semble déjà l'accuser d'avoir faussé sa parole et de se tenir pour défait. Mais à peine a-t-il laissé échapper ce mot que Beaumanoir a paru.

Ici Bombourg, qui est brave, a comme un pressentiment soudain de sa destinée. Lui, qui vient de s'avancer avec une sorte de jactance, il hésite et recule; il demande à Beaumanoir de remettre la partie, d'en faire savoir la nouvelle à leurs rois, au gentil Édouard d'Angleterre et au roi de Saint-Denis. — Beaumanoir répond qu'il va en conférer avec les siens.

Il revient donc vers son monde, et leur annonce que Bombourg voudrait changer le jour et qu'on s'en retournât sans frapper de grands coups; il leur en demande leur avis. L'un d'eux, Charuel, change de couleur à cette idée, et déclare honni celui qui ne maintiendra pas la cause du duc légitime (Charles de Blois), et qui s'en ira sans donner de coups d'épée. — « Cette chose m'agrée, dit Beaumanoir; allons à la bataille, ainsi qu'elle est jurée. »

Il revient à Bombourg, qui lui représente encore que c'est folie à lui d'exposer ainsi à la mort la fleur de la duché; car, une fois morts, on ne trouvera jamais à les remplacer. — « Gardez-vous de croire, répond Beaumanoir, que j'aie amené ici toute la chevalerie de Bretagne, car ni Laval, ni Rochefort, ni Rohan et bien d'autres n'y sont; mais il est bien vrai que j'ai avec moi une part de cette chevalerie et la fleur des écuyers... » Bombourg reprend la bravade et l'invective. Le combat est engagé.

Au premier choc, les Bretons ont le dessous; trois ou quatre d'entre eux sont quasi morts et faits prisonniers. Tristan, qui se sent grièvement blessé, s'écrie : « *Beaumanoir, où es-tu?* » A un certain moment et après ce premier assaut, tous, d'un commun accord, s'entendent pour aller chercher à boire, car chacun a dans sa bouteille du bon vin d'Anjou, et ils reviennent au combat sans retard.

La bataille est rude dans la prairie : les Bretons ont cinq des leurs hors de combat; ils ne sont plus que vingt-cinq, lorsqu'un écuyer, Geoffroy de La Roche, demande à être fait chevalier de la main de Beaumanoir, au milieu de l'action. Image touchante, qui signifie qu'un guerrier manquant, un autre à l'instant se lève. Beaumanoir lui donne la chevalerie au nom de la sainte Vierge, lui rappelle son aïeul qui s'est illustré à Constantinople, et jure que les Anglais le payeront avant l'heure de Complies. Bombourg l'entend, et lui crie avec ironie : « Rends-toi vite, Beaumanoir; je ne te tuerai pas, mais je ferai de toi un présent à mon amie, car je lui ai promis que, sans mentir, aujourd'hui je te mettrai dans sa chambre jolie. » Là-dessus c'est à qui vengera Beaumanoir de l'insulte : Bombourg tombe frappé à mort.

Cependant la bataille n'est pas gagnée; elle dure acharnée et pesante. Les Allemands et les Anglais se mettent en masse et se serrent comme s'ils étaient liés : il n'y a pas moyen de les entamer. Les coups que les combattants s'entre-donnent vont retentissant à un quart de lieue à l'entour; la chaleur est grande; chacun est trempé ; la sueur et le sang pleuvent comme rosée :

> De sueur et de sang la terre rosoya.

Ce jour-là qui était le bon samedi avant le dimanche où l'Église chante *Lætare Jerusalem*, Beaumanoir avait jeûné ; et à ce milieu du combat, blessé, il eut soif et demanda à boire. Messire Geoffroi de Boves, l'un de ses compagnons, lui répondit :

> *Bois ton sang, Beaumanoir, la soif te passera.*
> Ce jour aurons honneur ; chacun y gagnera
> Vaillante renommée...........

Et Beaumanoir, que cette parole enflamme, se remet si vivement à l'action que, de colère et de douleur, *la soif lui passa.*

Expression d'un héroïsme sublime et naturel ! Qu'on ne nous parle plus des Romances du Cid pour en faire honte à nos vieux trouvères : ici, il y a des accents tout pareils, que le vieux chantre patriotique a pris sur le vif et tirés de ces rudes courages.

Ce que le trouvère n'a pas cherché, mais ce qui ne laisse pas de frapper encore et d'émouvoir, le combat continuant, c'est le contraste du lieu riant et frais et de la mêlée si lourde et si sanglante : « Dedans un très-beau pré, sur une douce pente, à mi-voie de Josselin et du château de Ploërmel, au chêne que l'on appelle de la mi-voie, le long d'une genestaie qui était verte et belle... » Il y a là un sentiment comme involontaire de nature, un souvenir circonstancié de la terre de la patrie, qui ajoute à l'effet simple et grandiose. — Si le poëte y a pensé, ce n'est pas pour y voir un contraste, mais plutôt pour y noter un accord entre cette belle nature chérie et ce beau fait d'armes glorieux : son patriotisme marie tout cela.

C'est assez pour montrer que le *Roman de Renart* n'est pas l'unique et dernier mot de ce Moyen-Age finissant, que, si la Renardie règne ici, la Chevalerie dure, se maintient et recommence ailleurs, et que la race des Beaumanoir, des du Guesclin, des Bayard, n'est jamais éteinte.

L'envie m'a pris de chercher dans l'Antiquité, parmi les duels mémorables, lequel se pouvait comparer par quelque trait au Combat des Trente. Il en est un dont parle Hérodote. Sparte et Argos étaient en guerre : il s'agissait d'un lieu important appelé Thyrée, que réclamaient les deux peuples. Il fut convenu que trois cents hommes seulement de part et d'autre en viendraient aux mains, et que le territoire contesté appartiendrait aux vainqueurs. Les deux armées ne devaient point assister au combat, afin de n'être point tentées de venir au secours du plus faible. On combattit donc, trois cents contre trois cents, c'est-à-dire à extinction. Tous les Lacédémoniens étaient morts ou mortellement blessés ; deux Argiens seuls restaient debout, et, dans leur empressement, ils coururent à Argos annoncer leur victoire. Pourtant un des blessés mourants parmi les Lacédémoniens, le nommé Othryades, se soulevant sur le champ de bataille ensanglanté et se voyant seul, eut assez de force et de souffle encore pour dépouiller un vaincu, pour dresser un trophée, chose sacrée et qu'avaient oubliée les autres, et sur le bouclier il écrivit de son sang : « La victoire est aux Lacédémoniens. » Puis il expira. Quand les Argiens revinrent, ils trouvèrent le trophée debout, l'inscription encore fumante, et Othryades qui rendait l'âme à côté ; mais la victoire était acquise et consacrée : la religion défendait de renverser un trophée. Les poëtes ont fait à ce sujet des pièces de vers en divers sens, et l'on a de Simonide cette épitaphe triomphante des Spartiates :

« Nous les trois cents, qui avons, ô Sparte notre mère, combattu pour Thyrée contre un pareil nombre d'Argiens, — sans tourner la tête, — là où nous avions marqué le pied, là même nous avons laissé la vie. Mais ce trophée tout couvert du sang généreux d'Othryades, proclame : « Thyrée, ô Jupiter, est aux Lacédémoniens. » Que si quelqu'un des Argiens a échappé à son destin, c'est qu'il tenait du fuyard Adraste. Mais pour Sparte, ce n'est pas de mourir, c'est de fuir qui est proprement la mort. »

C'est ainsi qu'à distance les âges héroïques se rencontrent, et que les poésies, si inégales et si différentes qu'elles soient, se répondent par certains accents et par le cœur. Le vieux trouvère, dans sa simple rudesse, a peut-être même mieux réussi que Simonide, et le sang d'Othryades parle moins haut chez l'un, que chez l'autre le sang de Beaumanoir.

Quant à l'idée que j'ai eue dans ce petit chapitre de vieille littérature, elle pourrait se résumer en ces mots : le *Roman de Renart* et son correctif (1).

(1) Une dernière remarque qui porte sur l'époque la plus brillante de notre littérature et sur le poëte le plus naïf de cette époque si polie. On a dit de La Fontaine qu'il était *notre Homère*, à nous autres Français qui avons perdu la bataille épique. Le mot est piquant, un peu humiliant pour la nation (il faut en convenir), et singulièrement honorable pour le bonhomme. Dans tous les cas il y a eu bien des Rhapsodes avant cet Homère tardif; on en peut voir la suite dans l'ouvrage de M. Robert : La Fontaine a bien des ancêtres. Et il y a même eu, dans ce *Roman de Renart*, une Épopée du même genre antérieure à la sienne et bien plus digne de ce nom. Depuis que l'on connaît le *Roman de Renart*, La Fontaine, même dans ce sens peu rigoureux et tout favorable où on l'entend, ne peut vraiment être dit que le second Homère dans son genre. Son originalité (nous ne l'avons jamais mieux compris) est toute dans la *manière* et non dans la *matière*. — Mais n'admirez-vous pas comme les horizons littéraires s'étendent, comme les points de vue changent et se déplacent? Pour donner à La Fontaine son vrai rang, il ne faudrait plus aujourd'hui le louer comme du temps de Chamfort, mais il convient de l'apprécier en se souvenant du Moyen-Age qu'il n'a connu d'ailleurs que par ses derniers héritiers et qu'il n'a fait, sans s'en douter, qu'égaler à sa manière.

Lundi, 18 juillet 1853.

ROEDERER

Ses premières années. — Sa jeunesse ; période d'enthousiasme. — Noble ambition ; sa vocation financière. — Conseiller au Parlement de Metz. — Député aux États-généraux. — Ses travaux à la Constituante. — Explication avec Mirabeau. — Il est nommé procureur-général syndic. — Moment de l'expérience ; épreuve de la démocratie. — Tableau énergique. — Sa conduite au 10 Août et après. — Caché pendant la Terreur.

Le comte Rœderer, dont le nom auprès des générations nouvelles ne réveillait guère que l'idée d'un personnage politique mêlé aux grands événements de la Révolution et du Consulat, s'est révélé tout d'un coup comme un écrivain très-littéraire par son *Mémoire sur la Société polie* et sur l'Hôtel Rambouillet, imprimé en 1835. Ce Mémoire, qui n'a pas été mis en vente, mais qui a été donné et distribué en toute bonne grâce, est devenu comme le signal de ce mouvement de retour au dix-septième siècle qui n'a fait que s'accroître et se développer depuis. Aujourd'hui le fils du comte Rœderer a pensé que le plus digne hommage à rendre à la mémoire de son père était de recueillir ses OEuvres, en les présentant sous la même forme d'une demi-publicité qui leur laissât un caractère d'amitié et de famille. Ces OEuvres ne comprendront pas moins de sept ou huit volumes. Le premier, qui est achevé d'imprimer (1), contient les Comédies historiques, déjà connues, et quelques pièces qui ne le sont pas, des Comédies normandes et de campagne qui montrent une finesse d'observation jointe à une veine de gaieté franche. Le volume suivant contiendra les Mémoires historiques sur Louis XII, François Ier, et le *Mémoire sur la Société polie* qui, dans la pensée de l'auteur, n'en était que la continuation et le couronnement. Viendront ensuite les Œuvres politiques proprement dites, notamment la *Chronique des Cinquante Jours*, qui est devenue comme une partie intégrante de l'Histoire de la Révolution. L'économie politique ensuite aura sa place; mais ce qui donnera à cette Collection un prix tout particulier, ce seront les Mémoires du comte Rœderer, composés tant des Notices mêmes rédigées par l'auteur en vue de sa famille, que d'un choix entre les notes et lettres nombreuses qu'il a laissées à son fils. Il m'a été permis, grâce à l'obligeante confiance de M. le baron Rœderer, d'en prendre à l'avance une idée, et de pouvoir ainsi dessiner avec quelques traits nouveaux une figure historique dont le rang est marqué dans la littérature sérieuse et dans la politique honorable.

Rœderer, que nous avons vu mourir le 17 décembre 1835, plein de vigueur encore à l'âge de quatre-vingt-deux ans, était né à Metz, le 15 février 1754, d'un père avocat, nous dit-il, « distingué au barreau comme profond jurisconsulte, dans la magistrature comme ennemi du pouvoir arbitraire, et dans la société comme homme aimable. » Sa famille paternelle était originaire de Strasbourg, et lui-même, jeune, il épousa une demoiselle Guaita de Francfort. C'est, on le voit, un Français qui n'est pas tout à fait du centre ni de l'île de France, mais qui se sent des frontières et qui a ses origines et

---

1) Typographie de Firmin Didot, 1853.

ses alliances du côté des Villes libres. Il fit ses études avec distinction à Metz, et alla faire son droit à Strasbourg. On a les extraits et cahiers de ses lectures en ces années; car il eut de bonne heure l'habitude de lire et de penser plume en main. Il lisait tous les ouvrages de philosophie, de politique, de législation, de morale et d'histoire les plus autorisés de son temps, Locke, Adam Smith, Bonnet, Montesquieu et les Économistes. Tout annonçait en lui un élève vigoureux de son siècle, et qui se portait sur tous les points avec ardeur et indépendance. Il eut sa période d'enthousiasme. On a de lui un petit écrit fait à dix-sept ans sur les *Verreries* de Saint-Quirin, dont il fut plus tard l'un des actionnaires principaux, et dont il célèbre en style animé, un peu romantique, l'industrie créatrice et le site au fond des vallées des Vosges. Destiné par son père à être avocat, il résistait et se sentait contre cette profession si honorée une aversion profonde. On avait beau lui faire lire Loisel, Mézeray à l'article *Avocat* de son Dictionnaire historique, il répugnait à ces travaux sur des objets de contestation la plupart si ingrats ou si minces. La ville de Metz, en se réunissant à la France sous Henri II, avait réservé ses priviléges; le droit, en ce pays des Trois-Évêchés, se compliquait de mille questions particulières; il y avait des exceptions à l'infini, dont la connaissance faisait le principal mérite d'un avocat :

« Voyez, s'écriait le jeune homme ambitieux d'une plus noble gloire, voyez ce qui reste de ces fameux MM. Vannier, Rulland, etc. Les nomme-t-on encore ? Voyez ce M. Gabriel, qui se consume aujourd'hui à enfanter son Commentaire sur les *Treize Coutumes du Pays Messin*. Que le Chancelier, d'un trait de plume, rende aujourd'hui, suivant le vœu des gens sensés, ces Treize Coutumes uniformes, à quoi serviront demain ces fruits d'une vieillesse agitée, pénible, plus qu'elle n'est heureuse ? Où sera le monument de l'existence de cet homme si célèbre pour douze de ses confrères ? Aura-t-il été, ce monument, même dans le cœur de ceux à qui il a sauvé la fortune ? Non; l'homme, sans cesse agité par de nouveaux besoins, de nouvelles crises, oubliant celles qui l'ont autrefois le plus mis à la gêne, oublie avec elles les remèdes et le médecin. »

Le jeune Rœderer, à cet âge où le jeune homme embrasse d'un coup d'œil tout l'avenir, voulait donc un champ plus vaste à son activité et à ses aptitudes; il voulait une réputation étendue, sinon la gloire. *Ce piétinage difficile, fatigant, par des chemins obscurs et épineux,* ne lui allait pas, et surtout une chose l'en eût dégoûté : l'habitude était alors de toucher les honoraires de la main à la main; un écu de trois livres pour une consultation. Sa fierté souffrait de ce mode de payement; il en rougissait presque en en parlant longtemps après.

Durant ces premières luttes avec son père sur la profession d'avocat qu'il n'embrassa jamais que provisoirement, il a décrit l'intérieur de son âme et de ses pensées, et a tracé comme sa biographie morale dans des lettres à un beau-frère, M. Ména. Dès sa sortie du collége, Rœderer eut un *caractère marqué;* il se forma, d'après l'ensemble de ses lectures et de ses réflexions, une idée (sans doute trop embellie) de la vie sociale et des moyens de la réaliser; il comprit vite, dans son premier contact avec les gens réputés *mûrs et sensés,* que cette manière de voir était peu agréée; il se contint et resta enthousiaste au dedans. Pourtant, comme il avait au fond l'esprit pratique, il ne fut pas sans reconnaître que ces soins d'intérêt, de fortune et d'avancement, qui étaient tout aux yeux de la plupart, avaient aussi quelque fondement, et qu'il ne s'agissait que de les mettre à leur place, de les réduire à leur valeur. Il eut là un moment de pureté encore, d'enthousiasme, mais aussi d'effort sur lui-même, qui lui laissa un vif et parfait souvenir :

« Je restai donc enthousiaste, dit-il. Au milieu de ce qu'on regardait comme mon délire, je devins de quelque intérêt pour des gens aimant le bien ; j'en fus aimé et estimé. Alors se marqua l'époque, toujours mémorable pour moi, d'un moment de bonheur que je regretterai toute ma vie : *j'étais ivre de l'amour du bien, l'image de la vertu s'était comme réalisée en moi* ; je voyais d'un autre côté que la considération dont j'ose dire que je jouissais, était, au moins, en partie, le fruit de mon travail sur moi-même... (1). »

J'insiste sur ces jours intérieurs qu'il nous ouvre, parce que l'histoire secrète de Rœderer fut celle alors de beaucoup d'autres, parce qu'il ne fut pas le seul à avoir ce qu'on peut appeler sa *période de Rousseau*, et pour qu'on voie aussi à quel degré primitif de chaleur mûrirent tant de qualités solides et fortes que plus tard on apprécia en lui. C'est alors, dans ce second moment d'un enthousiasme plus tranquille, qu'il se remet à embrasser de ses regards l'ensemble de la société et qu'il se fortifie dans ses premières vues.

« Je vis que ce qu'on y appelait *utile* n'était autre chose qu'une influence étroite et précaire sur quelques objets la plupart minutieux, influence qui tirait son principe du sein des abus mêmes ; je répugnai dans cette pensée à des engagements irrévocables dans de pareilles voies. Être utile aux hommes dans ce qui leur est le plus utile, voilà la loi que j'écoutai : une seule idée d'un philosophe, l'expression heureuse d'un sentiment avantageux a peut-être plus fait pour l'avancement de la raison et du bonheur des hommes que les travaux réunis de cent mille citoyens obscurs qui se sont vainement agités. »

Telle était la religion du siècle, les jours où le siècle était sérieux ; telle fut celle du jeune Rœderer à l'âge de dix-huit ans.

Heureusement pour lui, ces sentiments se rencontrèrent juste avec l'heure mémorable où la vieille société, minée d'abus et incapable de se réparer elle-même, allait demander des remèdes absolus et une simplifica-

(1) Notice du baron Rœderer sur sa famille et en particulier sur son père durant ces années de jeunesse, antérieures à la vie politique (1849).

tion dans toutes les branches ; l'occasion était prochaine où il pourrait les appliquer. Mais lorsque ces sentiments qui, à des degrés différents, sont plus ou moins ceux de toute jeunesse, continuent de s'exalter à des époques où il suffirait d'améliorer et de vivre sans avoir à régénérer, il importe qu'on les contienne et qu'on les détourne sans y trop abonder et sans y donner jour en tous sens : autrement la vie sociale ne serait qu'une révolution continuelle, et chaque génération, en y entrant, ferait explosion à son tour. Il n'y aurait plus de *régime* proprement dit.

Le premier effet de cette ambition, bientôt si légitimée, était qu'il ne pouvait se déterminer à suivre simplement l'honorable profession de son père et à se ranger à son côté dans la même voie. Il a confessé ce sentiment avec une vive énergie; c'est au moment où, ses études de droit terminées, et se sentant homme déjà, il rentre dans sa famille et s'y retrouve traité un peu en enfant :

« Sans existence propre, dit-il, je vis que, quelle que fût la tendresse de mon père pour moi, je ne paraîtrais jamais, ou du moins de longtemps, dans les sociétés qui pouvaient un peu fixer mon ambition, que sous l'ombre de ce même père qui m'y présentait. *Je vis cette ombre s'étendre au loin autour de moi et marquer partout mon néant...* (1) »

Ici un découragement moral s'empara de lui et le fit peu à peu déchoir de cette hauteur vertueuse où il n'est pas donné à la jeunesse stoïque de se maintenir : « Il n'y a qu'un principe de vices pour un homme bien né

(1) C'est la même idée qu'a rendue admirablement Virgile au livre second des *Géorgiques*, vers 55, quand il peint les rejetons de l'arbre qui restent stériles tant qu'ils sont trop près, étouffés et comme brûlés sous l'ombre maternelle :

Nunc altæ frondes et rami matris opacant,
Crescentique adimunt fœtus uruntque ferentem.

et à qui la raison a parlé, disait-il à ceux de sa famille avec qui il s'épanchait, c'est l'ennui, le dégoût des circonstances auxquelles il est soumis, c'est le néant du cœur; au nom de Dieu, ne me laissez pas plus longtemps exposé à cet état. » Il obéit pourtant à son père et devint avocat, mais en se réservant de sortir du barreau dès qu'il le pourrait. Il y parvint neuf ans après (1780), et acheta une charge de conseiller au Parlement de Metz. Dans cette position nouvelle, distingué aussitôt par la Compagnie, il fut chargé de la plupart des rapports dans les procès criminels, de la rédaction des Remontrances qui revenaient alors assez fréquemment, et fut presque toujours choisi pour commissaire dans les affaires publiques. Il rendit de notables services à la cité, et s'attira le respect même de son père qui, par un touchant retour, honorait en lui le fils qui s'était si généreusement émancipé. Malgré ses succès dans cette magistrature, elle n'était encore pour Rœderer qu'un premier pas, et son ambition (l'ancien régime subsistant) eût été de devenir maître des requêtes, puis intendant de province : car c'était du rang des intendants que sortait et s'élevait le plus souvent le Contrôleur général. Ses études approfondies en économie politique et en finances lui montraient de ce côté un noble but qu'il se sentait capable d'atteindre. Au milieu de ses aptitudes si nombreuses et si variées, la capacité financière, en effet, demeura encore la vocation la plus manifeste de Rœderer, celle dont il a donné le plus de preuves et d'applications durables soit à l'Assemblée constituante, soit au Conseil d'État, comme aussi plus tard dans le royaume de Naples et dans le Grand-Duché de Berg.

Lorsque la Révolution de 89 éclata, Rœderer avait trente-cinq ans; sa vie antérieure était déjà pleine de services, et surtout d'études et de travaux en tout genre. Il nous représente bien à sa date, et dans sa province, ce que pouvait être un *homme éclairé* de cette génération qui portait en elle l'idée et les principes d'un ordre nouveau. Il prenait part à tous les sujets sérieux, traités ou proposés par l'Académie de Metz, dont il était un des membres dirigeants; il pensait à concourir pour l'*Éloge de Louis XII*, proposé par l'Académie française, et se prenait dès lors pour ce roi, père du peuple, de cette prédilection presque paradoxale qui, dans ses heures de loisir, dominera désormais tous ses points de vue sur l'histoire et la société française des derniers siècles. Dans ses voyages à Paris, il était consulté par M. de Malesherbes sur l'état des Juifs; par le maréchal de Beauvau, ami de M. Necker, sur les questions relatives à la convocation des États-généraux. En novembre 1788, sous le titre : *De la Députation aux États-généraux*, il publiait une brochure où il exposait ses principes, et où l'on trouve le *type* de toutes les opinions qu'il allait professer à l'Assemblée ;

« Je m'étais fait, disait-il après des années en se jugeant lui-même, une théorie de l'État social bien ordonné, d'après les écrits philosophiques les plus accrédités alors, et d'après mes propres réflexions. Mon esprit s'était fixé sur des principes absolus ; et, quand je fus dans l'Assemblée nationale, j'en poursuivis toutes les conséquences, j'en voulus toutes les applications, avec toute la rigidité d'une logique opiniâtre, qui est, je crois, une des qualités de mon esprit, et peut-être avec la roideur qui est dans mon caractère... »

L'année précédente (1787), il avait publié un écrit d'un intérêt plus local, ce semble, mais d'une importance toute française, concernant *le Reculement des barrières*. Metz et la province des Trois-Évêchés, de même que l'Alsace et la Lorraine, malgré leur réunion politique au royaume, étaient restés *assimilés à l'étranger* en ce qui était du commerce; de telle sorte que leurs communications, libres du côté de l'Allemagne, étaient aussi entravées que celles des Allemands mêmes du côté de la France, Rœderer, par cet écrit et par les démarches dont il l'appuyait, était désigné comme le futur libérateur du commerce de ces trois provinces. Quarante-huit ans après, c'était le même homme qui publiait son *Mémoire sur la Société polie;* ce qui faisait dire à M. de Talleyrand, parlant au fils de l'auteur : « Il y a une chose remarquable dans la vie de votre père, et qui n'est peut-être arrivée à personne avant lui, c'est qu'à cinquante ans de distance il a publié deux ouvrages, dont le premier a fondé sa réputation, et dont le second vient de la couronner. »

En même temps et aux approches de 89, Rœderer avait l'habitude et le besoin d'écrire sous forme plus courante et plus brève sur toutes les questions du jour, sur les événements ou conflits qui occupaient à Metz l'attention publique : en un mot, comme Franklin, il était par nature et par goût *journaliste;* il le sera pendant une grande partie de sa vie, et conciliera, tant qu'il y aura moyen, ce genre de publication avec les hauts emplois et les dignités même de l'État. Ces petits écrits de l'année 89 étaient lus à Metz avec avidité; le Parlement ne le trouvait pas bon, et, dans un entretien que Rœderer nous a conservé (car il notait aussi par écrit les conversations intéressantes auxquelles il avait part), le Premier Président se plaignait à lui, en disant : « Monsieur, tout le monde, dans la Compagnie, rend justice à votre intégrité, à votre droiture; on rend aussi justice à vos talents : vous en avez de grands; mais il ne faut pas en rendre l'usage désagréable à tout le monde; il ne faut pas croire que vous seul ayez tout l'esprit du monde... Depuis quelque temps vous vous êtes rendu le dispensateur du blâme et de l'estime publique. »

Tel était déjà l'homme en Rœderer quand il fut envoyé par Metz aux États-généraux, non pas dès les premiers jours, mais à une réélection qui eut lieu en octobre 1789. Il n'assista pas aux premiers actes mémorables ni à la séance du Jeu-de-Paume, où David d'ailleurs a bien fait de le placer : on sait d'avance en quel sens il aurait marché, et, dès son entrée, il prit rang dans l'Assemblée à côté des plus actifs et des plus utiles, et comme le premier lieutenant de Sieyès.

Raconter en détail les travaux de Rœderer à la Constituante, ce serait en grande partie repasser toute l'histoire de cette Assemblée même. Ses principes étaient absolus, il nous l'a dit; ses conséquences furent logiques et rigoureuses. Pourtant aucune mauvaise passion ne s'y mêla, et s'il fut de ceux, comme il en convint ensuite, qui contribuèrent à trop énerver et à trop désarmer le pouvoir, il n'eut jamais l'intention de désorganiser l'ordre et la société. Il resta pur de toute pensée et de toute ambition factieuse.

Pour bien juger des hommes de ce temps, pour faire équitablement la part de l'éloge ou du blâme, pour ne pas appeler sage tel acte ou telle résistance isolée qui, en son lieu, n'était qu'imprudence et folie, il importe (et Rœderer l'a dit dans une très-belle page, mais trop longue pour être rapportée) de se bien rendre compte du courant général, immense, qui entraînait alors la nation. La méprise de l'Assemblée constituante fut de suivre et de favoriser de toutes ses forces ce courant, comme s'il n'y avait rien eu à craindre au lendemain, comme si l'on n'avait eu qu'à appliquer en temps paisible les conséquences rigoureuses de la raison politique, et de ne pas voir le flot de la démocratie qui montait, qui s'élevait de toutes parts, et qui allait l'emporter elle-même avec sa Constitution et ses lois : tellement que pour que la partie salutaire et juste de ces lois pût s'appliquer en réalité et être sentie de tous, il fallut qu'auparavant on repassât par l'autorité d'un seul, c'est-à-dire par ce que la Constituante avait le plus méconnu. Les meilleurs actes civils, administratifs, de la Constituante n'eurent leur pleine vigueur et leur précision d'action que lorsqu'ils eurent été repris par le Conseil d'État du Consulat.

Il a été donné à Rœderer de faire les deux parts et de mettre également la main au nivellement hardi et à la correction, à la réparation organisatrice. Ainsi, dans son audace première il voulait d'abord en tout et partout le triomphe du principe électif; il voulait l'élection des juges, celle des dépositaires du Trésor et du corps même des finances : ces dépositaires du Trésor eussent été nommés par l'Assemblée et responsables devant elle; il voulait que l'armée fût assermentée à la nation, toutes conditions reconnues depuis incompatibles avec la Constitution monarchique. Dans la dernière partie de sa carrière, l'Assemblée constituante essaya de revenir, par le moyen de la révision, sur ce qu'avaient eu de trop absolu ses premiers décrets; Rœderer résista :

« Je soutins, dit-il, que pour que la Constitution répondît au titre qu'on lui avait donné de Constitution *représentative*, et pour que ce titre ne fût pas une imposture, il fallait que les fonctions administratives dans les départements, les districts, les municipalités, fussent déclarées constitutionnellement, c'est-à-dire irrévocablement électives. — Je me détrompai en 1793 de mon opinion, par l'expérience que j'acquis comme procureur-général syndic du Département de Paris. Dans mes rapports avec la Commune de Paris, je reconnus que c'étai. un énorme contre-sens de faire conférer par le peuple aux administrateurs l'investiture de fonctions instituées pour l'exécution des ordres du Gouvernement, comme si on avait voulu que les ordres venant du centre aux extrémités heurtassent pour l'exécution contre les oppositions naturelles aux extrémités contre le centre. »

Mais là où il ne se trompa point, ce fut dans les questions de finances qui se rapportaient aux contributions publiques. Nommé de ce comité avec le duc de

La Rochefoucauld, Dupont de Nemours, Adrien Duport, Talleyrand, Defermon, il se distingua entre tous par ses connaissances positives, l'étendue de ses vues, la fertilité ingénieuse de ses moyens et procédés. Il s'agissait de remplacer une quantité de droits divers, abusifs, souvent arbitraires et d'une comptabilité compliquée, et d'établir un système général de contributions de manière à en distribuer le poids le moins inégalement possible. Rœderer fut le rédacteur de plusieurs lois, de celle du timbre, de celle des patentes; il fut le principal auteur de la contribution foncière et de sa combinaison avec la mobilière. Rapporteur ordinaire du comité, ce fut lui qu'on chargea de soutenir la discussion et de répondre à tout devant l'Assemblée. Il le fit avec un talent que les hommes spéciaux sont seuls autorisés à bien louer, et avec un plaisir évident qui est déjà un signe d'heureuse application et de succès aux yeux de tous.

Sur ces questions, ainsi que sur beaucoup d'autres, Rœderer, qui aimait la discussion et qui la provoquait volontiers, n'admettait pas le travestissement de son opinion; et l'on va voir avec quelle vigueur et même quelle roideur il releva Mirabeau, un jour qu'il croyait avoir à se plaindre de lui. Je cite ces lettres, parce qu'on y voit se dessiner un trait de son caractère, et en même temps l'estime qu'il inspirait.

« L'on vient de m'apprendre, écrivait Rœderer à Mirabeau, que M. de Mirabeau avait dit ce matin à l'Assemblée au sujet des folies de M. d'Espréménil, qu'elles avaient *découvert le secret de ceux qui ne veulent point d'assignats.*

« Je ne veux pas d'assignats pour plus de 200 millions; et M. de Mirabeau sait très-bien, du moins je m'en flatte, que le *secret* de mon opinion n'est pas dans des vues malhonnêtes ou contraires à la Révolution. Ce n'est pas non plus dans de pareilles vues qu'il faut chercher les motifs de l'opinion de M. l'abbé Sièyès, de M. de La Rochefoucauld et de plusieurs autres.

« L'amitié, au défaut de la justice, aurait dû retenir M. de Mirabeau lorsqu'il s'est senti entraîné à employer un moyen que nous avons souvent blâmé d'un commun accord, d'un moyen dont M. de Mirabeau lui-même a manqué d'être la victime, celui d'attirer les orages sur la tête des personnes qui ont une opinion particulière. L'amitié aurait dû lui faire sentir que sa phrase était à la fois une dénonciation et une calomnie pour M. Sieyès et pour moi, qui, ecclésiastique et magistrat, pouvons être aisément soupçonnés, et même accusés sans soupçons, de vouloir faire revivre l'ancien régime.

« Ma liaison avec M. de Mirabeau ne peut qu'accréditer l'idée qu'il a surpris mon *secret*; je tiens cette liaison pour rompue, afin qu'elle ne m'expose pas au même danger pour la suite. »

Mirabeau s'empressa de lui donner toute satisfaction par une lettre écrite de l'Assemblée :

« Je vous réponds, mon cher Rœderer, par écrit afin que vous puissiez montrer ma réponse. Je n'étais point à l'Assemblée lorsque d'Espréménil a fait ses lubies : je suis arrivé quand on en était aux couteaux. J'ai fini l'insurrection par une malice qui n'a fait que faire rire. J'ai dit, non pas la phrase que l'on vous a répétée, mais une dont je ne me rappelle pas les mots exacts, et qui peut aisément être travestie ainsi, mais seulement pour les gens de mauvaise foi qui ne voudraient pas se rappeler que j'ai dit en toutes lettres hier que *rien n'était si simple que d'avoir deux opinions dans une si grande question d'économie politique*, et qui, par conséquent, voudraient douter, etc. »

J'abrége l'explication un peu confuse, et qui, nous intéresse peu. Mirabeau continue :

« Je ne sais pas trop ce que j'écris dans ce tumulte, mon cher Rœderer; mais ce que je sais, c'est qu'il suffit que l'abbé Sieyès et vous soyez d'un avis pour que je sois sûr, même sans examen, que l'on peut honnêtement et raisonnablement avoir cet avis. L'abbé Sieyès est un homme de génie que je révère et que j'aime tendrement. Je ne puis pas vous parler de vous; mais j'espère qu'il est assez connu combien je vous estime et vous aime, et combien je m'en honore. Croyez, mon cher Rœderer, que sous tous les rapports, dans l'Assemblée nationale, mon amitié sera plus sévère en votre faveur que la vôtre ne l'exigerait de moi. Et si vous trouvez cette explication aussi loyale et aussi sensible que je désire qu'elle le soit en effet, dites-moi bien vite que vous ne pensez plus à la fin de votre lettre échappée à un juste moment d'humeur, et que vous serez plus fidèle à mon assignation ordinaire demain qu'à nos assignats. Je vous prie de communiquer ma lettre à notre cher maître (*Sieyès*), si vous lui avez montré la vôtre. *Vale et me ama.*

« Mirabeau l'aîné. »

Dans la discussion au sujet du marc d'argent qu'on imposait pour condition aux éligibles, et que Rœderer eût trouvé plus juste d'imposer aux électeurs, M. de Talleyrand lui écrivait : « Vos réflexions, Monsieur, sont excellentes ; elles appartiennent à un homme qui médite avec *l'esprit le plus et le mieux philosophique.* »

Après l'Assemblée constituante, Rœderer nommé par le collége électoral de la Seine procureur-général syndic de ce Département se trouva, comme administrateur, à même de sentir la faiblesse de l'instrument que l'autorité avait en main contre l'anarchie ou plutôt contre la démocratie organisée. Son désabusement commença. Comme procureur-général syndic, il était le représentant, l'homme d'action du Département, lequel avait autorité sur le maire et sur la Municipalité de Paris : dans le cas de résistance de cette Municipalité, l'administration du Département était en droit de requérir, pour la réduire, toutes les autres forces de ce Département, c'est-à-dire, en ce qui était de la Seine, toutes les forces de Saint-Denis, Sceaux, Bourg-la-Reine et de la banlieue. Une telle autorité était donc illusoire, aussi illusoire que celle du maire et de la Municipalité elle-même en face de la Commune de Paris. C'était une gradation de faiblesses échelonnées, en quelque sorte, jusqu'à ce qu'on atteignît au niveau populaire et à la couche démocratique, où était alors la seule organisation réelle et la seule force. Rœderer, dans les premiers mois de son administration, s'appliqua d'abord, comme eût pu le faire en temps régulier un bon préfet de la Seine, à établir et à mettre en pratique le nouveau système de contributions qu'il avait si activement travaillé à introduire. Mais faire marcher l'administration et l'ordre public, faire fonctionner la machine au lieu de l'entraver et de la désorganiser, c'était déjà se rendre suspect aux yeux des démagogues (1). Les insurrections vinrent bientôt l'occuper d'une manière passive et pénible, et qui pesa longtemps sur sa destinée. Je ne reviendrai pas sur ces tristes époques : il faudrait être un Tacite pour parler avec intérêt et puissance de ces horribles temps, et tant de gens qui ne sont pas des Tacite s'en sont constitués les historiens. Rœderer, dans sa *Chronique des Cinquante-Jours*, a fait ce qu'il y a de mieux à défaut du burin vengeur : il a raconté le vrai, jour par jour, par ordre chronologique, « sans art, sans arrangement, sans ambition d'effet oratoire, logique, dramatique, romantique. » En écrivant cela, il prévoyait déjà ce que de faux esprits et de prestigieux talents devaient en faire.

Pour tout lecteur impartial, il est aujourd'hui évident que Rœderer, au 20 Juin et au 10 Août, se conduisit en magistrat probe, exact, peu royaliste sans doute d'affection, mais honnête, strict et consciencieux; que, dénué de pouvoir et chargé de responsabilité, il usa des faibles moyens légaux qu'il avait entre ses mains, et que, les trouvant souverainement inefficaces, il prit le seul parti qui pouvait éviter dans cette dernière jour-

---

(1) J'ai lu un Discours de lui prononcé à la Société des Amis de la Constitution (les Jacobins), dans la séance du dimanche 22 avril 1792. Il se voit obligé de se justifier de son absence, qu'il explique par ses travaux et par son assiduité au Département. Il est même obligé de se justifier d'avoir dîné chez M. de Jaucourt, un des membres du côté droit de l'Assemblée législative; car on l'avait dénoncé pour ce dîner. Il a à se défendre contre d'autres dénonciations encore. Tout ce discours est pénible à lire ; les discours de ces temps insensés sont des cauchemars dans les temps paisibles. Le magistrat qui fut dans la nécessité d'en prononcer journellement de tels dans le cours de ses fonctions dut s'en souvenir ensuite pour éviter le retour des conjonctures où cette continuelle subversion était la loi.

née un malheur immédiat : il conduisit, en les assistant et les protégeant de sa personne, le roi et sa famille, du château déjà envahi, au sein de l'Assemblée désormais responsable.

Accusé à l'instant même par les violents de la Commune, comme plus tard par ceux du parti opposé, il dut se livrer à une apologie qui a perdu de son intérêt avec les passions qui l'avaient rendue nécessaire. Caché après le 10 Août jusqu'à ce qu'on eût levé le scellé mis sur ses papiers, il resta quelque temps *en prudence* et ne se montra point. Cependant son besoin d'écrire et d'occuper son activité le porta presque aussitôt à rendre compte dans le *Journal de Paris* des séances de la Convention commençante. On lui fournissait des notes, et le compte rendu qu'il faisait et qu'il signait était mêlé de ses propres réflexions. Par la manière dont il présente le procès du roi et les diverses opinions qui s'y produisent, il laisse percer, avec toutes les discrétions et les gênes que la liberté républicaine comportait alors, que son opinion n'est pas pour la rigueur. (Voir notamment le *Journal de Paris* du 14 novembre 1792.) — Tout au contraire, à mesure que le procès marche, il appuie et favorise les propositions qui ouvraient la voie à une solution d'humanité (*Journal de Paris* du 6 janvier 1793). — Il soulève et indique les objections contre les votes irréguliers qui condamnent (12 janvier). C'est tout ce que la presse pouvait se permettre en un tel moment.

Dans les mois qui précédèrent la chute des Girondins, Rœderer avait reparu, et il faisait à l'Athénée un Cours dans lequel il réfutait les écrivains qui attaquaient la propriété; il s'appliquait à en démontrer le fondement d'après des notions positives et prises de moins haut qu'on ne l'a fait depuis. Mais toutes ces réfutations, empruntées à l'ordre économique ou à l'ordre providentiel, sont également vaines quand la société n'a pas la force en main pour appuyer les raisons. La chute des Girondins, parmi lesquels il avait pour amis particuliers Ducos et Vergniaux, l'avertit qu'il n'y avait plus de sûreté pour lui (1). Dès le 28 mai 1793, jour où l'insurrection contre eux commençait à gronder, il renonça à toute participation au *Journal de Paris*, c'était assez marquer sa ligne ; et, après leur mort, il s'ensevelit dans une retraite profonde. Caché au Pecq sous Saint-Germain, il s'occupait d'y traduire Hobbes. En tête de cette traduction, restée manuscrite, il disait (janvier 1794) :

« J'entreprends la traduction de ce livre (*De Cive*) sans savoir si j'aurai le temps ou le courage ou la volonté de le finir. Voici mes motifs : 1° l'occupation de traduire convient mieux que toute autre à ma situation. Elle applique assez pour distraire ; elle n'exige pas assez d'application pour être impossible à un homme dont le malheur n'a pas affaibli la raison. 2° Depuis longtemps je désirais m'exercer à la langue latine que j'ai mal apprise dans ma jeunesse : ce que je comprends de Tacite, de Tite-Live, de Salluste, d'Horace et de

(1) J'ai peine à m'expliquer comment Étienne Dumont de Genève, en ses *Souvenirs*, parlant de Rœderer qu'il rencontrait dans le groupe des Girondins, a pu dire de lui : « Rœderer, homme d'esprit, mais *fort ignorant*, avait un fonds de légèreté dans le caractère qui lui donnait un rôle subalterne, quoique par sa capacité il l'emportât sur presque tous. » Quand on a eu sous les yeux les extraits en masse des lectures de Rœderer dès sa première jeunesse, et quand on a vu l'ensemble de ses travaux sous la Constituante, on ne saurait admettre que cette ignorance dont parle Dumont, et dont les plus instruits eux-mêmes ne sont pas exempts sur les points étrangers à leurs études, ait porté le moins du monde sur la science politique et économique qui était l'essentiel ici. La légèreté du caractère demanderait aussi des explications. Le fait est que, dans le groupe des Girondins, Rœderer, qui ne faisait point partie de la Convention et qui était jusqu'à un certain point un des naufragés du 10 août, ne visait pas à un premier rôle, et qu'il ne pouvait que causer, écrire et, tout au plus, conseiller. (Voir sa vraie opinion sur les Girondins dans le *Journal de Paris* des 12, 13 et 14 septembre 1795, lorsqu'il eut sa polémique avec Louvet.)

Virgile m'a donné une grande curiosité pour le reste. 3° Hobbes m'a paru avoir un mérite éminent comme écrivain politique, etc. »

Ici, dans la retraite et sous la pression de l'expérience, il se fit dans la manière de voir de Rœderer une modification analogue à celle que Sieyès subissait dans le même temps. Jamais il n'abjura le fonds d'idées de 1789 ni la conquête de certains résultats civils, politiques, auxquels sa raison ne pouvait renoncer; il continua d'être le citoyen résolu d'une société sans priviléges : mais il devint plus méfiant dans sa poursuite du mieux; sa logique inflexible apprit à connaître les obstacles, les limites; il ne fit plus abstraction de la nature et des passions des hommes dans cet art social qui s'applique avant tout aux hommes mêmes, qui opère sur eux et par eux. C'est à cette lecture de Hobbes qu'il emprunta la conclusion et peut-être l'inspiration d'une admirable page sur la démocratie dont j'ai parlé précédemment sans la citer, mais dont je veux ici extraire la partie la plus saillante. Rœderer veut démontrer que, dès 1792, l'autorité n'était nulle part ailleurs que dans le peuple; qu'à force de se mettre en garde contre le pouvoir arbitraire, de le battre en brèche, de le mater et de le mutiler, l'Assemblée constituante obéissant à l'esprit du temps avait laissé grandir autour d'elle et en dehors une puissance formidable d'une tout autre nature, non moins arbitraire et mille fois plus tyrannique. Écoutons-le, écoutons l'homme qui a vu de plus près Louis XVI au dernier moment critique de la royauté et dans toute sa faiblesse :

« On a appelé anarchie, dit-il, la situation de la France en 1792; c'était tout autre chose. L'anarchie est l'absence du gouvernement et la volonté de chacun substituée à la volonté générale : en 1792, il y avait une volonté générale, unanime; il y avait une organisation terrible pour la former, la confirmer, la manifester, la faire exécuter;

en un mot, il existait une démocratie, ou, si l'on veut, une ochlocratie (1) redoutable, résidant en vingt-six mille clubs correspondant ensemble et soutenus par un million de gardes nationales. Il y avait des écrivains et des orateurs pour toutes les opinions, pour toutes les passions démocratiques; les écrits, les harangues s'envoyaient du midi au nord et du nord au midi. Au centre, c'est-à-dire dans l'Assemblée nationale, les clubs et les assemblées sectionnaires de Paris avaient leurs orateurs: la tribune nationale servait de tocsin général du parti. C'était là, assurément, une machine montée pour la résistance et pour l'attaque. Les historiens de la Révolution, s'il en est qui méritent ce nom, ont attribué tous les mouvements de la Révolution aux impulsions de la tribune nationale; c'est une étrange bévue. Les orateurs de la tribune nationale, quelque emportés, quelque violents qu'ils fussent, n'étaient pas les orateurs de la multitude; encore une fois, chaque assemblée populaire avait les siens, et un qui excellait par-dessus tous les autres. Il s'était élevé en France une multitude d'hommes d'une éloquence forte et barbare, tels que notre Fabuliste nous représente *le Paysan du Danube*, qui avaient bien mieux découvert que les orateurs des Assemblées nationales les voies de la persuasion et de l'entraînement, qui entraient bien plus avant dans les pensées, dans les passions, dans les préjugés, dans les intérêts imaginaires ou réels des dernières classes du peuple, qui sont les plus nombreuses. Ils montraient aux prolétaires la France comme une proie qui leur était assurée s'ils voulaient la saisir. Ils promettaient l'égalité absolue, l'égalité de fait, les magistratures, les pouvoirs. Et dans quelles circonstances repaissaient-ils ainsi l'imagination du pauvre? C'était dans un temps où les subsistances se dérobaient au besoin, qui ne pouvait les payer que par du papier avili. La détresse générale aidait puissamment à échauffer la multitude contre l'autorité, contre la richesse, contre la propriété. *Les orateurs n'avaient qu'à s'adresser à la faim pour avoir la cruauté*: ils étaient sûrs de la réponse. C'était aussi au moment que l'ennemi envahissait le territoire et menaçait d'apporter en France la vengeance implacable et l'extermination des hommes qui avaient pris les armes en 1789. Que dirai-je enfin? on vit alors se réaliser, se renouveler ce qu'on avait vu dans la Révolution de 1648 en Angleterre. Le publiciste Hobbes, qui défendait dans son ouvrage *De Cive* le système monarchique contre les partisans de la démocratie, disait à ceux qui objectaient la possibilité de voir le régime monarchique placer sur le trône un Caligula, un Néron: « *In democratia tot possunt esse Nerones quot sunt oratores qui populo adulantur. Simul plures sunt in democratia, et quotidie novi suboriuntur.* (Dans la démocratie il peut y avoir autant de Nérons qu'il y a d'orateurs qui flattent le populaire; il y en a

(1) *Ochlocratie*, gouvernement de la multitude.

plusieurs à la fois, et tous les jours il en sort de nouveaux de dessous terre.) »

Et Rœderer insistait sur la force de cette expression *suboriuntur*, viennent *de dessous les autres* et *de plus bas* (1). Puis récapitulant tous les pouvoirs affaiblis qui se flattaient alors de gouverner, et la Cour qui espérait toujours regagner par ruse et par achat des consciences ce qu'elle avait perdu, et les orateurs de l'Assemblée qui se croyaient forts de ce qu'ils avaient conquis en applaudissements, et la Municipalité de Paris, le maire en tête, qui se croyait maître de la Commune, et les chefs même les plus populaires, Pétion, Marat, dont les noms retentissaient dans toutes les bouches :

« Pétion, Marat même, concluait-il, étaient gouvernés par la multitude. Marat n'était qu'un de ses organes. La démocratie était la puissance dominante. C'était elle, et non un vil déclamateur qui tonnait, qui foudroyait. — La démocratie ! la démocratie ! voilà l'infernale puissance de cette époque. Un Marat de plus ou de moins (et le fait l'a bien prouvé) ne changeait rien à cette redoutable puissance. »

C'est ainsi qu'il jugeait, pour l'avoir vue à l'œuvre, la démocratie en elle-même, organisée par en bas, aux vingt-six mille clubs, aux vingt millions de têtes.

Cette page de Rœderer est très-belle. Elle est d'un sentiment, d'un accent énergique et plein d'élévation. En général, il ne condense pas et ne grave pas de la sorte sa pensée : mais cette fois la vivacité de l'impression, l'effroi des souvenirs, et aussi cette forte idée de

(1) J'ai cherché le passage cité dans Hobbes ; j'en ai trouvé quelque chose dans le *De Cive*, section *Imperium*, chap. x, § 7 : mais la phrase n'y est pas au complet, telle qu'il la donne ; la dernière partie de la citation, précisément celle sur laquelle insiste Rœderer, n'y est pas. Il est à croire qu'il aura rapproché deux passages distincts. Je laisse à d'autres le soin de résoudre cette petite difficulté que j'indique par esprit de scrupule.

Hobbes, lue et méditée auparavant dans la retraite, et se résumant en un style concis, ont servi à l'inspirer.

Nous le verrons sortir de sa retraite tout à fait mûri, dévoué à la restauration de l'esprit public et de l'ordre social, sans abjuration de rien d'essentiel. Il suivra encore une fois Sieyès dans ses évolutions principales, mais il le suivra de son propre mouvement, par ses raisons propres et sans servilité. Quand l'heure sera venue, il contribuera avec lui, et à côté de lui, à détrôner ce pouvoir directorial usé, qui était bien véritablement l'anarchie, rien que l'anarchie; et il pourra, après le 18 Brumaire, dire avec orgueil ce mot qui résume les deux grands moments de sa vie historique : « J'ai passé auprès de Louis XVI la dernière nuit de son règne, j'ai passé auprès de Bonaparte la première nuit du sien. »

Lundi, 25 juillet 1853.

ROEDERER

(SUITE)

Comparaison avec Sieyès. — Lendemain du 9 Thermidor. — Période de l'an III. — Les articles du *Journal de Paris*. — Madame de Staël. — Le général Bonaparte. — Veille du 18 Brumaire. — Notes et témoignages sur le premier Consul.

J'ai parlé plusieurs fois de Sieyès à propos de Rœderer : il importe de bien établir leurs rapports et de reconnaître aussi leurs différences. Sieyès a le génie; il est le premier qui, sous forme idéale et un peu absolue, ait eu nettement la conception et l'invention de l'ordre nouveau qui devait remplacer l'ancien; il est le premier qui l'ait proclamé, à l'heure décisive, dans des écrits précis et lumineux. Puis, plus tard, au milieu de tous ses mécomptes et de ses découragements moroses, il eut encore le sentiment net des situations diverses et des principaux moments de la Révolution : il comprit les temps où il fallait attendre et se taire (1794), ceux où il n'était possible que de marchander et de biaiser (1795), ceux enfin où il était bon de reparaître et où le nœud ne devait être résolûment tranché que par l'épée (1799). Rœderer, qui sent volontiers de la même manière que Sieyès dans les moments décisifs, n'a pas comme lui l'invention ni la puissance de formule, il n'a que beaucoup d'esprit, de sens, une pensée énergique et diverse; mais il y joint une plume facile, ingénieuse, et ne perd jamais de vue la pratique; c'est un Sieyès en monnaie et en circulation, communicatif, qui a, chaque jour au réveil, une idée, une observation neuve sur n'importe quel sujet, politique, moral, littéraire, grammatical, et qui, à l'instant même, a autant besoin de dire ce qu'il pense que Sieyès avait toujours envie de le taire. Pour le bien connaître enfin, Rœderer, à la fois pratique et un peu paradoxal, ayant son grain d'humeur, mais obéissant à son mouvement d'idées, fut pendant des années un précepteur actif du public, et, dans cette voie ouverte par la Constituante, admettant tous les correctifs de l'expérience, prompt à les indiquer, il ne craignit pas, en se multipliant de la sorte, de perdre quelquefois en autorité personnelle, pourvu qu'il fût utile à la raison de tous : il ne cessa d'écrire, de conseiller, de dire son avis à chaque nouvelle phase de la Révolution et pendant chaque intervalle, et toujours avec un grand tact des événements et des situations (1).

J'ai sous les yeux une Correspondance entre Sieyès et lui (2), et qui les peint assez bien l'un et l'autre. Vers février 1795, Sieyès, qui pensait à reprendre avec un de ses amis, Duhamel, le *Journal de l'Instruction sociale* conçu deux années auparavant en tiers avec Condorcet, avait demandé à Rœderer sa collaboration pour l'économie politique, et celui-ci avait promis. Mais à peine avait-il quitté Sieyès, qu'il lui vint un scrupule. Ginguené, quelques jours auparavant, lui avait proposé

(1) Ce *tact*, je dois le dire, lui a été contesté par des contemporains judicieux : j'ai surtout en vue la première moitié de sa carrière.
(2) J'en dois la communication à M. Fortoul, ministre de l'Instruction publique, dépositaire des papiers de Sieyès, de qui il a préparé l'histoire.

de faire des articles d'économie politique également, pour son recueil périodique de *la Décade* qui commençait à paraître, et il avait accepté: « Cette acceptation, s'empresse-t-il d'écrire à Sieyès, n'est-elle pas incompatible avec celle que je vous ai donnée? Assurément je vous tiens de plus près qu'à personne par l'amitié et, malgré vous, par le respect; mais, s'il y a incompatibilité, les premiers engagements sont les plus forts, à moins que Ginguené ne me chasse. » Et pour tout concilier il propose une fusion : « Ne pourrions-nous pas travailler à *la Décade?...* Ne peut-on pas y engrener Duhamel aussi?... Ginguené me paraît une si bonne et si honnête personne, que je ne verrais aucun motif d'éloignement pour ma proposition. Je ne connais pas les autres collaborateurs, mais que vous importe? ils répondent de leurs articles, vous des vôtres. Ils tirent de l'honneur de votre association; leur infériorité ne diminue point votre autorité personnelle. Voyez, pesez... » Ce n'était pas consulter assez l'humeur particulière de Sieyès que de croire qu'il s'associerait si aisément avec des collaborateurs de rencontre et non de son choix; Sieyès ne se mêle pas volontiers aux autres. La proposition n'eut pas de suite.

En reparaissant vers le même temps dans le *Journal de Paris* (janvier 1795), Rœderer eut à parler plus d'une fois de Sieyès; il le fit avec de constants hommages pour ses talents et sa profondeur de vues; mais avec une assez grande liberté de plume. On les supposait encore plus unis qu'ils ne l'étaient. Rœderer, dans son journal, plaisantait de cette faction nouvelle à laquelle, disait-il, on cherchait un nom et qui se composait de deux hommes « qui ne voient personne, qui ne se voient pas, et sont connus pour être d'un caractère très-difficile à vivre. » Il proposait de l'appeler la *faction des insociables*, et pour son compte il ajoutait gaiement : « Ils ne connaissent encore que la moitié de mes projets : ils me croient membre d'une faction, tandis que je prétends en faire une à moi tout seul. » (11 mars.)

Une fois, Sieyès fut blessé d'un article de Rœderer (article du 12 août 1796). C'était dans la discussion du projet de Constitution de l'an III. Rœderer analysant l'opinion de Sieyès, et pour mieux faire valoir quelques-unes des vues de l'auteur, avait parlé d'une manière un peu dégagée de son humeur, de ses préventions; en un mot, il avait fait assez lestement les honneurs de sa personne. Sieyès s'en plaignit dans une lettre amicale et pleine de mesure. Rœderer lui confessa sincèrement sa tactique de journaliste :

« J'ai voulu, lui disait-il, donner plus de poids à mon suffrage en montrant qu'il n'était pas l'effet de la séduction ni d'une aveugle prévention; j'ai dit sans ménagement ce que je pensais des formes et des accessoires de votre ouvrage pour en sauver le fond; j'ai fait bon marché et de votre talent littéraire et de votre humeur, pour concilier quelque bienveillance à votre talent politique. D'ailleurs renchérir sur les critiques littéraires, c'était me donner le droit de les traiter de futiles et de les émousser; et accorder quelque chose aux censures personnelles, c'était désintéresser autant qu'il était possible l'envie et la malveillance. Enfin, quand ce serait un peu à vos dépens que j'aurais voulu faire réussir votre enfant, en bon père vous devriez m'en savoir gré et reconnaître à ma conduite le zèle de l'amitié. »

L'explication de Rœderer se terminait amicalement par quelques détails domestiques et de famille. Il était alors à Puteaux près de Neuilly, et obligé de perdre une partie de son temps sur les grands chemins :

« Malgré ma servitude privée, disait-il en finissant, je souhaite, mon cher ami, que vous soyez bientôt aussi libre que moi; que vous puissiez aussi regarder la Seine couler comme je le fais et vais le faire plus que jamais de mes fenêtres; enfin que nous puissions grommeler ensemble sur toute l'espèce humaine qui heureusement n'est pas toute la nature, et réaliser une bonne fois à nous deux la grande *faction des insociables* dont la France a été tant tourmentée depuis deux ans. Je vous embrasse tendrement. »

Dans cette correspondance et dans ces relations de Sieyès et de Rœderer, remarquons, à l'honneur de tous deux, que, si Rœderer n'a rien d'un adepte, Sieyès n'a rien d'un oracle. L'un est indépendant jusqu'à la libre critique exercée à la pointe de la plume; l'autre ne se montre susceptible qu'autant qu'on doit l'être quand un ami nous a jugé devant tous en des termes qui laissent à désirer. — Nous devons les retrouver l'un et l'autre en concert parfait au 18 Brumaire.

Mais auparavant il y avait une longue période et plus d'une *journée* encore à traverser. Rœderer était à peine sorti de sa retraite après la Terreur, qu'avant même de reparaître dans le *Journal de Paris,* il aidait activement de sa plume au réveil de l'esprit public et à la défaite du Jacobinisme encore menaçant. Tallien lisait à la tribune de la Convention, le 28 août 1794, un écrit contre la Terreur : cet écrit ou discours, auquel le célèbre thermidorien n'avait fait qu'adapter un petit préambule, et qui fut très-remarqué, était de Rœderer. Celui-ci, dès ce moment, travailla secrètement avec Tallien, et lui prêta sa rédaction, ses idées. Merlin de Thionville publia en ce même temps un *Portrait de Robespierre;* c'était Rœderer qui l'avait tracé. On pourrait citer d'autres écrits de cette date, où il combattait également sous le masque. Il ne reparut en son nom qu'au commencement de 1795 dans le *Journal de Paris.* La suite des articles intitulés *Esprit public*, et que le journal publia à dater du 16 février, est de lui. A ces moments de réveil, l'opinion n'avait rien de vague, d'incertain; il n'y avait pas de place pour l'indifférence ; tous les courants étaient rapides et dessinés. Rœderer, presque chaque jour, en offrit le tableau. Il a spirituellement remarqué que l'opinion dans ses diverses branches pouvait alors être *cotée* avec précision comme les valeurs qui se cotent à la

Bourse. Il s'appliqua à en donner des bulletins suivis et utiles.

Son premier article contient une anecdote, ou, si l'on veut, un apologue piquant. On causait hier, dit-il, chez un libraire au Palais-Égalité; on parlait sans ménagement de Barrère et des Jacobins; on était unanime, lorsque entre un homme assez mal vêtu, la figure hâve, les cheveux à la jacobine. A l'instant un des interlocuteurs change de ton; il essaye de se rétracter, ou du moins d'atténuer ce qu'il vient de dire:

> « On le regarde, on se regarde, on ne sait d'où vient un changement si subit. Cependant la conversation continue, et l'homme aux cheveux noirs prend avec chaleur la cause de la liberté contre celui qui paraît hésiter à la défendre : celui-ci s'étonne, se rassure et se met à rire en disant: « Ma foi, je croyais que ce citoyen était un Jacobin, et je n'étais pas à mon aise!... » Cela prouve que, sans la *sécurité*, il n'y a point de *liberté*. Il ne suffit pas d'avoir ouvert les prisons à un grand nombre de patriotes, il faut maintenant délivrer *ceux qui sont prisonniers en eux-mêmes sous les verrous de la peur.* »

C'est à ce genre de délivrance morale que les écrits de Rœderer contribuèrent beaucoup. En même temps qu'il enhardissait les uns, il modérait les autres; il signalait, il applaudissait, non sans l'avertir, et aurait bien voulu discipliner cette jeunesse *muscadine*, redevenue sitôt frivole, qui faisait la battue aux Jacobins, et qu'il appelle « la troupe légère de l'opinion publique. » Un article très-piquant sur les travers et les ridicules des jeunes *incroyables* (11 juillet 1795), est peut-être, ou mérite certainement d'être de lui.

Tous les matins, je l'ai dit, il a une idée, une remarque, et il aime à la faire sortir. Il en est d'importantes et qui touchent au principe des choses. On était à l'œuvre pour établir une nouvelle Constitution, un nouveau Gouvernement. Rœderer n'eut pas seulement à donner son avis dans le *Journal de Paris* et dans un petit écrit de cette date intitulé *Du Gouvernement,* il fut appelé sur sa réputation de Constituant devant la Commission des Onze et fut entendu. Ses observations sont toutes dans le sens de la pratique et de l'expérience. Faites un Gouvernement, disait-il, faites-le *homogène* autant qu'il est possible : « sans l'*homogénéité,* j'ose prédire qu'on sera forcé de recourir plus tôt qu'on ne pense à l'*unité* physique. » (*Journal de Paris,* 16 août 1795.) — Dès qu'il a vu la Convention sortie victorieuse des insurrections jacobines de Prairial, il réclame d'elle enfin « un Gouvernement énergique, républicain sans *populacité*, un Gouvernement qui ramène tous les royalistes de bonne foi, ceux qui ne veulent que la sûreté des personnes et des propriétés. » (26 mai 1795.) — Mettant à profit ce qu'il a vu en 1792, et écrivant, comme il le dit, non d'imagination, mais de mémoire, il rappelle les principes auxquels on ne revenait qu'avec lenteur, car les Révolutions aussi ont vite leur routine ; il montre le nouveau Pouvoir exécutif tel qu'on l'a conçu avec méfiance, incomplet, démembré, mutilé : « Il était très-bon sans doute d'ôter les forces à un mauvais Gouvernement, disait-il, mais il est absurde de n'en pas donner à celui qu'on travaille à rendre bon. — Le Directoire exécutif, tel que le projet l'annonce, est un berceau, qu'on nous passe ce mot, un *nid* de factions ennemies ; et sa destinée serait de ressembler bientôt à tous les Conseils de Gouvernement que nous avons vus en France depuis trois ans, où Roland et Pache, Robespierre et Billaud se sont tour à tour arraché la puissance... » Je n'entre pas dans le détail des voies et moyens, des remèdes plus ou moins efficaces qu'il proposait ; je ne fais qu'indiquer la ligne générale de Rœderer en ces années. Dans un écrit : *Des Fugitifs français et des Émigrés* (août 1795), il distinguait entre ceux qui étaient sortis de France quand tout était calme encore ou du moins régulier, et qui en étaient sortis pour combattre, et ceux qui s'étaient seulement échappés par nécessité, pour se dérober à la captivité ou à la mort. Il établissait qu'il était juste, utile, pressant, même pour les finances, de rendre à ces derniers la liberté de rentrer en France et dans leurs biens, réservant pour les autres toutes les sévérités de la loi et les rigueurs non pas tant de la confiscation que de la conquête. Son but, par cette quantité d'idées et de vues qu'il essayait chaque jour, son vœu du moins bien évident était de clore la Révolution le plus tôt possible, d'arriver à un Gouvernement régulier, à l'ordre; mais les hommes manquaient encore aux choses, et il est souvent infligé aux sociétés en détresse de les désirer longtemps.

Au milieu de ces idées et de ces conseils politiques, Rœderer ne cessait de varier les applications de sa plume et de parler à son public sur mille sujets littéraires qui se présentaient. Il a recueilli plus tard en trois volumes plusieurs de ses articles du *Journal de Paris;* mais il en est de cette date plus ancienne et qui mériteraient également cet honneur. J'en trouve sur Chamfort, Duclos, Chabanon, qui sont agréables et justes. Le 5 juin 1796, par exemple, Rœderer écrivait, sous forme de *Lettre à une dame*, une réponse à une question qu'on lui avait adressée: *De quelques livres bons à emporter à la campagne.* — Il faisait plus, il prenait les initiales d'une femme de ses amis, en imprimant un opuscule: *Conseils d'une Mère à ses Filles* (1796); il s'autorisait du déguisement et tenait assez bien la gageure dans ses préceptes maternels d'une raison modeste et solide. Il ne s'est rien glissé du Directoire dans ce petit écrit. Le futur historien de la société polie se laissait deviner au milieu de tant d'autres préoccupations sérieuses (1).

(1) Ce petit écrit (*Conseils d'une Mère...*) est-il de Rœderer seul? Est-il en partie de madame Rousseau, cette femme de ses amies avec

Rœderer, en ces années, n'appartient à aucune assemblée politique; il fut élu de l'Institut dès la formation (juin 1796). D'ailleurs, simple particulier, ayant une presse, une imprimerie à lui, il en usait largement. Le *Journal de Paris* dont il était propriétaire, ne suffisant point à son activité d'esprit, il entreprit en août 1796 la rédaction d'un Recueil périodique qui paraissait tous les dix jours, sous le titre de *Journal d'Économie publique, de Morale et de Politique.* Il put s'y développer avec plus d'étendue, et y offrir une place à ses amis, à l'abbé Morellet qu'il voulait bien appeler son maître et qui lui répondait : *Discipule suprà magistrum;* surtout au jeune Adrien de Lezay qu'on a vu périr préfet de Strasbourg en 1814, et qui s'exerçait alors avec vivacité et talent sur toutes les questions à l'ordre du jour. Les écrits de Benjamin Constant, de M. et de madame Necker, de madame de Staël, reviennent fréquemment dans les analyses de Rœderer. C'était le moment où madame de Staël publiait son livre *De l'Influence des Passions sur le Bonheur.* Elle était alors en Suisse, en grand désir de pouvoir revenir à Paris; elle souhaitait qu'on y parlât d'elle et de son livre avec éloge et surtout avec bienveillance, de manière à lui rouvrir les voies du retour. M. De Vaisne et Rœderer lui avaient annoncé par lettres qu'ils avaient quelques objections sur sa manière d'écrire. Elle répondait en se louant un peu, mais en se justifiant assez bien : « Vous, mon cher Rœderer, et

laquelle il se brouilla pour l'avoir publié? N'y eut-il pas un peu d'indiscrétion à lui, dans tous les cas, à avoir imprimé l'opuscule sous cette forme, qui indiquait dans l'éditeur un collaborateur, et qui fâcha le mari? Ce sont là des questions sur lesquelles nous avons vu d'anciens amis de madame Rousseau très-vifs, mais qui nous sont aujourd'hui parfaitement indifférentes. Le seul indice qu'il soit naturel de tirer de cette petite supercherie ou espièglerie bibliographique, c'est que de tout temps Rœderer se soucia des femmes, de leur éducation et de leur rôle dans la société polie.

M. De Vaisne, vous êtes donc d'avis que je ne sais pas écrire. De ces deux lettres, les seules que j'aie reçues dans ce sens, je ne réponds qu'à la vôtre : car, si vous persistez, je vous croirai. Qu'entend-on par *style?* N'est-ce pas le *coloris* et le *mouvement des idées?* Où trouvez-vous que je manque ou d'éloquence, ou de sensibilité, ou d'imagination? Il est bien ridicule de vous dire que je ne le crois pas. » Et elle se justifie aussi sur les obscurités qu'on lui a reprochées; puis elle revient au point essentiel et qui la pique : « Mais je crois que l'ouvrage ne manque pas de *style*, c'est-à-dire de *vie* et de *couleur*, et qu'il y a, dans ce qu'on peut remarquer, *autant d'expressions que d'idées...* En vérité, ajoute-t-elle, comme pour s'excuser de sa louange, je me crois sûre que l'auteur et moi nous sommes deux; femme jeune et sensible, ce n'est pas encore dans l'amour-propre qu'on vit. Le temps ne viendra que trop tôt où mon livre sera le premier événement de ma vie. » Elle désire un compte-rendu sérieux dans le *Journal d'Économie publique*, mais pour le *Journal de Paris* elle désire plus et demande tout naïvement à être louée; elle en a besoin pour ce qui est de sa situation en France : « Dans le *Journal de Paris* il m'importerait extrêmement qu'on saisît cette occasion pour dire une sorte de bien de moi. Dans le journal *rouge* (1) faites une analyse si vous m'en trouvez digne; mais, s'il se peut, le lendemain du jour où vous recevrez cette lettre, louez-moi tout bonnement dans le Journal qui a une véritable dictature sur l'opinion publique (2); louez le livre de manière à empêcher de persécuter l'auteur. Voyez avec quel abandon je crois à votre amitié... » Le jour même où elle écrivait cette lettre (22 novembre 1796), Rœderer allait au-devant de

(1) Sans doute appelé ainsi à cause de sa couverture; c'est le *Journal d'Économie publique*.
(2) Le *Journal de Paris*.

son désir et donnait dans le *Journal de Paris* une analyse bienveillante qui se terminait en ces mots : « Le talent d'écrire brille de toutes parts dans cet ouvrage ; mais partout aussi on y rencontre de l'incorrection. La composition et la première édition d'un tel ouvrage ne pouvaient être mieux faites qu'en Suisse : c'est à Paris que les amis du goût et de la philosophie sollicitent l'auteur de faire la seconde. » Elle était touchée et lui répondait : « Croyez que je vous aime de reconnaissance, de haute opinion et d'attrait. »

Cette relation de Rœderer et de madame de Staël fut donc assez vive, de la part du moins de cette dernière; mais elle s'interrompit bientôt et ne tint pas. Rœderer écrivait trop souvent et avec trop de liberté pour ne pas rencontrer sans cesse sous sa plume madame de Staël, et surtout sa famille, ses amis; elle était plus difficile et plus exigeante pour eux que pour elle-même. Avant que le 18 Brumaire fût venu mettre entre eux une dissidence politique essentielle, le refroidissement s'était déjà prononcé. Madame de Staël que quelque trait de plume avait blessée, s'en plaignait à lui en femme, avec bonne grâce, et lui disait un de ces mots qui n'accusent d'ailleurs autre chose en Rœderer que l'indépendance d'un esprit critique et judicieux : « Je ne suis pas le premier des êtres qui vous ont aimé qui se soient plaints de l'impossibilité de fixer dans votre cœur un jugement durable. » C'est qu'en effet ce qui mérite le nom de jugement durable ne se fixe point dans le cœur, mais dans l'esprit, et encore, pour peu qu'on cherche le vrai, la balance y recommence toujours.

Rœderer n'avait pas été favorable au système qui amena le 13 Vendémiaire, c'est-à-dire au dessein qu'avait la Convention de se proroger par les deux tiers de ses membres dans les nouveaux Conseils. Il en résulta pour lui une polémique très-vive avec les journalistes membres ou partisans déclarés de la Convention, tels que Poultier, Louvet et Marie-Joseph Chénier. La Satire de celui-ci contre Rœderer est connue; la réponse de Rœderer l'est moins. Il l'adresse, sous forme de lettre, à son jeune ami Adrien de Lezay que Chénier avait mêlé d'un bout à l'autre dans la même Satire. Ce n'est pas à nous de réchauffer aujourd'hui ces personnalités éteintes. Seulement que ceux qui lisent encore la Satire de Marie-Joseph Chénier dans les Œuvres du poëte, avant de s'en autoriser et de la citer contre Rœderer, sachent bien que celui-ci y a répondu sans colère et avec supériorité (*Journal d'Économie publique*, t. II, p. 175); il examine les droits de Chénier à l'exercice de la censure, ce que pourrait être la satire en des temps de calamité générale, et ce qui fait qu'à de pareilles époques l'arme de l'épigramme et du ridicule est fort émoussée : il n'y parle pas le moins du monde en auteur irrité, mais en homme public qui, sans se défendre l'amertume, s'attache à dire avant tout des choses graves et justes.

Tout en voulant fermement les conséquences civiles de la Révolution et sans pencher le moins du monde au royalisme, Rœderer n'était donc point partisan du mouvement conventionnel prolongé; et toutes les fois que ce parti redevint menaçant et offensif, même dans le Directoire et sous forme gouvernementale, il ne le trouva point dans les rangs de ses amis. Rœderer essayait de se tracer une marche raisonnable, prématurée, entre le système conventionnel et celui de l'émigration, entre la Terreur révolutionnaire et la Contre-Révolution, « faisant, disait-il, la guerre à l'un et à l'autre, et s'attirant des ennemis des deux côtés. » Au 18 Fructidor, il se trouva compris sur la liste des écrivains ou journalistes à déporter. M. de Talleyrand le fit rayer. C'est à ce sujet que le ministre de la police dit au Directoire : « Citoyens Directeurs, vous m'avez dérangé ma liste. *Je n'ai plus mon compte.* J'avais cinquante-quatre hommes, je n'en ai plus que cinquante-trois. Complétez-les-moi. » Et l'on substitua le nom du Genevois Perlet à celui de Rœderer.

Rœderer avait besoin d'une occasion éclatante qui lui permît de dessiner sa ligne et de mettre en lumière, autrement encore que par des écrits, ses vrais sentiments. Il avait alors des ennemis en grand nombre. Un publiciste grave qui a presque acquis dans ces derniers temps la valeur d'un historien, Mallet du Pan, tout en reconnaissant l'esprit et la capacité de Rœderer (1), a parlé très au hasard de son caractère et de ses intentions. Il suppose que son républicanisme prend à volonté toutes les formes : « Il a serpenté avec succès, dit-il, au travers des orages et des partis, se réservant toujours des expédients, quel que fût l'événement. » Rien ne paraît moins juste que cette assertion quand on a suivi, comme je viens de le faire, la ligne de Rœderer jour par jour d'après ses écrits. Les hommes qui sont si soigneux à se réserver pour les circonstances n'impriment pas tous les matins leurs pensées, ne prodiguent pas à ce point leurs conseils et les contradictions motivées qu'ils croient utiles. J'ajouterai qu'ils ne s'amusent pas à traiter tant de sujets littéraires purement agréables et désintéressés, et à les traiter avec feu, avec nouveauté, au risque de déplaire à plusieurs. Les formes de Rœderer, sa personne, au premier aspect, n'étaient pourtant pas propres à corriger ces préventions ou ces inimitiés si faciles à naître et à s'entretenir en temps

(1) Au tome IV, pages 340 et 360 du *Mercure britannique*. — L'importance du rôle dans les événements de Brumaire est bien appréciée. Tout le portrait, d'ailleurs, est à lire ; c'est un portrait *en noir*, mais bien accusé.

de révolution. Pour qui ne l'approchait pas et n'était pas à même d'apprécier son activité originale et sa gaieté naturelle, il semblait que son enveloppe un peu âpre, son profil accentué, sa figure maigre, anguleuse, d'une coupe tranchante, exprimassent d'autres passions que celles qui animaient son esprit fertile et son cœur honnête. Napoléon, bon juge et peu prodigue d'éloges, l'a mieux défini quand il a dit dans le récit du 18 Brumaire et en parlant des jours qui avaient précédé : « Il (le général Bonaparte) n'admettait dans sa maison que les savants, les généraux de sa suite, et quelques amis : Regnault de Saint-Jean-d'Angély, qu'il avait employé en Italie en 1797, et que depuis il avait placé à Malte; Volney, auteur d'un très-bon *Voyage en Égypte;* Rœderer, dont il estimait les nobles sentiments et la probité... »

C'est dans le mois de ventôse an VI (vers mars 1798), deux mois avant le départ pour l'Égypte, que Rœderer vit pour la première fois le général Bonaparte, auquel il devra bientôt d'acquérir tout son relief et toute sa valeur : « J'ai dîné avec lui, dit-il, chez Talleyrand-Périgord. Talleyrand, après dîner, me nomma à lui. Le général me dit : « Je suis charmé de faire votre connaissance; j'ai pris la plus grande idée de votre talent en lisant un article que vous avez fait contre moi il y a deux ans. » — « Contre vous, Général? je ne me rappelle pas... » — « Si fait, c'est au sujet des contributions levées en pays ennemi. Vous aviez grande raison en principe, mais vous étiez en erreur de fait; car je faisais ce que vous demandiez que je fisse. » — L'article auquel Bonaparte faisait allusion, et qui était dans le *Journal de Paris* du 25 juillet 1796, avait pour but de signaler le grand changement survenu dans les rapports du Gouvernement et des généraux. Depuis les victoires de Bonaparte en Italie, il était évident, en effet, que les généraux et leurs troupes, au lieu de dépendre du Gouvernement central qui les soldait, devenaient au contraire, par les contributions levées en pays conquis, les trésoriers de la nation et les percepteurs à main armée du Gouvernement. Le sens de l'article était donc : Prenez garde aux généraux qui maintenant alimentent le Trésor public; et vous, qui êtes le Gouvernement, avisez à régulariser et à faire arriver à vous la nouvelle source de richesses qui est entre leurs mains.

Dans cette première conversation qu'eut Rœderer avec le général Bonaparte, on causa beaucoup des *signes* et de leur influence sur les *idées*; c'était un sujet qui était cher à l'Institut de ce temps-là, qu'on venait de mettre au concours et sur lequel les disciples de Condillac ne tarissaient pas. Bonaparte, avec ce sens direct qu'il portait à tout, dit qu'il ne croyait pas que nous dussions une seule idée aux signes, que nous avions celles que notre organisation nous procurait et pas une de plus : « Si on ne peut avoir d'idées que par les signes, demandait-il, comment a-t-on eu l'idée des signes? » Rœderer, qui, sans être proprement un idéologue, était très au fait et assez imbu des doctrines philosophiques courantes, rappela alors au général plusieurs points, d'ailleurs incontestables : que les signes des idées abstraites et des modes mixtes sont nécessaires pour les arrêter, pour les enregistrer dans notre tête et pour nous donner les moyens de les comparer, etc., etc. Le général en convint, mais il avait dit sur le fond de la question la chose essentielle.

Pendant ces années 1798-1799, où se fit l'expédition d'Égypte, Rœderer, comme s'il eût compris qu'il n'y avait qu'à attendre, s'occupa moins de discussions politiques; il écrivit de préférence sur la littérature; il s'attacha à réfuter l'ouvrage de Rivarol contre la philosophie moderne; car, en fait de doctrines philosophiques et autres, la pensée de Rœderer était de rectifier le dix-huitième siècle sans l'abjurer. Cependant, la nomination de Sieyès au Directoire (mars 1799) lui avait rendu des espérances, et il lui sembla qu'il y avait désormais recours contre l'anarchie.

Peu après son retour d'Égypte, Bonaparte fit inviter Rœderer, par Regnault de Saint-Jean-d'Angély, à le venir voir rue Chantereine. C'était en ces semaines où tous les grands personnages du Gouvernement, de l'armée, de l'Institut, affluaient chez le général et lui déféraient en quelque sorte le pouvoir : « Je joignis, dit Rœderer, l'expression de mes vœux au vœu général. Quand Bonaparte me demanda si je ne voyais pas de grandes difficultés à ce que la chose se fît, je répondis : « Ce que je crois difficile, même impossible, c'est qu'elle ne se fasse pas; car elle est aux trois quarts faite. »

Les moyens de l'exécution importaient beaucoup. Rœderer mérita d'être complètement du secret et de devenir l'agent le plus actif peut-être de ce qu'il se plaisait à appeler une généreuse et patriotique conspiration. Dans les quinze jours qui précédèrent le 18 Brumaire, il voyait le général tous les soirs et avait avec lui un entretien particulier :

« Bonaparte ne voulait rien faire sans Sieyès; Sieyès ne pouvait provoquer Bonaparte. Talleyrand et moi fûmes les deux intermédiaires qui négocièrent entre Sieyès et Bonaparte. Tous les yeux étaient ouverts sur l'un et sur l'autre. Nous nous étions interdit toute entrevue particulière et tout entretien secret. Talleyrand était l'intermédiaire qui concertait les démarches à faire et la conduite à tenir. Je fus chargé de négocier les conditions politiques d'un arrangement ; je transmettais de l'un à l'autre leurs vues respectives sur la Constitution qui serait établie, et sur la position que chacun y prendrait. En d'autres mots, la tactique de l'opération était l'objet de Talleyrand, le résultat était le mien. Talleyrand me mena deux fois le soir au Luxembourg, où Sieyès logeait comme Directeur. Il me laissait dans sa voiture et entrait chez Sieyès. Quand il s'était assuré que Sieyès n'avait ou n'attendait chez lui personne d'étranger (car, pour ne pas donner d'ombrage à ses quatre collègues logés comme lui dans le petit hôtel du Luxembourg, il ne fermait jamais sa porte), on m'avertissait dans la voiture où j'étais resté, et la conférence avait lieu entre Sieyès, Talleyrand et moi. Dans les derniers jours, j'allais ouvertement chez Sieyès, et même j'y dînai. »

Dans les premiers jours de Brumaire et pendant qu'on discutait avec détail la révolution qui devait s'opérer le 19, Bonaparte lui disait : « Il n'y a pas un homme plus pusillanime que moi quand je fais un plan militaire; je me grossis tous les dangers et tous les maux possibles dans les circonstances; je suis dans une agitation tout à fait pénible. Cela ne m'empêche pas de paraître fort serein devant les personnes qui m'entourent. *Je suis comme une fille qui accouche.* Et quand ma résolution est prise, tout est oublié, hors ce qui peut la faire réussir. » Les paroles de Bonaparte, prises ainsi sur le vif, se rencontrent à tout instant dans les notes et papiers de Rœderer, et leur donnent un incomparable intérêt.

La plume de Rœderer fut des plus employées dans les actes officiels de cette journée du 18 et des jours suivants. Il avait été convenu qu'aussitôt la translation à Saint-Cloud décrétée par le Conseil des Anciens, et après que Bonaparte aurait prêté serment, il serait placardé, dans la matinée du 18, une Adresse aux Parisiens. La rédaction première de cette Adresse était de Rœderer; elle avait été corrigée par Bourrienne sous la dictée de Bonaparte. Elle fut composée typographiquement par le fils même de Rœderer, lequel, malgré sa jeunesse, était du secret, et que Regnault de Saint-Jean-d'Angély plaça, six jours avant le 18 Brumaire, dans une imprimerie dont le chef était à sa dévotion. Le jeune homme composa l'Adresse dans une pièce à part, où on l'avait mis comme pour s'exercer. — La démission de Barras qu'on fit signer à ce dernier le matin du 18, et dont les termes habilement calculés rendirent avec lui la négociation plus facile, était également de la rédaction de Rœderer, qui la concerta avec M. de Talleyrand. Bref, les services rendus furent tels qu'à la seconde ou troisième séance que tinrent les Consuls provisoires au Luxembourg, Bonaparte fit appeler, par une lettre du secrétaire des Consuls, Talleyrand, Volney et Rœderer : « M. de Talleyrand et moi, dit ce dernier, nous fûmes fort étonnés de nous y rencontrer avec M. de Volney, que nous ne savions pas avoir participé en rien aux opérations du 18 Brumaire. Sans doute il avait coopéré par de bons conseils, car il n'avait dans Paris aucune influence, et par son caractère il était habituellement peu disposé aux négociations. » Les négociations de Volney avaient dû porter plus particulièrement auprès des membres des Conseils, de ces républicains d'Auteuil qui furent brumairiens un jour et qui devinrent vite mécontents, tels que Cabanis et autres. Quoi qu'il en soit, le premier Consul crut devoir adresser à tous trois, et sur un ton plus solennel qu'il ne lui était habituel jusque-là, des remercîments collectifs au nom de la patrie, pour le zèle qu'ils avaient mis à faire réussir la révolution nouvelle. Mais, quelques jours après, ayant appris par M. de Talleyrand que le premier Consul lui destinait un présent de grand prix, une boîte émaillée représentant la Fédération de Milan, et enrichie de diamants et pierreries, Rœderer s'empressa d'écrire à Regnault de Saint-Jean-d'Angély une lettre des plus honorables :

« Mon cher ami, cette idée de présent me tracasse; je ne suis pas assez sûr que vous en ayez détourné le projet; mais, si vous ne l'avez pas fait, je compte assez sur votre amitié pour espérer que vous le ferez le plus tôt possible, et je vous en prie. Si Bonaparte, comme je vous le disais hier, m'avait donné un beau livre de six francs, par exemple les campagnes de Bonaparte en Italie, avec ces mots de sa main : *Donné par Bonaparte à Rœderer, en témoignage d'estime ou d'amitié*, il m'aurait fait un plaisir très-sensible. — Mais d'où peut provenir cette idée de présent, et de présent précieux ? Je n'ai rien fait pour Bonaparte. — J'ai uniquement voulu qu'il fît pour nous, je dis pour nous tous Français et patriotes. C'est à nous à lui faire des présents, et ma feuille de chêne est toute prête... Il ne m'a vu que conspirateur, pourquoi veut-il me traiter en courtisan ?... »

Ce sont là des scrupules de délicatesse assez rares pour devoir être notés, et qui marquent l'ordre de sentiments véritablement patriotiques qui entraient (au moins de la part de quelques-uns) dans l'acte du 18 Brumaire. Pendant les jours suivants, Rœderer continua d'être un intermédiaire entre Bonaparte et Sieyès, un interprète habile et entendu de ce fameux plan de Constitution que ce dernier avait en portefeuille, et qui ne put être appliqué qu'avec des modifications qui le transformèrent profondément. Il portait les paroles d'un pavillon du Luxembourg à l'autre. Sieyès ne fut pas long, du reste, à comprendre que son rôle était accompli, que le chef d'État idéal qu'il avait cherché à faire asseoir théoriquement au haut de sa pyramide était trouvé, debout, vivant, en action, investi de puissance et de gloire, et que le moment pour lui était venu d'abdiquer. Quand il s'agit de nommer des Consuls définitifs et qu'on eut arrêté le premier choix de Cambacérès, Rœderer, qui pouvait avoir des espérances pour la troisième place, dut les perdre lorsqu'un jour Bonaparte, en le voyant entrer, lui dit comme pour répondre à sa pensée : « Citoyen Rœderer, vous avez des ennemis. » — « Je les ai bien mérités, répondit-il, et je m'en félicite. » Et il fut, l'instant d'après, le plus vif à recommander à la désignation du premier Consul le nom considéré de Lebrun (1).

(1) Voici l'extrait pur et simple, et comme la minute de la conversation qui eut lieu à ce sujet (9 décembre 1799) :
— *Bonaparte :* « Je ne sais qui faire Consul avec Cambacérès. Connaissez-vous Lebrun et Cretet? » — *Moi :* « Très-bien. Lebrun

En même temps qu'il s'occupait de ces soins de Gouvernement et de Constitution, il ne cessait, dans son *Journal de Paris,* de soigner l'opinion du dehors, de l'éclairer et de la diriger en faveur du nouveau régime, de calmer les craintes, d'encourager les espérances, de fomenter les bons désirs : « Tous les matins l'abolition d'une mauvaise loi! disait-il (26 brumaire), voilà ce que nous devons aux Consuls de la république et aux Commissions législatives qui répondent à leurs vues. » — « Il n'y a ni ne peut y avoir de réaction à la suite du 19 Brumaire, disait-il le 29. Les hommes qui l'ont fait, n'ayant emprunté ni les bras ni le crédit d'aucune faction, n'ont de récompense à donner ni de prix à payer à aucune. » Distinguant entre le *sentiment national* qui était d'instinct, et l'*opinion publique* plus raisonnée et plus éclairée, il aurait voulu élever l'un jusqu'à l'autre, organiser celle-ci pour que le bon sens redescendît ensuite de là comme d'une sorte de fontaine publique dans tous les rangs et les étages de la société. Il avait peut-être, sur ce point de mécanique sociale, des idées un peu subtiles et compliquées; mais en fait, dans ces

---

est un homme du premier mérite, Cretet est un homme de troisième ligne. » (Suit un long interrogatoire très-précis sur Lebrun ; ce qu'il était, quelles places il a occupées avant la Révolution ; quel rôle depuis ; ce qu'il a fait comme homme de lettres; sa réputation. Et quand tout semble dit :) — *Bonaparte :* « Envoyez-moi ses OEuvres, je veux voir son style. » — *Moi :* « Quoi! ses discours à l'Assemblée constituante, dans les Assemblées législatives? » — *Bonaparte :* « Non, ses OEuvres littéraires. » — *Moi :* « Et que verrez-vous là de décisif pour une place de Consul? » (Les OEuvres littéraires de Lebrun ne consistaient qu'en des traductions d'Homère et du Tasse.) — *Bonaparte :* « Je verrai ses Épîtres dédicatoires. » — *Moi,* en riant : « Pour le coup, voilà une curiosité à laquelle je ne m'attendais pas. J'ai souvent comparé vos questions sur les hommes et sur les choses à l'étude d'une poignée de sable que vous passez grain à grain à la loupe. Les Épîtres dédicatoires de Lebrun sont le dernier grain de sable du tas. » — *Bonaparte,* en riant : « Il est deux heures ; je devrais être au Consulat. Venez dîner avec moi. » —

jours décisifs, il se montra à l'œuvre un grand *praticien* de l'opinion et un tacticien consommé.

Il y eut là un moment à jamais mémorable, et que nul mieux que lui ne peut nous aider à ressaisir et à admirer. Rœderer accepta et servit loyalement l'Empire; il en reçut des honneurs et des dignités; il eut, en 1815, le sentiment vrai qui le rattacha, par intérêt national comme par devoir et reconnaissance, à l'Empereur reparu; mais son moment préféré et hors de comparaison fut toujours l'heure du Consulat. Il y jouit pendant deux ans et huit mois de la faveur du chef de l'État, de sa conversation habituelle et presque familière : il en a subi le charme et l'a consacré dans des notes d'autant plus sincères qu'elles sont plus rapides et plus inachevées. Le Sénat conservateur, qui recrutait ses premiers membres par l'élection, l'avait désigné; c'était une marque d'estime. Bonaparte le détourne d'accepter et lui montre le Conseil d'État :

— *Bonaparte :* « Eh bien, citoyen Rœderer, qu'est-ce qu'on dit ? » — *Moi :* « On espère, on désire. » — « Avez-vous fait vos listes pour les nouvelles nominations? » — « Je n'ai point de places à donner. » — « Mais il en faut faire. » — « Je ne connais personne. » — « Et vous, qu'est-ce que vous voulez être? » — (Je ne réponds rien.) — « Il ne faut pas penser aux Conservateurs : c'est un tombeau. Cela est bon pour des hommes qui ont fini leur carrière, ou qui veulent faire des livres. Laplace sera très-bien là, il pourra travailler. Berthollet y sera très-bien aussi; le général Hatry..., Rousseau des Anciens. Mais vous, vous avez des talents, de l'activité... le Conseil d'État vous convient mieux; ses fonctions sont importantes. Vous entendez les affaires publiques; vous parlez bien; vous êtes capable de faire face au Tribunat. » — « Général, je ferai ce que je pourrai pour le succès de la chose. » (Extrait d'une conversation de décembre 1799.)

Conseiller d'État et président de la Section de l'intérieur depuis le 25 décembre 1799 jusqu'au 14 septembre 1802, ayant pris la plus grande part aux lois et aux projets administratifs qui s'y discutaient chaque jour, chargé en outre de missions et de directions importantes dans cet intervalle, il apprécia surtout le caractère et le génie civil du premier Consul, et il a exprimé à cet égard son sentiment dans des notes éparses et vives, qui font le pendant et le contraste le plus parfait à la page que j'ai précédemment citée de lui sur la Démocratie. De même que, dans ce passage qu'on n'a pas oublié, il a énergiquement rendu cette puissance d'organisation fatale qui semblait faite pour engendrer les tyrannies multiples, pour perpétuer l'hydre aux mille têtes et éterniser le chaos, de même ici il rend avec une précision inaccoutumée un idéal d'ordre, d'unité, de lumière, dont il avait sous les yeux l'exemplaire vivant; en un mot, c'est le tableau de 1802, le contraire de 1792; c'est le monde jeune, renaissant merveilleusement après la ruine :

« Une commission est formée, dit-il, pour la composition d'un Code criminel, une autre pour un Code de commerce.

« Le Code civil, présenté par les citoyens Bigot de Préameneu, Maleville, Tronchet et Portalis, est adressé au tribunal de cassation et aux tribunaux d'appel; toutes leurs observations sont conférées à la Section de législation, rapportées, discutées en présence des commissaires rédacteurs.

« C'est là que le premier Consul a montré cette puissance d'attention et cette sagacité d'analyse qu'il peut porter vingt heures de suite sur une même affaire, si sa complication l'exige, ou sur divers objets, sans en mêler aucun, sans que le souvenir de la discussion qui vient de finir, la préoccupation de celle qui va suivre le distraient le moins du monde de la chose à laquelle il est actuellement occupé.

« C'est dans cette discussion du Code civil que Bonaparte, étonné de la force, de la logique et de l'activité de pensée, de la profonde science de Tronchet, jurisconsulte octogénaire, l'étonne bien plus lui-même par la sagacité de son analyse, par le sentiment de justice qui lui fait chercher la règle applicable à chaque cas particulier; par ce respect pour l'utilité publique et pour la morale qui le fait poursuivre toutes les conséquences d'un principe de législation; par cette sagesse d'esprit qui, après l'examen des choses, lui laisse encore le besoin de connaître l'opinion des hommes de quelque autorité, les exemples de quelque poids, la législation actuelle sur le point en question, la législation ancienne, celle du Code prussien, celle des

Romains; les motifs et les effets de toutes. C'est dans cette discussion que le Conseil d'État se sentit partagé entre le respect dû à ce savant octogénaire, à ce sage esprit en qui ne s'est affaiblie aucune faculté et d'où ne s'est échappée aucune portion de savoir, et l'admiration due à ce jeune législateur qui, malgré sa jeunesse, affronte les points les plus ardus de la législation.

« Assidu à toutes les séances;

« Les tenant cinq à six heures de suite;

« Parlant, avant et après, des objets qui les ont remplies;

« Toujours revenant à deux questions: Cela est-il *juste*? Cela est-il *utile*?

« Examinant chaque question en elle-même sous ces deux rapports, après l'avoir divisée par la plus exacte analyse et la plus déliée;

« Interrogeant ensuite les grandes autorités, les temps, l'expérience; se faisant rendre compte de la jurisprudence ancienne, des lois de Louis XIV, du grand Frédéric... »

Ce ne sont pas proprement des pages suivies que j'extrais, mais de simples notes que je rejoins et que j'assemble; il suffit, toutefois, de les rapprocher, tant elles concordent, pour voir se dessiner cette beauté consulaire dans toute sa vigueur et sa simplicité:

« Le premier Consul n'a eu besoin que de ministres qui l'entendissent, jamais de ministres qui le suppléassent. » —

« Il n'est pas un homme de quelque mérite qui ne préférât, près de Bonaparte, l'emploi qui occupe sous ses yeux à la grandeur qui en éloigne, et qui, pour prix d'un long et pénible travail, ne se sentît mieux récompensé par un travail nouveau que par le plus honorable loisir. » —

(Janvier 1801.) « Il n'y a point de héros pour son valet de chambre, dit le proverbe; je le crois, parce que les grands cœurs ne sont pas toujours de grands esprits. Mais le proverbe aurait tort pour Bonaparte. Plus on l'approche et plus on le respecte. On le trouve toujours plus grand que soi quand il parle, quand il pense, quand il agit.

« Une preuve de son ascendant, c'est la réserve et même le respect que lui témoignent, dans toutes leurs relations, les hommes qui ont vécu avec lui dans la plus étroite familiarité, ses compagnons d'armes, ses premiers lieutenants: et ce respect n'a rien de contraint, il est naturel. S'il parle, on l'écoute, parce qu'il parle en homme instruit, en homme supérieur. S'il se tait, on respecte son silence même. Nul n'osera interrompre son silence avec indiscrétion, non que l'on craigne un moment de mauvaise humeur, mais uniquement parce qu'on sent qu'il existe, pour ainsi dire, entre lui et soi, une grande pensée qui l'occupe et le défend d'une approche familière. » —

« Un de mes amis me demandait ce soir (6 janvier 1802) comment je ne craignais pas de louer publiquement le premier Consul et de déprimer si hautement ses ennemis.

« Je répondis par les mots suivants que je me suis souvent dits à moi-même : « Je le loue publiquement de ce qu'il a fait de bien, « d'abord afin qu'on l'aime et qu'on le connaisse ; ensuite pour qu'il « sache quels sont les motifs de l'attachement qu'on a pour lui ; en « troisième lieu pour avoir le droit de lui parler franchement et avec « fermeté dans son Conseil ou en particulier. » —

« Il arriva sous son Gouvernement une chose assez extraordinaire entre les hommes qui travaillaient avec lui : la médiocrité se sentit du talent, le talent se crut tombé dans la médiocrité ; tant il éclairait l'une, tant il étonnait l'autre ! Des hommes jusque-là jugés incapables se rendaient utiles ; des hommes jusque-là distingués se trouvaient tout à coup confondus ; des hommes regardés comme les ressources de l'État se trouvaient inutiles ; et toutes les âmes ambitieuses de gloire furent forcées de se contenter d'un reflet de sa gloire. » —

« Jamais le Conseil ne s'est séparé sans être plus instruit sinon de ce qu'il a enseigné, au moins de ce qu'il a forcé d'approfondir.

« Jamais les membres du Sénat, du Corps législatif, du Tribunat, ne vinrent le visiter sans remporter le prix de cet hommage en instructions utiles.

« Ils ont trouvé dans ces visites, au lieu de la morgue si ordinaire à la puissance, cette curiosité que donnent l'amour du bien public et le respect pour l'opinion nationale. Il a non-seulement ouvert l'accès à toutes les réflexions qu'on a voulu lui présenter, mais les a souvent provoquées. Il a discuté les opinions opposées à la sienne, discuté la sienne propre, et ces conversations ont été de véritables Conseils d'État. — Il ne peut avoir devant lui des hommes publics sans être homme d'État, et tout devient pour lui Conseil d'État. » —

« Ce qui caractérise l'esprit de Bonaparte, c'est la force et la constance de son attention. Il peut passer dix-huit heures de suite au travail, à un même travail, à des travaux divers. Je n'ai jamais vu son esprit las. Je n'ai jamais vu son esprit sans ressort, même dans la fatigue du corps, même dans l'exercice le plus violent, même dans la colère. Je ne l'ai jamais vu distrait d'une affaire par une autre, sortant de celle qu'il discute pour songer à celle qu'il vient de discuter ou à laquelle il va travailler. Les nouvelles heureuses ou malheureuses de l'Égypte ne sont jamais venues le distraire du Code civil, ni le Code civil des combinaisons qu'exigeait le salut de l'Égypte. Jamais homme ne fut plus entier à ce qu'il faisait, et ne distribua mieux son temps entre les choses qu'il avait à faire ; jamais esprit plus inflexible à refuser l'occupation, la pensée qui ne venait ni au jour ni à l'heure, ni plus ardent à la chercher, plus agile à la poursuivre, plus habile à la fixer, quand le moment de s'en occuper est venu. » —

Le style de Rœderer a emprunté ici de sa simplicité nerveuse au sujet même qu'il avait sous les yeux et qui présidait à sa pensée ; il s'est reflété en lui comme un rayon du modèle. Il faudrait voir, en bien d'autres détails, comme il était réellement épris et enthousiaste de la gloire, de la vertu du premier Consul à cette époque, comme il luttait de toutes ses forces et avec passion contre l'influence de Fouché en laquelle il dénonçait un danger, et, qui pis est, une souillure pour la réputation immaculée du jeune chef d'empire. Encore une fois, si je trouvais ces témoignages de Rœderer dans des pages imprimées ou faites pour l'être, je me les expliquerais, mais j'y attacherais moins de valeur : ici c'est l'émotion prise à sa source et sans mélange. S'il est beau par-dessus tout au héros militaire et civil d'inspirer de tels sentiments d'admiration à ceux qui l'approchent, il n'est pas moins honorable à l'homme politique déjà éprouvé par les révolutions d'avoir gardé son esprit assez ferme et assez intègre pour être capable de les ressentir.

Lundi, 1ᵉʳ août 1853

ROEDERER

(FIN)

Benjamin Constant et l'opposition du Tribunat. — Impression sur le premier Consul. — Rœderer Directeur de l'instruction publique ; — chargé des lycées et des théâtres. — Il est nommé sénateur. — Veille de l'Empire. — Napoléon défini par lui-même. — Ses paroles sur la guerre ; — sur le don du commandement ; — sur le travail ; — sur la règle des vingt-quatre heures dans la tragédie. — Rœderer dans la retraite sous la Restauration. — Ses écrits sur Louis XII et François Iᵉʳ. — L'hôtel Rambouillet et madame de Maintenon, etc.

On me dit que Benjamin Constant parlait mal de Rœderer ; je le crois bien : ils s'étaient connus, ils s'étaient rencontrés et même rendu de bons offices ; Benjamin se vantait d'avoir une fois rapproché Rœderer de Sieyès qui le boudait ; Rœderer avait eu souvent à écrire sur les brochures de Benjamin Constant : tout cela était bien ; mais un jour, dans une circonstance capitale, Rœderer l'avait déjoué et blessé. Le jour même de la formation du Conseil d'État, on avait dressé un projet de règlement pour les rapports à établir entre le Conseil, le Corps législatif et le Tribunat. Ce premier projet de loi porté au Tribunat y excita de l'opposition. Rœderer prévoyant ou peut-être prévenu de la veille que Benjamin Constant devait parler contre, écrivit le matin dans le *Journal de Paris*, 15 nivôse an VIII (5 janvier 1800), les lignes suivantes, qu'il signa :

« Sait-on bien ce que c'est que le Tribunat ?

« Est-il vrai que ce soit l'*Opposition organisée?* Est-il vrai qu'un tribun soit condamné à s'opposer toujours, sans raison et sans mesure, au Gouvernement ; à attaquer tout ce qu'il fait et tout ce qu'il propose ; à déclamer contre lui quand il approuve le plus sa conduite ? etc., etc...

« Si c'était là le métier d'un tribun, ce serait le plus vil et le plus odieux des métiers.

« Pour moi, j'en ai pris une autre idée :

« Je regarde le Tribunat comme une assemblée d'hommes d'État chargés de contrôler, reviser, épurer, perfectionner l'ouvrage du Conseil d'État, et de concourir avec lui au bonheur public.

« Un vrai conseiller d'État est un tribun placé près de l'autorité suprême. Le vrai tribun est un conseiller d'État placé au milieu du peuple. Les devoirs sont les mêmes pour tous deux. »

Benjamin Constant, sous le coup de cette note, commençant son discours quelques heures après, était obligé de dire pour exorde : « Il eût été à désirer que le premier projet de loi soumis à la discussion du Tribunat eût pu être par lui adopté ; la malveillance n'aurait pas le prétexte de dire que cette enceinte est un foyer d'opposition... » J'ai eu sous les yeux des lettres qui prouvent à quel point Benjamin Constant et son monde, au moment où ils ouvraient les hostilités, furent sensibles eux-mêmes à de si promptes représailles. Rœderer, en agissant ainsi, obéissait à son zèle pour l'établissement consulaire, et le journaliste en lui venait en aide au conseiller d'État. Il connaissait de plus le caractère et la manière de sentir du premier Consul, que des attaques et des chicanes de ce genre allaient à l'instant porter au delà du premier but. A un an de là, à la Malmaison, en janvier 1801, le premier Consul disait aux sénateurs Laplace et Monge, et à Rœderer, au sujet même des injures qu'on s'était permises au Tribunat contre le Conseil d'État pour la loi sur les tribunaux spéciaux : « Je suis soldat, enfant de la Révolution, sorti du sein du peuple : je ne souffrirai pas qu'on m'insulte comme un roi. » Il disait dans un autre moment : « Il faut que le peuple français me souffre avec mes défauts, s'il trouve en moi quelques avantages : mon défaut est de ne pouvoir supporter les injures. » Vers le même temps à Paris, toujours au sujet de la même affaire, comme Rœderer lui disait : « Les Parlements autrefois parlaient toujours aux rois dans leurs Remontrances des *conseils perfides qui trompaient Leur Majesté*, mais leurs séances n'étaient pas publiques. » — « Et d'ailleurs, reprenait vivement le premier Consul, ces choses-là les ont renversés; et moi j'ose dire que je suis du nombre de ceux qui fondent les États, et non de ceux qui les laissent périr. » Il ajouta peu après : « Quand on attaque les conseils, c'est pour renverser celui qui les écoute : *quand on veut abattre un arbre, on le déchausse.* »

Rœderer savait ces choses; il ne les appréciait pas seulement dans leur effet sur le caractère du premier Consul, il les jugeait en tenant compte du caractère général des Français. Dans un article de ce temps, il a très-bien discuté cette question : *Si en France l'Opposition peut être injurieuse et véhémente comme en Angleterre* (1)? Établissant la différence de mœurs et de sensations des deux peuples, il montre l'inégalité d'inconvénients dans les mêmes injures dites à des hommes publics d'un côté ou de l'autre du détroit :

« En Angleterre, on pèse l'injure; en France, il faut la sentir... En Angleterre, l'injure intéresse quelquefois en faveur de celui qui la reçoit; en France, elle avilit toujours celui qui la souffre... En

(1) *Mémoires d'Économie publique, de Morale et de Politique*, t. II, page 146 (1801).

Angleterre, les invectives n'ont point renversé le trône ; en France, elles ont renversé une royauté de quatorze siècles. Pourquoi? C'est, comme nous avons dit, parce qu'en France l'injure avilit celui qui la souffre, et excite aux injures ceux qui l'écoutent ; au lieu qu'en Angleterre, l'injure parlementaire n'excite pas les injures du peuple... »

Il écrivait cela en 1802 ; il s'en souviendra plus tard, trente-trois ans après, en adressant ses fameuses Observations, jugées intempestives, *aux Constitutionnels,* sous le roi Louis-Philippe. Il connaissait mieux que beaucoup de ceux qui le raillèrent alors les mœurs de la France, et comment le feu chez nous prend aux poudres plus vite que chez nos voisins. Toutefois, comme je ne suis ici que rapporteur et que je me borne à relever les principales opinions du personnage que j'étudie, je ferai remarquer que Rœderer n'était pas sans quelque inconséquence. En même temps qu'il se montrait si ombrageux sur la liberté de la tribune, il paraît avoir été beaucoup plus coulant sur la liberté des journaux et sur celle même des théâtres. Dans son admiration pour Louis XII, il s'est plu à développer ce point de vue d'une entière liberté accordée à la scène. Après 1800, engagé déjà dans les hautes fonctions de l'État, il se prêtait plus fréquemment qu'il n'était naturel à la polémique avec Geoffroy, avec madame de Genlis, avec Legouvé et d'autres encore. Il n'eût pas mieux demandé que de continuer de faire, comme un simple particulier, le Cours d'Économie politique qu'il avait repris à l'Athénée (1800-1801). Directeur de l'instruction publique, il ne trouvait pas mauvais qu'un de ses discours pour une distribution de prix fût critiqué par un professeur de rhétorique de l'établissement où il l'avait prononcé. Il ne faut pas demander à Rœderer une séparation très-exacte et très-absolue entre ses diverses facultés et ses divers rôles. Il y a en lui l'homme de gouvernement, il y a l'homme de publicité ; les habi-

...udes de celui-ci reviennent fréquemment à travers l'autre (1).

Un jour, le 12 mars 1802, le premier Consul dit à Rœderer qui entrait dans son cabinet avant la séance du Conseil d'État : « Eh bien, citoyen Rœderer, nous vous avons donné le *département de l'esprit.* » C'était la Direction de l'esprit public, comprenant alors, par un bizarre assemblage, et l'instruction publique et les théâtres; les écoles primaires, centrales, les lycées, prytanées, en y joignant la Comédie-Française et l'Opéra. Rœderer ne cessait point pour cela d'être conseiller d'État et président de section; mais cette Direction nouvelle, en le mettant aux prises avec des difficultés et des amours-propres de tout genre, hâta le moment où il y eut arrêt dans sa faveur.

On aurait peine à se figurer le désordre et la confusion où était l'enseignement de la jeunesse en 1800 : toutes les méthodes faciles, toutes les fantaisies philosophiques et philanthropiques s'étaient donné carrière sous le Directoire; il s'agissait de remettre la règle et un peu de sévérité dans cette licence et cette bigarrure. Il existait déjà un premier plan, une ébauche d'instruction publique par Fourcroy. Avant d'en venir au système qui prévalut et qui présida à la réorganisation de l'Université sous Fontanes, on avait à passer par des épreuves successives : le système de Rœderer fut un de ces essais intermédiaires. Ce Directeur imprévu de l'enseignement, qui s'était formé lui-même, qui n'avait point hérité des anciennes traditions classiques, et qui n'était

(1) Ce caractère et ce cachet de journaliste en Rœderer déplairont à Napoléon devenu empereur, comme on peut le voir dans les *Mémoires* récemment publiés du roi Joseph, t. II, p. 266, 311 et 348. — « Il parle au nom du Sénat comme il ferait dans un article de journal; il me met à côté de Machiavel, etc., etc. » (Lettre de Napoléon au roi Joseph, du 3 juin 1806).

pas non plus du groupe polytechnicien proprement dit, mais homme d'esprit, rempli d'observations et d'idées fines, un peu particulières, se mit aussitôt en devoir de les appliquer :

« J'avais depuis longtemps remarqué, dit-il, les caractères qui distinguent l'esprit des géomètres et des physiciens, de celui des hommes appliqués aux affaires, et de celui des personnes vouées aux arts d'imagination : dans les premiers (je ne parle que généralement), exactitude et sécheresse ; dans les seconds, souplesse allant quelquefois jusqu'à la subtilité, finesse allant quelquefois jusqu'à l'artifice ; dans les troisièmes, élégance, verve, exaltation portée jusqu'à un certain dérèglement...

« Ce que je projetais d'après ces observations, ajoute-t-il, était : 1° de faire *marcher de front*, dès les plus basses classes des colléges, les trois genres de connaissances, littéraires, physiques et mathématiques, morales et politiques, en mesurant à l'intelligence des enfants dans chaque classe les notions de chaque science ; 2° de faire enseigner dans chaque classe, même les plus basses, les trois sciences par trois professeurs différents, dont chacun serait spécialement consacré à l'une des trois... »

Le but était de faire cesser le divorce entre les diverses facultés de l'esprit, de les rétablir dans leur alliance et leur équilibre, et d'arriver à une *moyenne* habituelle plutôt que de favoriser telle ou telle vocation dominante. Mais, comme il ne fallait point non plus surcharger l'esprit des enfants, il en résultait qu'en enseignant trois ordres de sciences à la fois, il y avait à réduire la dose de chacune, à ne la donner pour ainsi dire que *par couches très-minces*. Je n'insiste pas sur ce système qui n'a point été mis à l'épreuve et qui, dès lors, ne peut être qu'imparfaitement jugé. Les objections se voient d'elles-mêmes. Ce que le système offre, à première vue, de trop mince et de trop étendu en surface, aurait pu se corriger dans la pratique. Sachons que Rœderer était aidé dans l'application par Delambre et par Cuvier. Pourtant, Laplace, Biot, alors jeune, plein de zèle et de vivacité pour les sciences (comme il l'est encore aujourd'hui), ne l'agréaient pas ; les hommes du coin de Fontanes, et dont le cœur était pour les grands écrivains du dix-septième siècle, ne le pouvaient agréer non plus. Indépendamment de ces difficultés du fond et de la méthode, il y avait aussi celles du personnel. A qui et dans quel esprit confier les fonctions de l'enseignement ? A cette date, si voisine de la confusion, les hommes n'étaient pas encore assez triés et démêlés, assez remis chacun dans leur vrai jour. Une fois, Rœderer proposait au choix du premier Consul, sur une liste d'inspecteurs des études, le chevalier de Bouflers ; le premier Consul l'arrêta à ce nom et lui dit : « Comment voulez-vous donner pour inspecteur aux lycées l'auteur de poésies si libres et si connues ? Les élèves, en entendant son nom, demanderont : Est-ce le chevalier de Bouflers qui a fait, etc. ? » et il indiquait la pièce plus que légère.

Auprès du ministre Chaptal, Rœderer n'éprouvait pas le même genre d'objections. Le théâtre occupait beaucoup Chaptal ; il avait de ce côté ses préférences, ses faiblesses déclarées. De là des luttes étranges et souvent plaisantes. Par suite de cette confusion d'attributions qui faisait de lui à la fois une manière de grand-maître de l'instruction publique et de directeur des Menus, Rœderer, en revenant d'inspecter le prytanée de Saint-Cyr, se rendait à Versailles pour y juger des débuts de mademoiselle Duchesnois dans le rôle de *Phèdre;* car c'est du passage de Rœderer à l'administration des théâtres que datent l'entrée de mademoiselle Georges et de mademoiselle Duchesnois à la Comédie-Française, et l'admission de mademoiselle Bigottini à l'Opéra. Il fallut même, pour cette dernière, vaincre une sorte d'opposition des artistes de la danse, qui s'entendaient pour lui refuser toute espèce de talent. Le Directeur de l'instruction publique eut à prononcer en dernier ressort sur le mérite d'un pas.

Dans le principe, Rœderer avait compté travailler directement avec le Consul, s'inspirer de son esprit, et justifier devant lui de ses idées. Chaptal, au contraire, mécontent d'un démembrement si considérable de son ministère, avait tout fait pour réduire cette direction à n'être qu'une simple division, dont le chef ne serait en rapport immédiat qu'avec lui. Il avait à peu près réussi dans sa prétention. Rœderer pourtant résistait, et ne consentait pas à cette diminution qui le classait d'un cran trop bas. C'était le moment où Bonaparte, nommé Consul à vie (août 1802), instituant la Légion-d'Honneur, créant les sénatoreries, faisait subir à la première Constitution consulaire une modification essentielle qui l'inclinait dans le sens monarchique. Dès ce moment, à bien juger de la portée des actes, l'Empire était fait, il l'était en principe; ce qui vint après ne devait plus être qu'une consécration, une conséquence. Rœderer fut, il le confesse, un peu lent à s'en apercevoir. Il en était encore à un certain projet de listes nationales de notabilités, projet conçu et adopté dans le premier ordre consulaire et provenant de Sieyès : comme Rœderer avait été le rédacteur de ce projet de loi, il continuait de le croire existant, non incompatible avec les changements survenus, et il en écrivit en ce sens au premier Consul, qui crut sentir à l'instant qu'il n'était plus compris. A la prochaine séance du Conseil privé, au lieu de lui dire selon son usage : *Citoyen Rœderer, écrivez*, le premier Consul s'adressa à Regnault de Saint-Jean-d'Angély, et lui dit : *Écrivez*. Regnault, à partir de ce jour, devint la plume et l'orateur du Conseil d'État sous la fin du Consulat et durant l'Empire. Comme secrétaire confidentiel et rédacteur de la pensée gouvernante, Rœderer avait fait son temps.

Mais, en perdant la faveur proprement dite, il garda et continua de mériter l'estime et jusqu'à un certain point la confiance du chef de l'État. Quelques jours après avoir été retiré de la Direction de l'instruction publique et mis au Sénat (septembre 1802), le premier Consul lui dit chez madame Bonaparte : « Eh bien, citoyen Rœderer, nous vous avons placé entre les Pères conscrits. » — « Oui, général, répliqua-t-il, vous m'avez envoyé *ad patres.* » A cette parole un peu épigrammatique, Bonaparte répondit gravement : « Le Sénat n'*absorbe* plus; » ce qui revenait à lui dire : Vous n'êtes point condamné à une sorte d'inaction. Et, en effet, d'après les modifications apportées à la première Constitution, les sénateurs étaient aptes à remplir de hautes missions actives, et Rœderer bientôt s'en ressentit.

Investi de la sénatorerie de Caen dont le siége était à Alençon, Rœderer s'y livra à l'étude du pays, et il fit un beau travail, un Rapport sur l'état économique, moral et politique de ces provinces qui confinaient au foyer de la guerre civile et qui elles-mêmes en avaient été atteintes. En 1804, à la veille de l'Empire, causant avec lui aux Tuileries, pensant tout haut, exprimant son impatience des injustices de l'opinion parisienne à ce moment, son ennui des résistances qu'il éprouvait dans ses vues de la part même de quelques-uns de ses proches, le premier Consul disait ces paroles qui renferment une trop haute et trop soudaine définition personnelle pour ne pas être recueillies : « Au reste, moi je n'ai point d'ambition... (Et se reprenant :) ou, si j'en ai, elle m'est si naturelle, elle m'est tellement innée, elle est si bien attachée à mon existence, qu'elle est comme le sang qui coule dans mes veines, comme l'air que je respire. Elle ne me fait point aller plus vite ni autrement que les mobiles naturels qui sont en moi... Je n'ai jamais eu à combattre ni pour elle ni contre elle; elle n'est jamais plus pressée que moi; elle ne va qu'avec les circonstances et l'ensemble de mes idées. »

— « Elle ne va qu'avec votre prudence, » répondait Rœderer en s'inclinant. (7 mars 1804.)

L'esprit parisien s'était emparé alors de la conspiration Moreau et Pichegru pour forger mille inventions et mille médisances. A ce sujet, le premier Consul, dans cette conversation du 7 mars, disait encore : « Je crois bien que, si le ministre de l'intérieur était meilleur, que, si vous l'étiez, l'esprit public serait meilleur. Mais vous n'avez pas voulu l'être. J'avais chargé Talleyrand de vous le dire; vous n'avez pas voulu. » — « Citoyen premier Consul, repartit Rœderer (à qui Talleyrand dans le temps n'avait dit que peu de chose), vous m'avez très-bien jugé en ne me nommant pas. Je suis un homme de parti; je suis un soldat du parti philosophique. Il faut me laisser à mon poste. »

C'est, en effet, le moment pour nous de bien fixer le caractère littéraire et philosophique de Rœderer. Il est et il restera un homme du dix-huitième siècle. Il y eut, en 1802, non-seulement une grande métamorphose dans le pouvoir, il y eut une grande et vive réaction dans les idées. Il accepte et servira l'une, mais non point l'autre. Il maintient le *Catéchisme universel* de Saint-Lambert, quand le *Génie du Christianisme* a éclaté. Chateaubriand lui paraît « un esprit romanesque et au rebours. » Il approuve civilement le Concordat, mais il reste étranger à l'ordre d'idées et d'inspiration de Portalis. Il s'attache tant qu'il peut, dans ses conversations avec le Consul, à combattre l'idée qu'il lui voit du *pouvoir de l'imagination* sur les Français; cette idée du *pouvoir de l'imagination,* puisée dans les camps et justifiée par les prodiges militaires, lui paraît dangereuse à transporter dans le civil et menant à l'extraordinaire plus qu'à l'utile. Mais lui-même il ne se rend pas assez compte de certaines choses lumineuses, éclatantes, de représentation ou de fantaisie, qui sont nécessaires chez nous. Il met de côté cette faculté d'admiration qui veut être satisfaite et tenue en haleine, même dans le régime ordinaire de la vie. Le monumental le touche peu; la célébration des fêtes religieuses et autres, les solennités en tout genre, lui paraissent volontiers une superfluité. Quand il dirigeait les théâtres, si on l'eût laissé faire, il aurait laissé tomber l'Opéra. En un mot, il est pour une raison trop continue, trop suivie; il n'admet pas ces coups d'archet en toute chose qu'il faut de temps en temps en France.

Plus tard, dans ses loisirs, lui aussi il reviendra passionnément et avec une prédilection marquée à une sorte de culte, au culte littéraire du dix-septième siècle; mais, même dans ce mouvement qui lui est commun avec d'autres, notez les différences. Dès 1800 et vers les premières années de cette Renaissance, quelques hommes de talent et de goût revinrent également au grand règne, mais par un sentiment prompt et vif d'admiration pour les chefs-d'œuvre, par l'adoption reconnue salutaire des doctrines, par l'attrait du beau langage et de l'éloquence; les Fontanes, les Joubert, les Bausset obéirent à cet esprit et s'en firent les organes. Quand Rœderer reviendra sous la Restauration à la belle littérature et à la société de Louis XIV, ce sera par un long détour et par un revers imprévu, en vertu d'une vue ingénieuse, fine, et moyennant tout un enchaînement d'idées; il y reviendra à la manière de Fontenelle, non de Fontanes.

Bonaparte, depuis qu'il était Empereur, ne voyait guère Rœderer sans lui demander : « Comment va la métaphysique? » Il y avait dans cette question, d'ailleurs bienveillante, tout un jugement.

Les principaux emplois de Rœderer sous l'Empire furent auprès du roi Joseph, qu'il avait beaucoup connu dans le Conseil d'État, alors qu'ils en faisaient tous deux partie, et qui lui portait une véritable amitié. Lorsque Joseph fut roi de Naples, Rœderer, député avec deux autres sénateurs pour le complimenter, lui resta et fut retenu par lui pour son ministre des finances. Il y administra depuis la fin de 1806 jusqu'en juillet 1808. Il avait préparé dans ce pays l'utile réforme financière qui fut depuis reprise et exécutée sous le roi Murat par le comte de Mosbourg (1). Lorsque Joseph passa de Naples sur le trône d'Espagne, ce fut Rœderer qui fut chargé deux fois et dans des circonstances diversement délicates (avril 1809 et juillet 1813) d'aller lui transmettre les intentions de l'Empereur, de les lui interpréter et de les lui faire agréer. Ces missions sont d'une nature trop particulière pour être exposées soit en entier, soit incomplètement. Je me borne, pour ces années, à noter quelques paroles tirées çà et là des conversations de l'Empereur, et par lesquelles cette grande nature continue de se définir elle-même avec l'accent qui lui est propre. C'est l'honneur de Rœderer de nous initier ainsi à cette intime connaissance. Amené à parler de la guerre, « de cet art immense qui comprend tous les autres, » des qualités nombreuses qu'elle requiert, qui sont tout autres que le courage personnel, et qu'on ne se donne pas à volonté :

(1) Les *Mémoires* du roi Joseph (1853) font mention fréquemment de Rœderer. Napoléon s'y montre assez sévère pour lui, plus sévère qu'il ne l'était en réalité. « Pour Rœderer, disait-il, je lui crois trop d'activité dans l'esprit pour être un grand administrateur, et peut-être même pour être constant dans ses affections. » Le correctif et le complément nécessaire de ces *Mémoires* de Joseph seraient dans les Conversations inédites de Napoléon avec Rœderer sur Joseph lui-même, Conversations que j'ai eues sous les yeux. (Elles ont été publiées depuis dans les *Œuvres* de Rœderer données par son fils; on a dû y supprimer quelques mots un peu trop crus.) — Il est question de Rœderer à la Cour de Naples, en plusieurs endroits des *Souvenirs* de Stanislas Girardin, qui était alors attaché au roi Joseph comme premier écuyer, et toujours il est parlé de lui dans les meilleurs termes (tome I, pages 377, 385).

« Militaire, je le suis, moi, s'écriait Napoléon, parce que c'est le don particulier que j'ai reçu en naissant ; c'est mon existence, c'est mon habitude. Partout où j'ai été, j'ai commandé. J'ai commandé à vingt-trois ans le siège de Toulon ; j'ai commandé à Paris en Vendémiaire ; j'ai enlevé les soldats en Italie dès que je m'y suis présenté ; j'étais né pour cela...

« ... Moi, je sais toujours ma position. J'ai toujours présents mes états de situation. Je n'ai pas de mémoire pour retenir un vers alexandrin, mais je n'oublie pas une syllabe de mes états de situation. Je sais toujours la position de mes troupes. J'aime la tragédie (1), mais toutes les tragédies du monde seraient là d'un côté, et des états de situation de l'autre, je ne regarderais pas une tragédie, et je ne laisserais pas une ligne de mes états de situation sans l'avoir lue avec attention. Ce soir je vais les trouver dans ma chambre ; je ne me coucherai pas sans les avoir lus. (*Il était en ce moment près de minuit.*)

« C'est peut-être un mal que je commande en personne ; mais c'est mon essence, mon privilége...

« ... J'ai plus d'esprit... Et que me fait votre esprit ? c'est l'esprit de la chose qu'il me faut. *Il n'y a point de bête qui ne soit propre à rien, il n'y a point d'esprit qui soit propre à tout.* »

« Les amours des rois ne sont pas des tendresses de nourrices. Ils doivent se faire craindre et respecter. L'amour des peuples n'est que de l'estime. »

« J'aime le pouvoir, moi ; mais c'est en artiste que je l'aime... Je l'aime comme un musicien aime son violon. Je l'aime pour en tirer des sons, des accords, de l'harmonie... »

« Le militaire est une franc-maçonnerie : il y a entre eux tous une certaine intelligence qui fait qu'ils se reconnaissent partout sans se méprendre, qu'ils se recherchent et s'entendent ; et moi je suis le grand-maître de leurs loges...

« Il n'est rien à la guerre que je ne puisse faire par moi-même. S'il n'y a personne pour faire de la poudre à canon, je sais la fabriquer ; des affûts, je sais les construire ; s'il faut fondre des canons, je les ferai fondre ; les détails de la manœuvre, s'il faut les enseigner, je les enseignerai. En administration, c'est moi seul qui ai arrangé les finances, vous le savez... Il y a des principes, des règles qu'il faut savoir...

« Moi, je travaille toujours, je médite beaucoup. Si je parais tou-

---

(1) On devine assez, sans que j'avertisse, que tout ce que Napoléon dit ici de lui, il est amené à le dire par opposition au roi Joseph, aux goûts littéraires de ce dernier, à ses illusions de souverain nouveau, et aux qualités militaires et de commandant en chef qu'il n'avait pas.

jours prêt à répondre à tout, à faire face à tout, c'est qu'avant de rien entreprendre, j'ai longtemps médité, j'ai prévu ce qui pouvait arriver. Ce n'est pas un Génie qui me révèle tout à coup en secret ce que j'ai à dire ou à faire dans une circonstance inattendue pour les autres. c'est ma réflexion, c'est la méditation. Je travaille toujours, en dînant, au théâtre; la nuit, je me réveille pour travailler. La nuit dernière, je me suis levé à deux heures, je me suis mis dans ma chaise longue, devant mon feu, pour examiner les états de situation que m'avait remis, hier soir, le ministre de la guerre. J'y ai relevé vingt fautes dont j'ai envoyé ce matin les notes au ministre, qui, maintenant, est occupé avec ses bureaux à les rectifier. »

Ces paroles, même décousues, et que j'extrais de conversations très-suivies, suffisent à donner la force du jet, à faire sentir la note et l'accent. Et comme il était question un peu de tout avec Napoléon, et que sa pensée se portait en mille sens, je trouve encore, dans une de ces conversations, du 6 mars 1809, ce brusque jugement sur les unités et la règle des *vingt-quatre heures*, à propos de la tragédie semi-romantique de *Walstein* qu'avait publiée Benjamin Constant. Les classiques peuvent enregistrer cet imposant témoignage de plus à l'appui de leur système :

« Benjamin Constant a fait une tragédie et une poétique, disait Napoléon. Ces gens-là veulent écrire et n'ont pas fait les premières études de littérature. Qu'il lise les Poétiques, celle d'Aristote. Ce n'est pas arbitrairement que la tragédie borne l'action à vingt-quatre heures : c'est qu'elle prend les passions à leur maximum, à leur plus haut degré d'intensité, à ce point où il ne leur est possible ni de souffrir de distraction ni de supporter une longue durée. Il veut qu'on mange dans l'action; il s'agit bien de pareilles choses ! quand l'action commence, les acteurs sont en émoi; au troisième acte, ils sont en sueur, tout en nage au dernier. »

Rœderer, lorsqu'il fit plus tard ses Comédies historiques sur la Ligue et autres sujets, d'après le président Hénault, et avant M. Vitet, n'était point de l'école impériale en cela.

Créé comte de l'Empire en février 1809, il fut chargé

en octobre 1810 de l'administration du grand-duché de Berg, avec rang de ministre (1). A la fin de 1813, envoyé à Strasbourg comme commissaire impérial, il y resta pendant tout le blocus. A la chute de l'Empire il devint étranger à toutes fonctions publiques. Au retour de l'île d'Elbe, dans les Cent-Jours, nommé commissaire dans neuf départements du Midi, il a laissé un témoignage de son zèle et de son activité d'efforts dans une pièce confidentielle qui a été publiée (2). C'est une lettre de conseils adressée à M. Frochot, alors préfet à Marseille, et qui se disait peu apte aux fonctions extra-

(1) Rœderer, à titre de secrétaire d'État du grand-duché, eut affaire à M. Beugnot qui y résidait et qui en était proprement administrateur. C'était avec lui que M. Beugnot correspondait pour le compte rendu journalier de ses actes ; c'est par son canal qu'il communiquait hiérarchiquement avec l'Empereur. M. Beugnot, doux, souple, pliant et malin, était d'une toute autre race et famille d'esprits que Rœderer, dont la bienveillance lui était suspecte et dont l'écorce un peu amère lui agréait peu. Dans ses *Mémoires* qu'on a récemment publiés (1866), il ne dissimule nullement cette sorte d'antipathie de nature et cette discordance de ton (tome I, pages 312, 391-396) : il finit pourtant par reconnaître qu'à un certain moment « le mauvais coucheur » se montra « très-radouci et presque bonhomme; » et pendant huit jours que Rœderer passa chez lui à Dusseldorf en 1811, ils apprirent réciproquement à se mieux connaître. Cet endroit des *Mémoires* de Beugnot, quoique assaisonné d'ironie, est à citer et montre qu'au fond, ces deux serviteurs de l'Empire, le fin Champenois et le rude Messin, n'étaient peut-être pas si en opposition et en antagonisme qu'ils le croyaient : « M. Rœderer, nous dit Beugnot, en appuyant sur les reproches que l'Empereur m'avait faits de n'être ni logé, ni meublé, ni arrangé, prit la peine de m'expliquer ce qu'il eût fait à ma place pour se procurer ces jouissances, et il me déploya une délicatesse de goût, une expérience de bien-être, une recherche en toutes choses qu'on ne se serait jamais avisé de rencontrer en lui. *Je m'aperçus qu'il n'était pas étranger aux beaux-arts* ; il jeta sur le papier, pour l'embellissement de la ville de Dusseldorf, quelques idées dont on tira profit. Nous nous séparâmes en gardant, de part et d'autre, les dispositions où nous étions au moment où nous nous étions réunis, et cependant après que le frottement d'une société rapprochée durant quinze jours eût un peu poli ce qu'elles avaient de trop piquant et de trop vif. »

(2) *Revue rétrospective* (1834), t. V, p. 161.

ordinaires que réclamaient les circonstances. J'ai entendu juger diversement cette pièce : je suis de ceux qui, ayant peu d'avis sur le fond de ces choses et croyant qu'il y a plus souvent nécessité d'y recourir que de les dire, voient pourtant circuler dans la fin de la lettre une verve et presque une gaieté de Beaumarchais. Après la seconde rentrée des Bourbons, Rœderer cessa de faire partie de la Chambre des Pairs et fut même éliminé de l'Institut. Ce demi-ostracisme l'affligea peu. C'est alors que, retiré absolument des affaires, au seuil d'une robuste vieillesse, vivant de préférence en sa charmante habitation du Bois-Roussel (dans l'Orne), au milieu des libertés champêtres ou des joies de la famille, il se livra à ses goûts d'étude et de société combinés, et à la composition d'ouvrages moitié littéraires, moitié historiques, où il se développa avec une originalité entière.

Cette vie qu'on menait au Bois-Roussel a été décrite assez vivement et avec assez de relief par un témoin ou du moins par le fils d'un voisin de terre (1); ces sortes de descriptions d'intérieur sont trop délicates pour pouvoir être reprises à distance par ceux qui n'en ont pas vu de leurs yeux quelque chose. Je me bornerai donc à renvoyer à ce qu'on en a dit, et je définirai de mon mieux la suite d'idées que M. Rœderer a portées dans ses derniers écrits, ce qui en fait l'intérêt et le lien. Dès sa jeunesse et du temps qu'il était à Metz, il s'était déjà occupé de Louis XII; il y revient en vieillissant, et il fait de lui son héros de prédilection et son roi. En étudiant l'histoire de France, il a cru découvrir, dit-il, qu'à la fin du quinzième siècle et au commencement du seizième, ce qu'on appelle la *Révolution française* était consommé, que la liberté reposait sur une Constitution libre, et que c'était Louis XII, le Père du peuple,

(1) *Revue de Paris* (1845), t. III, p. 30, article de M. Édouard Bergounioux.

qui avait accompli tout cela. La bonhomie et la bonté ne sont guère refusées à Louis XII ; Rœderer s'attache à revendiquer de plus pour ce prince l'habileté. Ces guerres d'Italie considérées généralement comme des fautes, il les excuse et les justifie en les montrant dans la pensée du prince comme un moyen de politique utile et nationale : il lui fallait obtenir du pape Alexandre VI de rompre son mariage avec Jeanne de France pour épouser ensuite Anne de Bretagne, et pour réunir ce duché au royaume. Je n'ai pas à développer tous les mérites et les perfections que Rœderer reconnaît en Louis XII ; il en fait je ne sais quel type accompli. Il semble, en vérité, que du moment que Bonaparte, premier Consul, ne s'était point tenu dans sa forme première et avait brisé le cadre où il s'était plu d'abord à l'enfermer, Rœderer s'était, de regret, rejeté en arrière, et qu'il avait cherché loin des régions historiques brillantes, loin de la sphère de l'admiration et de la gloire, et, comme il dit, « dans l'obscure profondeur d'un Gouvernement utile, » un héros d'un nouveau genre, pour se consoler et se dédommager de celui qu'il n'avait pu fixer.

Il y a plus : les femmes jouèrent toujours un grand rôle dans la pensée de Rœderer ; il les aimait, entre autres choses, pour leur esprit, pour leur conversation, pour le charme qu'elles mettaient dans la société, et pour la part de culture qu'elles apportèrent dans la formation de la langue. Il voyait dans l'amour qu'on avait pour elles une des passions dominantes, une des vertus sociales du Français. Or, il crut remarquer que l'épouse chérie de Louis XII, Anne de Bretagne, avait fondé une *école* de politesse et de perfection pour le sexe : « C'était, avait dit Brantôme, la plus digne et honorable reine qui eût été depuis la reine Blanche, mère du roi saint Louis... Sa Cour était une fort belle *école* pour les dames, car elle les faisait bien nourrir et sagement, et toutes à son modèle se faisaient et se façonnaient très-sages et vertueuses. » Prenant acte de ces paroles de Brantôme et leur donnant un sens rigoureux, Rœderer avait tâché d'en tirer toute une série de conséquences. Comme François Ier avait, à bien des égards, bouleversé l'état de choses établi politiquement par Louis XII, il croyait de même que les femmes aimées par François Ier n'avaient pas moins dérangé l'honorable état de société établi par Anne de Bretagne. A partir de cette époque, il voyait comme une double lutte se poursuivre entre deux sortes de sociétés rivales et incompatibles, entre la société ingénieuse et décente dont Anne de Bretagne avait donné l'idée, et la société licencieuse dont les maîtresses de roi, les duchesse d'Étampes, les Diane de Poitiers, favorisaient le triomphe. Ces deux sociétés, selon lui, n'avaient cessé de coexister durant tout le seizième siècle : c'était une émulation de mérite et de vertu de la part des nobles héritières, trop éclipsées, d'Anne de Bretagne, c'était une émulation et une enchère de galanterie de la part des folles élèves de l'école de François Ier. Or, pour M. Rœderer, l'hôtel de Rambouillet, ce salon accompli, fondé vers le commencement du dix-septième siècle, n'était que la reprise tardive des traditions d'Anne de Bretagne, la revanche du mérite, de la vertu et de la politesse sur la licence à laquelle tous les rois depuis François Ier, et Henri IV lui-même, avaient payé tribut.

Arrivé à cette date de l'hôtel de Rambouillet, et tenant désormais en main un fil ininterrompu, Rœderer insistait, divisait et subdivisait à plaisir. Il marquait les temps divers, les diverses nuances de transition, d'accroissement ou de déclin qu'il croyait discerner. Les premières années de la jeunesse de Louis XIV lui causaient un peu de chagrin : on revenait à la méthode de

François Ier, aux maîtresses brillantes. Rœderer, sans s'inquiéter s'il ne mécontenterait pas les classiques, s'en prenait un peu aux quatre grands poëtes, Molière, La Fontaine, Racine et Boileau lui-même, tous plus ou moins complices de ces louanges pour un victorieux et un amoureux. Pourtant l'âge venait; Louis XIV se tempérait à son tour, et une femme sortie du plus pur milieu de la société de madame de Rambouillet et qui en était moralement l'héritière, une femme accomplie par le ton, la raison ornée, la justesse du langage et le sentiment des convenances, madame de Maintenon, s'y prenait si bien qu'elle faisait asseoir sur le trône, dans un demi-jour modeste, tous les genres d'esprit et de mérite qui composent la perfection de la société française dans son meilleur temps. Le triomphe de madame de Maintenon était celui de la société polie elle-même. Anne de Bretagne avait trouvé son pendant à l'autre extrémité de la chaîne, après deux siècles.

Ces idées de M. Rœderer, qui perçaient déjà dans quelques-uns de ses ouvrages sur Louis XII et François Ier, publiés en 1825 et 1830, n'acquirent tout leur développement et leur piquante évidence que par l'impression de son *Mémoire sur la Société polie*, en 1835. Le livre, non mis en vente, circula de main en main; on en discuta, on disputa même. L'auteur avait traité trop légèrement, sans assez d'égards, quelques opinions contraires à la sienne, qu'il avait rencontrées sur son chemin : à propos des *Précieuses*, il se fit des affaires presque aussi vives qu'au 10 Août ou qu'aux approches de Vendémiaire. Je dirai pourtant à l'un de ceux qui ont répondu en dernier lieu à M. Rœderer (1) : Faut-il donc porter dans la discussion littéraire cette âcreté qui

(1) M. Génin, dans la *Vie de Molière* qu'il a mise en tête de son *Lexique comparé de la Langue de Molière et des Écrivains du dix-septième siècle*, page LXXIV.

en dénature l'esprit, et qui semblait autrefois réservée pour les disputes de grammaire ou pour les controverses théologiques? Sans doute, l'opinion si ingénieusement tissue et si subtilement déduite de Rœderer est contestable; qui le nie? et lui-même, au fond, qu'a-t-il voulu? Il n'a prétendu, j'imagine, dans ce jeu suivi et patient de sa vieillesse, que fournir matière à conversation, à contradiction, à quelques-uns de ces dissentiments agréables et vifs qui remplissent et animent les soirées d'automne à la campagne. Pour moi, ce qui me frappe et me touche le plus dans ce paradoxe d'érudition française, c'est de voir l'homme qui se trouvait assister avec l'écharpe tricolore à la chute de l'ancienne monarchie, celui qui, le 19 Brumaire, suivait comme un volontaire des plus ardents le général Bonaparte à Saint-Cloud, se faire en vieillissant, par choix et par courtoisie, le chevalier d'honneur de madame de Maintenon, et n'avoir de cesse qu'il ne l'ait reconduite, déjà plus qu'à demi vengée, entre les mains d'un Noailles.

Il y a d'ailleurs, indépendamment de toute conjecture, une idée vraie et neuve dans son livre, c'est de ressaisir à distance l'histoire de la conversation, d'en noter l'empire en France, de reconnaître et de suivre à côté de la littérature régulière cette collaboration insensible des femmes, à laquelle on avait trop peu songé jusque-là. Depuis que M. Rœderer a donné son Mémoire, combien d'écrivains n'ont-ils pas recommencé l'histoire de l'hôtel de Rambouillet ou de quelques-unes des héroïnes qui y figurent! L'ont-ils surpassé en exactitude ou en talent? c'est en partie ce qu'il a voulu. — Dans tous les cas, il a gagné un point : il n'est plus permis, après l'avoir lu, de parler de l'hôtel Rambouillet du ton de dédain qu'on y mettait auparavant.

La politique se mêla encore à ses derniers jours : il avait écrit un petit livre : *l'Esprit de la Révolution de*

1709, il en communiqua le manuscrit au duc d'Orléans (depuis roi) en 1829, et il le publia en 1831. On y trouve des observations très-vraies et très-bien vues sur le caractère particulier de la Révolution en France, sur la part qu'y eut, plus que l'intérêt même, un amour-propre légitime, et sur ce que cette Révolution est restée chère aux Français, moins encore comme utile que comme honorable. Dans notre pays d'égalité, et sous cette forme démocratique qui séduit la jeunesse, il s'agit moins encore, selon Rœderer, de telles ou telles garanties positives que de chances d'élévation libre et de distinctions accessibles à tous. Ce que rêve et ce qu'ambitionne au fond chaque jeunesse, ce n'est pas un niveau commun qui fasse limite, « c'est une carrière ouverte à l'émulation de tous les talents pour atteindre à toutes les supériorités. » *L'émulation de supériorité* inspirée par l'égalité de droits, c'est ainsi qu'il définit l'esprit de la France.

Mais l'écrit de la vieillesse de Rœderer qui fit le plus de bruit, ce fut son *Adresse d'un Constitutionnel aux Constitutionnels* (février 1835). Redevenu membre de la Chambre des Pairs après 1830, témoin des agitations parlementaires et de la formation des majorités compactes ou systématiques, il crut y voir un danger; il se hâta de le dire. Il combattit la fameuse doctrine : *Le roi règne et ne gouverne pas*. Il montra que, dans un Gouvernement naissant et dans un ordre à peine établi, le roi ne pouvait, sans inconvénient et sans danger, être ce soliveau que les Français n'aiment jamais sentir dans leur chef. Il évoqua ses souvenirs de 1800 et du Consulat. On le traita très-mal des deux côtés. L'Opposition prétendait voir dans la brochure un ballon d'essai, et dans l'auteur anonyme un organe direct de la pensée royale (1). Rœderer signa la seconde

(1) Dans les journaux du temps, on peut lire l'article du *Journal*

édition de son *Adresse* et revendiqua l'honneur de son opinion. Quand on relit aujourd'hui ce petit écrit, on y trouve des idées justes, des vérités et des prévisions en partie justifiées. Le seul tort de cette brochure fut dans l'irritation qu'elle causa. Pourquoi imprimer brusquement ces choses? Mais Rœderer était pressé, il allait mourir.

Il expira sans maladie et par accident, dans la nuit du 17 au 18 décembre 1835, à l'âge de près de quatre-vingt-deux ans. Il avait gardé jusqu'au dernier instant quelque chose de robuste.

On ne saurait se dissimuler qu'il a une façon de penser particulière, une tournure métaphysique portée dans les choses, un goût de paradoxe ingénieux : ç'a été la forme de son esprit. Littérairement il aime à soutenir thèse; il tient de La Motte, de Fontenelle, je l'ai dit; avec bien moins de fini dans l'expression, il a plus d'activité qu'eux, plus d'abondance et de vigueur. Cette activité, longtemps dispersée sur toutes sortes de sujets dont aucun ne lui paraissait ingrat, s'est retrouvée la même à la fin sur d'autres sujets purement agréables et parfaitement désintéressés. Il a gagné à vieillir. Le fond de ses goûts s'est déclaré avec honneur. L'histoire politique le nommera; mais ce qui est mieux encore, sans être précisément un écrivain et en ne paraissant qu'un amateur, il a marqué par ses idées et ses vues sa

---

des Débats du 22 février 1835. Dans *le National*, entre autres articles, Carrel fit celui du 2 mars 1835, article méprisant, injuste comme tout ce qui est de parti. Le 20 décembre de la même année, deux jours après la mort de Rœderer, Carrel écrivit sur lui quelques mots encore en même temps que sur M. Lainé. Ces quelques mots, tout pétris d'amertume, sont mêlés d'inexactitude. Par exemple, il fait de Rœderer un *fructidorien*, tandis que, au contraire, il s'en fallut de peu alors, comme on l'a vu, que son nom ne fût inscrit parmi ceux des *fructidorisés*.

place dans l'histoire de la littérature et de la société françaises (1).

(1) Voir à la fin de ce volume l'*Appendice* où je cite une curieuse scène inédite de Rœderer. — L'estimable fils de Rœderer a fait depuis imprimer les *Œuvres* de son père, qui n'ont pas été mises en vente, mais qui se trouvent dans tous les grands dépôts publics. 8 vol. in-4°.

Lundi, 8 août 1853.

GABRIELLE D'ESTRÉES

PORTRAITS DES PERSONNAGES FRANÇAIS LES PLUS ILLUSTRES
DU XVIe SIÈCLE

Recueil publié avec Notices

PAR M. NIEL.

M. Niel, bibliothécaire au ministère de l'Intérieur et amateur éclairé des arts et de l'histoire, publie depuis 1848 une suite de Portraits ou *Crayons* des personnages célèbres du seizième siècle, rois, reines, maîtresses de rois, le tout formant déjà plus d'un volume in-folio. M. Niel s'est attaché dans sa Collection à ne reproduire que ce qu'il y a de plus authentique et de tout à fait original, et il s'en est tenu à une seule espèce d'images, à celles qui sont dessinées aux crayons de diverses couleurs par les artistes du seizième siècle : « On désignait alors par le nom de *crayons*, dit-il, certains portraits sur papier exécutés à la sanguine, à la pierre noire et au crayon blanc; teintés et touchés de manière à produire l'effet de la peinture elle-même. » Ces dessins fidèlement reproduits, et où la teinte rouge domine, sont dus primitivement la plupart à des artistes inconnus, mais qui semblent être de la pure lignée française.

On dirait d'humbles compagnons et suivants de nos chroniqueurs, et qui ne songent en leurs traits rapides qu'à saisir les physionomies telles qu'ils les voient, avec vérité et candeur; la seule ressemblance les occupe; les imitations étrangères ne les atteignent pas. Au reste, M. Niel n'a pas voulu traiter encore les questions délicates d'art et d'école que cet ordre de dessins soulève : il n'a fait que les indiquer dans son Avant-propos, réservant ce sujet pour une époque plus avancée de sa publication, lorsque les pièces seront rassemblées en grand nombre et qu'il en ressortira plus de lumière. En attendant, ce sont des faits et des témoins qui prennent leur rang, des personnages qui passent sous nos yeux et s'animent. François Ier ouvre la marche avec ses épouses obscures, et avec l'une au moins de ses maîtresses brillantes, la comtesse de Châteaubriant. Henri II succède, donnant la main à Catherine de Médicis et à Diane de Poitiers. On y voit Marie Stuart, jeune, avant son veuvage et après. En général, les hommes gagnent à cette reproduction par le trait, tandis qu'avec les femmes il faut quelque effort d'imagination pour y ressaisir leur délicatesse et leur fleur de beauté. Charles IX, âgé de douze ans, et ensuite de dix-huit à vingt, y est vivant et pris sur nature. Henri IV nous y est rendu plus jeune et plus frais qu'on n'est accoutumé de le voir : c'est un Henri de Navarre tout nouveau et avant la barbe grise. Sa première femme, Marguerite de France, y est *pourtraite* à sa belle heure; mais elle est tellement masquée par sa toilette et engoncée dans sa fraise, qu'on a besoin de savoir tout son charme pour être sûr que cette figure pouparde n'en manquait pas. Gabrielle d'Estrées qui est à côté, toute roide et comme emprisonnée dans sa riche toilette, a besoin aussi de quelque explication et de réflexion pour paraître ce qu'elle fut : les témoignages de la Notice viennent en aide au portrait. M. Niel accompagne, en effet, les Portraits de ses personnages de Notices faites avec érudition et curiosité ; et, puisque j'ai nommé Gabrielle d'Estrées, on me permettra de détacher cette gracieuse figure, et, à mon tour, d'en reprendre à la plume le dessin, en profitant de tout ce que M. Niel a fait pour l'éclairer historiquement.

Parmi les noms amoureux et chéris, Gabrielle d'Estrées est devenue un des plus populaires ; elle l'était peu en son temps, et, bien qu'elle fût aussi aimée, aussi bien vue en Cour qu'une femme dans sa position pouvait l'être, elle n'avait pas également la voix de la bourgeoisie de Paris et du peuple. Il lui est arrivé après plus d'un siècle comme à Sully ; quelque chose de la popularité de Henri IV a rejailli sur elle, et l'on s'est mis à la célébrer dans une légende quelque peu romanesque et complaisante, mais qui n'est trompeuse qu'à demi.

On ne sait pas bien la date de sa naissance, ni par conséquent l'âge qu'elle avait lorsqu'elle mourut si subitement à la fleur encore de la jeunesse et dans tout l'éclat de sa beauté. M. Niel la suppose née vers 1571 ou 1572, ce qui lui donnerait vingt-huit ans à l'époque de sa mort. Elle était fille d'une mère peu estimable et sortait d'une race galante de laquelle on n'a pas trop dit. Nous sommes ici dans l'école la plus opposée à celle d'Anne de Bretagne et de madame de Maintenon, si l'on se souvient de la classification de Rœderer. Madame Gabrielle était la cinquième de six filles qui firent toutes parler d'elles. Elle avait pour frère le marquis de Cœuvres, depuis maréchal d'Estrées, esprit des plus fins, des plus déliés, et des plus habilement intrigants à la Cour, et qui fit souche de guerriers et de négociateurs illustres. Elle avait pour sœur une abbesse de Maubuisson dont les déportements ont été célèbres. Gabrielle était entre les deux ; elle paraît n'avoir pas eu tout l'esprit de son frère, et elle n'eut pas non plus (tant s'en faut) le déréglement de cette sœur. Le sang de sa mère en elle se tempérait de sentiments plus doux et plus tendres qui lui composaient une sorte d'honneur. Il ne faut pas trop chercher à approfondir ses premières années ni tout ce qui précède sa relation avec Henri IV (1). Ce prince la connut en Picardie vers 1591, dans ces années où il guerroyait aux environs de Rouen et de Paris. Il s'était fait à Mantes comme une petite capitale, et de là il s'échappait quelquefois vers mademoiselle d'Estrées pour se distraire, ou bien il décidait son père à l'amener à Mantes. La foule pourtant les y gênait. Bellegarde qui le premier avait fait faire au roi la connaissance de Gabrielle ne fut pas longtemps à s'en repentir. Ces rivalités et ces jalousies de serviteur à maître ont été assez bien rendues dans l'Histoire des amours de Henri IV, composée par une personne et un témoin du plus haut rang, mademoiselle de Guise, depuis princesse de Conti, qui a trouvé par avance dans ce petit écrit quelques-unes des touches que madame de La Fayette mettra plus tard à raconter les amours de Madame.

La passion de Henri IV pour Gabrielle passa par différentes phases, et, au début, elle semble n'avoir rien eu que d'assez vulgaire. Pour émanciper la fille de M. d'Estrées, le roi jugea qu'il n'y avait rien de mieux à faire que de la marier à un gentilhomme de Picardie, M. de Liancourt. On assure qu'il avait promis de la venir délivrer avant la fin de la journée des noces, et il ne vint pas. Les poëtes du temps ont fait sur ce mariage

---

(1) Ce qu'il y a de plus compromettant se trouve dans les *Nouveaux Mémoires* de Bassompierre, publiés en 1802, pages 175 et suivantes. Ces *Nouveaux Mémoires* sont moins à mépriser que ne le disent MM. Petitot, Michaud et Poujoulat, qui n'ont pas jugé à propos de les comprendre dans leurs Collections des Mémoires relatifs à l'histoire de France.

forcé des vers imprimés sous Henri IV, et qui ne sont pas plus indélicats que ceux qu'on adressait cinquante ans auparavant à Diane de Poitiers; ou que ceux qu'on adressera un siècle et demi après à madame de Pompadour. Ces poëtes, en essayant de traduire les sentiments de Gabrielle, ne craignent pas d'employer les mots de *chasteté* et de *pudeur*, qui, dans leur langage, ne tirent pas à conséquence. Le mariage, du reste, eut peu de suite, et le roi, dès qu'il le put, se hâta de le faire régulièrement casser. Il reconnut et légitima les trois enfants qu'il eut successivement de madame de Liancourt : la race des Vendôme en sortit, race vaillante et dissolue, et qui revint par trop de côtés à la fois aux exemples originels, aux débordements comme aux prouesses.

Tant que Henri IV avait été hors de Paris, faisant la guerre pour reconquérir son royaume, ses amours avec Gabrielle n'avaient pas été affaire d'État : c'était tout si les fidèles serviteurs et compagnons du roi pouvaient se plaindre qu'il prolongeât trop volontiers les expéditions et siéges aux environs des lieux où était sa maîtresse. Mais lorsque Henri eut fait son entrée à Paris et fut devenu le roi de tous, les détails de sa conduite prirent plus d'importance, et madame de Liancourt occupa les Parisiens. L'Estoile, qui est l'écho des propos de la bourgeoisie et des honnêtes gens de la robe, remarque que, le mardi 13 septembre 1594, le roi vint se promener à la dérobée à Paris et s'en retourna le lendemain seul, avec madame de Liancourt dans son coche, à Saint-Germain-en-Laye. A l'entrée solennelle qui se fit le 15 septembre aux flambeaux, il était huit heures du soir quand le roi à cheval passa sur le pont Notre-Dame, accompagné d'un gros de cavalerie et entouré d'une magnifique noblesse : « Lui avec un visage fort riant, et content de voir tout ce peuple crier si allégrement *Vive le roi!* avait presque toujours son chapeau au poing, principalement pour saluer les dames et damoiselles qui étaient aux fenêtres... Madame de Liancourt marchait un peu devant lui, dans une litière magnifique toute découverte, chargée de tant de perles et de pierreries si reluisantes qu'elles offusquaient la lueur des flambeaux; et avait une robe de satin noir, toute houppée de blanc. » Ainsi, dès cette entrée de Henri IV, aux premiers jours de sa capitale reconquise, Gabrielle était presque sur le pied de reine et en affectait déjà; ou du moins s'en laissait donner l'attitude.

Pour que cette position de Gabrielle pût se maintenir ainsi pendant plus de quatre ans sans déchoir et en gagnant même chaque jour, il fallait qu'il y eût véritablement un interrègne conjugal. La reine Marguerite, première femme de Henri, ne l'était plus, en effet, que de nom; reléguée en Auvergne dans sa résidence d'Usson, il semblait qu'il ne s'agissait que de régler avec elle les formes de son consentement pour délier à l'amiable une union qui avait été si mal assortie et si peu observée des deux parts. Henri IV était donc ouvertement veuf pendant ces années; il n'y manquait que la déclaration authentique qui, depuis sa conversion, ne pouvait se faire bien attendre. Il n'y avait point de reine. C'est à cette condition seulement que le rang de Gabrielle à la Cour avait une excuse spécieuse, une couleur. Elle tenait un intervalle, car bien peu pouvaient admettre qu'elle aspirât à occuper la place même.

Cependant son crédit gagnait toujours; le roi s'attachait à elle par l'habitude et avec les années; à chaque nouvel enfant qu'elle lui donnait, elle faisait un pas. Elle quitta ce nom de Liancourt, et devint marquise de Monceaux vers mars 1595, puis duchesse de Beaufort en juillet 1596. On l'appelait *madame la marquise* tout court, puis *madame la duchesse* tout court également.

C'étaient des degrés par lesquels elle s'acheminait à devenir plus encore.

Le premier président Groulard du Parlement de Normandie, dans ses curieux Mémoires, nous a montré à quel point elle était véritablement traitée par Henri IV en princesse, et présentée dès 1596 aux plus graves magistrats comme une personne à qui l'on devait hommage : « Le jeudi 10 octobre 1596, madame la marquise de Monceaux arriva à Rouen, logea à Saint-Ouen en la chambre dessus celle du roi. — Le vendredi 11, je la fus saluer, et le dimanche encore après, en ayant eu commandement du roi par les sieurs de Sainte-Marie du Mont et de Feuquerolles. » Henri IV venait tenir à Rouen l'Assemblée des Notables. Il y fit cette harangue célèbre si adroite, si brusque, si militaire, et qui réussit tant auprès de ceux qui l'entendirent, sans avoir d'ailleurs d'autre effet : « Je ne vous ai point appelés comme faisaient mes prédécesseurs, pour vous faire approuver mes volontés : je vous ai fait assembler pour recevoir vos conseils, pour les croire, pour les suivre ; bref, pour me mettre en tutelle entre vos mains : envie qui ne prend guère aux rois, aux barbes grises et aux victorieux. Mais la violente amour que j'apporte à mes sujets, etc. » Il fit cette harangue à Saint-Ouen dans la salle de sa maison, et voulut avoir l'avis de *madame la marquise*, qui, pour l'entendre, se tint cachée derrière une tapisserie : « Le roi, dit L'Estoile, lui en demanda donc ce qui lui en semblait ; auquel elle fit réponse que jamais elle n'avait ouï mieux dire : seulement s'était-elle étonnée de ce qu'il avait parlé de *se mettre en tutelle :* « Ventre-saint-gris, lui répondit le roi, il est vrai ; mais je l'entends avec mon épée au côté. »

Ce fut en ce séjour à Rouen, dans le monastère de Saint-Ouen, que la marquise accoucha d'une fille dont le baptême se célébra avec toutes les cérémonies qui s'observent au baptême des Enfants de France.

Deux ans après (juillet 1598), le président Groulard, mandé par le roi, le vint trouver à Saint-Germain, puis à Paris et à Monceaux, qui était la résidence favorite de Gabrielle. Le roi, après le souper, « me fit faire, nous dit le magistrat, deux tours de la longue allée, tenant d'une main madame la duchesse, et j'étais de l'autre. » Il entretint dans la soirée le président de la résolution formelle où il était de faire prononcer sa séparation d'avec sa femme la reine Marguerite, et de contracter un autre mariage incontinent après.

Si le président Groulard nous montre Gabrielle traitée et présentée à l'avance presque en reine par le roi dans ses voyages et ses résidences, L'Estoile nous la fait voir considérée sous un tout autre aspect par le peuple et les habitants de Paris. Les premières années qui suivirent l'entrée de Henri IV dans sa capitale ne furent pas aussi sereines qu'on se le figure. Après les premiers instants de joie et les cris de délivrance, les craintes reprirent vite le dessus. La guerre civile s'éteignant, la lutte avec l'Espagne continuait de s'acharner au cœur du royaume, dans les provinces même voisines de Paris. Dès la fin de la première année (1594), la tentative d'assassinat de Châtel prouvait aux bons citoyens que le fanatisme veillait toujours. Des saisons funestes, des pluies calamiteuses, des maladies et des contagions se joignirent pour accumuler les tristes présages, pour inquiéter et noircir les imaginations. En contraste avec ces misères présentes, on mettait involontairement les ballets de Cour, les mascarades et collations où les femmes chargées de pierreries faisaient assaut de luxe, et où Gabrielle donnait le ton : « Le samedi 12 novembre (1594), écrivait L'Estoile, on me fit voir un mouchoir qu'un brodeur de Paris venait d'achever pour madame de Liancourt, laquelle le devait porter le lendemain à un ballet, et en avait arrêté de prix avec lui à dix-neuf cents écus, qu'elle lui devait payer comptant. »

Les aperçus que donne L'Estoile sur les parures et toilettes de Gabrielle ne sont point exagérés. On a publié, il y a quelques années (1), une notice historique sur l'*inventaire des biens meubles* de Gabrielle d'Estrées, inventaire dont le manuscrit est conservé aux Archives impériales : rien n'égale la richesse, la somptuosité et les recherches d'art et de magnificence dont s'environnait Gabrielle tant dans son ameublement que sur sa personne. Quand elle était en habit de cheval, elle aimait la couleur verte : « Le vendredi 17 mars (1595), dit L'Estoile, il fit un grand tonnerre à Paris avec éclairs et tempête, pendant laquelle le roi était à la campagne, qui chassait autour de Paris avec sa Gabrielle, nouvellement marquise de Monceaux, côte à côte du roi qui lui tenait la main. Elle était à cheval, montée en homme, tout habillée de vert, et rentra à Paris avec lui en cet équipage. » Or, dans l'inventaire de la garde-robe de Gabrielle, on lit la description de cet élégant habit de cheval, qui donne idée de ce que pouvait être celui dont L'Estoile a été frappé : « Un capot et une devantière pour porter à cheval, de satin couleur de zizolin, en broderie d'argent avec du passement d'argent mis en bâtons rompus; dessus des passe-poils de satin vert. Le capot doublé de satin vert gauffré, et dessus le rebras des boutonnières en broderie d'argent. Et ladite devantière doublée de taffetas couleur de zizolin, avec le chapeau de taffetas aussi couleur de zizolin, garni d'argent, prisé deux cents écus. »

Au baptême du fils du connétable, où le roi était par-

---

(1) *Bibliothèque de l'École des Chartes*, année 1841, article de M. de Fréville.

rain (5 mars 1597), la marquise assistait, magnifiquement parée et tout habillée de vert également; mais le roi s'amusa à contrôler sa coiffure, lui disant qu'elle n'avait pas assez de brillants dans les cheveux : « elle n'en avait que douze, et on disait qu'il lui en fallait quinze. »

Le genre de beauté de Gabrielle une fois attesté par l'impression générale, on peut s'en rendre compte d'après ses portraits et le conclure encore plus que l'y voir à travers la roideur qui n'est que dans l'image, et sous la parure qui de loin la surcharge un peu. Elle était blanche et blonde; elle avait les cheveux blonds et d'or fin, relevés en masse ou mi-crêpés par les bords, le front beau, l'*entrœil* (comme on disait alors) large et noble, le nez droit et régulier, la bouche petite, souriante et *pourprine*, la physionomie engageante et tendre, un charme répandu sur les contours. Ses yeux étaient de couleur bleue et d'un mouvement prompt, doux et clairs. Elle était complétement femme dans ses goûts, dans ses ambitions, dans ses défauts mêmes.

D'un esprit gentil et gracieux, elle avait surtout un naturel parfait, rien de savant; le seul livre qu'on ait trouvé dans sa bibliothèque était son livre d'Heures (1).

Sans s'occuper précisément de politique, elle avait du sens, et, lorsque son cœur l'avertissait, elle entendait certaines choses avec promptitude. Un jour (mars 1597), le roi, après dîner, était allé chez sa sœur madame Catherine, qui était malade. Madame était restée protestante; on se mit pour la distraire à jouer du luth et à chanter un Psaume, selon la mode des Calvinistes. Le roi, sans y songer, commençait à faire sa partie dans le

(1) On a peu de lettres d'elle; j'en lis deux qui sont imprimées tant bien que mal dans les *Voyages aux Environs de Paris*, par Delort (tome II, p. 46 et 260); elles sont adressées à la duchesse de Nevers et assez insignifiantes.

concert et à psalmodier avec les autres; mais Gabrielle, qui était près de lui et qui songeait à ce que pouvait devenir une telle imprudence défigurée par la malignité, lui mit aussitôt la main sur la bouche en le suppliant de ne plus chanter; ce qu'elle obtint.

Malgré tout, malgré le soin qu'elle mettait à se concilier le peuple de Paris, elle avait peine à réussir; et lorsqu'on apprit subitement, au milieu des fêtes de la mi-carême (12 mars 1597), qu'Amiens venait d'être surpris par les Espagnols, l'indignation fut grande dans la ville. Henri IV, se retournant vers la marquise qui pleurait, lui dit : « Ma maîtresse, il faut quitter nos armes et monter à cheval pour faire une autre guerre. » Et il partit pour réparer cet échec à force de diligence et de courage. Il est à remarquer que Gabrielle quitta Paris une heure avant lui en litière, ne s'y sentant pas assurée du moment que le roi était dehors. On lui en voulait d'avoir distrait le roi de ses affaires et de l'avoir endormi dans les plaisirs. Il y avait contre elle à Paris, après cette prise d'Amiens, quelque chose de ce qu'il y aura contre madame de Pompadour après Rosbach, contre madame de Châteauroux à Metz.

Sully a beaucoup parlé de Gabrielle dans ses Mémoires, et les pages en ont été fort commentées. Je ne trouve pas qu'on ait rendu assez de justice à ce témoignage parfaitement désintéressé de Sully. On lui a reproché d'avoir été assez rude et sévère pour elle, lorsqu'il lui avait eu, à l'origine, des obligations pour sa fortune. Mais, en admettant ces obligations, il serait singulier qu'un homme de bon sens et de ferme jugement, comme Sully, fût tenu d'affaiblir son opinion d'historien sur une femme, parce qu'elle lui aurait rendu quelques bons offices dans un intérêt tout personnel. Mettons notre pensée au point de vue du fidèle serviteur de Henri IV, sans rien y ajouter ni retrancher. Tant qu'il ne fut question pour le roi que d'avoir près de lui une amie, « une personne confidente pour lui pouvoir communiquer ses secrets et ses ennuis, et recevoir d'elle une familière et douce consolation, » il n'eut aucune objection à faire. Un jour qu'il servait de guide et de conducteur à Gabrielle dans un voyage où elle allait retrouver le roi, il manqua d'arriver à la dame un grave accident de voiture dans le chemin. Sully, qui la croyait déjà morte, était, il le confesse, dans un grand embarras par rapport au roi. Pourtant il s'en consolait tout bas et prenait assez crûment son parti à la manière des vieux Gaulois, en se disant ou à peu près, comme dans le fabliau (je rends le sens, sinon les paroles) : « Après tout, ce n'est qu'une femme perdue, et il s'en retrouvera assez. » Je ne donne pas cette manière de sentir pour très-délicate ni pour chevaleresque, mais elle est de Sully.

A Rennes (1598), quand le roi, qui songeait sérieusement à épouser Gabrielle, et qui, depuis quelque temps, voulait s'en ouvrir à Sully sans l'oser, s'arma à la fin de courage, et, emmenant son serviteur dans un jardin, le retint à causer durant près de trois heures d'horloge, on assiste à une conversation à la fois politique et des plus plaisantes. Henri commence en marquant son intention : « Allons nous promener, nous deux seuls, lui dit-il en lui prenant la main et passant familièrement, selon sa coutume, ses doigts entre les siens; j'ai à vous entretenir longuement de choses dont j'ai été quatre fois tout près de vous parler; mais toujours me sont survenues, en ces occasions, diverses fantaisies en l'esprit qui m'en ont empêché. A présent je m'y suis résolu. » Il n'arrive pourtant au sujet même qu'après une demi-heure au moins, durant laquelle il parle encore d'autres affaires : après quoi venant au point indiqué, y venant par de nouveaux circuits, énumérant ses fatigues et les peines qu'il s'est données pour parvenir du trône et pour rétablir l'État, il montre que tout cela n'est rien encore et n'aboutira à rien de solide et de durable, s'il ne se procure des héritiers. Mais, cette nécessité des héritiers admise et le divorce avec la reine Marguerite étant aussi chose convenue et déjà ménagée en secret auprès du pape, quelle femme prendre et de qui faire choix? Ici Henri IV plaisante selon son usage, et mêle à sa consultation de roi ses saillies de Béarnais.

Pour lui, le plus grand des malheurs de la vie serait « d'avoir une femme *laide, mauvaise* et *despite.* Que si l'on obtenait des femmes par souhait, afin de ne me repentir point d'un si hasardeux marché, ajoute-t-il, j'en aurais une, laquelle aurait, entre autres bonnes parties, *sept* conditions principales, à savoir : beauté en la personne, pudicité en la vie, complaisance en l'humeur, habileté en esprit, fécondité en génération, éminence en extraction, et grands États en possession. Mais je crois, mon ami, que cette femme est morte, voire peut-être n'est pas encore née ni prête à naître; et partant, voyons un peu ensemble quelles filles ou femmes dont nous avons ouï parler seraient à désirer pour moi, soit dehors, soit dedans le royaume. »

Cela posé, il énumère et parcourt la liste de toutes les personnes royales et d'extraction souveraine qui sont à marier; il épuise, comme on dirait, l'*Almanach de Gotha* de son temps, distribuant à droite et à gauche des lardons et voyant à toutes des impossibilités. Au dedans du royaume, il cherche encore parmi les princesses; il nomme sa nièce de Guise, sa cousine de Rohan, la fille de sa cousine de Conti; à toutes il trouve des inconvénients encore, et conclut à la normande en disant : « Mais quand elles m'agréeraient toutes, qui est-ce qui m'assurera que j'y rencontrerai conjointement les trois principales conditions que j'y désire, et sans lesquelles je ne voudrais point de femme : à savoir qu'elles me feront des fils, qu'elles seront d'humeur douce et complaisante, et d'esprit habile pour me soulager aux affaires sédentaires et pour bien régir mon État et mes enfants s'il venait faute de moi avant qu'ils eussent âge?... »

Sully n'est pas dupe de cette espèce de consultation de Panurge, et il le fait sentir au roi : « Mais quoi? Sire, lui répond-il, que vous plaît-il d'entendre par tant d'affirmatives et de négatives, desquelles je ne saurais conclure autre chose, sinon que vous désirez bien être marié, mais que vous ne trouvez point de femmes en terre qui vous soient propres? tellement qu'à ce compte il faudrait implorer l'aide du Ciel afin qu'il fît rajeunir la reine d'Angleterre, et ressusciter Marguerite de Flandre, mademoiselle de Bourgogne, Jeanne-la-Folle, Anne de Bretagne et Marie Stuart, toutes riches héritières, afin de vous en mettre au choix. » Et se faisant gausseur à son tour, il propose pour dernier moyen de faire publier par tout le royaume « que tous les pères, mères ou tuteurs qui auraient de belles filles de haute taille, de dix-sept à vingt-cinq ans, eussent à les amener à Paris, afin que sur icelles le roi élût pour femme celle qui plus lui agréerait. » Et il poursuit en détail ce conseil gaillard avec toutes sortes d'enjolivements. Bref, le roi insistant toujours sur ces trois conditions dont il veut être sûr à l'avance, que la femme en question soit *belle*, qu'elle soit d'humeur *douce* et *complaisante*, et qu'elle lui fasse des *fils*, Sully, de son côté, tenant bon et se retranchant à dire qu'il n'en connaît pas avec certitude de telles, et qu'il faudrait en avoir fait l'essai au préalable pour savoir ces choses, Henri finit par livrer son mot, le mot du cœur : « *Et que direz-vous si je vous en nomme une?* » Sully fait l'étonné et n'a garde de deviner; il n'a pas assez d'esprit pour cela, assure-t-il. — « O la fine bête que vous êtes! dit le roi. Mais je vois bien où vous en voulez venir en faisant ainsi le niais et l'ignorant, c'est en intention de me la faire nommer, et je le ferai. » Et il nomme sa maîtresse Gabrielle comme réunissant évidemment les trois conditions : « Non que pour cela, ajoute-t-il un peu honteusement et en faisant retraite à demi, non que je veuille dire que j'aie pensé à l'épouser, mais seulement pour savoir ce que vous en diriez, si, faute d'autre, cela me venait quelque jour en fantaisie. » On voit quelle vive et vraie conversation il s'est tenu entre le roi et Sully dans ce jardin à Rennes; il n'y a manqué pour faire une excellente scène de comédie historique que d'avoir été racontée par les secrétaires un peu plus légèrement.

A quelque temps de là, à l'occasion du baptême de l'un des fils de Gabrielle qu'on veut faire traiter en tout comme un Enfant de France, Sully qui s'y oppose à l'article du payement, et qui dit tout haut : « *Il n'y a point d'Enfant de France!* » s'attire une querelle très-vive avec la mère. On a toute cette scène également racontée avec détail, la réconciliation que Henri IV veut ménager entre son ministre et sa maîtresse, et qui ne fait qu'amener de la part de celle-ci une explosion plus violente d'injures et de lamentations. Tout le discours qui, en cette occasion, est mis dans la bouche de Gabrielle, a l'air d'être extrêmement naturel, s'il n'est pas très-relevé. Ces scènes, au reste, avec elle étaient rares; elle était de ces femmes qui reposent et délassent ceux qui les aiment, bien loin d'engendrer les querelles.

Un historien du temps a très-bien rendu ce caractère conciliant, adroit et facile, qui était une des puissances de Gabrielle, et c'est un correctif nécessaire à l'impression que laisserait, sans cela, le récit un peu aigre de Sully :

« Le plaisir, dit l'historien Matthieu en parlant de cet amour de Henri IV, n'était pas le principal objet de ses affections, il en tirait du service au démêlement de plusieurs brouilleries dont la Cour n'est que trop féconde. Il lui faisait (*a Gabrielle*) les avis et rapports qu'on lui faisait de ses serviteurs, et, *lui découvrant les blessures de son esprit, elle en apaisait incontinent la douleur*, ne cessait que la cause n'en fût ôtée, l'offense adoucie et l'offensé content; en sorte que la Cour confessait que cette grande faveur dangereuse à un sexe impérieux soutenait chacun et n'opprimait personne; et plusieurs s'éjouissaient de la grandeur de sa fortune. »

Les choses en étaient là. Le roi, qui venait d'être assez gravement malade à Monceaux, avait reçu d'elle des preuves d'affection entière. Au commencement de 1599 Gabrielle était, selon toute apparence, sur le point de devenir reine; elle était enceinte de nouveau. Depuis qu'elle voyait croître ses espérances, elle se rendait de plus en plus courtoise et officieuse à tous, « tellement que ceux qui ne la voulaient pas aimer ne la pouvaient haïr. » C'est une merveille, confesse le satirique d'Aubigné lui-même, comment cette femme, « de laquelle l'extrême beauté ne sentait rien de lascif, » a pu vivre plutôt en reine qu'en maîtresse tant d'années et avec si peu d'ennemis. Ce fut l'art et le charme de Gabrielle d'avoir su mettre dans cette existence plus qu'équivoque et si affichée une sorte de dignité et quelque air de décence. Pourtant elle avait des ennemis (1), des rivales;

(1) J'ai sous les yeux un pamphlet de quatre pages en vers, intitulé *Dialogue*, composé le lendemain de la mort de Gabrielle, et qui exprime d'atroces sentiments de haine. On y fait parler l'Ombre de Gabrielle venue de l'Enfer tout exprès, dit-on, pour confesser ses crimes :

> De mes parents l'amour voluptueuse,
> Et de mes sœurs l'ardeur incestueuse,
> Rendent assez mon lignage connu :
> De l'exécrable et malheureux Atrée
> Est emprunté notre surnom d'Estrée,
> Nom d'adultère et d'inceste venu, etc., etc.

Indépendamment de la désapprobation tacite des Sully, des de Thou, de ces royalistes honnêtes gens, elle avait donc contre elle des animosités cachées et ardentes.

on parlait déjà de la jeune princesse de Florence, Marie de Médicis, pour la faire arriver au trône de France. Un jour, en voyant des portraits de princesses à marier, elle disait à d'Aubigné en la lui désignant : « Celle-ci me fait peur. » Et puis, tout n'était pas aussi gagné dans le cœur du roi qu'il le semblait. Ce roi, en effet, malgré son coin connu de fragilité, avait toujours en définitive, quand il l'avait fallu, sacrifié les plaisirs aux affaires, et il y avait en lui un ressort d'honneur qui pouvait, au dernier moment, triompher de son amour. C'est sans doute ce que voulait dire Sully lorsque, quittant Paris pour passer à Rosny la semaine sainte de 1599, il disait à sa femme que la corde était bien tendue, et que le jeu serait beau *si elle ne rompait*, mais que le succès, selon lui, ne serait pas tel que se l'imaginaient certaines personnes. Il faut avoir l'esprit singulièrement fait pour voir dans cette parole de prudente et prévoyante observation de Sully l'indice qu'il pourrait bien avoir trempé dans l'empoisonnement supposé de Gabrielle, et il y aurait lieu, vraiment, de répéter ici avec Dreux du Radier : « C'est un soupçon punissable. »

On sait le reste. Gabrielle se sépara du roi, qui était à Fontainebleau, pour venir elle-même faire ses dévotions de la semaine sainte à Paris. Elle y descendit dans la maison du financier italien Zamet, près de la Bastille. Le jeudi saint, après le dîner, elle alla entendre les Ténèbres en musique au petit Saint-Antoine. Elle s'y trouva mal vers la fin de l'office, revint chez Zamet; son mal augmentant, elle voulut sur l'heure quitter cette maison et être conduite au logis de sa tante, madame de Sourdis, près du Louvre. Elle était en proie soit à des convulsions, soit à des attaques d'apoplexie qui la défigurèrent en quelques heures. On annonçait sa mort même avant qu'elle eût cessé de vivre. Elle expira dans la nuit du vendredi au samedi 9 ou 10 avril 1599. Le soupçon d'empoisonnement courut, et Gabrielle elle-même, dans ses étreintes de souffrance, en eut la pensée. Ce fut exactement comme pour Madame, duchesse d'Orléans. Après elle on n'en donna, mais aussi on n'en chercha aucune preuve. Il est impossible aujourd'hui de prononcer là-dessus avec certitude, même avec vraisemblance.

Henri IV fut désolé et paraissait devoir rester inconsolable. Il accourait de Fontainebleau à toute bride pour voir la malade, lorsque la nouvelle de la mort, qu'il apprit en chemin à Villejuif, le fit retourner à Fontainebleau. Il s'habilla de noir, et la Cour prit le deuil à son exemple. Il ne garda dans les premiers jours auprès de lui que ceux des courtisans qui avaient le plus connu Gabrielle, et avec qui il pouvait s'en entretenir. Quelques-uns toutefois se hasardèrent à lui faire entendre qu'au fond de cette perte il y avait une énorme difficulté politique de moins; lui-même il sentait qu'il échappait à une faute. Sully survenant lui cita les Psaumes et lui parla du doigt de Dieu, dont la sagesse convertit souvent notre mal en bien; il parlait en cela comme sentaient tous les bons Français, que la mort de cette pauvre femme tirait d'une inquiétude grave. Au compliment de condoléance que lui adressait sa sœur, madame Catherine, Henri IV répondait le 15 avril : « La racine de mon amour est morte, *elle ne rejettera plus;* mais celle de mon amitié sera toujours verte pour vous, ma chère sœur. » Par malheur, ce ne fut pas tout à fait la vertu ici qui triompha de la passion. Peu de semaines après, Henri IV était repris d'un autre amour pour Henriette d'Entragues, et avant la fin de l'année il lui avait fait une promesse de mariage (1er octobre 1599). Les poëtes, qui célébraient à l'envi le tombeau de Gabrielle et le deuil du royal survivant, n'avaient pas encore achevé de rimer leurs stances et complaintes, qu'il était ou semblait consolé.

Les diamants, pierreries et joyaux de Gabrielle, retenus par Henri IV qui désintéressa les héritiers, et devenus joyaux de la Couronne, furent donnés en présent, l'année suivante, à la jeune reine Marie de Médicis.

Les lettres qu'on a de Henri IV à Gabrielle ont l'air authentique : ce ne sont que des billets, mais qui ont leur grâce. En voici quelques traits :

« Cette lettre est courte, afin que vous vous rendormiez après l'avoir lue. »

« Passer le mois d'avril absent de sa maîtresse, c'est ne vivre pas. »

« Je vous écris, mes chères amours, des pieds de votre peinture (de votre *portrait*), que j'adore seulement pour ce qu'elle est faite pour vous, non qu'elle vous ressemble. J'en puis être juge compétent, vous ayant peinte en toute perfection dans mon âme, — dans mon âme, dans mon cœur, dans mes yeux. »

« Mes chères amours, il faut dire vrai, nous nous aimons bien : certes, pour femme, il n'en est point de pareille à vous ; pour homme, nul ne m'égale à savoir bien aimer... »

Il est dommage qu'on puisse écrire de ces charmantes choses à plus d'une personne en si peu de temps : car les lettres à la marquise de Verneuil suivirent de près celles que j'indique, et leur ressemblent.

Henri IV envoie une fois des vers à Gabrielle; ce sont les stances célèbres : *Charmante Gabrielle...* Un littérateur belge (1) a retrouvé dans un recueil manuscrit ancien le refrain : *Cruelle départie...* Henri IV ou ses poëtes n'auront donc fait qu'emprunter à une chanson en vogue ce refrain qu'affectionnait peut-être Gabrielle, et ils l'auront adapté à des couplets nouveaux. Hélas! combien de fois la même chanson d'amour pourrait ainsi servir! on n'y changerait que les noms.

(1) M. Willems. Voir le n° 6, tome XI, des *Bulletins* de l'Académie royale de Bruxelles.

Mardi, 16 août 1853.

NOUVEAUX VOYAGES

EN ZIG-ZAG

PAR TOPFFER

1853

C'est l'heure des vacances, c'est le moment de faire son tour de Suisse, sa visite aux Alpes; pour ceux qui sont libres comme pour ceux qui sont retenus, il n'est pas de moyen plus agréable ou d'éclairer sa route si l'on part, ou de se figurer le voyage si l'on reste, que de prendre les livres de Topffer. Cet écrivain si regrettable, enlevé en 1846 à l'âge de quarante-sept ans, au moment où la renommée venait le couronner et où une sympathie universelle le récompensait de son long effort, avait laissé d'autres récits d'excursions encore que ceux que M. Dubochet a publiés magnifiquement en 1844. Ce sont ces nouveaux Voyages qu'on publie aujourd'hui (1), et pour lesquels les mêmes artistes ou d'autres également distingués ont prêté le concours de leur crayon ou de leur burin. Le présent volume, digne du précédent, contient trois excursions pédestres, l'une ancienne,

(1) Librairie de Victor Lecou.

de 1833, à la Grande-Chartreuse, l'autre à Gênes et à la Corniche; mais surtout on y voit la dernière grande excursion que Topffer a conduite au cœur de la Suisse, la plus importante, celle du moins où, comme en prévision de sa fin prochaine, il a rassemblé le plus de souvenirs, de résultats d'observation ou d'expérience, son Voyage de 1842 autour du Mont-Blanc et au Grimsel. Maintenant qu'on a sous les yeux l'ensemble des vues, des écrits et des croquis de Topffer, c'est le cas de bien expliquer la nature de son talent comme peintre des Alpes, et de bien fixer le genre de son invention, le caractère à la fois naïf et réfléchi de son originalité. Je tâcherai de le faire ici, non pas en *zig-zag*, mais avec suite et méthode, de manière à montrer à tous en quoi consistent l'innovation et l'espèce de découverte réelle du charmant artiste genevois.

Topffer était né peintre, paysagiste, et son père l'était; mais, forcé par les circonstances, et surtout par le mauvais état de sa vue, de se détourner de l'expression directe que réclamait son talent et où le conviait l'exemple paternel, il n'y revint que moyennant détour, à travers la littérature et plume en main : cette plume lui servit à deux fins, à écrire des pages vives et à tracer, dans les intervalles, des dessins pleins d'expression et de physionomie.

Le paysage, considéré comme genre à part et comme objet distinct de l'art, n'est pas chose très-ancienne. M. de Humboldt, dans un des volumes du *Cosmos*, a traité du sentiment de la nature physique et du genre descriptif, en les suivant aux diverses époques et dans les différentes races; il a aussi traité de la peinture du paysage dans ses rapports avec l'étude de la nature. Il établit que, dans l'Antiquité classique proprement dite, « les dispositions d'esprit particulières aux Grecs et aux Romains ne permettaient pas que la peinture de paysage fût pour l'art un objet distinct, non plus que la poésie descriptive : toutes deux ne furent traitées que comme des accessoires. » Le sentiment du charme particulier qui s'attache à la reproduction des scènes de la nature par le pinceau est une jouissance toute moderne. A la renaissance de la peinture au quinzième siècle, les paysages, comme fond, étaient traités avec beaucoup de soin dans quelques tableaux historiques; mais ils ne devinrent des sujets mêmes de tableaux qu'au dix-septième siècle : ce fut la conquête des Lorrain, des Poussin, des Ruysdaal, des Karl Du Jardin et de ces admirables Flamands que Topffer saluait les premiers paysagistes du monde. Ils découvrirent ce que les Anciens n'avaient qu'à peine soupçonné par le pinceau; ils réalisèrent aux yeux ce charme que les grands poëtes, Homère, Théocrite ou Virgile, avaient su mettre aux choses simples. Topffer est un disciple des Flamands. Et ne venez pas lui dire que ces merveilleux peintres des choses naturelles ne font que *copier* minutieusement la nature. Pour Topffer, il y a une vie cachée dans tout paysage, un sens, quelque chose qui parle à l'homme; c'est ce sentiment qu'il s'agit d'extraire, de faire saillir, de rendre par une expression naïve et fidèle qui n'est pas une pure copie. Le paysage, selon Topffer, n'est pas une traduction, mais un poëme. Un paysagiste est « non pas un copiste, mais un interprète; non pas un habile *diseur* qui décrit de point en point et qui raconte tout au long, mais un véritable *poëte* qui sent, qui concentre, qui résume et qui chante. » Et ce n'est qu'ainsi qu'on s'explique aussitôt et pleinement, dit-il, pourquoi « l'on voit si souvent le paysagiste, qui est donc au fond *un chercheur de choses à exprimer* bien plus qu'il n'est *un chercheur de choses à copier*, dépasser tantôt une roche magnifique, tantôt un majestueux bouquet de chênes sains, touffus, splendides, pour aller se planter devant un bout de sentier que bordent quelques arbustes étriqués ; devant une trace d'ornières qui vont se perdre dans les fanges d'un marécage ; devant une flaque d'eau noire où s'inclinent les gaulis d'un saule tronqué, percé, vermoulu... C'est que ces vermoulures, ces fanges, ces roseaux, ce sentier, qui, envisagés comme objets à regarder, sont ou laids ou dépourvus de beauté, envisagés au contraire comme signes de pensées, comme emblème des choses de la nature ou de l'homme, comme expression d'un sens plus étendu et plus élevé qu'eux-mêmes, ont réellement ou peuvent avoir en effet tout l'avantage sur des chênes qui ne seraient que beaux, que touffus, que splendides. » Et revenant aux peintres flamands, il s'attache à montrer que leur faire n'est pas, comme on l'a dit, toute réalité, mais bien plutôt *tout expression;* que ce faire est « plus fin, plus accentué, plus figuré, plus poétique qu'aucun autre, et si éloigné d'être servilement imitatif de la nature, que c'est par lui au contraire que nous apprenons à voir, à sentir, à goûter dans une nature, d'ailleurs souvent ingrate, ce même charme que respirent les Églogues de Théocrite et de Virgile. » Il en donne chemin faisant un exemple. Au moment où ces réflexions lui viennent (car c'est en voyage qu'elles lui viennent, sur la route de Viége dans le Valais, alors qu'il se dirige vers la vallée de Zermatt), il rencontre une bergère :

« ... Plus loin c'est une bergère qui tricote en suivant sa vache le long des touffes d'herbe dont la route est bordée. Le soleil frappe sur son visage basané, et ses cils fauves ombragent un regard à la fois sauvage et timide. Potter, où êtes-vous ? car c'est ici ce que vous aimez ; et, en effet, dans une pareille figure ainsi peignée, ainsi accoutrée, ainsi indolente et occupée, pauvre et insouciante, respire dans tout son charme la poésie des champs. Mais cette poésie, il faut un maître pour l'extraire de là, belle, vivante et vraie tout à la fois ; sans quoi vous aurez ou bien une Estelle à liserés, qui ne rappelle que romances et fadeurs, ou bien une vilaine créature, qui ne remue que d'ignobles souvenirs. »

Au dix-septième siècle donc, il y eut la grande et originale école de paysagistes qui rendirent tour à tour la beauté italienne dans ses splendeurs et son élégante majesté, et la nature rustique du Nord dans ses tranquilles verdures, ses rangées d'arbres le long d'un canal, ses chaumines à l'entrée d'un bois, en un mot dans la variété de ses grâces paisibles, agrestes et touchantes. Mais en Suisse, il y avait des paysages et point de peintres. Il fallut attendre jusqu'au siècle suivant, et ce fut un littérateur, Jean-Jacques Rousseau, qui donna le signal. Topffer a très-bien marqué que le paysage de la Suisse ou des Alpes se divise naturellement en trois zones distinctes, et dont la conquête ne pouvait se faire en un jour. Il y a la zone la plus basse, très-variée pourtant, très-accidentée ; elle comprend les jardins du bas, les collines, les abords cultivés des gorges et le tapis des premières pentes ; elle finit où finissent les noyers. C'est le paysage savoyard ou celui du canton de Vaud, celui que Jean-Jacques parcourait en piéton dans sa jeunesse et qu'il a rendu avec tant de fraîcheur. Une seule fois, lui ou du moins son Saint-Preux, il s'est aventuré dans la zone supérieure, dans les montagnes du Valais ; on peut voir dans la première partie de *la Nouvelle Héloïse* la XXIIIe lettre à Julie : « Tantôt d'immenses rochers pendaient en ruines au-dessus de ma tête ; tantôt de hautes et bruyantes cascades m'inondaient de leur épais brouillard ; tantôt un torrent éternel ouvrait à mes côtés un abîme, etc. » Cette peinture est bien, mais elle n'est qu'une première vue un peu générale, un peu confuse, et sans particularité bien distincte. Jean-Jacques ne connaît bien sa Suisse qu'à mi-côte, par ses lacs, ses maisonnettes riantes et ses vergers ; avec lui on en revient toujours aux Charmettes. Il n'a jamais dépeint avec détail ni pénétré, même ce qu'on appelle la seconde région ou région moyenne.

Cette seconde région, qui est propre à la Suisse, est plus sobre, plus austère, plus difficile; elle est souvent dénudée; la végétation variée de la région inférieure y expire; mais les sapins, les mélèzes, à son milieu, envahissent les pentes, revêtent les ravins, bordent les torrents; la chaumière n'y est plus riante et richement assise comme dans le bas, elle y est conquise sur la sécheresse des terrains et la roideur des pentes : ce n'est plus le charme agreste, c'est le règne sauvage qui a sa beauté. Cette seconde région qui, ai-je dit, est la moyenne, mène à l'autre, à la supérieure et sublime, qui est la région des pics, des glaciers, des resplendissants déserts, et où la rigueur du climat « ne laisse vivre que des rhododendrons, quelques plantes fortes, des gazons robustes, » au bord et dans les interstices des neiges éternelles.

Ces hautes régions furent en quelque sorte la découverte et la conquête de l'illustre physicien Saussure. Passionné de bonne heure pour les montagnes, vers lesquelles l'attirait un attrait puissant, il commença en 1760 ses courses vers les glaciers de Chamouni, alors peu fréquentés, et depuis, chaque année, il renouvela ses voyages des Alpes, jusqu'à ce qu'en août 1787, il parvint à s'élever à la cime du Mont-Blanc qui avait été pour la première fois gravie par deux habitants de Chamouni l'année précédente. Dans les descriptions et comptes rendus tout scientifiques qu'il a donnés de ses voyages, Saussure a été peintre par endroits : en présence du spectacle extraordinaire et inouï qu'il avait sous les yeux, « il tâche d'atteindre à la grandeur par la simplicité, au calme et à la majesté par le déroulement harmonieux et paisible de sa période sans pompe descriptive et sans ornement d'apparat. »

Ainsi Saussure découvrait l'*Alpe* et en annonçait sobrement la poésie, vers le même temps où Bernardin de Saint-Pierre versait les trésors tout nouveaux de la nature tropicale et des mornes de l'Ile do France, et un peu avant que Chateaubriand eût trouvé la savane américaine.

Mais l'*Alpe* a été rude à conquérir tout entière; les montagnes ne se laissent pas brusquer en un jour; les René et les Childe-Harold les traversent, les déprécient ou les admirent, et croient les connaître : elles ne se livrent qu'à ceux qui sont forts, patients et humbles tout ensemble. Il faut ici du pâtre jusque dans le peintre. Il a fallu monter lentement, pied à pied, s'y reprendre à bien des fois avant de ravir les richesses dans leurs replis (1).

Quant à la peinture proprement dite et par le pinceau, ce ne fut que sur la fin du dix-huitième siècle que De La Rive et, après lui, Topffer le père, commencèrent à rendre le paysage suisse, savoyard, de la zone inférieure dans sa grâce et sa poésie familière; « les masures de Savoie avec leur toiture délabrée et leur portail caduc; les places de village où jouent les canards autour des flaques; les fontaines de hameau où une fille hâlée mène les vaches boire; les bouts de pré où paît solitaire, sous la garde d'un enfant en guenilles, un taureau redoutable; » puis les marchés, les foires, les hôtelleries; les attelages poudreux avec le chien noir qui court devant; les rencontres de curés, de noces, de marchands forains; les manants de l'endroit avinés et rieurs, « amusants de rusticité. » Les choses en étaient là lorsque Topffer commença ses voyages pédestres en 1823. Vers le même temps, un peintre de Neufchâtel,

---

(1) Byron au reste, dans son séjour en Suisse (1816), a senti et *pratiqué* les Alpes bien autrement que Chateaubriand qui ne les avait vues d'abord qu'en passant (1805), et qui semble les avoir traitées, et le Mont-Blanc lui-même, du haut de sa grandeur. — Je conseille aux amateurs de lire *les Alpes Suisses*, par M. E. Rambert, professeur à Zurich (1866).

Meuron, osait, le premier, tenter de rendre sur la toile « la saisissante âpreté d'une sommité alpine, au moment où, baignée de rosée et se dégageant à peine des crues fraîcheurs de la nuit, elle reçoit les premiers rayons de l'aurore. » Mais les Calame, les Diday et autres qui marchent sur leurs traces n'étaient point encore venus. Les classiques d'alors s'attachaient à prouver, par toutes sortes de raisons techniques et de considérations d'atelier, que ces régions supérieures des Alpes étaient essentiellement impropres à être reproduites sur la toile et à devenir matière de tableaux. *Impossible*, c'était le mot consacré.

Ici va se bien comprendre l'originalité de Topffer et son coin de découverte pittoresque. Il se met à voyager à pied avec ses élèves comme sous-maître d'abord dans un pensionnat, en attendant qu'il ait sa maison à lui et sa joyeuse bande. Il a quelque apprentissage à faire, il le fait vite, et saisit dès les premiers jours la poésie de ce genre de voyages, poésie de fatigue, de courage, de curiosité et d'allégresse. Il aspire presque aussitôt à la communiquer et à la bien traduire, en la racontant gaiement à l'usage d'abord de ses seuls jeunes compagnons, et en croquant pour eux et pour lui, d'une plume rapide, les principaux accidents de la marche, la physionomie des lieux et des gens. Cependant, peu à peu, il s'enhardira; et lui qui, au fond de son cœur, peut se dire : *Je suis peintre aussi!* ne pouvant l'être par les couleurs, il ouvrira la voie aux autres, il indiquera les chemins; il dira, comme un guide, les sentiers escarpés qui mènent au point de vue réputé désespéré et inaccessible; il esquissera ce que d'autres peindront, et, à chaque pas de plus que fera la peinture sincère à la conquête de ces rudes Alpes, il applaudira au triomphe.

Ses courts et brusques dessins, ses récits, sont une suite de jolis tableaux flamands, relevés tout aussitôt d'une saveur alpestre, de quelque chose de *fruste* (pour employer un de ses mots favoris) et d'un caractère sauvage : en même temps, il n'oublie jamais le côté humain, familier, vivant, qui doit animer le paysage, et qui lui ôte tout air de descriptif. Là même où il s'élève jusqu'à cette troisième et haute région où tout semble écraser l'homme et où la vie sous toutes ses formes se retire, Topffer trouve encore un sens correspondant au cœur en ces effrayantes sublimités. Après avoir décrit en une page d'une large et précise magnificence la physionomie générale du Cervin, par opposition à l'effet de Chamouni, il en vient à s'interroger sur les sources de son émotion :

« D'où vient donc, se demande-t-il en présence de cette effroyable pyramide du Cervin, d'où vient l'intérêt, le charme puissant avec lequel ceci se contemple? Ce n'est là pourtant ni le pittoresque, ni la demeure possible de l'homme, ni même une merveille de gigantesque pour l'œil qui a vu les astres ou pour l'esprit qui conçoit l'univers. La nouveauté, sans doute, pour des citadins surtout; l'aspect si rapproché de la mort, de la solitude, de l'éternel silence; notre existence si frêle, si passagère, mais vivante et douée de pensée, de volonté et d'affection, mise en quelque sorte en contact avec la brute existence et la muette grandeur de ces êtres sans vie, voilà, ce semble, les vagues pensers qui attachent et qui secouent l'âme à la vue de cette scène et d'autres pareilles. Plus bas, en effet, la reproduction, le changement, le renouvellement nous entourent; le sol actif et fécond se recouvre éternellement de parure ou de fruits, et Dieu semble approcher de nous sa main pour que nous y puisions le vivre de l'été et les provisions de l'hiver; mais ici où cette main semble s'être retirée, c'est au plus profond du cœur que l'on ressent de neuves impressions d'abandon et de terreur, que l'on entrevoit comme à nu l'incomparable faiblesse de l'homme, sa prochaine et éternelle destruction si, pour un instant seulement, la divine bonté cessait de l'entourer de soins tendres et de secours infinis. Poésie sourde, mais puissante, et qui, par cela même qu'elle dirige la pensée vers les grands mystères de la création, captive l'âme et l'élève. Aussi, tandis que l'habituel spectacle des bienfaits de la Divinité tend à nous distraire d'elle, le spectacle passager des stérilités immenses, des mornes déserts, des régions sans vie, sans secours, sans bienfaits, nous ramène à elle par un vif sentiment de gratitude, en telle sorte que plus d'un homme qui oubliait Dieu dans la plaine s'est ressouvenu de lui aux montagnes. »

Topffer se rappelle en ces moments et rassemble dans son impression grandiose le sentiment de l'antique Sinaï, les ressouvenirs des Prophètes, tout ce qu'il y a de plus présent et de plus parlant à l'homme dans la tradition; et c'est ainsi qu'il anime encore ces apparitions gigantesques de l'éblouissante et froide nature, tandis que ceux qui, comme Sénancour, autre grand paysagiste aussi, n'y voient que le couronnement et le témoignage subsistant des forces aveugles, n'en retirent jusque dans leur admiration rien que de morne, de consternant et de désolé.

Le charme des voyages de Topffer, c'est qu'il ne reste jamais longtemps sur ces hauteurs, et l'on jouit avec lui de tous les accidents du chemin. Un des endroits de son récit qui m'a laissé le plus frais souvenir, c'est son excursion aux Mayens, près de Sion. Les *Mayens*, on appelle ainsi sur la montagne les lieux où vont dès le mois de *mai* les nobles Valaisans, les patriciens du pays, aujourd'hui dépossédés de leur influence. Ces dignes gens ont là-haut des solitudes et de douces cabanes, ce qu'on appelle le *Mayen de la famille;* ils se hâtent d'y monter dès qu'avril a fondu les neiges, et ils ne redescendent plus à Sion qu'à l'approche de l'hiver. Topffer nous montre, chez ces familles fidèles au culte du passé, la vie paisible, régulière, patriarcale, l'oubli du siècle qui serait amer à trop regarder, et qui n'émancipe les uns qu'en froissant les autres. « Les Mayens sont à notre avis, dit-il, un Élysée dont la douceur enchante, plutôt qu'une merveille à visiter; » et c'est pour cela qu'il donne envie d'y monter et d'y vivre au moins une saison. Les hôtes qu'il y visite, en échange de ses croquis, lui font voir les leurs : « Ce sont, remarque-t-il, des aquarelles faites d'après les sites uniformément aimables de ce paisible séjour. Le vert y domine, cru, brillant, étalé, mais les fraîcheurs de l'endroit s'y reconnaissent aussi, et aussi ces *menus détails*, ces *neuves finesses* qui échappent souvent au rapide regard de l'artiste exercé, pour se laisser retracer par l'amateur inhabile, réduit qu'il en est à se faire scrupuleux par gaucherie et copiste par inexpérience. »

Personne ne fait mieux comprendre que Topffer comment, sans avoir rien des procédés convenus et artificiels, on parvient à épeler, à bégayer, puis à parler, chacun selon sa mesure et avec son accent, la langue du pittoresque. Il faut s'y mettre avant tout, et, pour peu qu'on ait de sentiment naturel en face des objets, le suivre, y obéir, travailler à y donner jour. A force de croquis manqués, on arrivera à en produire un passable, puis un parlant, et, à la fin, *l'on se sera fait sa petite manière à soi de ne s'y prendre pas trop mal*, et cela en ne poursuivant que la nature et sans imiter personne. Il a, à ce sujet, de ravissantes pages sur ce thème Qu'est-ce que *croquer?* par opposition à dessiner. Il en a d'autres comparables à celles-là sur cet autre motif: Qu'est-ce que *flâner?* qui est, selon lui, tout l'opposé de ne rien faire.

Pour le style de même. La langue de Topffer est à lui, et il le sait. Il n'y a pas visé d'abord, et elle lui est venue comme cela. La Suisse, dans ses creux de vallées et ses plis de terrain, a gardé trace et souche de bien des langues. Il y a là des dialectes d'emprunt et des patois indigènes. Le français, qui est très-indigène en quelques parties, est resté âpre et n'a jamais eu sa greffe définitive. Genève pourtant y a donné son poli et son pli. Mais traversée en bien des sens et formée d'une population mi-partie française, italienne et germanique, Genève aurait fort à faire pour garder une langue pure.

Topffer n'a jamais cherché qu'à l'avoir naturelle : « Je ne suis qu'un Scythe, s'écrie-t-il comme Anacharsis, et l'harmonie des vers d'Homère me ravit et m'enchante! Je ne suis moi, qu'un Genevois, et l'harmonie, la noblesse, la propriété ornée, la riche simplicité des grands maîtres de la langue, pour autant que je sais l'apprécier, me transporte de respect, d'admiration et de plaisir. De bonne heure j'ai voulu écrire, et j'ai écrit; mais sans me faire illusion sur ma médiocrité et mon impuissance, uniquement pour ce charme de composer, d'exprimer, de chercher aux sentiments, aux pensers, aux rêves de choses ou de personnes, *une façon de les dire à mon gré*, de leur trouver une figure selon mon cœur. » Tout en admirant nos grands écrivains, il ne les imite donc pas le moins du monde : placé hors du cercle régulier et, pour ainsi dire, national, de leur influence, il ne trouve pas qu'il y ait révolte à ne pas les suivre, même dans les formes générales qu'ils ont établies et qui font loi en France; il n'est pas né leur *sujet*. Il écrit d'emblée à sa guise, comme il croque le paysage. Sans y mettre tant d'artificiel il procède comme Courier, ou plutôt c'est un Montaigne né près du Léman, et qui cherche à racheter sa rudesse et certains sons rauques par du mordant et du vif. Aussi, à défaut du coulant d'un Voltaire, de l'harmonie d'un Bernardin ou d'un Fénelon, et s'il n'a presque jamais ce qui chante, il a ce qui accentue et ce qui saisit. Toute sa théorie du style est agréablement exposée et mise en action dans la rencontre qu'il fait du bonhomme Tobie Morel à la descente du grand Saint-Bernard. Tobie Morel, tout en frappant de son bâton et de ses souliers ferrés les dalles de la chaussée, rencontre Topffer et sa troupe d'écoliers, et en homme communicatif, au premier mot échangé, il se met à raconter son histoire; il le fait en des termes pleins de force et de naïveté; d'où Topffer en revient à son axiome favori : *Tous les paysans ont du style.* Malherbe avait dit : « J'apprends tout mon français à la place Maubert. » Lui, Topffer, il veut qu'à deux siècles de distance cette parole bien comprise signifie : « Je rapprends et je retrempe mon français chez les gens simples, restés fidèles aux vieilles mœurs, comme il en est encore dans la Suisse romande, en Valais, en Savoie, en dessus de Romont, à Liddes, à Saint-Branchier, au bourg Saint-Pierre. C'est là qu'en accostant, dit-il, le paysan qui descend la chaussée, ou en s'asseyant le soir au foyer des chaumières, on a le charme encore d'entendre le français de souche, le français vieilli, mais nerveux, souple, libre et parlé avec une antique et franche netteté par des hommes aussi simples de mœurs que sains de cœur et sensés d'esprit ;... — en telle sorte que la parole n'est plus guère que du sens, mais franc, natif, et comme transparent d'ingénuité. » A d'autres endroits de ses écrits, et tout en reconnaissant avec vérité les défauts habituels au caractère du paysan, il est revenu encore sur la part de solide bon sens qu'il trouve en plus grande mesure chez eux que dans les autres classes : « Ceci se marque bien dans leur langage, ajoute-t-il, qui est clair, discret, et d'une constante propriété. Aussi trouvé-je toujours du plaisir à m'entretenir avec eux des choses qui sont à leur portée. »

De cette observation attentive du langage campagnard et *paysanesque*, combinée avec beaucoup de lecture, de littérature tant ancienne que moderne, tant française que grecque (1), est résulté chez Topffer ce

---

(1) Ce n'est pas sans dessein que j'indique la littérature grecque, car Topffer était helléniste ; il a même donné une édition des Harangues de Démosthène, et il se souvient évidemment du grec dans cette phrase de ses *Voyages en Zig-zag,* par exemple : « C'est là mieux qu'ailleurs(dans une excursion en commun du maître avec ses élèves)

style composite et individuel que nous goûtons sans nous en dissimuler les imperfections et les aspérités, mais qui plaît par cela même qu'il est naturel en lui et plein de saveur. C'est ainsi qu'on écrit dans les littératures qui n'ont point de capitale, de quartier général classique ni d'Académie; c'est ainsi qu'un Allemand, qu'un Américain ou même un Anglais use à son gré de sa langue. En France, au contraire, où il y a une Académie française et où surtout la nation est de sa nature assez académique, où le Suard, au moment où on le croit fini, recommence; où il n'est pas d'homme comme il faut, dans son cercle, qui ne parle aussitôt de goût; où il n'est pas de grisette qui, rendant son volume de roman au cabinet de lecture, ne dise pour premier mot : *C'est bien écrit*, on doit trouver qu'un tel style est une très-grande nouveauté, et le succès qu'il a obtenu un événement : il a fallu bien des circonstances pour y préparer. Nous supplions seulement qu'on ne l'imite pas, et qu'on n'aille pas faire un genre littéraire, une école, de ce qui, chez le libre amateur genevois, a été précisément l'absence d'école et une inspiration forte et combinée.

Topffer, qui se sépare de nous gens du centre, qui est en indépendance et en réaction contre la littérature française de la capitale, et qui la juge, nous semble parfois bien sévère et même injuste. Ce n'est pas le moment de discuter quelques-uns des noms qu'il met en cause : il apprécie les talents célèbres et en vogue, moins encore en eux-mêmes, ce semble, que d'après

qu'il dépend de lui, s'il veut bien profiter amicalement des événements, des impressions, des spectacles et des vicissitudes, de fonder de saines notions dans les esprits, de fortifier dans les cœurs les sentiments aimables et bons, tout comme d'y combattre, d'y ruiner à l'improviste, et *sur le rasoir de l'occasion*, tel penchant disgracieux ou mauvais. »

lurs disciples et leurs influences ; il a de ces condamnations décisives, anticipées, qu'entre contemporains et artistes qui courent plus ou moins la même carrière, il faut laisser au temps seul le soin de tirer entièrement. S'il vivait, il n'aurait sans doute qu'à se relire, nous n'aurions pas même à le lui faire comprendre. Et n'est-ce pas lui qui a dit quelque part : « Les auteurs vivants jugent mal les auteurs vivants ? »

Les sentiments élevés, ceux que naturellement la pensée de sa mort réveille, nous reviennent à son sujet. Il a raconté dans le présent volume sa visite en deux asiles consacrés par la religion, à la Grande-Chartreuse en 1833, à l'hospice du Saint-Bernard en 1842. Il nous semble qu'il manque quelque chose à sa visite de la Grande-Chartreuse ; il est novice encore, son monastère est trop effacé ; il nous peint la haute vallée plutôt que le but même ; il n'a pas l'hymne du chartreux, l'allégresse du cloître, le rayon de Le Sueur et de saint Bruno. La sympathie, sans lui faire défaut, y est mêlée de quelques tons qui crient. Mais à l'hospice du Saint-Bernard, c'est différent : l'hospitalité cordiale l'a gagné, et aussi l'aspect de l'humble foule agenouillée le jour de la fête du couvent l'a pris au cœur. Le peintre en lui et le chrétien se sont rencontrés : « Oh ! le pittoresque spectacle, s'écrie-t-il à la vue de l'évêque de Sion officiant en personne et de sept cents fidèles environ accourus d'Aoste, du Valais, de Fribourg, priant debout, agenouillés, ou assis par rangées sur les degrés et refluant jusque dans l'étage supérieur ! Des vieillards, des petits garçons, des jeunes filles, des mères et leurs nourrissons ; toutes les poses de la dévotion naïve, du recueillement craintif, de l'humilité respectueuse ; toutes les attitudes de la fatigue qui s'endort, de l'attention qui se lasse, et aussi de cette oisiveté de l'âme pour laquelle le culte catholique ne se montre jamais sévère, à la condition que les doigts roulent les grains d'un chapelet et que la langue murmure des prières. » Et ne croyez pas que ce dernier mot soit une épigramme; car tout aussitôt, dans une page très-belle et pleine d'onction, tout en réservant son principe de foi, il va rendre hommage à ce *trait d'ingénue et d'absolue soumission* qui est obtenue plus facilement par la religion catholique et qui procède du dogme établi de l'autorité même; il y reconnaît un vrai signe de l'esprit religieux sincère : « Et en effet, dit-il, être chrétien, être vrai disciple de Jésus-Christ, c'est bien moins, à l'en croire lui-même, admettre ou ne pas admettre telle doctrine théologique, entendre dans tel ou tel sens un dogme ou un passage, que ce n'est assujettir son âme tout entière, ignorante ou docte, intelligente ou simple, à la parole d'en haut, pas toujours comprise, mais toujours révérée. » Sous cette impression d'une douce piété communicative, il appellera donc plus d'une fois les dignes religieux du grand Saint-Bernard ses frères, ses coreligionnaires très-certainement en dépit de quiconque pourrait y trouver à redire. Tout humble qui prie lui paraît son coreligionnaire plus sûrement que tout raisonneur et tout petit docteur qui discute. Il a beau être de Genève, il se retrouve encore du diocèse et de la paroisse de saint François de Sales par un côté. Près de mourir, Topffer reviendra sur cette idée d'assujettissement, d'acquiescement intime et volontaire qui était le trait essentiel de sa foi : « Qui dispute, doute; qui acquiesce, croit... Je crois et je me confie, deux choses qui peuvent être des sentiments vagues, sans cesser d'être des sentiments forts et indestructibles. »

Dès le temps où il visitait la Grande-Chartreuse, Topffer, voyant ce renoncement absolu qui imprime le respect et une sorte de terreur, s'était posé dans toute sa précision le problème qui est fait pour troubler une âme préoccupée des destinées futures : le chartreux, le trappiste, en effet, le disciple de saint Bruno ou de Rancé vit chaque jour en vue de sa tombe, tandis que d'autres, la plupart, ne vivent jamais qu'en vue de la vie et comme s'ils ne devaient jamais mourir : « Destinée étrange que celle de l'homme! se demandait le voyageur jeune encore et plein de jours : la vie lui est donnée, et il est un insensé s'il s'y attache, puisqu'elle va lui être retirée : la mort lui est imposée irrévocablement, et il est un insensé encore s'il y sacrifie la vie, puisqu'elle est un bienfait de Dieu!... Que faire donc? et comment concilier cette contradiction fatale, comment caresser tout ensemble et la vie et la mort? Hélas! c'est là l'équilibre où il n'est donné à aucun homme d'atteindre! » Et dans le doute, entre les deux, « entre ceux-là qui disposent toutes choses comme s'ils devaient toujours rester dans ce monde, et ceux qui, comme les chartreux, disposent toutes choses comme s'ils l'avaient déjà quitté, » c'est encore la folie du chartreux qui lui paraît la moindre. Douze ans après, au lit de mort lui-même, et durant sa dernière maladie, Topffer revenait sur cette méditation, sur cette énigme de la destinée, dont il avait désormais une pleine conscience, et il la dénouait, selon sa mesure, en homme de famille, en époux et en père, pieux, résigné et saignant : « Renoncer au monde, si l'on prend le précepte à la lettre, disait-il, c'est fausser sa destinée en dépravant sa nature. Renoncer au monde, si l'on prend le précepte dans son esprit, c'est faire en toutes choses une part à la vie et une part à la mort, et cela jusqu'au dernier soupir. » — Dans la première partie de son explication, Topffer n'a pas assez senti, je le crains, tout le mystère de la vie cachée, de la vie des antiques Ermites et des Pères du désert; mais il est impossible de mieux faire la part de l'homme de la société et du père de famille mourant.

Je n'ai pas craint de laisser arriver ces pensées graves et funèbres jusque dans la lecture de ces derniers Voyages si remplis de soleil, de joie, d'accidents de toute sorte, si animés d'une sociabilité charmante, et tout parsemés de figures ou de perspectives. Après s'en être pénétré et en s'engageant sur les pas de l'excellent initiateur dans ces expéditions de fatigue et de plaisir, plus d'un visiteur des hautes cimes, au tournant d'un roc, au reflet d'un glacier, à l'humble vue d'une clôture, se surprendra à dire comme pour un compagnon absent et pour un ami qui nous a devancés : « Topffer, où êtes-vous? »

Lundi, 22 août 1853.

GIBBON

Gibbon est à certains égards un écrivain français, et il a de droit sa place marquée en notre dix-huitième siècle. Dans le séjour qu'il fit à Lausanne, jeune, de seize à vingt et un ans, il s'apprit tout à fait à penser en français, à ce point que les lettres en anglais qu'il écrivait pendant ce temps sont de quelqu'un qui ne sait plus bien sa langue. Plus tard, retourné en Angleterre, le premier Essai qu'il publia (*Essai sur l'Étude de la Littérature*, 1761) est écrit en français. Poussé par sa vocation d'historien et cherchant encore son sujet, il entreprend avec son ami Deyverdun une *Histoire générale de la République des Suisses* (ce même thème héroïque que Jean de Müller traitera bientôt), et Gibbon avait déjà composé l'introduction en français : il fallut que l'illustre historien David Hume le rappelât à l'idiome national, en lui disant comme Horace aux Romains qui écrivaient leurs livres en grec : « *Pourquoi portez-vous le bois à la forêt ?* » Dans les dernières années de sa vie enfin, étant revenu habiter à Lausanne, sa conversation habituelle était en français, et il craint que les derniers volumes de son *Histoire de la Décadence et de la Chute de l'Empire romain*, composés durant cette époque, ne s'en ressentent : « La constante habitude, dit-il, de parler une langue et d'écrire dans une autre peut bien avoir infusé quelque mélange de gallicismes dans mon style. » Si ce sont là pour lui des inconvénients et peut-être des torts aux yeux des purs Bretons, que ce soit au moins à nos yeux une raison de nous occuper de lui et de lui rendre une justice plus particulière, comme à un auteur éminent qui a été en partie des nôtres.

On a, quand on parle de Gibbon, même en France, une prévention défavorable à vaincre; c'est que lui-même a parlé du Christianisme dans les 15e et 16e chapitres de son premier volume avec une affectation d'impartialité et de froideur qui ressemble à une hostilité secrète, et qu'à ne voir les choses que du simple point de vue historique, il a manqué d'un certain sens délicat, tant à l'égard du fond de l'idée chrétienne que par rapport aux convenances qu'il avait à observer envers ses propres contemporains. Jugeant trop des autres d'après lui, et aussi d'après le milieu parisien de son temps, Gibbon crut le monde arrivé à un état complet d'indifférence et de scepticisme. Quand il vit le scandale que ses deux chapitres avaient causé, surtout en Angleterre, chez les pieux, les timides, les prudents (comme il voulait les appeler), il en eut quelque regret, et il convient que, si ç'avait été à recommencer, il y aurait pris garde davantage; car Gibbon, s'il n'est point du tout un homme religieux, est encore moins un sectateur et un fauteur d'incrédulité. Il se borna dans sa Défense à ce qui était strictement nécessaire, et il évita ce qui eût pu enflammer. Témoin, dans les dernières années de sa vie, de la Révolution française, il se plaisait à adhérer en tout à la profession de foi de Burke : « J'admire son éloquence, disait-il, j'approuve sa politique, j'adore sa chevalerie, et j'en suis presque à excuser son respect pour les établissements religieux. » Et il ajoutait qu'il avait quelquefois pensé à écrire un dialogue des morts, dans lequel Lucien, Érasme et Voltaire se seraient fait leur confession, seraient convenus entre eux du danger qu'il y a à ébranler les vieilles croyances établies et à les railler en présence d'une aveugle multitude. Tous ces retours de Gibbon sont sans doute exclusivement dans un intérêt politique et social, et ses paroles trouvent encore moyen de s'y imprégner d'un secret mépris pour ce qu'il ne sent pas. Ne lui demandez pas plus de chaleur ni de sympathie pour cet ordre de sentiments ou de vérités; il a du lettré chinois dans sa manière d'apprécier les religions.

Il ne porte guère plus de chaleur en apparence dans la considération des mouvements politiques des peuples et dans la conception de l'histoire. Pourtant ici son amour de l'Antiquité et son culte classique le sauvent des injustices. Il est épris de la noble gloire et des luttes généreuses d'un Cicéron; il se nourrit sans cesse de l'esprit et des ouvrages de « ce grand auteur, » qu'il appelle « toute une bibliothèque de raison et d'éloquence. » Bien qu'essentiellement impropre à aborder la tribune, Gibbon a assisté comme membre du Parlement aux discussions de son pays; les huit sessions qu'il y passa lui furent, dit-il, « une école de prudence civile, la première et la plus essentielle qualité d'un historien. » Il y a un moment où, dans les dangers de la guerre de Sept Ans, il est redevenu Anglais à la voix de Pitt; il s'est fait capitaine de milice et a paru animé d'un éclair d'enthousiasme patriotique. Habituellement, et quand il a la plume à la main, il est vrai de dire que ce genre d'émotion et d'inspiration lui est étranger. Ses idées favorites de gouvernement concordent avec celles d'Horace Walpole; il a placé volontiers, comme ce dernier, son âge d'or historique dans cette merveilleuse période et cette *ère élyséenne* du siècle des Antonins, « dans laquelle le monde vit cinq bons monarques se succéder sans interruption (1). » D'Auguste à Trajan, Gibbon a trouvé la forme d'empire à laquelle sa raison et ses instincts d'esprit le rattachent le plus naturellement. Dans son premier écrit (l'*Essai sur l'Étude de la Littérature*), et quinze ans avant de publier sa grande composition historique, il décelait déjà sa préférence pour ce grand tout continu et pacifique de l'Empire romain ; il le place presque au niveau de ce que l'Europe est devenue depuis ; il fait remarquer de plus, à l'avantage de cet ancien état du monde, que des pays, aujourd'hui barbares, étaient éclairés alors et jouissaient des bienfaits de la civilisation : « Du temps des Pline, des Ptolémée et des Galien, dit-il, l'Europe, à présent le siége des sciences, l'était également ; mais la Grèce, l'Asie, la Syrie, l'Égypte, l'Afrique, pays féconds en miracles, étaient remplis d'yeux dignes de les voir. Tout ce vaste corps était uni par la paix, par les lois et par la langue. L'Africain et le Breton, l'Espagnol et l'Arabe se rencontraient dans la capitale, et s'instruisaient tour à tour. Trente des premiers de Rome, souvent éclairés eux-mêmes, toujours accompagnés de ceux qui l'étaient, partaient tous les ans de la capitale pour gouverner les provinces, et, pour peu qu'ils eussent de curiosité, l'autorité aplanissait les routes de la science. »

Sans aller peut-être aussi loin que Montesquieu, qui voyait en Trajan « le prince le plus accompli dont l'histoire ait jamais parlé ; avec toutes les vertus, n'étant extrême sur aucune ; enfin l'homme le plus propre à honorer la nature humaine et représenter la divine ; » sans se prononcer si magnifiquement peut-être, et er

---

(1) Voir la lettre d'Horace Walpole à Gibbon, du 14 février 1776.

faisant ses réserves d'homme pacifique au sujet des guerres et des ambitions conquérantes de Trajan, Gibbon plaçait volontiers à cette époque le comble idéal de la grandeur d'un empire et de la félicité du genre humain. A partir de cet âge, couronné par les règnes d'Antonin et de Marc-Aurèle, la décadence commence, et Gibbon va en retracer l'histoire avec exactitude, avec regret, en s'attachant à tout ce qui la retarde, en répugnant à tout ce qui l'accélère; une belle histoire où le génie de l'ordre, de la méthode, de la bonne administration, domine; une narration revêtue de toutes les qualités fermes, continues et solides, qui la font ressembler, jusque dans ses dégradations successives et inévitables à travers les temps barbares, à une large chaussée romaine.

Ainsi Gibbon, qui avait assisté de sa personne à l'époque des Chatham, était par goût et par tempérament, comme par étude, pour l'époque des Trajan. Plus on l'étudie dans sa vie et dans sa nature particulière, et mieux on se rend compte de cette préférence. D'une bonne et ancienne famille originaire du comté de Kent, ayant un grand-père et un père tories, il naquit à Putney dans le Surrey, le 27 avril 1737. Il a tout d'abord un retour de plaisir sur la bonté de la nature qui, ayant pu aussi bien le faire naître esclave, sauvage ou paysan, a placé son berceau dans un pays libre et civilisé, à une époque de science et de philosophie, au sein d'une famille d'un rang honorable et convenablement partagée des dons de la fortune. Ce sentiment modéré de contentement animera toute la vie de Gibbon, et, même dans ses courtes passions, le tiendra à égale distance des ravissements et des désespoirs. Il était l'aîné de cinq frères qui moururent en bas âge, et d'une sœur qui vécut un peu plus, et qu'il connut assez pour la regretter. Il était lui-même d'une complexion délicate qui fit longtemps craindre pour ses jours ; il fut soigné, moins par sa mère un peu indifférente, ce semble, que par une tante maternelle pleine d'affection et de mérite. Il puisa auprès d'elle « ce précoce et irrésistible amour de la lecture, qu'il n'échangerait pas, dit-il, pour les trésors de l'Inde. » A l'âge de sept ans, on le mit aux mains d'un précepteur, d'un digne vicaire de campagne, John Kirkby, sur lequel il a laissé des paroles touchantes. A neuf ans, on l'envoya à l'école de Kingston, mais sans grand profit, à cause des interruptions commandées par la faiblesse de sa santé. Après dix-huit mois, la mort de sa mère le fit rappeler ; il ne profita guère davantage à l'école de Westminster, d'où il faisait de fréquentes absences pour les bains de Bath et la maison de santé. Il lisait durant ce temps un peu au hasard tous les livres qui lui tombaient sous la main, et où se prenait sa curiosité déjà excitée ; elle l'était de préférence toujours dans le sens des connaissances historiques, et un instinct de critique aussi le dirigeait plutôt vers les sources. Aux approches de sa seizième année, la nature fit un effort en sa faveur et déploya ses forces secrètes ; ses crises nerveuses disparurent, et il acquit une santé suffisante, de laquelle il n'abusa jamais.

Son père se décida à le placer à Oxford et le fit inscrire en qualité d'étudiant ordinaire au collége de la Madeleine. En jetant un regard en arrière et en embrassant toute cette période de ses premières années, Gibbon tient à indiquer qu'il n'y laisse rien de regrettable ni à plus forte raison d'enchanteur ; que cet âge d'or du matin de la vie, qu'on vante toujours, n'a pas existé pour lui, et qu'*il n'a jamais connu le bonheur d'enfance.* J'ai déjà remarqué cela pour Volney : ceux à qui a manqué cette sollicitude d'une mère, ce premier duvet et cette fleur d'une affection tendre, ce charme confus et pénétrant des impressions naissantes, sont plus aisément que d'autres dénués du sentiment de la religion.

Gibbon a laissé de l'éducation qu'on recevait ou plutôt qu'on ne recevait pas à Oxford de son temps une description qui, dans la froideur de son ironie, est la plus sanglante satire. Oxford, comme toutes les institutions riches, sans contrôle, et livrées à elles-mêmes, était tombé peu à peu dans mille abus qu'on assure avoir été en partie corrigés ou diminués depuis. Gibbon déclare qu'il ne reconnaît avoir aucune obligation à l'université d'Oxford, et il en parle en effet comme le fils le moins reconnaissant. L'assujettissement des études s'y réduisant presque à rien, il y continuait dans l'intervalle le cours de ses lectures toutes personnelles; il s'essaya dès lors sur un sujet singulier et qui était prématuré non-seulement pour lui, mais pour tous les hommes de son temps, sur le *siècle de Sésostris*; il cherchait à y concilier, au moyen de suppositions d'ailleurs assez ingénieuses, les divers systèmes de chronologie Avant d'avoir terminé son ouvrage, il était en état d'en juger les imperfections et les vides : « La découverte de ma propre faiblesse, dit-il, fut mon premier symptôme de goût. » Mais le grand fait, l'accident mémorable du séjour de Gibbon à Oxford, est sa conversion passagère à la religion catholique. Dès son enfance, il avait aimé la discussion sur les matières religieuses; il avait du goût pour le raisonnement et la dialectique : il lut des livres de théologie et de controverse, Middleton, Bossuet surtout, qu'il proclame le grand maître en ce genre de combats. L'*Exposition de la Doctrine catholique* par l'évêque de Meaux entama sa conversion, et l'*Histoire des Variations* l'acheva : « C'était tomber, dit-il, sous les coups d'un noble adversaire. » Cette conversion solitaire et *toute par les livres* caractérise bien Gibbon. A peine il la sentit consommée en lui, qu'il résolut de la déclarer et d'en faire profession : « La jeunesse, dit-il, est sincère et impétueuse, et un éclair passager d'enthousiasme m'avait élevé au-dessus de toutes les considérations humaines. »

On peut juger du scandale : un élève d'Oxford se convertir au papisme! Le père de Gibbon prit un prompt parti, il résolut de dépayser son fils, et l'envoya pour quelques années sur le continent, à Lausanne, dans la maison d'un honnête ministre du pays, le pasteur Pavilliard. Ce fut là que Gibbon, bien moins par aucune suggestion étrangère que par de nouvelles lectures, de nouveaux raisonnements et des arguments qu'il composa tout exprès à son usage, en vint au bout de dix-sept mois à rejeter sa nouvelle croyance et à rentrer dans sa communion première. Ainsi, converti d'abord à la communion romaine à Oxford en juin 1753 à l'âge de seize ans et deux mois, il se rétractait à Lausanne en décembre 1754 à l'âge de dix-sept ans et huit mois. C'était exactement, à quelques années près, ce qu'avait fait Bayle dans sa jeunesse. Chez Gibbon tout s'était passé dans la tête et dans le champ-clos de la dialectique ; un raisonnement lui avait apporté son nouveau symbole, et un autre raisonnement le remporta. Il pouvait se dire, pour sa propre satisfaction, qu'il ne devait l'un et l'autre changement qu'à sa lecture ou à sa méditation solitaire. Plus tard, quand il se flattait d'être tout à fait impartial et indifférent sur les croyances, il est permis de supposer que, même sans se l'avouer, il nourrissait contre la pensée religieuse une secrète et froide rancune comme envers un adversaire qui vous a un jour atteint au défaut de la cuirasse et qui vous a blessé.

M. Pavilliard a parlé de son étonnement lorsqu'au premier abord, dans les discussions qu'il engageait avec son jeune hôte, il voyait devant lui « ce petit personnage tout mince, avec une grosse tête, disputant et poussant avec la plus grande habileté les meilleurs arguments dont on se soit jamais servi en faveur du papisme. » Avec les années, Gibbon devint grotesquement gras et replet; mais la charpente osseuse chez lui était des plus minces et des plus frêles. Tout le monde connaît sa silhouette, son profil découpé qui est en tête des *Mémoires*, et où il est représenté triturant sa prise de tabac, ce corps volumineux et rond porté sur deux jambes fluettes, ce petit visage comme perdu entre un front haut et un menton à double étage, ce petit nez presque effacé par la proéminence des joues. Il faut ajouter avec Suard qu'il prononçait avec affectation, et d'un ton de fausset, la langue française, laquelle il parlait d'ailleurs avec une rare correction et *comme un livre*. Dès sa jeunesse, il était donc singulier d'aspect et de tournure, et il le savait un peu. Racontant son passage à Turin et sa présentation à cette Cour à l'âge de vingt-sept ans, se plaignant du peu de sociabilité des dames piémontaises, il disait : « Les femmes de meilleure société que j'aie rencontrées sont encore les filles du roi. J'ai jasé environ un quart d'heure avec elles; j'ai parlé de Lausanne et suis devenu si familier et si à mon aise que j'ai tiré ma tabatière, ai tapé dessus, ai prisé deux fois (crime inouï jusque-là dans la salle de réception!), puis j'ai poursuivi mon discours dans mon attitude habituelle, le corps penché en avant et le doigt indicateur en l'air. » Voilà l'homme, et même le jeune homme qui fut successivement amoureux de mademoiselle Curchod (la future madame Necker) et capitaine de grenadiers (1).

(1) Je crains toujours dans ces Portraits de pousser à la caricature, ce qui pour quelques-uns des personnages serait facile, mais ce qui est plein d'inconvénients et ce qui dérange pour le lecteur la vraie proportion des choses. Garat, qui n'avait pas cette crainte ni

J'insisterai peu sur ce premier et cet unique amour de Gibbon, passion qui n'était que naturelle en son moment et qui de loin peut sembler un ridicule. Il vit, durant son séjour à Lausanne, mademoiselle Curchod, fille d'un pasteur des environs, belle, savante et vertueuse : il l'aima très-sincèrement, fit agréer sa recherche et ses vœux, et ne désespéra point d'obtenir le consentement de son père. Mais, retourné en Angleterre, il trouva un obstacle absolu dans la volonté paternelle, et, après une lutte pénible, il se résigna à son destin : « il soupira comme amant, et obéit comme fils (1). »

cette précaution, et dont la plume se permettait déjà bien des fantaisies à la mode de notre temps, a fait, au tome II de ses Mémoires sur M. Suard, ce portrait *en charge*, qui est d'ailleurs amusant :

« L'auteur de la grande et superbe Histoire de l'Empire romain avait à peine quatre pieds sept à huit pouces; le tronc immense de son corps à gros ventre de Silène était posé sur cette espèce de jambes grêles qu'on appelle *flûtes*; ses pieds assez en dedans pour que la pointe du droit pût embarrasser souvent la pointe du gauche, étaient assez longs et assez larges pour servir de socle à une statue de cinq pieds six pouces. Au milieu de son visage, pas plus gros que le poing, la racine de son nez s'enfonçait dans le crâne plus profondément que celle du nez d'un Kalmouck, et ses yeux très-vifs, mais très-petits, se perdaient dans les mêmes profondeurs. Sa voix, qui n'avait que des accents aigus, ne pouvait avoir d'autre moyen d'arriver au cœur que de percer les oreilles. Si Jean-Jacques avait rencontré Gibbon dans le pays de Vaud, il est à croire qu'il en eût fait un pendant de son portrait si piquant du *Juge-Mage*. M. Suard, qui aimait si peu et à voir et à faire surtout des caricatures, peignait souvent M. Gibbon, et toujours comme madame Brown. » Madame Brown est l'auteur de la découpure qui se voit en tête des Mémoires. Pourtant, dans la lettre adressée à M. Guizot et qui se lit en tête de l'Histoire traduite, M. Suard a le bon goût de ne pas forcer les traits et de rester dans la mesure.

(1) Gibbon se dégagea envers mademoiselle Curchod bien plus tard qu'on ne pourrait le supposer, et cinq ans seulement après avoir quitté la Suisse. On n'a pas assez remarqué que c'est de Gibbon qu'il s'agit dans une lettre de Jean-Jacques Rousseau à Moultou, datée de Motiers et du 4 juin 1763 : « Vous me donnez pour mademoiselle Curchod, écrit Jean-Jacques, une commission dont je m'acquitterai mal, précisément à cause de mon estime pour elle. Le refroidisse-

Même lorsqu'il est le plus amoureux, Gibbon garde la marque de sa nature essentiellement modérée; il s'accommode de son malheur sans trop d'orage : au fond, il est doux et tranquille, même aux heures de passion. Les lettres d'amour et de douleur, qu'il écrivait à celle dont il avait espéré la main, se terminaient presque invariablement par ces mots : « *J'ai l'honneur d'être, mademoiselle, avec les sentiments qui font le désespoir de ma vie, votre très-humble et très-obéissant serviteur.* » Plus tard, se ressouvenant de cet amour malheureux, loin de retrouver aucun mouvement de trouble ou de regret, il ressent plutôt de la fierté (mêlée de quelque surprise) d'avoir été capable une fois d'un si pur et si exalté sentiment.

Mais pendant ce séjour de près de cinq ans à Lausanne, il contracta des habitudes intellectuelles qui furent décisives pour sa carrière littéraire et qu'il ne perdra plus. Au nombre des résultats bons ou fâcheux qu'il constate, il compte celui-ci, d'avoir cessé d'être un Anglais, c'est-à-dire un insulaire marqué au coin de sa nation et jeté dans un moule indélébile : cette forme en lui s'effaça alors et ne reprit jamais qu'imparfaitement depuis. Et, par exemple, en voyant Voltaire jouer de sa personne la tragédie à Lausanne où il était en ces

---

ment de M. Gibbon me fait mal penser de lui; j'ai revu son livre (l'*Essai sur l'Étude de la Littérature*). Il y court après l'esprit; il s'y guinde. M. Gibbon n'est point mon homme : je ne puis croire qu'il soit celui de mademoiselle Curchod. Qui ne sent pas son prix n'est pas digne d'elle; mais qui l'a pu sentir et s'en détache est un homme à mépriser... » — Gibbon a l'honnêteté de renvoyer à cette lettre où les noms étaient restés masqués par des initiales; il indique que c'est à lui qu'elle s'applique, et il ajoute : « Comme auteur, je n'appellerai pas du jugement, ou du goût, ou du caprice de Jean-Jacques; mais cet homme extraordinaire, que j'admire et que je plains, aurait pu mettre moins de précipitation à condamner le caractère moral et la conduite d'un étranger. »

années, et tout en convenant que sa déclamation était plus emphatique que naturelle, Gibbon sentit se fortifier son goût pour le théâtre français : « et ce goût, confesse-t-il, a peut-être affaibli mon idolâtrie pour le génie gigantesque de Shakspeare, laquelle nous est inculquée dès l'enfance comme le premier devoir d'un Anglais. » Sur d'autres points, les avantages que Gibbon retira de son exil sont moins contestables. Il alla dans le monde, s'accoutuma à la société des femmes et se débarrassa de sa gaucherie primitive. Il étendit son coup d'œil et le cercle de son horizon. Il refit lui-même son éducation avec liberté et méthode. Il se rompit à écrire correctement tant en français qu'en latin, et, en acquérant une égale facilité à s'exprimer en diverses langues, il perdit moins une originalité d'expression pour laquelle il semblait peu fait, qu'il n'acquit l'élégance, la lumière et la clarté qui deviendront ses mérites habituels. Il se pénétra du génie de Cicéron et de celui de Xénophon. Il se remit à lire tous les classiques latins méthodiquement et en les divisant par genres. Il s'arrêtait aux difficultés de détail qui se présentaient, soit philologiques, soit historiques, cherchait à les résoudre, et il entra dès lors en correspondance avec plusieurs savants, Crévier à Paris, Breitinger à Zurich, Gesner à Gœttingue ; il leur proposait ses doutes ou ses idées, et il eut le plaisir de voir plus d'une de ses conjectures accueillie. Nous le savons déjà aimant la discussion et raisonneur ; ajoutons qu'il n'était point chicaneur, et qu'à toute raison qui lui semblait bonne il se rendait. Lorsqu'il quitta Lausanne, le 11 avril 1758, pour retourner en Angleterre après une absence de près de cinq ans et en ayant vingt et un, il était un jeune homme des plus distingués, et il n'avait plus qu'à persévérer dans sa voie.

De retour dans son pays natal auprès de son père qui

s'était remarié, il continue le plus qu'il peut cette vie d'étude et d'exercice quotidien et modéré. Il garde, au milieu des dissipations de Londres, ses habitudes préservatrices de Lausanne. Il trouve assez peu de facilité d'abord pour entrer dans la société anglaise, moins ouverte et moins prévenante que celle de Suisse ou que celle de France. Gibbon eut besoin de sa réputation d'auteur pour se faire dans son pays toute sa place; il était peu préparé à être homme du monde par son enfance maladive, son éducation étrangère et son caractère réservé. D'ailleurs aucun Anglais n'était moins disposé que lui, même dans la solitude de sa jeunesse, à l'ennui, au vague du cœur et au spleen. Durant les saisons qu'il passait à Buriton, résidence de campagne de son père, il dérobait le plus d'heures qu'il pouvait aux devoirs de la société et aux obligations du voisinage : « Je ne touchais jamais un fusil, je montais rarement à cheval ; et mes promenades philosophiques aboutissaient bientôt à *un banc à l'ombre*, où je m'arrêtais longtemps dans la tranquille occupation de lire ou de méditer. » Le sentiment de la nature champêtre n'est pas étranger à Gibbon ; il y a dans ses *Mémoires* deux ou trois endroits qui prêtent à la rêverie : le passage que je viens de citer, par exemple, toute cette page qui nous rend un joli tableau de la vie anglaise, posée, réglée, studieuse. Un autre endroit est celui qu'il a eu le bon goût de citer d'après son premier précepteur, John Kirkby, et où nous voyons ce digne et indigent vicaire de village se promenant au bord de la mer, « tantôt regardant l'étendue des flots, tantôt admirant la variété de belles coquilles éparses sur le rivage, et en ramassant toujours quelques-unes des plus rares pour en amuser au retour ses pauvres petits enfants. » Un des morceaux enfin dont on se souvient, et qu'on a souvent cité, est celui où Gibbon, venant de terminer à Lausanne dans son jardin les dernières lignes de sa grande Histoire, pose la plume, fait quelques tours dans son berceau d'acacias, se prend à regarder le ciel, la lune alors resplendissante, le beau lac où elle se réfléchit, et à dire un adieu mélancolique à l'ouvrage qui lui a été, durant tant d'années, un si bon et si agréable compagnon. Mais, dans tous ces passages, c'est encore le studieux chez Gibbon qui goûte la nature, et, soit qu'il parle en son nom, soit qu'il se souvienne de son digne précepteur, c'est toujours entre une lecture et une autre, et ayant, pour ainsi dire, le livre entr'ouvert sur sa table, qu'il aime à donner accès à la distraction champêtre, à s'accorder les perspectives naturelles, et à en savourer le sentiment tout à fait sobre, sincère pourtant chez lui et très-doux.

Durant ce séjour à Buriton, il prend possession de la bibliothèque de son père, qui était d'abord bien inégalement composée; il l'accroît, il l'enrichit avec soin, et en forme par degrés une collection à la fois considérable et choisie, « base et fondement de ses futurs ouvrages, et qui deviendra désormais la plus sûre jouissance de sa vie, soit dans sa patrie, soit à l'étranger. » Il faut voir avec quel plaisir, qui a fait époque pour lui, il a échangé à la première occasion son billet de banque de vingt livres contre un exemplaire de la collection des Mémoires de notre Académie des Inscriptions. Cette Académie des Inscriptions et Belles-lettres est proprement la patrie intellectuelle de Gibbon; il y habite en idée, il en étudie les travaux originaux ou solides rendus avec justesse et parfois avec agrément; il en apprécie les découvertes, « et surtout ce qui ne cède qu'à peine aux découvertes, dit-il en véritable Attique, une *ignorance modeste et savante.* » En fait de livres, Gibbon est de l'avis de Pline l'Ancien, à savoir, qu'il n'en est aucun de si mauvais qui ne puisse être bon par quelque endroit. Vers ce temps, comme s'il sentait qu'il doit commencer à se réconcilier avec l'idiome natal et à se diriger vers le but où l'appelle son secret talent, il se remet à lire les auteurs anglais, et surtout les plus récents, ceux qui, ayant écrit depuis la Révolution de 1688, unissent à la pureté du langage un esprit de raison et d'indépendance, Swift, Addison; puis, lorsqu'il en vient aux historiens, il est beau d'entendre avec quelle révérence il parle de Robertson et de Hume auxquels on l'adjoindra un jour : « La parfaite composition, le nerveux langage, les habiles périodes du docteur Robertson m'enflammaient jusqu'à me donner l'ambitieuse espérance que je pourrais un jour marcher sur ses traces : la tranquille philosophie, les inimitables beautés négligées de son ami et rival, me forçaient souvent de fermer le volume avec une sensation mêlée de plaisir exquis et de désespoir. » Cette parole est bien celle d'un homme de goût qui apprécie Xénophon. On a si souvent dans ces dernières années déclaré David Hume vaincu et surpassé, que je me plais à rappeler un témoignage si vif et si délicatement rendu. Le malheur des historiens modernes, et auquel échappaient les anciens, c'est que, de nouveaux documents survenant sans cesse, le mérite de la forme et de l'art n'est plus compté comme il devrait l'être, et que les derniers venus, souvent sans être meilleurs, mais en paraissant mieux armés de toutes pièces, étouffent et écrasent leurs devanciers.

Le petit écrit que Gibbon publia en français était composé dès 1759, quand il n'avait que vingt-deux ans. Il le fit imprimer deux ans après (1761), en le dédiant respectueusement à son père et en le plaçant sous les auspices d'un estimable écrivain, fils de réfugié, Maty, qui y mit une lettre d'introduction. Cet *Essai sur l'Étude de la Littérature* par Gibbon n'a aujourd'hui d'intérêt pour nous que comme témoignage de ses réflexions

précoces et de ses inclinations premières. La lecture en est assez difficile et parfois obscure ; la liaison des idées échappe souvent par trop de concision et par le désir qu'a eu le jeune auteur d'y faire entrer, d'y condenser la plupart de ses notes. Le français est de quelqu'un qui a beaucoup lu Montesquieu et qui l'imite ; c'est du français correct, mais artificiel. Le but principal du jeune auteur est de venger la littérature classique et l'érudition, de la légèreté avec laquelle d'Alembert les avait traitées. Gibbon se pique de prouver que l'érudition bien comprise n'est pas une simple affaire de mémoire, et que toutes les facultés de l'esprit n'ont qu'à gagner à l'étude de l'ancienne littérature. Il montre très-bien qu'on lit peut-être encore les Anciens, mais qu'on ne les *étudie* plus ; il le regrette. Il fait voir que la connaissance véritable de l'Antiquité est le résultat d'un ensemble très-varié, très-détaillé, sans lequel on ne fait qu'entrevoir les beautés des grands classiques :
« La connaissance de l'Antiquité, voilà notre vrai commentaire ; mais ce qui est plus nécessaire encore, c'est un certain esprit qui en est le résultat ; esprit qui non-seulement nous fait connaître les choses, mais qui nous familiarise avec elles et nous donne à leur égard les yeux des Anciens. » Il cite des exemples tirés de la fameuse querelle des Anciens et des Modernes, et qui prouvent à quel point, faute de cette connaissance générale et antérieure, des gens d'esprit comme Perrault ont décidé en aveugles de ce qu'ils n'entendaient pas.
— Il y a, chemin faisant, des vues neuves et qui sentent l'historien. Selon Gibbon, les *Géorgiques* de Virgile ont eu un grand à-propos sous Auguste, un but politique et patriotique mêlé à leur charme : il s'agissait d'apprivoiser aux travaux de la paix et d'attacher à la culture des champs des soldats vétérans devenus possesseurs de terres, et qui, avec leurs habitudes de licence,

avaient quelque peine à s'y enchaîner : « Qu'y avait-il de plus assorti à la douce politique d'Auguste, que d'employer les chants harmonieux de son ami (*son ami* est une expression un peu jeune et un peu tendre) pour les réconcilier à leur nouvel état? Aussi lui conseilla-t-il de composer cet ouvrage :

« Da facilem cursum, atque audacibus annue cœptis... »

L'idée, on le voit, est ingénieuse, et, même sans être autre chose qu'une conjecture, elle mérite qu'on lui sourie. Ainsi considéré, Virgile, dans ses *Géorgiques*, n'est plus seulement un poëte, il s'élève à la fonction d'un civilisateur et remonte au rôle primitif d'un Orphée, adoucissant de féroces courages. — Touchant, en passant, les travaux de Pouilly et de Beaufort qui, bien avant Niebuhr, avaient mis en question les premiers siècles de Rome, Gibbon s'applique à trouver une réponse, une explication plausible qui lève les objections et maintienne la vérité traditionnelle : « J'ai défendu avec plaisir, dit-il, une histoire utile et intéressante. » Celui qui exposera le déclin et la chute de l'Empire romain se retrouve ici, comme par instinct, défendant et maintenant les origines et les débuts de la fondation romaine. — En ce qui est de l'usage que les poëtes ont droit de faire des grands personnages historiques (car Gibbon, dans cet *Essai*, touche à tout), il sait très-bien poser les limites du respect dû à la vérité et des libertés permises au génie : selon lui, « les caractères des grands hommes doivent être sacrés; mais les poëtes peuvent écrire leur histoire moins comme elle a été que comme elle eût dû être. » Dans les considérations qui sont de plus en plus positives en avançant, et où il a déjà pied sur son terrain, il a de bonnes vues, des exemples neufs. Le pressentiment de sa vocation se décèle lorsqu'il dit en parlant d'Auguste et regrettant que la variété de ses sujets l'empêche de l'étudier à fond : « Que ne me permet-elle (cette variété) de faire connaître ce Gouvernement raffiné, ces chaînes qu'on portait sans les sentir, ce Prince confondu parmi les citoyens, ce Sénat respecté par son maître ! » Ailleurs il parle « de la tranquille administration des lois, de ces arrêts salutaires qui, sortis du cabinet d'un seul ou du conseil d'un petit nombre, vont répandre la félicité chez un peuple entier. » L'historien de l'époque impériale en lui s'essaye évidemment et est près de naître.

Ce qui perce surtout dans cet *Essai*, et ce qui sera l'esprit même de la méthode de Gibbon, c'est de ne jamais sacrifier un ordre de faits à un autre, de ne pas accorder plus d'autorité qu'il ne faut à un accident saillant, de se tenir également éloigné de la compilation qui coud des textes à la suite, et du système absolu qui y tranche à son gré. — L'esprit de critique compare sans cesse le poids des vraisemblances opposées et en tire une combinaison qui lui est propre. — Ce n'est qu'en rassemblant qu'on peut juger. — De ce que deux choses existent ensemble et paraissent intimement liées, il ne s'ensuit pas que l'une doive son origine à l'autre. — Telles sont quelques-unes des maximes de Gibbon. En un mot, on trouve partout dans cet *Essai* l'avant-goût de cet esprit de critique qui sera tout l'opposé de la méthode roide et tranchante d'un Mably.

La publication de l'*Essai*, qui réussit en France plus qu'en Angleterre, fut suivie pour Gibbon d'un singulier épisode. En se faisant imprimer il avait surtout cédé au désir de son père; comme il y avait alors quelques ouvertures pour la paix et qu'il eût désiré entrer dans la diplomatie, il s'était laissé persuader que cette preuve publique de son talent aiderait les démarches de ses amis. Mais la guerre continuant et le sentiment patriotique exalté par Pitt prévalant en Angleterre, une milice nationale se forma pour parer au cas d'une invasion. Les gentilshommes de campagne se firent inscrire en foule; Gibbon et son père furent des plus zélés dans leur comté, et ils donnèrent leur nom sans trop savoir à quoi ils s'engageaient. Mais cette milice fut chose sérieuse, suivie, et eut presque les conséquences d'un enrôlement volontaire. Ce bataillon du sud du Hampshire formait un petit corps indépendant de quatre cent soixante-seize hommes, tant soldats qu'officiers, commandé par un lieutenant-colonel et par un major, le père de Gibbon. Gibbon lui-même, qui avait qualité de premier capitaine, fut d'abord à la tête de sa propre compagnie et ensuite de celle des grenadiers; puis, dans l'absence des deux officiers supérieurs, il se trouva de fait chargé par son père de donner des ordres et d'exercer le bataillon. Ce petit corps ne resta point confiné dans son comté, il eut pendant deux ans et demi des campements très-différents, au camp de Winchester, aux côtes de Douvres, aux plaines de Salisbury. On manœuvrait soir et matin; on avait l'émulation d'égaler les troupes régulières, et dans les revues générales on ne les déparait pas. Un an encore d'exercice, et on les valait. En disant cela, un éclair d'enthousiasme a passé au front de Gibbon. Ce n'est pas sans une secrète satisfaction qu'il rappelle ces années de service actif. Il n'est pas fâché quand cela cesse, il est content que cela ait été. L'obligation principale qu'il eut à la milice fut de se mêler aux hommes, de les mieux connaître en général et ses compatriotes en particulier; ce fut de redevenir un Anglais (ce qu'il n'était plus), et d'y apprendre ce que c'est qu'un soldat. Lui qui devait écrire l'histoire du peuple le plus guerrier, il sut par la pratique les détails du métier : il fut digne de parler ensuite de la Légion. « Le capitaine des grenadiers du Hampshire, dit-il en prévoyant le sourire du lecteur, n'a pas été tout à fait inutile à l'historien de l'Empire romain. »

L'homme de lettres en lui ne se laisse jamais oublier. On a les *Extraits raisonnés* de ses lectures durant ses loisirs de camp; bon nombre de ces Extraits sont en français. Il lit tout Homère et se rend bien maître du grec pour la première fois. Il poursuit toujours un sujet d'histoire, se méfiant encore de ses forces et sentant toute la dignité du genre : « Le rôle d'un historien est beau, mais celui d'un chroniqueur ou d'un couseur de gazettes est assez méprisable. » La Croisade de Richard Cœur-de-Lion l'attire un moment; mais, à la réflexion, ces siècles barbares, ces mobiles auxquels il est si étranger ne sauraient le fixer, et il lui semble qu'il serait plutôt du parti de Saladin. L'*Histoire de la Liberté des Suisses*, l'*Histoire de la République de Florence sous les Médicis*, le tentent tour à tour; et il se lance même quelque peu dans la première. Il s'est peint, au reste, au vrai et sans flatterie dans son Journal, à cet âge de vingt-cinq ans (mai 1762) : honnête de caractère, vertueux même, incapable d'une action basse, et formé peut-être pour les généreuses; mais fier, roide, ayant à faire pour être agréable en société; travaillant sur lui-même avec constance. D'esprit proprement dit, d'esprit avec trait et jet (*wit*), il n'en a aucun. Une imagination plus forte qu'aimable; une mémoire vaste et qui retient tout. L'étendue et la pénétration sont les qualités éminentes de son intelligence; mais il manque de vivacité, et il n'a pas encore acquis en revanche l'exactitude à laquelle il vise. C'est bien le même homme qui, se jugeant plus tard à l'âge de cinquante-quatre ans, presque au terme de sa carrière, disait de lui encore : « Le sol primitif a été considérablement amélioré par la culture; mais on peut se demander si quelques fleurs d'illusion, quelques agréables erreurs n'ont pas été déracinées avec ces mauvaises herbes qu'on nomme préjugés. » Culture, suite, ordre, méthode, une belle intelligence, froide, fine, toujours exercée et aiguisée, des affections modérées, constantes, d'ailleurs l'étincelle sacrée absente, jamais le coup de tonnerre : c'est sous ces traits que Gibbon s'offre à nous en tout temps et dès sa jeunesse.

Dans tout ce que j'ai dit, je n'ai fait qu'extraire et resserrer ses *Mémoires :* j'ai seulement tâché d'en présenter une épreuve un peu plus fraîche et plus marquée, à l'usage du moment.

Lundi, 29 août 1853.

GIBBON

(FIN)

Aussitôt qu'il fut délivré de la milice, Gibbon obtint de son père de voyager pendant quelques années; il vit Paris une première fois (janvier 1763), revit la Suisse et Lausanne, et consacra une année entière à visiter l'Italie. L'approche et la vue de Rome lui causèrent un battement de cœur et un enthousiasme qu'il a soin de noter comme peu ordinaire en lui. Après une nuit sans sommeil, il courut d'abord au Forum, et il employa plusieurs mois à se familiariser avec ces lieux célèbres: « Ce fut à Rome, le 15 octobre 1764, dit-il, comme j'étais assis à rêver au milieu des ruines du Capitole, *pendant que les moines déchaussés étaient à chanter vêpres dans le temple de Jupiter*, que tout d'un coup l'idée d'écrire la Décadence et la Chute de la Ville éternelle se présenta pour la première fois à mon esprit. » Mais son plan se bornait d'abord au déclin de la ville même plutôt qu'à celui de l'Empire, et ce ne furent que ses méditations et ses lectures ultérieures qui élargirent son cadre et qui lui donnèrent tout son sujet.

On le voit, si une idée auguste et grandiose préside à l'inspiration de Gibbon, l'intention épigrammatique est à côté: il conçoit l'ancien ordre romain, il le révère, il l'admire; mais cet ordre non moins merveilleux qui lui a succédé avec les siècles, ce pouvoir spirituel ininterrompu des vieillards et des pontifes, cette politique qui sut être tour à tour intrépide, impérieuse et superbe, et le plus souvent prudente, il ne lui rendra pas justice, il n'y entrera pas : et de temps en temps, dans la continuité de sa grave Histoire, on croira entendre revenir comme par contraste ce chant de vêpres du premier jour, cette impression dénigrante qu'il ramènera à la sourdine.

Sur l'ensemble de cette Histoire, je ne saurais mieux faire que de me couvrir de l'autorité d'un homme qui l'a étudiée à fond, qui l'a revue dans la traduction française et l'a annotée, qui a, enfin, toutes les conditions requises pour être un bon juge. M. Guizot raconte qu'il a passé par trois sentiments successifs au sujet de l'ouvrage de Gibbon. Après une première lecture rapide, qui ne lui avait laissé sentir que l'intérêt d'une narration toujours animée malgré son étendue, toujours claire et limpide malgré la variété des objets et, pour ainsi dire, la quantité des affluents, M. Guizot, en étant venu à un examen plus particulier sur quelques points, avoue qu'il eut des mécomptes; il y rencontra quelques erreurs soit dans les citations, soit dans les faits, mais surtout, par places, des veines et des teintes générales de partialité qui l'amenèrent presque à une conclusion toute rigoureuse. Pourtant, à une troisième lecture complète et suivie, l'impression première, corrigée sans doute par la seconde, mais non détruite, surnagea et se maintint; et, sauf les restrictions et les réserves subsistantes, M. Guizot déclare en être demeuré à apprécier, dans ce vaste et habile ouvrage, « l'immensité des recherches, la variété des connaissances, l'étendue des lumières, et surtout cette justesse vraiment philosophique d'un esprit qui juge le passé comme il jugerait le présent, » et qui, à travers la forme extraordinaire et imprévue des mœurs, des coutumes et des événements, a l'art de retrouver dans tous les temps les mêmes hommes.

Le premier volume in-4° de l'Histoire de Gibbon parut en 1776; l'auteur était membre du Parlement depuis un an. Ce premier volume fut suivi de cinq autres dont deux parurent en 1781, et les trois derniers en 1788. L'ouvrage se soutint jusqu'à la fin dans l'estime et dans la faveur du public; mais le premier volume eut un succès de vogue et de mode. La première édition fut épuisée en peu de jours; une seconde et une troisième suffirent à peine aux demandes, et il s'en fit deux contrefaçons à Dublin. Le livre était sur toutes les tables et presque sur toutes les toilettes. Ce qui est mieux, les voix les plus considérables s'unissaient pour décerner à Gibbon le titre d'historien classique. On a les lettres que Hume déjà mourant, que Robertson, Ferguson, Horace Walpole, lui écrivirent à ce sujet : l'approbation chez tous est la même pour l'ensemble de l'œuvre et pour le talent d'exécution; Horace Walpole surpasse tous les autres par la vivacité de sa sympathie et de sa louange. En France, Gibbon eût bien désiré pour traducteur M. Suard, qui était en possession déjà d'interpréter Robertson, mais il n'eut d'abord que Leclerc de Septchênes. On a su, depuis, que cette traduction à laquelle Septchênes mit son nom était en partie de Louis XVI.

Dans ce premier volume, l'historien exposait et développait avec le plus grand détail l'état et la constitution de l'Empire sous les Antonins; il remontait dans ses explications jusqu'à la politique d'Auguste; il caractérisait en traits généraux les règnes et l'esprit des cinq empereurs à qui le genre humain dut le dernier beau siècle, le plus beau et le plus heureux peut-être de tous ceux qu'a enregistrés l'histoire; et, à partir de Commode, il entrait dans la narration continue. Ce seul premier volume renfermait bien des matières diverses : des considérations remarquables par l'ordre et l'étendue, des récits rapides ; les cruautés et les atroces bizarreries des Commode, des Caracalla, des Élagabale, les trop inutiles vertus des Pertinax, des Alexandre Sévère, des Probus; le premier grand effort des Barbares contre l'Empire, et une digression sur leurs mœurs ; l'habile et courageuse défense de Dioclétien, sa politique nouvelle qui, toujours veillant aux frontières, se déshabitue de Rome, et qui, présageant l'acte solennel de Constantin, tend à transporter ailleurs le siége de l'Empire ; enfin les deux chapitres concernant l'établissement du Christianisme et sa condition durant ces premiers siècles. Il y avait là une extrême variété de sujets que l'auteur avait rassemblés dans une contexture habile, et rendus dans un style soigné, étudié, et dont l'élégance allait parfois jusqu'à la parure. Dans les volumes suivants, l'historien s'est un peu détendu et de plus en plus développé : il ne s'est refusé aucune des branches d'événements et de faits qui se rencontraient sur son chemin dans son champ immense. Sa grande ligne est tant qu'il peut romaine, puis byzantine ; mais il y a un moment où, à force de la prolonger, il la perd : qu'on veuille songer que cette Histoire qui se rattache à Auguste et qui commence à Trajan, ne se termine qu'au quatorzième siècle, à la parodie tribunitienne et à la réminiscence classique de Rienzi. Cependant Gibbon traite successivement et avec détail des Goths, des Lombards, des Francs, des Turcs, des Bulgares, des Croates, des Hongrois, des Normands et de vingt autres peuples encore. C'est l'histoire la plus *compréhensive* qui se puisse voir ; le fleuve, à mesure qu'il diminue et va se perdre dans les sables, reçoit quelque nouveau torrent désastreux qui achève de détruire sa rive, mais qui aussi le continue quelque temps et l'alimente. Le paisible et calme historien note, accepte et mesure tout cela. Sur ces parties accessoires il sera nécessairement surpassé un jour par ceux qui étudieront ces peuples dévastateurs en eux-mêmes, et remonteront plus haut vers leurs racines et leurs sources asiatiques : là où il reste original, c'est dans l'exposé des derniers grands règnes romains ou byzantins, quand il parle de Dioclétien, de Constantin, de Théodose, de ces âmes héroïques et venues trop tard comme Majorien ; c'est quand il parle de Justinien et de Bélisaire. Considérée par cet aspect, son Histoire ressemble à une belle et longue retraite devant des nuées d'ennemis : il n'a pas l'impétuosité ni le feu, mais il a la tactique et l'ordre ; il campe, s'arrête et se déploie partout où il peut.

Je me borne à rendre l'impression que me fait cette lecture continue, et à en tirer la forme de talent et d'esprit de l'auteur. Je dirai donc aussi qu'en maint cas Gibbon ne produit point la parfaite lumière : il s'arrête en deçà du sommet où peut-être elle brille. Il excelle à analyser et à déduire les parties compliquées de son sujet, mais il ne les rassemble jamais sous un point de vue soudain et sous une expression de génie. C'est plus intelligent qu'élevé. Fidèle à son humeur, même dans les procédés de son esprit, il *égalise* trop toutes choses. Ferai-je une plaisanterie que lui-même m'indique ? la goutte, quand il l'a, ne le prend jamais par accès et le traite à peu près comme elle faisait Fontenelle, elle suit une marche lente et régulière ; son Histoire, de même, marche uniformément d'un pas égal, sans accès et sans violence. S'il se fait quelque part une grande révolution dans l'âme humaine, il ne la sentira pas, il ne la signalera pas en allumant un fanal du haut de sa tour ou en sonnant un coup de la cloche d'argent. C'est là le grief historique qu'on doit avoir contre lui dans son explication du Christianisme. Il n'a pas compris qu'il y eût en ce moment une vue morale, une vertu toute nouvelle qui naissait. Cet esclavage régulier, accoutumé, indolent, qui était la loi du vieux monde et que Gibbon pallie tant qu'il peut, parut tout d'un coup horrible à quelques-uns, et ils inoculèrent peu à peu cette horreur à presque tous. La tolérance qu'avaient aisément les Anciens pour les diverses opinions et croyances religieuses, tolérance que Gibbon s'attache si fort à démontrer, était plus que compensée par le mépris si habituel qu'on avait alors pour la vie des hommes. Il entre quelque chose d'incomplet, même dans les idées justes que Gibbon énonce à ce sujet.

En un mot, s'il nous a très-bien démontré et expliqué le genre de tolérance d'un Cicéron, d'un Trajan, d'un Pline, cette disposition humaine sans doute, née toutefois ou accompagnée d'une indifférence profonde et d'un secret mépris pour les objets d'un culte qui, chez les Anciens, était une affaire de coutume et de forme extérieure, non d'opinion ni de croyance, il n'a pas également compris le sentiment nouveau qui combattait et affrontait cette tolérance, et qui devait, vers la fin, la lasser. Le Christianisme, en effet (c'est là son innovation morale), a inculqué aux hommes un sentiment plus vif et plus absolu de la vérité. C'est une religion qui s'empare de tout l'être. Il faut prendre davantage sur soi pour être tolérant, et on l'est alors en vertu d'un tout autre principe que les Anciens : on l'est en vertu de la charité. Pourquoi Gibbon, qui a rendu justice à l'âme des Anciens, ne l'a-t-il pas également rendue à l'âme des Chrétiens? Pourquoi, tout occupé de défendre et de justifier l'ancienne police administrative des empereurs et le procédé du magistrat romain, a-t-il méconnu l'introduction dans le monde et la création dans les cœurs d'un héroïsme nouveau?

Averti par l'effet des 15e et 16e chapitres (1), il s'est, au reste, très modéré et contenu dans la suite de son Histoire. Robertson, qui l'attendait avec quelque crainte au règne de Julien, le félicite d'avoir si bien touché et caractérisé, dans ce fameux exemple, ce mélange bizarre de fanatisme païen et de fatuité philosophique associés aux qualités d'un héros et d'un esprit supérieur. Dans les portraits des chrétiens, même des plus grands durant ces âges, Gibbon se contente de n'être jamais bien net; il ne les présente point par leurs grands cô-

---

(1) L'effet que font ces chapitres, l'impression générale qu'ils laissent dans l'esprit n'ont jamais été mieux rendus que dans un passage du *Journal* de Sismondi, à la date du 29 janvier 1799 : « Les deux derniers chapitres (15e et 16e) de Gibbon, dit-il, sont l'un, sur l'établissement de la religion chrétienne, et l'autre, sur les persécutions qu'elle a éprouvées. Ils sont écrits avec des ménagements insidieux ; l'auteur parle toujours le langage de la religion et conclut en sa faveur, mais il l'attaque de tous les côtés, et ses conclusions sont toujours en contradiction avec les faits ou les raisonnements qui les précèdent. Quoique cette manière de raisonner soit très-blâmable, il est impossible qu'il n'en reste pas plusieurs impressions désavantageuses : 1° Que les premiers chrétiens étaient animés d'un esprit de fanatisme et d'enthousiasme autant que d'un esprit religieux. 2° Que l'on peut à peine avoir foi aux miracles, parce que l'Église dès lors jusqu'à présent n'a jamais renoncé au pouvoir d'en faire ; que les preuves sont égales pour tous les temps ; que le moment où le don des miracles a réellement cessé n'a fait aucune impression ; qu'enfin les chrétiens, en admettant les miracles du paganisme, détruisent et la foi qu'on aurait aux leurs et le caractère surnaturel des miracles. 3° Que, dès les premiers siècles, parmi les Pères de l'Église et ceux qui nous en ont transmis l'histoire, l'enthousiasme a donné lieu à des fraudes pieuses qui déguisent absolument la vérité. 4° Que les différentes sectes qui divisent le Christianisme dès son commencement altérèrent les Écritures en publiant chacune de son côté des Évangiles divers. 5° Que bien des causes temporelles favorisèrent les progrès du Christianisme qui furent bien plus lents qu'on ne pense. 6° Qu'il n'y eut réellement aucune persécution générale jusqu'au temps de Dioclétien ; que celle-ci même ne fit pas deux mille martyrs, et que le petit nombre de chrétiens qui avaient été persécutés auparavant l'avaient été pour des causes particulières. »

tés, et, comme l'a remarqué un savant ecclésiastique de nos jours (1), « son ouvrage fourmille de portraits équivoques. » Gibbon s'est appesanti avec une complaisance assurément malicieuse sur les misères et les subtilités théologiques, sur l'infinie division des sectes qui partagèrent les esprits dans le Bas-Empire, mais ce n'est pas à la façon de Voltaire qu'il s'y prend. Voltaire a le rire sarcastique et l'éclat du ricanement; Gibbon a le rire composé et silencieux; il le glisse au bas d'une note (voir celle, entre autres, qui termine ce qu'il dit de saint Augustin). — Comme Bayle, il se délecte (mais toujours en note) à la citation de quelques passages d'une obscénité érudite et froide, et il les commente avec une élégance recherchée (voir ce qu'il dit sur Théodora).

Ironie, causticité rentrée, pénétration compréhensive, explication déliée et naturelle de beaucoup de faits qu'il réduit à paraître simples, d'extraordinaires qu'ils avaient semblé, ce sont ses qualités, dont quelques-unes touchent à des défauts. Il invoque plus d'une fois Montesquieu; il dit qu'à une certaine époque de sa vie il relisait *les Provinciales* tous les ans : mais il n'a pas le javelot comme Montesquieu et comme Pascal; il ne donne jamais à l'esprit de son lecteur une impulsion inattendue qui le réveille, qui le transporte et l'incite à la découverte. Il est dans son fauteuil quand il écrit, et il vous y laisse en le lisant : ou, s'il se lève, ce n'est que pour faire deux ou trois tours de chambre, pendant lesquels il arrange sa phrase et concerte son expression.

(1) M. l'abbé Christophe, curé du diocèse de Lyon, auteur d'une *Histoire de la Papauté pendant le quatorzième siècle*, de laquelle M. de Sacy rendait compte ces jours derniers dans le *Journal des Débats* (25 août 1853), a fait sur Gibbon une consciencieuse *Étude* dont je profite.

Mirabeau n'était point ainsi : on le sait très-bien, et je ne le remarquerais pas s'il ne lui était arrivé un jour, impatienté de cette froideur, de lancer contre Gibbon et son Histoire une tirade véhémente. Ce n'est point à la tribune, mais dans une lettre, qu'il eut cet éclat. Mirabeau était à Londres en 1785 ; il dînait chez le marquis de Lansdowne avec plusieurs Anglais de distinction, et, par un singulier quiproquo, il crut y voir et y entendre Gibbon en personne, lequel en ce moment habitait la Suisse. Peu importe qui il prit pour lui, peu importe même de savoir si tout ceci n'est pas une légère invention de sa part. Ce qui est positif, c'est sa lettre qu'on a, et qui est adressée à Samuel Romilly. Mirabeau s'emporte contre la personne qu'il suppose être Gibbon, et contre les discours qu'il dit avoir entendus de sa bouche. Il était près, assure-t-il, de lui répondre ; il s'est ressouvenu aussitôt de son Histoire, de cette Histoire élégante et froide, où il est tracé « un tableau si odieusement faux de la félicité du monde, » à cette écrasante époque de l'établissement romain : « Je n'ai jamais pu lire son livre, ajoute-t-il, sans m'étonner qu'il fût écrit en anglais ; à chaque instant j'étais tenté de m'adresser à M. Gibbon et de lui dire : « Vous, un Anglais ! Non, vous ne l'êtes point ! Cette admiration pour un empire de plus de deux cents millions d'hommes, où il n'y a pas un seul homme qui ait le droit de se dire libre ; cette philosophie efféminée qui donne plus d'éloges au luxe et aux plaisirs qu'aux vertus ; ce style toujours élégant et jamais énergique, annoncent tout au plus l'esclave d'un Électeur de Hanovre. » Ce jour-là Mirabeau avait évidemment besoin de faire l'orateur et de se donner un adversaire qu'il pût invectiver ; il se figura Gibbon en face de lui et lança son apostrophe. Dans tous les cas, il a passé le but, il a été déclamateur ; et, en faisant montre de ses défauts à son tour, il nous a seulement prouvé combien la famille d'esprits à laquelle il appartient est en tout l'opposé de celle de Gibbon.

Ce ne serait pas être juste, avant de quitter l'Histoire de ce dernier, que de n'y pas signaler encore quelques endroits tout littéraires et d'une heureuse richesse, où l'auteur est bien dans l'application de sa nature et dans l'emploi de son talent : par exemple, un passage soigné sur les écoles de philosophie grecque au moment où l'Édit de Justinien les supprime ; et, tout à la fin de l'ouvrage, les considérations sur la Renaissance en Italie, sur l'arrivée des lettrés de Constantinople, sur les regrets de Pétrarque en recevant un *Homère* qu'il ne sait pas lire dans l'original, et sur le bonheur de Boccace, plus docte en ceci et plus favorisé. Ce sont de beaux chapitres, traités avec une sorte de prédilection et qui, jusqu'au terme, témoignent bien de la fertilité. Loin de brusquer sa fin, Gibbon se plaît à la prolonger ; il achève cette longue carrière presque comme une promenade, et, au moment de poser la plume, il s'arrête à considérer les derniers alentours de son sujet ; il s'y repose. — Il n'a rien du cri haletant de Montesquieu abordant le rivage ; il n'en avait pas eu non plus les élans, les découvertes d'idées en tous sens et le génie.

Gibbon, à son retour d'Italie en octobre 1765, avait repassé par Paris : il y avait trouvé madame Necker récemment mariée et qui l'avait bien accueilli ; mais ce fut en 1777, après la publication de son premier volume, qu'il fit chez nous son séjour le plus prolongé et le plus agréable : il ne tint qu'à lui d'y être à la mode, comme David Hume quelque temps auparavant l'avait été. M. Necker était ministre ; la maison de madame Necker fut pour Gibbon comme la sienne propre. Cette ancienne amie lui avait tout pardonné, et Gibbon, qui ne se trouvait pas tant de torts, jouissait de cette intimité sociale avec une gratitude paisible, sans remords et sans étonnement. Il fit durant les six mois qu'il resta à Paris une conquête plus difficile que ne l'était celle de madame Necker : il acquit la bienveillance de madame Du Deffand, si susceptible en fait d'ennui, et qui trouva sa conversation « charmante et facile. » C'est là le résumé de l'impression de madame Du Deffand, car il y avait des jours où cette impression variait du plus au moins. Voici un petit bulletin suivi qui donne la mesure et le degré de l'amabilité de Gibbon pendant ce séjour à Paris ; je le tire des Lettres de madame Du Deffand à Horace Walpole :

« (18 mai 1777). Je suis fort contente de M. Gibbon ; depuis huit jours qu'il est arrivé, je l'ai vu presque tous les jours : il a la conversation facile, parle très-bien français ; j'espère qu'il me sera de grande ressource. »

« (27 mai). Je ne vous ai point répondu sur M. Gibbon, j'ai tort ; je lui crois beaucoup d'esprit ; sa conversation est facile et *forte de choses*; il me plaît beaucoup, d'autant plus qu'il ne m'embarrasse pas. »

« (8 juin). Je m'accommode de plus en plus de M. Gibbon ; c'est véritablement un homme d'esprit ; tous les tons lui sont faciles ; il est aussi Français ici que MM. de Choiseul, de Beauvau, etc. Je me flatte qu'il est content de moi ; nous soupons presque tous les jours ensemble. »

A ce moment, il y a un léger mouvement de baisse, une légère impression d'ennui qui de la lecture du livre a presque passé sur l'auteur :

« (10 août). Je vous dis à l'oreille que je ne suis point contente de l'ouvrage de M. Gibbon, il est déclamatoire, oratoire ; c'est le ton de nos beaux-esprits ; il n'y a que des ornements, de la parure, du clinquant, et point de fond ; je n'en suis qu'à la moitié du premier volume (de la traduction), qui est le tiers de l'in-quarto, à la mort de Pertinax. Je quitte cette lecture sans peine, et il me faut un petit effort pour la reprendre. Je trouve l'auteur assez aimable, mais il a, si je ne me trompe, une grande ambition de célébrité ; il brigue à force ouverte la faveur de tous nos beaux-esprits, et il me paraît qu'il se trompe souvent aux jugements qu'il en porte. Dans la conversation il veut briller et prendre le ton qu'il croit le être, et il y réussit assez bien. Il est doux et poli, et je le crois bonhomme. Je serais fort aise d'avoir plusieurs connaissances comme lui ; car, à tout prendre, il est supérieur à presque tous les gens avec qui je vis. »

Gibbon, même quand il baisse, se maintient encore dans l'esprit de madame Du Deffand ; c'est bon signe, car elle est sévère. Elle ne varie pas sur certains points en ce qui le concerne :

« (21 septembre). M. Gibbon a ici le plus grand succès, on se l'arrache ; il se conduit fort bien, et sans avoir, je crois, autant d'esprit que feu M. Hume, il ne tombe pas dans les mêmes ridicules. »

Enfin, on a la conclusion très-exacte, très-judicieuse, et le dernier mot dans le passage suivant écrit par madame Du Deffand au moment où il a pris congé d'elle :

« (26 octobre)... Pour le Gibbon, c'est un homme très-raisonnable, qui a beaucoup de conversation, infiniment de savoir, vous y ajouteriez peut-être, infiniment d'esprit, et peut-être auriez-vous raison ; je ne suis pas décidée sur cet article : il fait trop de cas de nos agréments, il a trop de désir de les acquérir ; j'ai toujours eu sur le bout de la langue de lui dire : *Ne vous tourmentez pas, vous méritez l'honneur d'être Français*. En mon particulier, j'ai eu toutes sortes de sujets d'être contente de lui, et il est très-vrai que son départ me fâche beaucoup. »

Voilà un succès, et qui nous représente en abrégé celui de Gibbon à Paris. — A la Chambre des Communes dont il était membre, Gibbon n'en eut point de si flatteur. Il n'aborda jamais la tribune. Il était entré au Parlement dans des vues très-positives et qu'il ne farde pas : « Vous n'avez pas oublié, écrivait-il quelques années après à un de ses amis de Suisse, que je suis entré au Parlement *sans patriotisme, sans ambition*, et que toutes mes vues se bornaient à la place commode et honnête d'un *Lord of trade* (membre du Conseil supérieur de commerce). » Au pis, et n'eût-il rien obtenu, la Chambre lui semblait du moins *un agréable café*, un club instructif, une école utile pour un historien. On était en plein dans la grande et orageuse discussion sur l'Amérique : Gibbon appuya de ses votes, et une fois de sa plume, la politique du Gouvernement. Il était du bataillon fidèle et muet de lord North. On trouve dans la Vie de Fox une anecdote assez piquante et des vers satiriques sur la versatilité de Gibbon, sur sa chute et sa décadence parlementaires. Un homme qui s'exprime comme il vient de le faire n'est point versatile ; il est né ministériel, et, s'il se trouve un moment jeté dans l'opposition, ce n'est qu'à son corps défendant. Cette place de Lord du Conseil de commerce à laquelle Gibbon aspirait, il l'obtint et la conserva trois ans (1779-1782) avec un traitement annuel de sept cent cinquante livres sterling; mais le Conseil de commerce ayant été supprimé, Gibbon, qui se trouvait gêné dans ses revenus, songea à sortir de la vie publique pour laquelle il était si peu fait, à recouvrer son indépendance, et à se retirer en Suisse pour y achever son Histoire. Il écrit à son vieil ami Deyverdun, à Lausanne, pour le consulter, pour le tâter à ce sujet, et pour voir si, en qualité de vieux garçons, ils ne pourraient pas compléter leurs existences dépareillées en les mariant ensemble.

Deyverdun prend feu et lui répond (10 juin 1783) par l'aperçu d'une vie heureuse faite pour tenter; il connaît bien son ami, il veut l'arracher à une condition politique qui n'est pas faite pour lui, et où sa nature véritable a dû nécessairement souffrir : « Rappelez-vous, mon cher ami, lui dit-il, que je vis avec peine votre entrée dans le Parlement, et je crois n'avoir été que trop bon prophète : je suis sûr que cette carrière vous a fait éprouver plus de privations que de jouissances, beaucoup plus de peines que de plaisirs. J'ai cru tou-

jours, depuis que je vous ai connu, que *vous étiez destiné à vivre heureux par les plaisirs du cabinet et de la
société;* que toute autre marche était un écart de la
route du bonheur, et que ce n'étaient que les qualités
réunies d'*homme de lettres* et d'*homme aimable de société,*
qui pouvaient vous procurer gloire, honneur, plaisirs,
et une suite continuelle de jouissances. » Puis il lui
montre en perspective une maison charmante à la porte
de Lausanne et donnant sur la descente d'Ouchy, onze
pièces tant grandes que petites tournées au levant et
au midi, une terrasse, une treille, le fameux *berceau* ou
l'allée couverte d'acacias, tous les accidents d'un terrain agréablement diversifié à l'œil, les richesses d'un
jardin anglais et d'un verger, surtout la vue du lac et
des monts de Savoie en face. Gibbon est séduit; il a
fort à faire à Londres pour rompre ses engagements,
pour se délier avec ses amis, avec l'un surtout qui lui
est bien cher, lord Sheffield. Il triomphe pourtant,
arrive à Lausanne, et, après quelques premiers petits
mécomptes inévitables, il se trouve bientôt en possession de lui-même, de tout son temps, de l'étude, de
l'amitié, et du paradis terrestre.

C'est là qu'il écrit les derniers volumes de son Histoire, et qu'il se réjouit d'être sorti de ces luttes publiques où il n'était qu'un spectateur souvent fatigué,
un acteur sans éclat et sans vertu. Il a de charmantes
lettres en ce sens, adressées à son ami lord Sheffield (1),
encore engagé dans la mêlée, et le plus souvent pour
le railler agréablement, pour le plaindre d'être toujours
dans ce *Pandæmonium* de la Chambre des Communes.

(1) Gibbon, d'ailleurs, écrivait peu de lettres, et lord Sheffield
pouvait se flatter d'être une exception. « Gibbon n'écrivait à personne et ne sacrifiait ni à l'amitié ni aux convenances aucun des
moments destinés à l'étude. » (*Notice de la vie et des écrits de Le
Sage*, de Genès, p. 120.)

Il y a de ces lettres qui, par leur début, pourraient être de celles d'Atticus (si on les avait) à Cicéron; par exemple :

« Lausanne, 14 novembre 1783.

« Mardi dernier, 11 novembre, après avoir bien pesté et vous être tourmenté toute la matinée autour de quelque affaire de votre fertile invention, vous êtes allé à la Chambre des Communes et vous avez passé l'après-midi, le soir et peut-être la nuit, sans dormir ni manger, suffoqué à huis-clos par la respiration échauffée de six cents politiques qu'enflammaient l'esprit de parti et la passion, et assommé par la répétition des lourds non-sens qui, dans cette illustre assemblée, l'emportent si fort en proportion sur la raison et l'éloquence. — Le même jour, après une matinée studieuse, un dîner d'amis et une gaie réunion des deux sexes, je me suis retiré pour me reposer à onze heures, satisfait du jour écoulé, et assuré que le suivant m'apportera le retour du même repos et des mêmes jouissances raisonnables. *Qui de nous deux a fait le meilleur marché?...* »

Au reste, chacun des deux suivait sa voie, et Gibbon n'était pas intolérant en fait de manières d'être heureux; il savait que chaque nature a la sienne. Lord Sheffield, livré par goût à la vie active et publique, était à quelques égards plus difficile à contenter que lui; il avait besoin des ressources d'un monde dont Gibbon se passait très-bien : « Vous êtes toujours, lui écrivait ce dernier, à la recherche du savoir, et vous n'êtes content de votre monde qu'autant que vous en pouvez tirer information ou amusement peu commun. Pour mon compte, c'est des livres que j'aime à tirer mes connaissances, et je ne demande à la société que des égards polis et des manières faciles (1). » Il se

(1) Il écrivait cela à lord Sheffield dans un temps où ce dernier avait manqué sa réélection (11 mai 1784); Gibbon essayait, sans trop l'espérer, de le tirer à lui, et il lui disait ce mot qui était le fond de son cœur : « Si cet échec pouvait vous apprendre à rompre une bonne fois avec Rois et ministres, et patriotes et partis, et Parlements, toutes sortes de gens pour lesquels vous êtes de beaucoup trop honnête, c'est pour le coup que je m'écrierais avec T... de respectable mémoire : « Bravo, mon cher! vous avez gagné à perdre. »

plaît d'ailleurs à montrer à son ami que ce coin de la Suisse n'est pas si déshérité de belle société et de conversation qu'on le croirait de loin : « Il y a peu de semaines, écrivait Gibbon (22 octobre 1784), que j'étais à me promener sur notre terrasse avec M. Tissot, le célèbre médecin ; M. Mercier, l'auteur du *Tableau de Paris* ; l'abbé Raynal ; monsieur, madame et mademoiselle Necker ; l'abbé de Bourbon, fils naturel de Louis XV ; le prince héréditaire de Brunswick, le prince Henri de Prusse, et une douzaine de comtes, barons et personnages de marque, parmi lesquels un fils naturel de l'impératrice de Russie. — Êtes-vous satisfait de la liste ? » Quant à la ville même, après l'avoir vue en toutes saisons, aux heures de coquetterie et de glorieux printemps comme aux heures d'isolement et de retraite d'hiver, Gibbon déclare que son goût pour elle n'a point faibli, et il le dit en des termes agréables, comme tous ceux dont sa Correspondance est semée : « De ma situation ici, je n'ai pas grand'chose de nouveau à dire, excepté une très-rassurante et singulière vérité, c'est que ma passion pour ma femme ou maîtresse, *Fanny* Lausanne, n'est point attiédie par la satiété et par une possession de deux ans. Je l'ai vue dans toutes les saisons et dans toutes les humeurs, et, quoiqu'elle ne soit point sans défauts, ils sont plus que balancés par ses bonnes qualités. Son visage n'est pas beau, mais sa personne avec tout ce qui l'entoure est d'une grâce et d'une beauté admirables. » Et il continue de suivre, de caresser un peu trop sa métaphore. Malgré ce léger apprêt, toute cette Correspondance ne laisse pas d'être d'un doux et assez vif agrément. Il s'y glisse même de la gaieté.

Faut-il croire que, durant ces années, Gibbon ne se contentait pas d'être amoureux de *Fanny* Lausanne, et qu'il ait songé encore à adresser ses hommages à quelque objet plus réel? Madame de Genlis (une assez méchante langue, il est vrai) nous le dit; elle raconte que Gibbon épris de madame de Crousaz, depuis madame de Montolieu (l'auteur des romans), et s'étant un jour oublié jusqu'à tomber à ses pieds, fut assez mal reçu dans sa déclaration; mais on avait beau lui dire de se relever, il demeurait à genoux. — « Mais relevez-vous donc, monsieur! » — « Madame, je ne puis! » — Gibbon était devenu si gros et si pesant qu'il n'y eut d'autre moyen pour madame de Crousaz que de sonner un domestique et de lui dire : « Relevez monsieur. »

S'il n'était pas fait pour ces grandes passions, Gibbon l'était essentiellement pour le commerce de l'amitié, et il en éprouvait tous les sentiments. Au retour d'un voyage qu'il fit en Angleterre dans l'année 1788, pour la publication de ses derniers volumes, il retrouva son ami Deyverdun malade, sujet à des attaques d'apoplexie qui bientôt l'enlevèrent, et il fut longtemps à se réconcilier avec l'habitation charmante, veuve désormais de son ami. Chaque place, chaque allée, chaque banc lui rappelaient les douces heures passées dans l'entretien de celui qui n'était plus : « Depuis que j'ai perdu ce pauvre Deyverdun, s'écriait-il, je suis *seul*, et, même dans le paradis, la solitude est pénible à une âme faite pour la société. » Vers ce temps, il songea assez sérieusement ou au mariage, ou du moins à adopter quelqu'une de ses jeunes parentes, une jeune Charlotte Porten (sa cousine germaine, je crois) : « Combien je m'estimerais heureux, écrivait-il à la mère de cette jeune personne, si j'avais une fille de son âge et de son caractère, qui serait avant peu de temps en état de gouverner ma maison, et d'être ma compagne et ma consolation au déclin de ma vie! » Il reconnaissait trop tard cette vérité, « qu'à mesure que nous descendons la vallée de la vie, nos infirmités demandent quelques-

uns des soins et la société intérieure d'une femme. »
Mais madame Necker, à qui il ne craignait pas de s'ouvrir de ses tristesses, et en laquelle, vers la fin, il retrouvait une dernière amie comme elle avait été la première, lui disait : « Gardez-vous, Monsieur, de former un de ces liens tardifs : le mariage qui rend heureux dans l'âge mûr, c'est celui qui fut contracté dans la jeunesse. Alors seulement la réunion est parfaite, les goûts se communiquent, les sentiments se répondent, les idées deviennent communes, les facultés intellectuelles se modèlent mutuellement ; toute la vie est double, et toute la vie est une prolongation de la jeunesse. »

A défaut de ce bonheur impossible, madame Necker essayait quelquefois de lui indiquer d'autres sources de consolation et le souverain remède contre l'isolement du cœur ; elle lui avait fait promettre de lire l'ouvrage de son mari sur l'*Importance des Opinions religieuses*, et elle avait, à l'occasion, sur ce sujet de Christianisme et de monde invisible, des paroles amies et délicates, que Gibbon du moins ne repoussait pas.

La Révolution française, dont les premiers événements jetèrent tant d'émigrés français au bord du lac de Genève, fut la grande préoccupation des dernières années de Gibbon. Lui qui s'était étonné de si peu de choses dans l'histoire, il s'étonna de celle-ci. Il en jugea sans illusion dès le premier jour, et il n'avait pas à revenir de bien loin pour cela : il était conservateur par essence, et n'avait jamais eu de goût pour les tribuns ni pour les novateurs (1). La Révolution produisit pourtant sur lui cet effet assez singulier et, quand on y ré-

(1) Se souvenant à ce propos de son attaque historique au Christianisme, il disait pour la justifier et l'expliquer : « La primitive Église que j'ai traitée avec quelque liberté était elle-même en son temps une innovation, et j'étais attaché au vieil établissement païen. »

fléchit, assez naturel, de lui rendre ou plutôt de lui donner un peu de ce patriotisme dont il avait eu jusque-là si peu. En voyant les excès qui déshonoraient une cause qui aurait pu être si belle, en considérant le champ illimité d'anarchie et d'aventures dans lequel on se lançait à l'aveugle, il en revint à aimer cette Constitution anglaise pour laquelle il s'était toujours senti assez tiède; il redevint fier de ce qu'il appelait le bon sens de sa nation et de ce qu'elle avait conscience des bienfaits dont elle jouissait : « Les Français, écrivait-il à lord Sheffield (1790), répandent tant de mensonges sur les sentiments de la nation anglaise, que je souhaiterais que les hommes les plus considérables de tout parti et de toute classe se réunissent dans quelque acte public pour déclarer qu'ils sont eux-mêmes satisfaits de notre Constitution actuelle et résolus à la maintenir. Une telle déclaration aurait un merveilleux effet en Europe, et, si j'en étais jugé digne, je serais fier pour mon compte de la souscrire. J'ai grande envie de vous envoyer quelque projet de rédaction, tel que tout homme pensant puisse l'adopter. » Il revient plus d'une fois sur cette idée avec ferveur. Il est curieux de voir Gibbon devenu chaleureux comme un Burke, et levant la main pour l'Arche de la Constitution comme un Fox et comme un Macaulay (1).

Cet homme qui, dans sa modération et son égalité habituelle, était loin d'être insensible, mourut en partie victime de son zèle pour l'amitié. Il apprit, au printemps de 1793, que la femme de son ami lord Sheffield

(1) On peut lire les considérations qui terminent la première partie publiée de la belle *Histoire d'Angleterre* de M. Macaulay; elles sont tout à fait d'accord avec le sentiment qui animait Gibbon dans ses lettres datées du 15 décembre 1789, du 18 mai 1791, du 30 mai et du 1ᵉʳ août 1792, du 23 février et du 4 avril 1793, et dans presque toutes celles qu'il écrivit en ces années : des circonstances analogues ramènent les mêmes sentiments.

venait de mourir; il n'hésita pas à voler vers lui, à se mettre en route pour l'Angleterre par l'Allemagne, et à faire ce voyage depuis quelque temps différé, que les circonstances présentes et la guerre engagée rendaient alors plus difficile. Ses infirmités s'en augmentèrent, et, après quelques mois de séjour dans son pays natal, il y mourut le 16 janvier 1794, à l'âge de près de cinquante-sept ans. Son ami lord Sheffield lui a élevé le monument le plus digne et le plus durable en publiant ses Mémoires et ses lettres; on y devine que la conversation de Gibbon était, en effet, supérieure en intérêt et en charme à ses écrits, et qu'en lui le lettré profond et accompli ne se séparait pas de l'homme de société le plus agréable. Quelques lettres même, les dernières, ont des accents d'émotion qu'on n'attendrait pas; celle qu'il écrit à lord Sheffield à la première nouvelle de son malheur, et au moment de partir pour le rejoindre, est belle et touchante; on dirait presque qu'un éclair de religion y a passé. Une autre lettre écrite quelques jours après, et dans un sentiment croissant d'anxiété pour cette famille désolée, se termine en ces mots : « Adieu. S'il y a des gardiens invisibles, puissent-ils veiller sur vous et sur les vôtres! adieu. » Le caractère social et même moral de l'homme gagne donc à être vu dans cet ensemble de relations, et se présente sous un jour nouveau. C'est le témoignage qu'ont rendu les contemporains les plus délicats et les plus respectables dans le temps de la publication. Ceux encore aujourd'hui qui auront vécu par la lecture dans cette intimité tempérée et ornée, n'y eussent-ils passé comme moi qu'une quinzaine, comprendront que Gibbon, sans être de l'ordre des génies, sans être même de ceux qui avec du talent troublent ou passionnent les hommes, ait eu ses fidèles et ses pèlerins affectueux. Byron écrivait d'Ouchy, près de Lausanne, au libraire Murray, le

27 juin 1816 : « J'ai été retenu ici par le gros temps, comme je m'en revenais à Diodati (près Genève) d'un voyage en bateau autour du lac, et je joins à cette lettre, pour vous, une petite branche de l'*acacia* de Gibbon, et quelques feuilles de rose cueillies dans son jardin que je viens de voir, ainsi qu'une partie de la maison. Vous trouverez dans sa Vie une mention honorable de cet *acacia*, sous lequel il se promena la nuit même où il termina son Histoire. Le jardin et le pavillon d'été où il composait sont négligés, et le dernier entièrement dégradé ; mais on le montre encore ainsi que son cabinet, et les gens respectent sa mémoire. »

Lundi, 5 septembre 1853.

HISTOIRE

DE LA

MAISON ROYALE DE SAINT-CYR.

PAR M. THÉOPHILE LAVALLÉE

Je viens de faire une lecture agréable, douce, unie, touchante par moments, qui repose et même qui élève, une lecture que tout le monde voudra faire comme moi. Il s'agit encore de madame de Maintenon, mais de madame de Maintenon prise cette fois par son côté le plus positif et qui prête le moins aux discussions, considérée dans son œuvre et sa fondation de Saint-Cyr. M. le duc de Noailles avait déjà, il y a quelques années (1843), donné sur ce sujet un intéressant opuscule par lequel il préludait à son Histoire de madame de Maintenon : mais aujourd'hui M. Théophile Lavallée publie de la maison de Saint-Cyr une Histoire complète et suivie, et qui peut se dire définitive.

M. Lavallée s'était fait très-honorablement connaître jusqu'ici par divers ouvrages consciencieux et utiles, exécutés avec beaucoup de précision et de fermeté. Son *Histoire des Français depuis le temps des Gaulois jusqu'en 1830* arrivée à la neuvième édition, présente en quatre volumes l'abrégé le plus succinct et le plus substantiel de nos annales; l'esprit exact de l'auteur a su réduire tous les faits dans ce court espace sans rien laisser échapper d'important ni de saillant, et, mérite rare! l'ouvrage garde de l'intérêt au milieu de cette condensation continue et se fait lire. Attaché comme professeur à l'École militaire de Saint-Cyr, M. Lavallée a été naturellement amené à rechercher les origines et les fortunes diverses de cette maison ; il a trouvé à Versailles, soit dans la bibliothèque du séminaire, soit aux Archives de la préfecture, un grand nombre de recueils et de pièces originales qui permettent d'établir le récit le plus détaillé avec certitude. En abordant ce sujet délicat, il y a porté de sa rigueur d'historien, et, en retour, ce sujet lui a rendu de sa douceur et de son élégance. Il en est résulté un beau livre, accompagné de tout ce qui peut le faire valoir, plan, vues, gravures, et surtout formé et nourri à chaque page de cette excellente langue du dix-septième siècle, que madame de Maintenon avait amenée à sa perfection et que parlaient les premières élèves de Saint-Cyr.

Il est arrivé à M. Lavallée, en étudiant madame de Maintenon, ce qui arrivera à tous les bons esprits encore prévenus (et j'en rencontre quelquefois de tels) qui approcheront de cette personne distinguée et qui prendront le soin de la connaître dans l'habitude de la vie : je ne dirai pas qu'il s'est converti à elle, ce serait mal rendre l'impression simplement équitable que reçoit un esprit droit; mais il a fait justice de cette foule d'imputations fantastiques et odieusement vagues qui ont été longtemps en circulation sur le prétendu rôle historique de cette femme célèbre. Il l'a vue telle qu'elle était, tout occupée du salut du roi, de sa réforme, de son amusement décent, de l'intérieur de la famille royale, du soulagement des peuples, et faisant tout cela, il est vrai, avec plus de rectitude que d'effusion, avec plus de justesse que de grandeur ; enfin, il a résumé son jugement sur elle en des termes précis, au moment de l'accompagner dans son œuvre de tendresse et de prédilection :

« Madame de Maintenon, dit-il, n'a donc pas eu sur Louis XIV l'influence malfaisante que ses ennemis lui ont attribuée : elle n'eut pas de grandes vues, elle ne lui inspira pas de grandes choses : elle borna trop sa pensée et sa mission au salut de l'homme et aux affaires de religion; l'on peut même dire qu'en beaucoup de circonstances elle rapetissa le grand roi; mais elle ne lui donna que des conseils salutaires, désintéressés, utiles à l'État et au soulagement du peuple, et en définitive elle a fait à la France un bien réel en réformant la vie d'un homme dont les passions avaient été divinisées, en arrachant à une vieillesse licencieuse un monarque qui, selon Leibniz, « faisait seul le destin de son siècle; » enfin en le rendant capable de soutenir, « avec un visage toujours égal et véritablement chrétien, » les désastres de la fin de son règne. »

Puis, au seuil de Saint-Cyr, M. Lavallée a eu soin de placer aussi un portrait de l'illustre fondatrice, où revit cette grâce si réelle, si sobre, si indéfinissable, et qui, sujette à disparaître de loin, ne doit jamais s'oublier quand par moments la figure nous paraît un peu sèche; il l'emprunte aux Dames de Saint-Cyr dont la plume, par sa vivacité et ses couleurs, est digne cette fois d'une Caylus ou d'une Sévigné : « Elle avait (vers l'âge de cinquante ans), disent ces Dames, le son de voix le plus agréable, un ton affectueux, un front ouvert et riant, le geste naturel de la plus belle main, des yeux de feu, les mouvements d'une taille libre si affectueuse et si régulière qu'elle effaçait les plus belles de la Cour... Le premier coup d'œil était imposant et comme voilé de sévérité : le sourire et la voix ouvraient le nuage... »

Saint-Cyr, dans son idée complète, ne fut pas seulement un pensionnat, puis un couvent de filles nobles.

une bonne œuvre en même temps qu'un délassement de madame de Maintenon : ce fut quelque chose de plus hautement conçu, une fondation digne en tout de Louis XIV et de son siècle. M. Lavallée établit très-bien, dès les premières pages, le caractère historique et politique de Saint-Cyr, et son lien avec les grandes choses du dehors. Sous Louis XIV, et surtout pendant la seconde moitié de son règne, la France, même en temps de paix, fut obligée de garder son attitude militaire imposante, une puissante armée de 150,000 hommes sous les armes. Louvois introduisait dans ce grand corps l'organisation moderne ; mais la base essentiellement moderne, la contribution égale et régulière de tous au service militaire, manquait. La noblesse, qui était et restait l'âme de la guerre, se voyait pour la première fois assujettie à des règlements stricts et à des obligations continues qui choquaient son esprit et qui aggravaient ses charges. La royauté contractait donc envers elle de nouveaux devoirs. Louis XIV le reconnut et eut à cœur de s'en acquitter : 1° en fondant l'hôtel des Invalides, dont une partie fut réservée pour des officiers vieux ou blessés; 2° par la formation des compagnies de Cadets qu'on exerçait dans les places frontières, et où l'on élevait 4,000 fils de gentilshommes; 3° enfin, dès que madame de Maintenon lui en eut suggéré l'idée, par la fondation de la maison royale de Saint-Cyr, destinée à l'éducation de 250 demoiselles nobles et pauvres. L'établissement de l'École militaire, vers le milieu du siècle suivant, et dont le principal honneur revient à Paris-Duverney, fut le complément nécessaire de ces fondations monarchiques, et remplaça ce que les compagnies de Cadets avaient d'insuffisant. Toute cette branche de l'éducation militaire sera prochainement traitée par M. Lavallée dans un second ouvrage intitulé l'*Histoire militaire de Saint-Cyr;* il n'était pas inutile de montrer dès l'abord le rapport et le lien.

Saint-Cyr, dans la première pensée de madame de Maintenon, ne s'élevait pas si haut. Madame de Maintenon était sincèrement religieuse; à peine tirée de l'indigence par les bienfaits du roi, elle se dit qu'elle devait en répandre quelque chose sur d'autres qui étaient pauvres comme elle l'avait été. Cette idée de secourir les demoiselles pauvres pour les préserver des dangers où elle-même avait passé, fut chez elle très-ancienne, très-naturelle; elle l'envisageait comme une dette et comme une rançon, devant Dieu, de sa grande fortune. Elle eut d'abord des jeunes filles dont elle payait la pension à Montmorency, puis à Rueil, où elle donna plus de développement à sa bonne pensée. Elle avait toujours eu un grand goût pour élever les enfants, pour les enseigner, les reprendre, les morigéner : c'était un de ses talents particuliers et prononcés : « J'ai grande impatience, écrivait-elle à madame de Brinon, la première directrice de ces écolières, de voir mes petites filles et de me trouver dans leur étable... J'en reviens toujours plus affolée. » De Rueil, l'institution fut transférée à Noisy, où elle continua de croître : madame de Maintenon y consacrait tous les moments qu'elle pouvait dérober à la Cour. Elle commençait à s'applaudir de son succès : « Jugez de mon plaisir, écrivait-elle à son frère, quand je reviens le long de l'avenue suivie de cent vingt-quatre demoiselles qui y sont présentement. »

Madame de Maintenon était faite pour ce gouvernement intérieur et domestique; elle en avait l'art et le don, elle en goûtait tout le plaisir. Ce n'est pas une raison pour y moins apprécier son mérite. De ce qu'elle y cherchait le repos dans l'action, les délices dans la familiarité et dans l'autorité même, de ce que cet amour-propre, dont on ne se sépare jamais, y trouvait son compte, il ne faut pas l'en moins admirer. Un ancien poëte, Simonide d'Amorgos, dans une Satire contre les femmes, les a comparées, quand elles sont mauvaises, pour leurs défauts dominants, chacune à une espèce d'animaux (ces Anciens étaient peu galants) : mais, quand il en vient à la femme sage, utile, frugale, industrieuse, diligente et féconde, il ne trouve à la comparer qu'avec l'abeille. Madame de Maintenon, au sein de ces établissements dont elle était l'âme et la mère, et dont elle ordonnait en tous sens la ruche, peut se comparer à cette abeille infatigable. Telle elle avait été, toute sa vie, dans les maisons où elle avait vécu sur le pied d'amitié, y mettant l'ordre, la propreté, la décence, répandant l'esprit de travail autour d'elle, et en même temps faisant honneur tout aussitôt à l'esprit de politesse et de société. Que sera-ce donc quand elle sera chez elle, dans sa fondation propre, dans sa ruche de prédilection, avec toute sa joie et son orgueil de reine abeille et de mère, ayant une fois réussi à produire le parfait idéal qui était en elle?

Cet idéal était patriotique et chrétien tout ensemble : un jour, dans un entretien dont les termes ont été recueillis par ses pieuses élèves, et après leur avoir parlé de tout ce qu'il y avait eu de peu médité et de non prévu dans sa grande fortune à la Cour, elle a dit avec un élan et un feu qu'on n'attendrait pas de sa part, mais qu'elle avait dès qu'elle en venait au sujet chéri :

« Il en est de cela comme de Saint-Cyr, qui est devenu insensiblement ce que vous le voyez aujourd'hui. Je vous l'ai souvent dit, je n'aime point les nouveaux établissements; il vaudrait mieux soutenir les anciens. Cependant, sans presque y penser, il se trouve que j'en ai fait un nouveau. Tout le monde croit que, la tête sur mon chevet, j'ai fait ce beau plan; cela n'est point. Dieu a conduit Saint-Cyr par degrés. Si j'avais fait un plan, j'aurais envisagé toutes les peines de l'exécution, toutes les difficultés, tous les détails; j'en aurais été effrayée; j'aurais dit : Cela est fort au-dessus de moi. Et le courage m'aurait manqué. Beaucoup de compassion pour la noblesse indigente, parce que j'avais été orpheline et pauvre moi-même, un peu de connaissance de son état, me fit imaginer de l'assister pendant ma vie. Mais, en projetant de faire tout le bien possible, je ne projetai point de le faire encore après ma mort. Ce ne fut qu'une seconde idée qui naquit du succès de la première. *Puisse cet établissement durer autant que la France, et la France autant que le monde!* Rien ne m'est plus cher que mes enfants de Saint-Cyr : j'en aime tout jusqu'à leur poussière. Je m'offre avec tous mes gens pour les servir ; et je n'aurai nulle peine à être leur servante, pourvu que mes soins leur apprennent à s'en passer. Voilà où je tends, voilà ma passion, voilà mon cœur. »

Ce fut l'année même de son mariage avec le roi (1684), et comme par une reconnaissance intérieure envers le Ciel, qu'elle s'appliqua à perfectionner l'essai de Noisy et à lui donner cette première forme déjà toute royale qu'il prit dès sa translation à Saint-Cyr. Elle représenta au roi, après une visite qu'il avait faite à Noisy et dont il avait été fort content, que « la plupart des familles nobles de son royaume étaient réduites à un pitoyable état par les dépenses que leurs chefs avaient été obligés de faire à son service ; que leurs enfants avaient besoin d'être soutenus pour ne pas tomber tout à fait dans l'abaissement ; que ce serait une œuvre digne de sa piété et de sa grandeur, de faire un établissement solide qui fût l'asile des pauvres demoiselles de son royaume, et où elles fussent élevées dans la piété et dans tous les devoirs de leur condition. » Le Père de La Chaise appuyait le projet ; Louvois se récriait sur la dépense. Louis XIV lui-même semblait hésiter : « Jamais reine de France, disait-il, n'a rien fait de semblable. » C'est par là en effet, et seulement par là, que madame de Maintenon prétendait manifester sa prochaine, sa secrète et efficace royauté.

L'idée de la fondation de Saint-Cyr fut décidée, et le roi en parla au Conseil le 15 août 1684 ; deux années se passèrent, durant lesquelles on bâtit la maison, on régla les dotations et les revenus et on prépara les Constitutions. Les lettres patentes furent délivrées en juin 1686, et la Communauté fut transférée de Noisy dans le nouveau domicile, du 26 juillet au 1ᵉʳ août. Pendant les six années qui suivirent, on resta dans les essais et les tâtonnements; ils furent des plus brillants et même des plus glorieux, et jamais Saint-Cyr ne fit plus de bruit que dans ce temps où il n'était pas encore assis sur ses entiers et ses plus sûrs fondements. Madame de Maintenon avait rêvé une maison qui ne ressemblât à nulle autre, où l'on fût régulier sans y être tenu par des vœux absolus, où l'on n'eût rien des petitesses et des minuties des couvents, où l'on en gardât pourtant la pureté et l'ignorance du mal, en participant d'ailleurs avec prudence, et sous la réserve chrétienne, à toute la fleur de la politesse et du monde. Louis XIV, qui voyait les choses avec un sens pratique et dans l'intérêt de l'État, approuvait que la maison de Saint-Cyr n'eût rien d'un monastère, et il l'eût voulu conserver ainsi. Mais il y avait dans la première recherche de madame de Maintenon et dans ce mélange de solidité, de raison et d'agrément, une mesure impossible à observer; il aurait fallu que toutes les maîtresses et les élèves eussent autant de sagesse et de force qu'elle-même. Élever les demoiselles « chrétiennement, raisonnablement et noblement, » était le but, mais il y avait à craindre que ce *noblement* ne menât au mépris de l'humilité, que ce *raisonnablement* ne menât au besoin de raisonner. C'est dans ces années d'essai, de premier essor et d'apprentissage de Saint-Cyr, que madame de Maintenon demanda à Racine de lui composer des comédies sacrées, et qu'eurent lieu les représentations d'*Esther*. Si *Esther*, avec ses conséquences mondaines et l'élite des profanes qu'elle introduisait, fut une distraction, peut-être une imprudence et une faute du premier Saint-Cyr, on sent bien que ce n'est pas nous qui en ferons un reproche, et personne au monde n'aura le courage de le blâmer. *Esther* est restée, aux yeux de tous, la couronne de la maison. Les détails de la composition de cette adorable pièce et des représentations qu'on en fit sont trop connus pour y revenir : ils forment un des plus gracieux épisodes, et le plus virginal assurément, de notre littérature dramatique. Pourtant madame de La Fayette, en personne sensée, et un peu jalouse peut-être de madame de Maintenon, y voyait quelque prétexte à dire :

« Madame de Maintenon, qui est fondatrice de Saint-Cyr, toujours occupée du dessein d'amuser le roi, y fait souvent faire quelque chose de nouveau à toutes les petites filles qu'on élève dans cette maison, dont on peut dire que c'est un établissement digne de la grandeur du roi et de l'esprit de celle qui l'a inventé et qui le conduit : mais quelquefois les choses les mieux instituées dégénèrent considérablement ; et cet endroit qui, maintenant que nous sommes dévots, est le séjour de la vertu et de la piété, pourra quelque jour, sans percer dans un profond avenir, être celui de la débauche et de l'impiété. Car de songer que trois cents jeunes filles qui y demeurent jusqu'à vingt ans, et qui ont à leur porte une Cour remplie de gens éveillés, surtout quand l'autorité du roi n'y sera plus mêlée ; de croire, dis-je, que de jeunes filles et de jeunes hommes soient si près les uns des autres sans sauter les murailles, cela n'est presque pas raisonnable. »

Il était donc essentiel, après le succès d'*Esther* et l'éveil donné à la Cour, de faire un pas en arrière et de rentrer dans l'esprit de la fondation en le fortifiant par des règlements plus sévères. Le danger, en effet, dans ce voisinage de Versailles, était grand ; il importait que la prédiction de madame de La Fayette ne pût jamais se vérifier, et que les demoiselles de Saint-Cyr ne ressemblassent dans aucun temps à celles de M. Alexandre Dumas. La morale que madame de Maintenon tira des représentations d'*Esther* et de l'invasion des profanes fut dorénavant de dire et de redire sans cesse à ses Dames : « Cachez vos filles et ne les montrez pas. »

Du passage de Racine et de celui de Fénelon à Saint-Cyr, il résulta (toujours au point de vue de la fondation et du but) plusieurs inconvénients au milieu des grâces. Fénelon y développa le goût de la dévotion fine, subtile, à l'usage des âmes d'élite ; Racine, sans le vouloir, y fit naître le goût des lectures, de la poésie et de ces choses dont le parfum est si doux, mais dont le fruit n'est pas toujours salutaire. Madame de Maintenon, toute gagnée qu'elle était par eux, reconnaissait avec son bon sens qu'il fallait y remédier et ne pas laisser abonder dans cette veine de jeunes et tendres esprits dont quelques-uns avaient commencé à s'éprendre. Il y avait parmi ces premières élèves et maîtresses de Saint-Cyr une madame de La Maisonfort, femme distinguée, esprit curieux, amoureux des recherches, et qui était faite pour un tout autre cadre que celui qu'elle s'était choisi ; elle ne pouvait se résoudre à renoncer à la tendresse de son cœur, à la délicatesse de son esprit et de son goût. Madame de Maintenon lui en faisait la guerre dans des lettres très-belles et qui ne la convainquaient pas : « Comment surmonterez-vous, lui écrivait-elle, les croix que Dieu vous enverra dans le cours de votre vie, si un accent normand ou picard vous arrête, ou si vous vous dégoûtez d'un homme, parce qu'il n'est pas aussi sublime que Racine ? Il vous aurait édifiée, le pauvre homme, si vous aviez vu son humilité dans sa maladie, et son repentir sur cette recherche de l'esprit. Il ne demanda point dans ce temps-là un directeur à la mode : il ne vit qu'un bon prêtre de sa paroisse. » Cet exemple de Racine mourant n'opérait pas. Madame de La Maisonfort était de ces personnes rares comme on en connaît quelques-unes en tout temps, qui se portent d'abord au sommet de toutes les curiosités de leur époque, juges suprêmes et raffinés des ouvrages de l'esprit, oracles et prosélytes des opinions en vogue : elle eût fait agréablement du jansénisme avec Racine ou avec M. de Tréville, comme elle distillait du quiétisme avec Fénelon, comme au dix-huitième siècle elle se fût éprise de David Hume avec la comtesse de Bouflers, comme au dix-neuvième elle eût brillé dans un salon doctrinaire, eût discuté sur la psychologie ou l'esthétique, et peut-être eût poussé jusqu'aux Pères de l'Église, non sans effleurer le socialisme en passant. Madame de La Maisonfort, malgré le goût que madame de Maintenon avait pour elle, dut être retranchée de l'Institut de Saint-Cyr.

Un autre esprit, bien meilleur et plus sûr, madame de Glapion était elle-même légèrement atteinte : « Je me suis bien aperçue, lui écrivait madame de Maintenon, du dégoût que vous avez pour vos confesseurs : vous les trouvez grossiers; vous voudriez plus de brillant et plus de délicatesse ; vous voudriez aller au Ciel par un chemin semé de fleurs. » Madame de Glapion trouvait le Catéchisme un peu terre à terre, un peu court sur de certains points; il lui semblait ridicule « que le maître fît des demandes dignes d'un écolier, et que l'écolier fît des réponses d'un maître. » Elle aurait voulu que la question fût faite par l'enfant, et que, d'après la réponse qu'on lui aurait faite, il raisonnât et qu'il avançât ainsi *de curiosité en curiosité*. Madame de Glapion aurait désiré, on le voit, introduire un peu de la méthode de Descartes dans le Catéchisme. Madame de Maintenon ne discutait pas, mais lui opposait l'usage, l'expérience, l'impossibilité de ne pas bégayer en de telles matières : « Toutes ces idées, lui disait-elle, sont des restes de vanité : vous ne voudriez point de choses communes à tout le monde ; votre esprit est élevé, vous voudriez des choses qui le fussent autant que lui : inutile désir ! la plus savante théologie ne peut vous parler de la Trinité autrement que votre Catéchisme.

Ce que vous sentez là-dessus est encore matière de sacrifice ; il faut que votre esprit devienne aussi simple que votre cœur... Employez votre esprit non à multiplier vos dégoûts, mais à les vaincre, mais à les cacher en attendant qu'ils soient vaincus, mais à vous faire aimer les plaisirs de votre état. » Madame de Glapion y parvint. Elle fut la consolation de madame de Maintenon et sa plus sûre héritière ; elle et madame du Peyrou maintinrent l'esprit d'exactitude et de régularité en même temps que la politesse et les nobles manières de la fondatrice, jusque bien après sa mort. En définitive, les personnes de cette génération, qui avaient goûté Fénelon, Racine, et qui s'en ressouvenaient tout en s'en étant guéries, réalisèrent seules la perfection de l'éducation, de la grâce et de la langue de Saint-Cyr : après elles, on garda encore les vertus essentielles et les règles, mais le charme s'était envolé, et peut-être aussi la vie.

Pendant ces années de labeur et d'essai, madame de Maintenon ne cessait de visiter, d'animer et de corriger Saint-Cyr : elle y venait de deux jours l'un au moins ; elle y passait des journées entières dès qu'elle le pouvait. Elle se mêlait aux classes, aux exercices, aux moindres services de la maison, n'en estimant aucun au-dessous d'elle : « Je l'ai vue souvent, dit une de ces modestes historiennes citées par M. Lavallée, arriver avant six heures du matin, afin d'être au lever des demoiselles, et suivre ensuite toute leur journée en qualité de première maîtresse, pour pouvoir mieux juger de ce qu'il y avait à faire et à établir. Elle aidait à peigner et à habiller les petites, passait deux ou trois mois de suite à une classe, y faisait observer l'ordre de la journée, leur parlait en général et en particulier, reprenait l'une, encourageait l'autre, donnait à d'autres les moyens de se corriger. Elle avait beaucoup de grâce

à parler comme à tout ce qu'elle faisait : *ces discours étaient vifs, simples, naturels, intelligents, insinuants, persuasifs. Je ne finirais pas si je voulais raconter tout le bien qu'elle fit aux classes dans ces temps heureux.* »
— Ces *temps heureux*, cet âge d'or, ce sont comme toujours les débuts, les commencements, l'époque où tout n'est pas rédigé encore, et où une certaine liberté d'inexpérience se mêle à la fraîcheur première des vertus.

Pourtant, sous la direction du sage évêque de Chartres, Desmarets, madame de Maintenon dut songer à chercher dans sa fondation moins de singularité qu'elle n'en avait conçu d'abord; il fut décidé que les Dames institutrices, tout en restant fidèles à la spécialité de leur but, seraient des religieuses régulières et feraient des vœux solennels. Avertie par les premiers relâchements et par les fantaisies légères qu'elle avait vues poindre, elle s'occupa à faire à ses filles un rempart de leurs Constitutions et de leur règle; elle comprit, comme toutes les grandes fondatrices, qu'on n'arrive à tirer de la nature humaine un parti singulier et extraordinaire sur un point qu'en la supprimant ou la resserrant par tous les autres côtés. Cette réforme définitive, cette transformation de Saint-Cyr d'une maison séculière en un monastère régulier, s'accomplit de 1692 à 1694. Le caractère grave de madame de Maintenon se trouve empreint à chaque ligne dans le petit livre adressé aux Dames et intitulé : *l'Esprit de l'Institut des Filles de Saint-Louis.* La première recommandation qui leur est faite en des termes aussi absolus qu'on peut imaginer, est que rien ne soit jamais changé ni modifié dans leur règle sous quelque prétexte que ce soit : solidité, stabilité, immobilité, c'est le vœu et l'ordre de madame de Maintenon, et l'Institut y est resté fidèle jusqu'au dernier jour. L'Institut n'est point fondé pour la prière, mais pour l'action, pour l'*éducation des Demoiselles*; c'est là l'austérité véritable, c'est là, en quelque sorte, la prière perpétuelle qu'il suffit d'alimenter par d'autres prières rapides et courtes, et répétées souvent du fond du cœur. « Un mélange de prières et d'actions, » tel est l'esprit de l'Institut. Madame de Maintenon cherche à prémunir ses filles contre les périls qu'elles ont déjà rencontrés : « N'ayez ni fantaisie ni curiosité pour chercher des lectures extraordinaires et des *ragoûts d'oraison*. » — Il y a une grande différence entre connaître Dieu par la science, *par la pointe de l'esprit*, par la subtilité de la raison, par la multiplicité des lectures, ou le connaître par les simples instructions du Christianisme. » Dans le blanc des lignes, il me semble lire en caractères plus distincts : « Surtout pas trop de Racine, et plus jamais de Fénelon ! »

Une haute idée, c'est que les Dames de Saint-Louis étant destinées à élever des demoiselles qui deviendront mères de famille et auront part à la bonne éducation des enfants, elles ont entre leurs mains une portion de l'avenir de la religion et de la France : « Il y a donc dans l'œuvre de Saint-Louis, si elle est bien faite et avec l'esprit d'une vraie foi et d'un véritable amour de Dieu, de quoi *renouveler dans tout le royaume la perfection du Christianisme*. »

La fondatrice leur rappelle expressément qu'étant à la porte de Versailles comme elles sont, il n'y a pas de milieu pour elles à être un établissement très-régulier ou très-scandaleux : « Rendez vos parloirs inaccessibles à toutes visites superflues.... Ne craignez point d'être un peu sauvages, mais ne soyez pas fières. » Elle leur conseille une humilité plus absolue qu'elle ne l'obtiendra : « Rejetez le nom de Dames, prenez plaisir à vous appeler les Filles de Saint-Louis. » Elle insiste particulidrement sur cette vertu d'humilité qui sera toujours le côté faible de l'Institut : « Vous ne vous conserverez que par l'humilité ; il faut expier tout ce qu'il y a eu de grandeur humaine dans votre fondation. » Quoi qu'il en soit des légères imperfections dont l'Institut ne sut point se garantir, il persista jusqu'à la fin dans les lignes essentielles, et on reconnaîtra que c'était quelque chose de respectable en l'auteur de Saint-Cyr que de bâtir avec constance sur ces fondements, en vue du dix-huitième siècle déjà pressé de naître, et dans un temps où Bayle écrivait de Rotterdam à propos de je ne sais quel livre : « On fait, tant dans ce livre que dans plusieurs autres qui nous viennent de France, une étrange peinture des femmes de Paris. Elles sont devenues, dit-on, grandes buveuses d'eau-de-vie et grandes preneuses de tabac, sans compter les autres excès dont on les accuse, comme tyrannie sur leurs maris, orgueil, coquetterie, médisance, impudicité, etc. Vous ne voyez point en France de livres où l'on traite si mal nos femmes du Septentrion. » (Lettre du 21 octobre 1696.)

Et ce n'était pas seulement Bayle qui écrivait ces choses, c'était madame de Maintenon qui le disait aussi et qui reconnaissait cela pour vrai dans les conseils qu'elle donnait à une demoiselle sortie de Saint-Cyr : « Ne soyez jamais sans corps (*sans corset*, c'est-à-dire en déshabillé), et fuyez tous les autres excès qui sont à présent ordinaires, même aux filles, comme le trop manger, le tabac, les liqueurs chaudes, le trop de vin, etc.; nous avons assez de vrais besoins sans en imaginer encore de nouveaux si inutiles et si dangereux. »

En présence de ce monde qu'elle connaissait si bien, ne croyez pas que madame de Maintenon voulût former des plantes trop tendres, des femmes frêles, ingénûment ignorantes et d'une morale de novices; elle avait plus que personne un sentiment profond de la réalité. Elle voulait que les Dames parlassent hardiment à leurs élèves de l'état de mariage, et leur montrassent le monde et ses conditions diverses telles qu'elles sont : « La plupart des religieuses, disait-elle, n'osent pas prononcer le nom de mariage ; saint Paul n'avait pas cette fausse délicatesse, car il en parle très-ouvertement. » Et elle était la première à en parler comme d'un état honnête, nécessaire, hasardeux : « Quand vos demoiselles auront passé par le mariage, elles verront qu'il n'y a pas de quoi rire. Il faut les accoutumer à en parler sérieusement, chrétiennement et même tristement, car c'est l'état où l'on éprouve le plus de tribulations, même dans les meilleurs, et leur apprendre que plus des trois quarts sont malheureux. » Et quant au célibat auquel trop de jeunes filles, en sortant, pouvaient être condamnées faute de dot et de fortune (car « ce qui me manque surtout, disait-elle agréablement, ce sont des *gendres* »), elle y voyait également un état triste. En général, on n'a jamais eu moins d'illusions que madame de Maintenon. Parlant des hommes, elle les jugeait rudes et durs, « peu tendres dans leur amitié sitôt que la passion ne les mène plus. » En ce qui est des femmes, elle n'avait aussi sur elles que des idées très-arrêtées et médiocrement flatteuses : « Les femmes, disait-elle, ne savent jamais qu'à demi, et le peu qu'elles savent les rend communément fières, dédaigneuses, causeuses, et dégoûtées des choses solides. » L'éducation de Saint-Cyr, après la réforme, et dans le plein et véritable esprit de madame de Maintenon s'il avait été constamment suivi, n'eût donc point péché par trop de timidité, de faiblesse et de grâce tendre ; l'austérité seulement en était voilée.

Cette réforme une fois opérée à Saint-Cyr, et l'impression triste qu'on reçurent d'abord celles même qui s'y soumirent étant à peu près effacée, tout fut dans l'ordre, et la joie eut place comme auparavant au milieu de la vie uniforme et occupée. Madame de Maintenon avait, je l'ai dit, le don d'éducation, et elle n'y voulait point de tristesse : il n'y en a jamais dans ce qui se fait pleinement, avec abondance de cœur et dans la voie droite. A un moment ou à un autre, la joie qui n'est que l'épanouissement de l'âme reparaît, et elle ne cesse point de courir à travers les actions. Madame de Maintenon comptait beaucoup sur les récréations pour former agréablement les élèves, pour les avertir de leurs défauts et gagner leur confiance sans paraître la rechercher. Dans le bien qu'elle avait fait à Saint-Cyr, elle comptait pour beaucoup les soins qu'elle avait pris de la récréation : « C'est là, disait-elle, ce qui met l'union dans une maison et en ôte les partialités; c'est là ce qui lie les maîtresses avec leurs élèves; c'est là qu'une supérieure se fait goûter et épanouit le cœur de ses filles en leur donnant quelques plaisirs; c'est là qu'on dit des choses édifiantes sans ennuyer, parce qu'on les mêle avec de la gaieté; *c'est là qu'en raillant on jette de bonnes maximes.* » Elle demande partout aux Dames qu'elle a formées le talent de la récréation autant que celui de la classe : « Rendez vos récréations gaies et libres; on y viendra. »

Louis XIV, à Saint-Cyr, apparaît plein de charme, de noblesse toujours, et parfois d'une certaine bonhomie qu'il n'eut que là. Dans les grands moments, il intervient comme roi : quand on juge à propos de réformer les Constitutions, il les relit et les approuve de sa main; lorsqu'il faut éloigner les Dames récalcitrantes, telle que madame de La Maisonfort et quelques autres, et employer à cet effet des lettres de cachet, il sait que le cœur des Dames est affligé de cet exil de leurs sœurs, et, après avoir écrit du camp de Compiègne pour motiver sa rigueur, il vient lui-même avec cortége dans la salle de la Communauté tenir en quelque sorte un lit de justice tout à la fois royal et paternel. Pendant la paix, au retour des chasses, il vient souvent trouver madame de Maintenon en ce lieu de retraite, mais toujours après s'être donné le temps de mettre, par respect pour les Dames, un habit *décent*. Pendant les guerres, il sait qu'il a à Saint-Cyr dans ces jeunes âmes, filles de Saint-Louis et de la race des preux, « des âmes guerrières, bonnes religieuses et bonnes Françaises. » Il se recommande à leurs prières, les jours de défaite comme les jours de victoire; il sait que leur deuil est le sien, et que sa gloire est leur joie. Tout ce côté nouveau et particulier de Louis XIV est très-délicatement et généreusement touché par M. Lavallée, et, à certains passages, on est surpris de se trouver tout attendri comme le grand roi le fut lui-même.

Louis XIV et madame de Maintenon croyaient à l'efficacité des prières, surtout à Saint-Cyr : « Faites-vous des saintes, répétait sans cesse la fondatrice à ses filles durant les guerres calamiteuses, faites-vous des saintes pour nous obtenir la paix. » Et vers la fin, quand un rayon de victoire fut revenu, mêlant quelque enjouement dans le sérieux de son espérance : « Il serait bien honteux à notre supérieure, écrivait-elle, de ne pas faire lever le siége de Landrecies à force de prières : c'est aux grandes âmes à faire les grandes choses. »

Dans les dernières années de Louis XIV, madame de Maintenon n'était heureuse que quand elle venait à Saint-Cyr « pour se cacher et pour se consoler. » Elle le redit sous toutes les formes et sur tous les tons : « Mon grand consolateur, c'est Saint-Cyr! — Vive Saint-Cyr! malgré ses défauts, on y est mieux qu'en aucun lieu du monde. » Elle avait goûté de tout; elle était rassasiée de tout. Comblée en apparence, et malgré son éclat, elle était de ces natures délicates qui sont restées plus sensibles aux secrètes injures du monde qu'à ses grossières offrandes. Entourée à Versailles d'hommes qui ne l'aimaient pas ou de femmes qu'elle méprisait, lisant dans leur cœur à travers leurs hommages intéressés et leurs bassesses, excédée de fatigue et de contrainte auprès du roi et de la famille royale qui usaient et abusaient d'elle, elle arrivait à Saint-Cyr pour s'y détendre, pour s'y plaindre, pour y laisser tomber le masque qu'elle portait sans cesse. Elle y était respectée, chérie, écoutée; absente, ses lettres lues à la récréation faisaient l'orgueil de celle qui les avait reçues et la joie de toutes; présente, on se concertait pour éveiller ses souvenirs, pour la ramener sur ses débuts et sur les incidents singuliers de sa fortune, pour la faire parler d'elle-même, ce sujet qui nous est toujours si reposant et si doux. « Nous aimons à parler de nous-même, a-t-elle remarqué, dussions-nous parler contre. » Et elle ne parlait pas contre. S'il est pénible, comme elle l'a dit, de durer trop longtemps, de vivre dans le monde avec des gens de qui l'on n'est pas connu, qui n'ont point été de la vie qu'on a menée autrefois, qui sont en un mot d'un autre siècle, il est très-agréable dans la retraite, et sur le banc d'un jardin, de se retrouver devant des âmes toutes neuves et toutes fraîches, qui sont dociles à se laisser former et avides de tout ce que vous leur dites. N'analysons pas trop les divers sentiments de madame de Maintenon à Saint-Cyr : il suffit que l'effet sur tout ce qui l'entourait ait été fructueux et bon. Sa langue même si pure se répandait sur ces jeunes personnes qui l'écoutaient, et sa grâce inimitable se renouvelait avec naturel dans leur bouche. Plusieurs des Dames de Saint-Cyr étant mortes en ces années, il est dit de l'une d'elles (madame d'Assy) dans les *Mémoires de Saint-Cyr*, en des termes légers et charmants :

« C'était un esprit doux et bien fait, un bon naturel qui n'avait que de bonnes inclinations ; l'innocence et la candeur étaient peintes sur son visage, qui, jointes à sa beauté naturelle, la rendaient tout aimable. Pendant son agonie, elle devint beaucoup plus belle qu'elle n'avait été dans le temps de sa meilleure santé ; mais c'était une beauté toute céleste qui inspirait de la dévotion, et nous la regardâmes mourir avec ravissement... »

La langue de Saint-Cyr forme une nuance à part dans celle du siècle de Louis XIV ; madame de Caylus en est la fleur mondaine ; on sent qu'*Esther* y a passé, et Fénelon également. C'est de la diction de Racine en prose, du Massillon plus court et plus sobre, toute une école pure, nette, parfaite, dont était le duc du Maine ; une jolie source, plus vive du côté des femmes, bien que peu fertile. A l'origine, cela promettait plus, et il y a telle de ces Dames (madame de Champigny) à qui madame de Maintenon pouvait écrire : « Je n'ai jamais rien vu de si bon, de si aimable, de si net, de si bien arrangé, de si éloquent, de si régulier, en un mot de si merveilleux, que votre lettre... »

A la mort de Louis XIV, et dans le brusque contraste avec des temps si nouveaux, Saint-Cyr passa presque en un instant à l'état d'antiquité et de relique royale. Après madame de Maintenon, de dignes héritières y maintinrent encore longtemps la culture de l'esprit et la politesse : mais les Dames de Saint-Louis furent surtout fidèles à l'intention de leur fondatrice en ce qu'elles ne firent jamais parler d'elles. Respectées de tous, peu aimées de Louis XV qui les trouvait (cela est assez naturel) trop hautes et trop dignes, et de qui on a recueilli une parole défavorable qui n'est peut-être pas juste, elles disparaissent dans la continuité de leurs devoirs et dans l'uniformité de leur vie. Une lettre d'Horace Walpole qui les visite en antiquaire, une autre lettre du chevalier de Bouflers qui est citée par M. de Noailles, sont les seuls témoignages un peu saillants qu'on ait sur elles pendant de longues années. Quand la Révolution de 89 éclata, l'étonnement dans ce vallon si voisin de Versailles fût grand, plus grand que partout ailleurs : « Saint-Cyr, a dit très-bien M. Lavallée, s'était si complétement immobilisé dans le passé, qu'on y tombait brusquement de madame de Maintenon à Mirabeau. » Depuis ce jour-là, depuis l'abolition des titres de noblesse, il semblait qu'il n'y eût plus d'incertitude que sur le jour précis où l'Institut devait périr. Ces Dames pourtant firent une longue et placide résistance qui les maintint dans leur maison jusqu'en 1793 : elles accomplirent et vérifièrent à la lettre la parole de madame de Maintenon : « Votre maison ne peut manquer tant qu'il y aura un roi en France; » et elles n'achevèrent, en effet, de périr que le lendemain du jour où il n'y eut plus de roi.

Cependant (admirez le jeu et l'enchaînement des destinées!), parmi les demoiselles qui y étaient élevées à cette date se trouvait Marie-Anne de Buonaparte, née à Ajaccio le 3 janvier 1777 et qui était entrée à Saint-Cyr en juin 1784. Son frère, Napoléon de Buonaparte, officier d'artillerie, voyant qu'après le 10 août les décrets de l'Assemblée législative semblaient annoncer ou plutôt confirmer la ruine de cette maison, se rendit à Saint-Cyr dans la matinée du 1er septembre 1792, et fit tant par ses démarches actives auprès du maire de la commune, puis auprès des administrateurs de Versailles, qu'il obtint le jour même d'emmener sa sœur, dont il était comme le père et le tuteur, afin de la reconduire en Corse dans sa famille. — Il ne devait plus revenir à Saint-Cyr, converti par lui en Prytanée français, que le

28 juin 1805, déjà Empereur et maître de la France, regardant d'égal à égal Louis XIV.

En 1793, Saint-Cyr dévasté perdit un moment son nom, et la commune ruinée s'appela *Val-Libre*. — En 1794, pendant qu'on travaillait dans l'église pour en faire un hôpital, la tombe de madame de Maintenon ayant été découverte dans le chœur, fut brisée, son cercueil violé, ses restes profanés : elle fut, ce jour-là, traitée en reine.

Toutes ces vicissitudes animent la fin de l'Histoire de M. Lavallée. Cette Histoire rappelle assez bien la manière dans laquelle le cardinal de Bausset a écrit la Vie de Fénelon : c'est un courant de narration égal et pur. J'y pourrais au plus signaler deux ou trois endroits où il y a tache et où l'accent, selon moi, détonne un peu ; une seconde édition les fera aisément disparaître. Madame de Maintenon est sortie tout à fait à son honneur de cette étude précise et nouvelle; on peut même dire que sa cause est désormais gagnée : elle nous apparaît en définitive comme une de ces personnes rares et heureuses, qui sont arrivées, dans un sens, à la perfection de leur nature, et qui ont réussi un jour à la produire, à la modeler dans une œuvre vivante qui a eu son cours, et à laquelle est resté attaché leur nom.

Lundi, 12 septembre 1852.

JOINVILLE

Pourquoi ne pas remonter un peu dans le passé, surtout quand des noms connus et engageants nous y appellent? Rien n'est agréable et piquant comme un guide familier dans des époques lointaines. On y apprend d'une manière facile mille choses nouvelles; les réflexions naissent à chaque pas d'elles-mêmes par une comparaison presque involontaire. Joinville nous rend cet office dans le siècle de saint Louis. Si je parle quelque jour de Villehardouin, qui l'a précédé, il sera sensible, en passant de l'un à l'autre, que Joinville n'a pas la gravité simple ni le ton uni de ce premier en date de nos historiens : mais il a plus de bonhomie jointe à un sens subtil; il a de la gentillesse, de la grâce enfantine si l'on peut dire, une imagination tendre et riante. Né vers 1224, Joinville ne mourut que vers 1317, à l'âge de quatre-vingt-quatorze ans environ, et il écrivit ou plutôt il dicta ses Mémoires dans son extrême vieillesse, à cet âge où les impressions, quand elles ne deviennent pas décidément chagrines et moroses, font volontiers un retour aimable en arrière et se teignent encore une fois des couleurs de l'enfance. Grâce à lui, on peut suivre le roi saint Louis dans son intérieur, dans ses habitudes de conversation et de propos, aussi bien que dans ses exploits et dans ses guerres. Si la figure de ce saint roi est devenue aussi reconnaissable et presque aussi populaire que celle de Henri IV, c'est à Joinville qu'on le doit. Tout son livre se rapporte à celui dont il est librement le biographe. Il y a de l'Amyot dans Joinville, sinon du Plutarque.

Ses Mémoires ont été longtemps traités comme ceux de Sully, c'est-à-dire qu'on les a rajeunis de style et gâtés. La première publication qui s'en fit au seizième siècle (1547) est toute fautive et falsifiée. L'éditeur, Antoine-Pierre de Rieux, au lieu de suivre son manuscrit et de le reproduire, se vante dans sa Dédicace à François Ier de l'avoir remanié et corrigé. Trouvant cette Histoire assez mal ordonnée, dit-il, et mise en langage assez rude, il s'est appliqué à la polir et à la dresser en meilleur ordre qu'elle n'était auparavant. Un de ses amis, dans une Préface ou Avis au lecteur, le loue emphatiquement de ce travail d'ordonnance et de prétendue élégance, et estime qu'il n'a pas moins de mérite que le premier compositeur, par la raison « que ce n'est moindre louange de bien polir un diamant ou autre pierre fine, que de la trouver toute brute. » Montaigne n'a donc point connu le vrai Joinville, duquel autrement il eût sans doute parlé davantage. Au dix-septième siècle, Claude Ménard crut avoir trouvé un bon manuscrit et s'appliqua à le publier plus fidèlement (1617); ce n'était pourtant qu'un texte encore inexact et fort rajeuni, ou plutôt privé en partie de sa jeunesse. C'est sur ce texte de Ménard que, faute de retrouver les manuscrits originaux, Du Cange a travaillé, et qu'il a donné son édition (1668), accompagnée de toutes les dissertations savantes. Le vrai Joinville s'y montrait certainement déjà et s'y dessinait dans sa physionomie principale, mais il y était encore déguisé en bien des traits.

Fénelon ne lut Joinville qu'un peu moins imparfaitement que ne l'avait fait Montaigne. On ne parvint à recouvrer des manuscrits qu'au dix-huitième siècle : le meilleur et le plus ancien passe pour avoir été apporté à Paris par le maréchal de Saxe, qui l'enleva à Bruxelles comme un des trophées de la campagne de 1746. Trois savants s'y mirent successivement, et, deux étant morts à l'œuvre, le troisième, Capperonnier, acheva de publier un vrai et pur Joinville (1761). C'est ce texte qu'on retrouve dans le 20⁰ volume du Recueil des Historiens de France, publié par MM. Daunou et Naudet en 1840. Mais l'esprit de routine est si difficile à vaincre, que Petitot, dans sa Collection, d'ailleurs estimable, des Mémoires relatifs à l'Histoire de France, entreprise vers 1819, n'osa se décider à mettre le bon texte de Joinville, qui était en lumière depuis 1761. Il craignait de multiplier les difficultés pour les lecteurs peu familiers avec notre vieille langue : « Il nous a paru, disait-il, que nous avions assez fait pour les amateurs enthousiastes du vieux langage en leur donnant le texte pur des Mémoires de Villehardouin. » Comme si, en pareille matière, il s'agissait d'*enthousiasme* et non d'exactitude, et comme si, parce qu'on a été exact une fois, on était dispensé de l'être une seconde ! MM. Michaud et Poujoulat, dans la nouvelle Collection, qu'ils ont donnée depuis, des Mémoires relatifs à notre Histoire, n'ont pas commis cette faute : ils ont imprimé le meilleur texte et le plus ancien, en y joignant une traduction au bas des pages. Aimable sénéchal de Champagne, que de peines et d'efforts il a fallu, que d'académiciens des Inscriptions faisant la chaîne et mis les uns au bout des autres, pour arriver à sauver de toute corruption et de toute injure, et pour nous rendre au naturel et dans sa simplicité, ce que vous dictiez si gaiement en cheveux blancs dans le joli langage ou *ramage* de votre jeunesse, et en vous promenant d'un pied encore ferme dans la grande salle du château de Joinville (1) !

Cette Histoire de saint Louis est composée de deux parties. La première raconte les propos familiers et retrace les habitudes domestiques du bon roi, « comment il se gouverna tout son temps (toute sa vie) selon Dieu et selon l'Église, et au profit de son royaume. » La seconde partie nous le montre dans son expédition « et ses grandes chevaleries, » et nous fait principalement assister à la croisade, où Joinville l'accompagna durant six ans.

(1) J'avais lieu de croire, quand je parlais ainsi, qu'on était arrivé à un résultat définitif. Mais est-ce qu'on arrive jamais? L'édition de Joinville par Daunou est aujourd'hui dépassée. M. Natalis de Wailly eut l'heureuse idée, en 1865, de donner l'*Histoire de saint Louis* de Joinville dans un *texte rapproché du français moderne et mis à la portée de tous* : et il fit cette sorte de traduction avec une précision scrupuleuse, en homme qui ne se contente pas d'*à-peu-près* et qui sait à fond la vieille langue. C'était un petit livre très-bien fait et savant sous air modeste. Le succès de cette tentative a mis M. de Wailly en goût. Un nouveau manuscrit de Joinville qui lui a été signalé lui a permis de rétablir, en quelques parties, le texte plus exactement encore que ne l'avait fait Daunou. Il s'est donc décidé à donner, en 1867, les *OEuvres de Jean Sire de Joinville comprenant l'Histoire de saint Louis, le Credo et la Lettre à Louis X, avec un texte rapproché du français moderne mis en regard du texte original* (un vol. grand in-8°). Il semble bien cette fois que l'on n'ait plus rien à désirer : et voilà pourtant que, dans la *Revue critique* (librairie de Franck) du 9 février 1867, je lis un article de M. P. Meyer, l'œil de lynx le plus perçant, la plume la plus exigeante d'exactitude et qui ne laisse rien passer, et j'y trouve quantité de remarques et nombre de leçons meilleures proposées pour l'avenir. M. P. Meyer accorde d'ailleurs, en terminant, cet éloge à l'édition de M. de Wailly : « Tous ceux qui s'intéressent au développement des études romanes accueilleront avec reconnaissance l'œuvre nouvelle de M. de Wailly, car sans parler du progrès notable qu'elle fait faire au texte de Joinville et à son interprétation, c'est la première tentative qui ait été faite afin de mettre un ouvrage du Moyen-Age français à la portée du grand public sans que la science y ait rien perdu. » Mais on entrevoit que ce n'est qu'un « progrès » encore. Nous autres, critiques si pressés, nous devons trembler pour nos fautes.

Dans le désordre apparent de sa narration, Joinville commence par un trait principal et caractéristique : c'est qu'en plusieurs occasions signalées, saint Louis mit son corps et sa personne en péril de mort pour épargner dommage à son peuple. Il en cite quatre exemples dont lui-même il fut témoin, mais la plus notable circonstance est celle-ci. On revenait en France de cette croisade malheureuse; on s'était embarqué à Acre, on était en vue de l'île de Chypre (1er mai 1254), et plus près qu'on ne pensait. Un brouillard dérobait la côte voisine; le vaisseau de saint Louis, en s'approchant le soir à force de rames, heurta contre un banc et reçut un si grand choc, que chacun criait : *Hélas!* On jeta la sonde; on sentit la terre; on se crut perdu; le roi, pieds nus, en simple cotte et tout échevelé, était déjà sur le pont, les bras en croix devant le Saint-Sacrement (1), comme celui qui croyait bien périr. La nef résista. Au matin, on fit descendre à l'eau quatre plongeurs, qui rapportèrent chacun séparément ce qu'ils avaient vu : la nef, au frotter du sablon, avait bien perdu quatre toises de sa quille. Alors le roi appela les maîtres nautoniers devant les autres passagers principaux, dont était Joinville, et leur demanda leur avis sur le coup que le bâtiment avait reçu. Ils furent unanimes à dire que toutes les planches de la nef étaient ébranlées, et que, lorsqu'elle viendrait à être en haute mer, il était à craindre qu'elle ne pût supporter le choc des vagues. Se tournant vers son chambellan, vers le connétable de France et autres seigneurs présents, le roi leur demanda ce qui leur en semblait, et chacun opinait pour faire selon le conseil des gens du métier et pour quitter le bord. Alors le roi dit aux nautoniers : « Je vous demande sur votre loyauté, supposé que la nef fût à vous

---

(1) « Devant le corps de Notre-Seigneur qui était sr le vaisseau. »

et qu'elle fût chargée de vos marchandises, si vous en descendriez? » Et ils répondirent tous ensemble que non; car ils aimeraient mieux mettre leurs corps à l'aventure que d'acheter une nef 4,000 livres et plus. — « Et pourquoi, reprit le roi, me conseillez-vous donc que je descende? » — « Parce que, firent-ils, ce n'est pas jeu égal : car or ni argent ne peut équivaloir à votre personne, à celle de votre femme et de vos enfants qui sont à bord. » Alors le roi se tournant vers les principaux passagers, dit : « Seigneurs, j'ai ouï votre avis et celui de mes gens. Or maintenant je vous dirai le mien qui est tel, que si je descends du vaisseau, il y a céans telles personnes au nombre de cinq cents et plus (1), qui n'y voudront non plus rester et qui demeureront en l'île de Chypre par peur du péril; *car il n'y a homme qui autant n'aime sa vie comme je fais la mienne;* et ils courront risque de ne jamais rentrer en leur pays. C'est pourquoi j'aime mieux mettre ma personne et ma femme et mes enfants en la main de Dieu, que de faire tel dommage à tant de monde qu'il y a céans. » Saint Louis acheva donc le reste de la navigation, qui fut de plus de deux mois encore, sur cette grande nef si endommagée, se risquant humblement et sans effort pour le salut des siens. — « O le bon Roi! s'écrie Mézeray, n'est-ce pas plus aimer ses sujets que soi-même? »

Le grand cœur de saint Louis, son humanité toute chrétienne et toute fraternelle, se montre ainsi tout d'abord dans le récit de Joinville d'une manière bien touchante. On y voit confirmé le bel éloge que Voltaire a fait du saint roi quand il a dit : « Prudent et ferme dans le conseil, intrépide dans les combats sans être emporté, *compatissant comme s'il n'avait jamais été que malheureux.* » A considérer cette réponse magnanime

---

(1) A un autre endroit Joinville dit huit cents.

et si simple qu'on vient de lire, la pensée se reporte à d'autres monarques de renom, et l'on se demande ce qu'en pareille circonstance ils auraient répondu, ce qu'ils auraient fait à leur tour. Louis XIV, on peut le croire, ayant pris avis des mariniers et les ayant entendus, aurait adopté la conclusion; il aurait changé de bord. Pour Henri IV, je crois que sinon par charité et humanité chrétienne, du moins par noblesse de cœur et point d'honneur de soldat, par bonne grâce de Béarnais, il aurait fait comme saint Louis. Quant à Napoléon... Ceux qui aiment à retourner en idée les caractères par tous les aspects, peuvent s'exercer et faire leur rêverie là-dessus.

Comme tous les jolis récits et les anecdotes de Joinville, qui remplissent la première moitié de son Histoire, ne se rapportent qu'à un temps postérieur à la croisade et aux années qui suivirent le retour, je remettrai d'en parler jusque-là, et je le prendrai au moment où lui-même commença de connaître saint Louis, et de s'attacher à ce prince, c'est-à-dire au début de la croisade.

Saint Louis, né le 25 avril 1214 ou 1215 (1), roi en 1226 à l'âge de douze ans sous la tutelle de sa sage et prudente mère, arrivé à sa majorité vers 1236, avait grandement commencé à ordonner son royaume d'après de bonnes lois, à y réprimer les entreprises des seigneurs, à y faire prévaloir la justice, la piété, à se faire respecter de ses voisins pour son amour de la paix et sa fidélité à ses engagements, lorsque, ayant été pris d'une grande maladie (décembre 1244), et étant tombé dans un tel état qu'on le crut mort, et qu'une dame qui le gardait voulait déjà lui tirer le drap sur le visage, il

---

(1) M. Natalis de Wailly, conformément à l'opinion de Tillemont et par les mêmes raisons que lui, mais en appuyant davantage, se prononce sans hésiter pour le 25 avril 1214.

conçut au fond de son âme la pensée de se croiser ; au premier moment où il se sentit mieux et où il recouvra l'usage de ses sens, il appela à son lit l'évêque de Paris, Guillaume d'Auvergne, et lui dit de lui mettre sur l'épaule la croix du voyage d'outre-mer, ce qui signifiait l'engagement. L'évêque résistait ; la reine, mère du roi, et la reine sa femme, se joignirent à lui pour conjurer à genoux le malade de n'en rien faire ; mais saint Louis tint bon dans son désir et dans son vœu. « Lorsque la reine sa mère, dit Joinville, apprit que la parole lui était revenue, elle en fit si grande joie, qu'elle ne pouvait faire plus. Et quand elle sut qu'il s'était croisé, ainsi que lui-même le contait, elle mena aussi grand deuil que si elle l'eût vu mort. » Le propre du récit de Joinville est d'être ainsi parfaitement naturel et de ne rien celer des sentiments vrais. Cette mortelle douleur de la pieuse et vertueuse Blanche en apprenant le vœu chrétien de son fils eût pu être dissimulée par un auteur plus soigneux des convenances extérieures, par un écrivain de la classe de ceux qui font les éloges ou les oraisons funèbres ; mais Joinville, comme Homère et comme les narrateurs primitifs, dit tout, et il ne songe à rien de ce qui est pose et attitude convenue. Toutes les fois que ses héros et chevaliers auront peur ou qu'ils verseront des larmes, il le dira (1).

Plus de trois ans se passèrent avant l'exécution du vœu, pendant lesquels saint Louis fit ses préparatifs et pourvut à l'ordre du royaume durant son absence. Il fit faire des enquêtes exactes par toutes les provinces, pour que, si quelqu'un avait à réclamer contre quelque injustice ou exaction commise en son nom, elle fût ré-

---

(1) On peut lire un beau et touchant passage d'un autre chroniqueur sur les adieux de Blanche et de saint Louis, dans *le Romancero françois* de M. Paulin Paris, page 202.

parée. C'était l'usage avant de partir pour la Terre-Sainte que d'opérer ces sortes de restitutions et de purger sa conscience. Joinville, de son côté, ne fit pas autrement. Il était bien plus jeune que saint Louis, de dix ans environ, et dans tout ce voyage il fut traité par lui comme un jeune homme bien né et d'espérance, aux mœurs duquel le saint roi s'intéressait. Saint Louis lui fut le plus tendre des mentors. Joinville n'était point d'abord attaché directement à saint Louis, mais bien au roi de Navarre et comte de Champagne Thibault. L'office de sénéchal ou de grand-maître de la maison des comtes de Champagne était héréditaire dans sa famille, et il en fut pourvu à la mort de son père. Dès qu'on sut que le roi de France avait pris la croix, ce fut à qui, parmi les princes ses frères et parmi les seigneurs, la prendrait à l'envi et à son exemple (1). A Pâques de l'année 1248, Joinville, âgé d'environ vingt-quatre ans, mande à son château ses vassaux et ses hommes. La veille de leur arrivée, il lui était né un fils de sa première femme. Toute une moitié de la semaine se passa en fêtes et en danses, et, le vendredi venu, il leur dit : « Seigneurs, je m'en vais outre-mer, et je ne sais si je reviendrai. Or, avisez : si je vous ai fait tort

(1) Pourtant il fallut aider au zèle par plus d'un moyen ; il y eut la ruse de saint Louis, racontée par le Père Daniel, t. IV, p. 375. C'était la coutume aux fêtes de Noël que le roi fît présent aux seigneurs qui étaient à sa Cour et de sa mesnie, de certaines capes ou *casaques* qu'ils revêtaient sur-le-champ : ce qu'on appelait les *livrées*. Or, la veille de Noël (de 1245) il fit savoir qu'il irait à la messe de grand matin : les seigneurs se trouvèrent de bonne heure dans sa chambre peu éclairée. Le roi leur distribua ces capes dont ils se revêtirent, et ils le suivirent à la messe. Quand il fut jour ou à la clarté des cierges, chacun aperçut sur l'épaule de son voisin une croix en belle broderie d'or ; et celui qui la remarquait sur autrui avait également la sienne. On en rit, mais il n'y avait plus moyen de se dédire. On était enrôlé croisé malgré soi. Le pieux stratagème avait réussi. Saint Louis, pour le bon motif, ressembla un jour à Ulysse.

en quelque chose, je vous le réparerai de point en point. » Joinville pratiquait ici dans ses terres ce que saint Louis faisait également par tous les bailliages de son royaume. Pour laisser la délibération plus libre, il se lève et sort du conseil, et il en passe sans débat par tout ce qui est décidé.

Pour suffire à tout il met ses terres en gage; il a avec lui neuf chevaliers et sept cents soldats. Le roi mande ses barons à Paris, et leur fait faire serment qu'ils porteront foi et loyauté à ses enfants si aucune chose fâcheuse lui advient dans le voyage : « Il me le demanda, dit Joinville; mais je ne voulus point faire de serment, car je n'étais pas son homme. » L'amitié si tendre qui bientôt attachera Joinville à saint Louis laissera toujours subsister cependant ce coin d'indépendance féodale et personnelle, ou plutôt cet esprit de *légalité* qui consistait à dépendre avant tout et à relever du seigneur *immédiat*. C'était dans la moralité du temps.

Revenu de Paris dans son pays de Champagne, Joinville s'entend avec un de ses cousins, chef de compagnie également, pour fréter une grande nef à Marseille, et prépare tout pour le départ. Au moment de quitter le château de Joinville, il envoie quérir l'abbé de Cheminon qui passait pour le plus prud'homme de l'Ordre de Cîteaux (nous verrons bientôt le sens complet qu'il attribue à ce mot *prud'homme*). Cet abbé de Cheminon lui donne l'écharpe et le bourdon, et le voilà parti en pèlerin, pieds nus et en chemise, faisant visite à tous les saints lieux d'alentour, sans plus devoir rentrer à son château jusqu'à ce qu'il revienne de Palestine; et en passant d'un de ces lieux des environs à l'autre, « pendant que j'allais, dit-il, à Blécourt et à Saint-Urbain, je ne voulus jamais retourner mes yeux vers Joinville, pour que le cœur ne m'attendrît pas trop, du beau châtel que je laissais et de mes deux enfants. »

Ce sont là de ces mots qui touchent toujours, parce qu'ils tiennent à la fibre humaine; et plus l'expression du sentiment est simple, plus on aime à la noter chez l'historien comme chez le poëte. « Circé, est-il dit d'Ulysse dans Homère, retient ce héros malheureux et gémissant, et sans cesse par de douces et trompeuses paroles elle le flatte, pour lui faire oublier Ithaque : mais Ulysse, *dont l'unique désir est au moins de voir la fumée s'élever de sa terre natale*, voudrait mourir. » — Citant ce passage de Joinville, qui m'a rappelé celui d'Homère, Chateaubriand, au début de son *Itinéraire de Paris à Jérusalem*, où il a la prétention d'aller en pèlerin aussi et presque comme le dernier des croisés, tandis qu'il n'y va que comme le premier des touristes, a dit : « En quittant de nouveau ma patrie, le 13 juillet 1806, je ne craignis point de tourner la tête, comme le sénéchal de Champagne : presque étranger dans mon pays, je n'abandonnais après moi ni château, ni chaumière. » Ici l'illustre auteur avec son raisonnement me touche moins qu'il ne voudrait : il est bien vrai que, de posséder ou château ou simple maison et chaumière, cela dispose, au départ, à pleurer : mais, même en ne possédant rien sur la terre natale, il est des lieux dont la vue touche et pénètre au moment où l'on s'en sépare et dans le regard d'adieu. Que si l'on n'est pas du tout attendri, le mieux est de passer outre sans nous en dire les raisons et sans prétendre qu'on le remarque (1).

(1) Dans le premier chant de *Childe-Harold*, Byron ou le héros-poëte en qui il se personnifie a trouvé moyen de quitter sa terre natale d'une manière poétique et toute à lui. C'est bien l'opposé de Joinville. Si une larme est près de lui venir, l'orgueil à l'instant la lui sèche. Il renchérit sur Chateaubriand. Il a la passion du départ, l'allégresse ironique de l'adieu, un cri de joie sauvage en divorçant d'avec la patrie. Il se vante de n'y rien regretter. Mais tout aussitôt,

On est parti : on s'embarque sur le Rhône, on arrive à Marseille; on monte sur la grande nef. Joinville nous raconte ses impressions successives et ses *émerveillements* qui commencent dès le port, et qui nous instruisent d'ailleurs des détails de la navigation à ces époques : « Au mois d'août, dit-il, nous entrâmes en nos nefs à la Roche de Marseille, et le jour que nous y entrâmes, on fit ouvrir la porte de la nef et l'on mit dedans tous nos chevaux que nous devions mener outremer : et puis referma-t-on la porte, et on la boucha bien ainsi qu'on fait d'un tonneau, parce que quand la nef est en mer, toute la porte est sous l'eau. Quand les chevaux furent dedans, notre maître pilote cria à ses nautoniers qui étaient au bec (à la proue) de la nef et leur « dit : « Tout est-il prêt? » Et ils répondirent : « Oui, « sire; viennent avant les clercs et les prêtres ! » Dès qu'ils furent venus, il leur cria : « Chantez de par Dieu ! » Et ils chantèrent tout d'une voix : « *Veni Creator Spiritus !* » Et il cria à ses nautoniers : « Faites voile de par Dieu ! » et ainsi firent. Et en bref temps le vent donna dans la voile et nous ôta la vue de la terre, si bien que nous ne vîmes plus que le ciel et l'eau; et chaque jour nous éloignait le vent des pays où nous étions nés. Et ces choses vous montrai-je parce que celui-là est bien fol et hardi qui s'ose mettre en tel péril, avec le bien d'au-

dans la personne de son page et de son serviteur, il a su ramener, par contraste avec son insensibilité, les sentiments naturels et nous faire voir qu'il n'est pourtant pas tout à fait étranger aux larmes; il nous montre l'enfant et l'homme pleurant comme de simples mortels, l'un son père et sa mère, l'autre sa femme et ses enfants. En un mot, il a eu tout le raffinement et tout l'art d'un grand poëte blasé : il s'est donné le plaisir d'avoir deux Joinville à ses côtés, tout en faisant le Chateaubriand à son aise et avec un surcroît de verve et d'ivresse. Son égoïsme est assisté de deux sensibilités. Ulysse, Joinville, Childe-Harold, ce sont trois époques du monde, trois âges du cœur humain à travers les siècles.

trui sur la conscience ou en péché mortel; car l'on s'endort le soir là où on ne sait si on ne se trouvera pas au fond de la mer. »

Ce sentiment de Joinville, qui de nous ne l'a encore, malgré tout l'orgueil de nos modernes progrès, au moment où il se sent lancé sur l'abîme? Joinville a traduit là, dans son moral de croyant, le *illi robur et œs triplex* du poëte : le néant de l'homme à la merci des éléments.

On fait route non sans accidents merveilleux; car, un soir, le vaisseau se trouve en vue d'une terre ou d'une île qui était, ce semble, aux Sarrasins, et, après avoir marché ou cru marcher toute la nuit, le lendemain on reconnaît qu'on n'a fait aucun chemin, et qu'on est encore en vue de la même terre; cela se renouvelle par deux ou trois fois : on s'estime fort en danger d'être aperçu et pris. Mais un prud'homme de prêtre, qui était à bord, dit qu'il n'a jamais vu de maux ni de menaces d'accidents fâcheux en sa paroisse résister à trois processions faites par trois samedis de suite. On était justement un samedi. L'équipage fit la première procession autour des deux mâts de la nef. Joinville qui, pour lors, était assez gravement malade, s'y fit porter et soutenir par les bras. Depuis ce moment, le navire vogue et perd de vue la fatale montagne; on arrive sans encombre en Chypre, où était le rendez-vous.

M. Villemain a très-bien défini cette imagination de Joinville crédule, ignorante et fertile : « Tout est nouveau, tout est extraordinaire pour lui, dit-il; le Caire, c'est Babylone (1), le Nil, c'est un fleuve qui prend sa source dans le Paradis. Il a de ces notions particulières sur beaucoup de choses; mais, quant aux faits véritables, on ne saurait trouver plus naïf témoin. *On dirait*

---

(1) Il appelle Babylone *Baboul* près du vieux Caire, sans le confondre pourtant avec l'autre Babylone.

que les objets sont nés dans le monde le jour où il les a vus... » j'ai déjà remarqué ailleurs (1) qu'à l'autre extrémité de la chaîne historique on a tout le contraire de cette impression, quand on lit nos graves professeurs d'histoire d'aujourd'hui, nos auteurs de considérations politiques d'après Montesquieu, mais plus tristes que lui, tous ceux qui cherchent et prétendent donner la raison de tous les faits, l'explication profonde de tout ce qui se passe, qui n'admettent sur cette scène mobile ni l'imprévu, ni le jeu des petites causes souvent aussi efficaces que les grandes ; esprits de mérite, mais ternes et laborieux, ployant sous le faix de la maturité autant que Joinville errait et voltigeait par trop de candeur et d'enfance (2). Les écrivains issus de ces écoles ou de ces races compliquées et sombres, peuvent s'essayer dès l'âge de vingt ans, ils n'ont pas d'âge ni d'heure ; on ne dira jamais d'eux, de leur pensée ni de leur style : « Le souffle matinal y a passé. »

On est en Chypre. Joinville, en y débarquant, trouve encore à s'émerveiller quand il voit les grandes provisions, tant de vins que d'orge et de froment que le roi y a amassées ; il a des images pittoresques pour nous les faire voir en passant. D'ailleurs il a été moins prudent pour sa part : à peine arrivé, son compte fait et sa

---

(1) Voir, au tome Ier des *Causeries du Lundi*, l'article sur M. Guizot, du 4 février 1850.

(2) Les Tocqueville encore et autres, doctrinaires, hégéliens ou positivistes. Ce qu'ils savent de ce matin, ils ont l'air de le savoir de toute éternité : on l'a dit de M. Guizot. Ils savent la raison de tout ; ils ne sont étonnés de rien. Ils vous expliquent à vous-même ce que vous leur dites à l'instant même et qu'ils classent aussitôt dans les choses connues. Ils n'ont jamais embarras ni surprise, jamais une fatigue, mais aussi ils n'ont jamais une fraîcheur. Voyez plutôt le docte et ferme Littré. Joinville, tout au contraire, a la plus jeune fraîcheur ; il a le χλωρόν des Grecs ; *novitas tum florida mundi*. Je commente plus librement ma propre pensée, en la réimprimant, et je l'éclaire par des noms.

nef payée, il se trouve déjà à court d'argent. Quelques-uns de ses chevaliers menaçaient de l'abandonner s'il ne se pourvoyait de deniers. Le roi en fut informé, l'envoya querir, le retint et lui donna de son argent propre; c'est ainsi que Joinville entra plus directement et d'une manière plus étroite au service de saint Louis, et c'est à la familiarité qui s'ensuivit que nous devons de si bien connaître le bon roi. On a remarqué que dans cette sorte de faveur et d'amitié de roi à sujet, qui rappelle celle de Henri IV et de Sully, c'est plutôt Joinville qui joue le rôle de Henri IV, c'est-à-dire qui a la repartie piquante et vive, et que c'est plutôt saint Louis qui fait le Sully, c'est-à-dire le sage et le mentor. Mais ces comparaisons ne sont qu'à la surface : Henri IV, sous ses airs de légèreté et de gaieté, était plus avisé et plus politique encore que Sully, et tous deux l'étaient bien plus que le pieux Énée et le fidèle Achate du treizième siècle.

Après divers retards, saint Louis et son armée quittèrent Chypre et firent voile de la pointe de Limesson (Limisso), le samedi 22 mai 1249 : « qui fut très-belle chose à voir, car il semblait que toute la mer, tant que l'on pouvait voir à l'œil, fût couverte de toiles des voiles des vaisseaux qui furent comptés au nombre de dix-huit cents tant grands que petits. » Mais le lendemain un grand vent en dispersa une bonne partie : le reste cingla vers l'Égypte. Le roi commande de débarquer à Damiette. Cette scène d'arrivée et de débarquement en vue de l'ennemi est vive chez Joinville, et pleine de couleur : « Le jeudi après Pentecôte arriva le roi devant Damiette, et trouvâmes là toute l'armée du Soudan sur la rive de la mer, de très-belles gens à regarder; car le Soudan porte les armes (armoiries) d'or, sur lesquelles le soleil frappait, qui faisait les armes resplendir. Le bruit qu'ils menaient de leurs timbales et de leurs cors sarrasinois était épouvantable à écouter. » Voyant cela, le roi mande ses barons et conseillers; on délibère, et le roi, contre l'avis d'un grand nombre, se décide pour fixer le débarquement au *vendredi devant la Trinité.* Est-il besoin de faire remarquer comme ces races ferventes comptaient tous les jours de l'année par rapport à Dieu, à ses fêtes et à ses saints? Chaque point du temps répondait à une scène connue prise dans l'Évangile, à une figure secourable, penchée du Ciel.

On a la proclamation ou l'ordre du jour de saint Louis à ses barons avant de débarquer. Qui ne se rappelle en ce moment cette autre entreprise conduite par un jeune général partout victorieux, cette flotte française, si française toujours, mais si différente dans l'inspiration et le but, portant avec elle la science, l'Institut d'Égypte, les instructions d'un Volney, la tête méditative de Monge, le génie de Bonaparte? Ce jour-là, avant le débarquement sur la plage d'Alexandrie, l'ordre du jour disait :

« Soldats..., vous portez à l'Angleterre le coup le plus sensible, en attendant que vous lui donniez le coup de mort... Vous réussirez dans toutes vos entreprises... Les destins vous sont favorables... Dans quelques jours les Mameloucks qui ont outragé la France n'existeront plus... Les peuples au milieu desquels vous allez vivre tiennent pour premier article de foi qu'*il n'y a pas d'autre dieu que Dieu, et que Mahomet est son prophète!* Ne les contredisez pas... Les légions romaines aimaient toutes les religions... Le pillage déshonore les armées et ne profite qu'à un petit nombre... La ville qui est devant vous et où vous serez demain a été bâtie par Alexandre ! »

Cinq siècles et demi auparavant, le discours ou l'ordre du jour de saint Louis, cité par le scrupuleux Tillemont (1), était en ces termes :

(1) Voir au tome III, page 239, de la *Vie de saint Louis*, par Tillemont, publiée seulement de nos jours par M. de Gaulle pour la Société de l'Histoire de France (1847-1851).

« Mes fidèles amis, nous serons insurmontables si nous demeurons unis dans la charité. Ce n'est pas sans une permission de Dieu que nous sommes arrivés ici si promptement. Ce n'est pas moi qui suis roi de France ni qui suis la sainte Église ; *je ne suis qu'un seul homme dont la vie passera comme celle d'un autre homme quand il plaira à Dieu.* Toute aventure nous est sûre : si nous sommes vaincus, nous monterons au Ciel en qualité de martyrs; si nous vainquons au contraire, on publiera la gloire du Seigneur ; et celle de toute la France, ou plutôt de toute la Chrétienté, en sera plus grande. Dieu qui prévoit tout ne m'a pas suscité en vain; il faut qu'il ait quelque grand dessein. Combattons pour Jésus-Christ, et il triomphera en nous : et ce sera à son nom et non à nous qu'il en donnera la gloire, l'honneur et la bénédiction. »

L'un se souvenait de David, comme l'autre se souvient de César et d'Alexandre. Sachons comprendre en lui-même chaque héroïsme, et ne rendons pas moins d'hommage à celui de l'ordre invisible.

Et puis, quelles que soient, dans les deux cas, les inégalités de ressources, de talent, de prévision et de calcul, ce qui me frappe, c'est combien, malgré ces différences positives tout à l'avantage de l'entreprise moderne, la part de la fortune reste grande et souveraine, et combien, après avoir un peu plus ou un peu moins cédé au génie humain, elle ne recule que pour reprendre le dessus à quelque distance dans le résultat, et pour se ménager en quelque sorte la revanche de plus loin. Bonaparte, en définitive, a échoué autant que saint Louis.

Lorsqu'on en vint à débarquer, il fallait des bateaux plus légers, ce qu'ils appelaient des *galées* ou galères. Joinville en demanda une à Jean de Beaumont, chambellan du roi, qui avait ordre de la donner, mais qui la refusa. Il s'arrangea alors comme il put, et fit si bien qu'il devança la chaloupe où était le roi lui-même. C'était à qui prendrait terre au plus vite. Mais celui qui y aborda le plus noblement fut le comte de Jaffa : « Car sa galère, dit Joinville, arriva toute peinte en dedans et en dehors aux écussons de ses armes, lesquelles sont d'or à une croix de gueules patée. Il avait bien trois cents rameurs en sa galère, et à l'endroit de chaque rameur il y avait un écu (ou targe) à ses armes, et à chaque écu un pennoncel (petit drapeau, guidon) à ses armes en or appliqué. Pendant qu'ils venaient, il semblait que la galère volât sous les bras des rameurs qui l'enlevaient à force d'avirons ; et il semblait que la foudre tombât des cieux au bruit que menaient les pennons aussi bien que les timbales, tambours et cors sarrasinois qui étaient dedans. » Quand la galère fut lancée dans le sable aussi avant que possible, le comte et ses chevaliers sautèrent lestement dehors, tout armés et prêts à combattre, et ils vinrent prendre rang sur le rivage à côté de ceux qui y étaient déjà.

On avait conseillé au roi de rester en sa nef jusqu'à ce qu'il eût vu l'effet de cette première opération ; mais il n'y voulut point entendre : il se mit dans une barque avec le légat, qui portait devant lui une croix toute découverte, et devant eux marchait une autre barque où flottait la bannière de saint Denis appelée l'oriflamme. Et dès qu'on lui dit que l'enseigne de saint Denis avait touché le rivage, il ne se put retenir, et sans attendre, sans souci du légat qui était avec lui, « il saillit en la mer, dont il fut dans l'eau jusqu'aux aisselles, l'écu au col, le heaume en tête, le glaive (la lance) en main, » et fut des premiers à terre.

Il ne se peut de mouvement plus prompt et mieux rendu. C'est la vivacité même. Froissart, l'historien *littéraire* de la chevalerie, s'amusera un jour à décrire ce choc des combats, ce luxe des couleurs, cet éclat éblouissant des casques et des hauberts au front des batailles : chez Joinville, ce n'est pas encore un jeu ni un art, ce n'est que l'éclair naturel et rapide du souvenir, le reflet retrouvé de cette heure d'allégresse et de soleil où l'on était jeune, brillant et victorieux.

Lundi, 19 septembre 1853.

JOINVILLE

(FIN)

Je n'ai pas à suivre l'histoire de cette croisade de saint Louis, mais à y noter seulement quelques faits qui caractérisent le saint roi, son naïf historien et le siècle. Saint Louis, à peine à terre, dans sa foi en Dieu, dans sa ferveur à l'aveugle, voulait courir sus à un gros de Sarrasins qu'il voyait devant lui; ses chevaliers et prud'hommes eurent à l'en empêcher. Les Sarrasins, dont le sultan était malade d'une maladie mortelle, ne recevant aucun ordre précis, s'effrayèrent, et, après quelques escarmouches de peu d'importance, ils abandonnèrent brusquement aux Français la cité de Damiette. Le seul malheur en ce premier moment fut qu'en quittant la place ils mirent le feu au bazar où étaient toutes les marchandises et ce qui se vend au poids : « Aussi advint-il de cette chose, dit Joinville, comme si quelqu'un demain mettait le feu, Dieu nous en garde! au Petit-Pont de Paris. »

On est frappé, dans le récit que donne Joinville, et en y joignant les témoignages des autres contemporains, de l'absence totale de plan et de tactique des deux côtés, soit dans l'attaque, soit dans la défensive. Si Damiette avait tenu bon, on se demande ce que serait devenue tout d'abord cette multitude d'assaillants, guerriers ou pèlerins, débarqués avec femmes et enfants, et campant sur le rivage. Damiette s'étant rendue, saint Louis résolut d'y passer l'été (1249) pour attendre que le Nil fût diminué. Ce retard fut fatal, en ce que l'indiscipline, qui était inhérente à ces armées du Moyen-Age, se mit de plus en plus dans la sienne, et que ce temps d'inaction favorisa le désordre et les débauches, que le saint roi n'était pas maître de réprimer. « Les barons, qui auraient dû garder du leur pour le bien employer en temps et lieu, se prirent à donner *les grands mangers et les outrageuses viandes;* » sans compter le reste. L'orgie commençait à une portée de petite pierre autour du pavillon royal. Cette armée de croisés avait trouvé Capoue dès le premier jour. Ici Joinville a des instincts d'historien : il sent qu'on ne peut rien comprendre à une expédition en Égypte si l'on n'a une idée du Nil, et il nous en fait au début une description qui est célèbre à la fois par quelques traits fidèles et par un mélange d'ignorance et de crédulité : « Il nous convient premièrement parler du fleuve qui vient d'Égypte et de Paradis terrestre... » C'est ainsi que plus tard il parlera des Bédouins, et cette fois en des termes plus exacts; et aussi des Mameloucks, qui jouaient déjà un grand rôle à cette époque. Ces trois éléments, comme nous dirions, le Nil, les Bédouins, les Mameloucks, sont essentiels à connaître pour se bien rendre compte de la constitution du pays, du désert et de la façon de le traverser, d'y guerroyer, enfin de la politique et des révolutions de palais. Mais tout cela se rencontre chez Joinville sans ordre ni méthode; son récit marche comme cette guerre elle-même. On se décide, dès que la saison le permet, à se porter sur Babylone, c'est-à-dire le Caire. On a à traverser un bras du Nil ou canal, et ce n'est point sans grand effort qu'on y parvient : car les

Sarrasins lancent le feu grégeois, et les tours en bois que construisent les croisés pour soutenir les travailleurs sont en danger d'être incendiées. Joinville avec d'autres est en sentinelle dans une de ces tours. Un soir, les Sarrasins lui lancent à plusieurs reprises le feu grégeois, qui avait quelque chose de magique et de diabolique à ses yeux comme aux yeux de tous ceux de l'Occident : « Toutes les fois que notre saint roi entendait qu'ils nous jetaient le feu grégeois, il se dressait en son lit et tendait les mains vers Notre-Seigneur, et disait en pleurant : *Beau sire Dieu, garde-moi mes gens!* et je crois vraiment que ses prières nous firent bien profit au besoin. » C'était aussi la manière dont Joinville et ses amis recevaient ces fusées effrayantes. Un des leurs, Gautier de Cureil, leur en avait donné le conseil : dès que les Sarrasins lançaient leur coup, eux ils se jetaient tous à genoux dans leur tour; là, appuyés sur leurs coudes, ils attendaient en prière l'effet de la redoutable bordée, et ne se relevaient que dans les intervalles.

Les combats qui amenèrent l'affaiblissement de l'armée et, par suite, la prise et la captivité de saint Louis, furent ceux du mardi-gras (8 février 1250), du mercredi des Cendres et du vendredi suivant. La première journée fut une victoire, mais triste et chèrement achetée. Le canal qui avait quelque temps arrêté l'armée ayant été traversé à gué, le comte d'Artois, frère du roi, plein de vaillance, se porta en avant, renversant tout ce qu'il rencontrait; et, entraînant avec lui par émulation l'élite des chevaliers du Temple et nombre de braves seigneurs, il se lança jusque dans la ville de la Massoure où la résistance l'attendait et où il trouva la mort. Joinville blessé et démonté se défendait comme il pouvait dans un coin de la plaine, et se souvenant en cette détresse de monseigneur saint Jacques : « Beau sire saint Jacques que j'ai tant requis, s'écriait-il, aidez-moi et me secourez en ce besoin ! » C'est le moment où il voit venir le roi, qu'on est allé avertir trop tard du danger de son frère. Cette arrivée du roi est peinte par Joinville avec une vivacité brillante où l'affection et l'admiration se confondent : « Là où j'étais à pied avec mes chevaliers, ainsi blessé comme je l'ai dit devant, vint le roi avec toute sa bataille (avec sa troupe) à grand'fanfare et à grand bruit de trompes et timbales, et il s'arrêta sur un chemin levé (une chaussée) : jamais si bel homme armé ne vis, car il paraissait au-dessus de tous ses gens, des épaules jusqu'à la tête, un heaume doré en son chef, une épée d'Allemagne en sa main... »

Peintres de batailles, que vous en semble ? dans le fond, la Massoure où se sont perdus et enfoncés à bride abattue ces brillants aventureux de l'avant-garde ; des groupes partout épars dans la plaine, la mêlée engagée sur plus d'un point ; d'un côté cette masure et muraille où s'appuient Joinville et ses amis harcelés d'un essaim de Turcs ; dans le fond opposé, le canal ou fleuve dans lequel Sarrasins et chrétiens et leurs chevaux sont précipités pêle-mêle, noyés ou à la nage ; et au premier plan saint Louis, apparaissant sur une levée, dans ce glorieux appareil de combat.

Joinville, sans y viser, a fait ainsi plusieurs portraits de saint Louis : c'est ici le portrait de guerre dans toute sa bonne grâce et son éclat éblouissant. Le portrait de paix et de justice est connu ; c'est celui du chêne de Vincennes et du jardin de Paris ; je le citerai tout à l'heure en son lieu. « Saint Louis, dit Tillemont, était blond et avait le visage beau comme ceux de la maison de Hainaut, dont il était sorti par sa grand'mère Isabelle, mère de Louis VIII. » Pour achever de comprendre ce genre de beauté noble et attrayante, d'une douce fierté, cette trempe royale et chrétienne tout ensemble, je crois qu'on y peut introduire quelque chose de l'idée d'un saint François de Sales avec moins de riant, avec plus de gravité de ton et de relief chevaleresque, avec le casque d'or et le glaive nu aux jours de bataille : mais c'était également une de ces natures en qui le feu intérieur reluit et qui se consument d'elles-mêmes de bonne heure par trop de zèle et de charité. Saint Louis, près de partir pour la dernière croisade où il mourut, était déjà d'une grande faiblesse et d'une extrême débilité de sa personne, et comme épuisé de vieillesse, quoiqu'il n'eût guère que cinquante-cinq ans.

La journée de la Massoure fut une rude journée et, comme on disait, un très-beau fait d'armes. On ne s'y battait point à distance, avec l'arc ni avec l'arbalète, mais on se frappait bel et bien de masses et d'épées, et corps à corps. A un moment, le roi eut affaire à six Turcs qui lui tenaient déjà son cheval par la bride et qui l'emmenaient : et il s'en délivra tout seul par les grands coups qu'il leur donna de son épée. Il ne se délivra pas lui seulement, il sauva ce jour-là son armée à force de courage. On peut dire de cette bataille de saint Louis à la Massoure, et des prodiges de valeur qu'y fit le noble croisé, que ce fut le suprême épanouissement en sa personne et comme le *bouquet* de la chevalerie sainte, de la chevalerie tout en vue de la Croix. A partir de là, il y eut d'aussi beaux faits d'armes, mais en vue de l'honneur et du los, en vue de la gloire humaine, et non plus dans la seule idée de Dieu. Cette chevalerie chrétienne, inaugurée dès Charlemagne, triomphant avec Godefroy de Bouillon, a ici sa dernière couronne dans saint Louis.

Et notez que, tout à côté de saint Louis et ce jour-là même, l'autre chevalerie, chrétienne encore, mais déjà mondaine et profane, existe, et qu'elle a son expression jusque dans Joinville, dans le fidèle ami du roi. Car, tandis qu'il est là, tout blessé, à défendre vaillamment le petit pont qu'on reconnaît encore aujourd'hui sur les lieux et qu'il a rendu célèbre, tandis qu'entre son cousin le comte de Soissons à main droite et monseigneur Pierre de Neuville à gauche, il couvre de son mieux la position menacée du roi, Joinville nous raconte comment ils ont fort à faire pour résister à ces vilains Turcs et à d'autres gens du pays (de vrais vilains et paysans) qui les viennent assaillir de feu grégeois et de coups de pierres : et quand il y avait une trop grande presse de ces vilains Sarrasins à pied, le comte de Soissons et lui (qui n'était blessé, dit-il, qu'en cinq endroits et son cheval en quinze) piquaient des deux et les chargeaient d'importance : « Le bon comte de Soissons, en ce point-là où nous étions, se moquait à moi et me disait : « Sénéchal, laissons huer cette canaille ; car, par la « coiffe-Dieu (c'était ainsi qu'il jurait), encore en par- « lerons-nous de cette journée dans les chambres des « dames. »

Voilà bien un propos noble et militaire. Mais prenez-y garde : la seconde chevalerie est déjà née, la chevalerie mondaine, courtoise et galante, laquelle n'était pas incompatible sans doute avec la première, avec la chevalerie dévote et sainte, et y avait toujours été mêlée, mais qui s'en dégagera désormais de plus en plus. Dans Froissart, si nous y venons, nous ne trouverons plus que la seconde, dévote à peine.

Tous les chevaliers, même à la croisade, n'étaient pas des braves. A ce petit pont que Joinville défendait si bien, il en vit passer, et bien des gens de grand air, qui s'enfuyaient *effréement*, « lesquels je nommerais bien, dit-il ; mais je m'en tairai, car ils sont morts. »

Le soir du combat, au soleil couchant, saint Louis est resté maître du champ de bataille. Ses officiers principaux l'entourent, et Joinville ne le quitte pas qu'il ne l'ait reconduit jusqu'à sa tente : « Pendant le chemin, je lui fis ôter son casque et lui donnai mon chapel de fer pour qu'il pût avoir le frais au visage. » C'est alors qu'aux nouvelles qu'on lui demandait de son frère le comte d'Artois, le roi dit qu'il en savait et qu'il était bien certain que son frère était en Paradis. Et aux félicitations qu'on essayait d'y mêler sur le succès de la journée, le roi répondit « que Dieu en fût adoré de tout ce qu'il lui donnait. Et lors lui tombaient les larmes des yeux, très-grosses (1). »

A partir de ce jour-là, les malheurs et les disgrâces ne font plus que se suivre et s'accumuler. Les Sarrasins pressent l'armée de toutes parts et la fatiguent dans des combats réitérés. La famine, la contagion s'en mêlent; on n'a plus à enregistrer que des maladies et des morts. Joinville perd la plupart de ses chevaliers; il voit mourir le bon prêtre qui lui sert d'aumônier. Un jour, malade et affaibli lui-même par la fièvre, il le voit, pendant qu'il disait la messe devant lui, chancelant et prêt à défaillir au moment de la consécration : « Quand je vis qu'il voulait choir, moi qui avais vêtu ma cotte, je sautai de mon lit nus pieds comme j'étais, et le soutins dans mes bras, et lui dis qu'il fît tout à son aise et tout bellement son sacrement (sa consécration), que je ne le lairrais tant qu'il l'aurait fait. — Il revint à soi et fit son sacrement, et acheva de chanter sa messe d'un bout à l'autre; et oncques depuis ne chanta. » Quelle plus douce et plus angélique manière d'exprimer une sainte mort!

Joinville a des traits assez énergiques pour exprimer la maladie du camp, qui se produit surtout pendant le Carême et par suite de la mauvaise nourriture de l'ar-

(1) Ces larmes me rappellent un beau mot, tout virgilien, de l'Antiquité : « Ἀγαθοί δ'ἀριδάκρυες ἄνδρες; les hommes bons ont abondance de larmes. »

mée, réduite, pour faire maigre, à vivre de poissons malsains. Le scorbut se déclare : « Et il venait tant de chair morte aux gencives à nos gens, qu'il convenait que les barbiers l'enlevassent pour leur permettre de mâcher et d'avaler. C'était grand'pitié d'ouïr crier dans l'armée les gens à qui l'on coupait ces chairs ; car ils criaient tout ainsi que femmes qui sont en travail d'enfant. » Cette armée de rudes croisés, qui ressemblent en leurs douleurs à une troupe de femmes en travail qui crient, c'est un trait énergique à joindre au tableau des pestes et épidémies célèbres (1).

Les Sarrasins sont là qui pressent. Le roi, au milieu de tous ses soldats malades et de peu de défense, très-malade lui-même et en danger, décide qu'on fera retraite vers Damiette. Il pourrait se mieux garantir s'il voulait monter sur les galères, mais il dit « que, s'il plaisait à Dieu, il ne laisserait pas son peuple. » Il s'était mis à l'arrière-garde, et cheminait monté sur un petit roussin couvert d'une housse de soie, n'ayant avec lui que messire Geoffroy de Sergines, qui, seul, lui demeurait de tous ses chevaliers. Cette triste retraite dure jusqu'à un petit village situé à trois ou quatre lieues de la Massoure, et où il fut pris ; mais avant que les ennemis le pussent avoir, « le roi (depuis) me conta, dit Joinville, que monseigneur Geoffroy de Sergines le défendait des Sarrasins *tout ainsi que le bon serviteur défend des mouches le hanap* (la coupe) *de son seigneur :* car, toutes les fois que les Sarrasins l'approchaient, monseigneur

(1) Ceci encore rappelle une des belles comparaisons d'Homère lorsqu'au chant xie de *l'Iliade*, pour exprimer les douleurs d'Agamemnon blessé à la main ou à l'avant-bras et voulant continuer de combattre, il assimile les élancements qui le prennent tout d'un coup et ne lui laissent pas de répit à ceux d'une femme en couche. Et Isaïe emploie aussi cette expression : « Je crierai comme une femme en travail. » Ce sont de ces images primitives et que donne la pure nature.

Geoffroy prenait son épieu (sa pique) qu'il avait placé entre lui et l'arçon de sa selle, et le mettait sous son aisselle et leur recourait sus, et les chassait de dessus le roi. » Image exacte, presque gaie encore et riante, qui nous atteste le calme et la sérénité d'âme de saint Louis racontant de telles détresses!

Joinville, de son côté, a ses aventures et sa manière d'être pris. Il était de ceux qui s'étaient mis en route par eau vers Damiette. Un vent contraire les obligea de s'arrêter ou même de rebrousser chemin, et de chercher abri dans une anse. En reprenant le cours du fleuve, ils donnèrent à un endroit dans les galères du Soudan, qui leur lancèrent, à eux et aux autres chevaliers qui étaient sur la rive, si grande quantité de feu grégeois, « qu'il semblait que les étoiles du ciel tombassent. » Toujours l'imagination vive et vraie! Bientôt le danger devient inévitable : on n'a qu'à choisir entre l'alternative d'être pris sur l'eau en se rendant aux galères du Soudan, où d'être massacré par les Sarrasins en débarquant à terre. Joinville préfère le premier parti. Il est vrai qu'un de ses domestiques, natif de Doulevant, lui propose hardiment le second : « Je suis d'avis, disait ce brave homme, que nous nous laissions tous tuer, et ainsi nous nous en irons tous ensemble en Paradis. » — « *Mais nous ne le crûmes pas,* » dit ingénument Joinville. — Un de ses mariniers lui suggère de se faire passer pour le cousin du roi, afin qu'on l'épargne lui et ses gens. Joinville se prête au léger mensonge. Un bon Sarrasin (car il y en avait aussi de bons) vient à lui au moment le plus périlleux et fait son affaire de le sauver. Hissé par ses soins et transporté sur la première galère ennemie dans un grand état de faiblesse, Joinville se sent mettre plus d'une fois le couteau sur la gorge. Mais Dieu le sauve à l'aide du bon Sarrasin qui parvient à le mener jusqu'au château de la galère, où se trouvaient les personnes de distinction et les chevaliers de l'armée musulmane : « Quand je vins parmi eux, ils m'ôtèrent mon haubert, et, pour la pitié qu'ils eurent de moi, ils me jetèrent sur le corps une mienne couverture d'écarlate fourrée de menu vair que madame ma mère m'avait donnée (1); un autre m'apporta une ceinture blanche, et je me ceignis sur ma couverture, à laquelle j'avais fait un trou pour la revêtir; et un autre m'apporta un chaperon que je me mis en ma tête. Et lors, pour la peur que j'avais, je commençai à trembler bien fort, et pour la maladie aussi. Et lors je demandai à boire... » — Notons la naïveté et la sincérité parfaite. Joinville tremble, et il peut choisir, pour expliquer son tremblement, de la peur ou de la fièvre; il peut dire comme Bailly : « Je tremble, mais c'est de froid. » Mot sublime! — Mais lui, il n'est pas sublime, et il ne songe pas non plus à le paraître; il a peur, et il le dit. Nous avons pu admirer l'héroïsme plein à la fois d'éclat et de douceur de saint Louis; nous aimons aussi, sinon tout à fait l'héroïsme, du moins le courage plein de naturel et de bonhomie de l'aimable Joinville. Nous avons affaire en sa personne à un homme qui parle sincèrement de lui-même, et c'est pour cela que nous l'écoutons si à plaisir et que nous l'aimons. L'entière bonne foi qu'il montre en tout ce qui le concerne, nous garantit sa véracité sur tout le reste. On a dit :

Tout sent l'humeur gasconne en un auteur gascon :

Joinville est Champenois, et sa naïveté champenoise se sent agréablement dans tout son récit.

Le voilà pris et conduit devant l'amiral des galères.

(1) Les mères sont toujours mères. Thétis aussi avait donné à Achille s'embarquant pour Troie quantité de tuniques et de couvertures chaudes et de fourrures. (*Iliade*, XVI, 223.)

Interrogé par lui, il n'a rien de plus pressé que de dire la vérité ; il n'est pas cousin du roi, mais il tient à l'empereur d'Allemagne Frédéric, dont sa mère est la cousine germaine. L'amiral lui répond qu'il ne l'en aime que mieux ; il le fait manger avec lui, et Joinville, dans son émoi, oublie que c'est un vendredi. Un bourgeois de Paris, là présent, le lui rappelle ; ce qui lui fait jeter de côté son assiette (son écuelle) à l'instant. Joinville, pour en faire pénitence, s'imposa de jeûner tous les vendredis du prochain Carême au pain et à l'eau. Il est bientôt débarqué et amené par l'amiral, qui le fait chevaucher à côté de lui, jusqu'au lieu où étaient saint Louis et les autres prisonniers ; c'était un grand pavillon où les barons étaient et plus de dix mille personnes avec eux : « Quand j'entrai dedans, nous dit-il, les barons firent tous si grande joie, qu'on ne pouvait rien entendre ; et ils en louaient Notre-Seigneur, disant qu'ils croyaient m'avoir perdu. » — On trouvera peut-être que c'est là une joie bien prompte et bien vive après les pleurs et au milieu encore des plus grandes angoisses. C'est ainsi que sont les hommes quand ils sont tout à fait naturels, s'abandonnant à leurs mouvements avec une mobilité qui s'accorde bien, du reste, avec cette foi absolue en Dieu et avec cette idée qu'on est entre les mains de celui qui peut toute chose de nous à chaque instant du jour. Les hommes trop raffinés ou soi-disant philosophes n'ont plus de ces joies ni de ces douleurs ; mais replongez-les dans les épreuves naturelles, ils les retrouveront.

Les grands dangers ne sont pas finis : une révolution de palais éclate chez les Sarrasins ; les Mameloucks tuent le nouveau Soudan qui avait succédé à son père. Le sort des prisonniers chrétiens est en question plus que jamais. Entassés sur des galères, Joinville et ses compagnons sont un jour menacés par une trentaine de furieux qui entrent l'épée nue ou la hache à la main. Déjà chacun ne songe plus qu'à bien mourir : « Il y avait tout plein de gens qui se confessaient à un Frère de la Trinité » là présent. Joinville avoue que, pour lui, en un tel moment, il aurait cherché en vain de quoi se confesser, il ne se souvenait d'aucun péché ; il se contente de faire le signe de la croix et s'agenouille devant un des Sarrasins qui tient une hache, en disant : « Ainsi mourut sainte Agnès. » Cependant un chevalier, son voisin, qui se souvient mieux de ses péchés, se met, faute de prêtre, à se confesser à lui Joinville, et celui-ci, après l'avoir entendu, prononce la formule : « Je vous absous de tel pouvoir comme Dieu m'a donné. » — « Mais quand je me levai de là, ajoute-t-il avec innocence, il ne me souvint plus jamais de chose qu'il m'eût dite ni racontée. »

J'omets quantité d'anecdotes caractéristiques de cette croisade et qui sont devenues célèbres depuis Joinville. L'accommodement se fait après bien des incertitudes et des péripéties ; saint Louis conclut un accord avec les Sarrasins au sujet de sa rançon et de celle des nombreux chrétiens captifs. Pour se mieux assurer de l'exécution du traité et aussi pour rendre courage aux chrétiens de Syrie, le roi s'en va à la ville d'Acre. Pendant la traversée, Joinville l'accompagne, et il ne quittera plus le saint roi durant les quatre années qu'ils doivent passer encore en Orient. Une belle scène, et qui est capitale, est celle de la délibération pour savoir si l'on reviendra incontinent en France. On y voit combien Joinville, sur l'article de la charité, sentait à l'unisson de saint Louis ; il croyait que nul chevalier, ni pauvre ni riche, ne pouvait honorablement revenir d'outre-mer, s'il laissait entre les mains des Sarrasins *le menu peuple de Notre-Seigneur*. Saint Louis assemble son conseil un dimanche (19 juin 1250) : ce conseil se compose de ses frères, du comte de Flandre et autres seigneurs et barons; il leur expose que sa mère le rappelle en France, où les affaires du royaume le réclament; que, d'un autre côté, les chrétiens d'Orient ont encore besoin de lui, et que, s'il part, tous ceux qui sont à Acre voudront partir également; et, les priant d'y réfléchir, il les remet à huitaine pour entendre leur avis. Le dimanche suivant (26 juin), tous, ou presque tous, sont d'avis qu'il n'y a pas à hésiter, et que le roi ne peut demeurer plus longtemps sans manquer à son honneur et à celui de son royaume. Le comte de Jaffa seul laisse entrevoir un avis différent; mais il y est trop intéressé, et lui-même en convient, à cause des terres et châteaux qu'il possède en Syrie. Quand on en vient à Joinville, qui est le quatorzième en ordre, le légat, qui était comme chargé par le roi de faire le tour d'opinions, l'interroge, et Joinville se prononce, mais avec un surcroît d'énergie, pour l'avis du comte de Jaffa, disant hardiment « que le roi n'a encore rien mis de ses deniers dans l'entreprise, qu'il n'a dépensé que les deniers des clercs (du Clergé); que si donc le roi y va de ses propres deniers pour la dépense et qu'il envoie quérir des chevaliers en Morée et outre-mer, à la nouvelle des avances et largesses du roi il lui viendra des chevaliers de toutes parts; par quoi il pourra tenir la campagne l'espace d'un an; et que, par le fait de sa demeurance, seront délivrés les pauvres prisonniers qui ont été pris au service de Dieu et au sien, lesquels n'en sortiront jamais si le roi s'en va. » Le légat se fâche contre Joinville, qui tient ferme et appuie ses raisons. Les autres, qui n'avaient pas eu le courage de donner cet avis, n'osèrent toutefois le contredire : « Il n'y avait là personne qui n'eût de ses proches amis en prison; par quoi nul ne me reprit, dit Joinville, mais se prirent tous à pleurer. » Il se livrait donc en leur cœur une sorte de lutte entre le violent désir qu'ils avaient de rentrer en France, et le sentiment de compassion et de justice qui leur disait qu'il n'était pas bien d'abandonner des frères et des compagnons malheureux. Toutefois, le désir du retour l'emportait, et l'un des plus braves chevaliers présents ne put s'empêcher de tancer injurieusement son neveu qui s'était rangé à l'avis de Joinville. Le roi coupa court au débat et leva la séance sans se prononcer.

Joinville n'était pas sans quelque inquiétude de lui avoir déplu. Les autres chevaliers cependant se mirent à le railler et à le narguer à la française : « Bien fol est le roi, lui disait-on, s'il ne vous croit contre tout le Conseil du royaume de France. » Au dîner qui suivit, le roi ne lui adressa point la parole comme il faisait d'ordinaire. Pendant que le roi disait ses grâces, Joinville, tout pensif, s'en alla donc à une fenêtre grillée qui était dans un enfoncement vers le chevet du lit du roi, et là, passant ses bras à travers les barreaux de la fenêtre, il pensait mélancoliquement à ce qu'il ferait s'il lui fallait demeurer en Syrie sans son maître et seigneur; car il se croyait en conscience obligé d'y rester jusqu'au rachat de ses amis et de tout son monde. Mais laissons-le achever lui-même ce récit familier et charmant :

« En ce point que j'étais là, le roi se vint appuyer à mes épaules et me tint ses deux mains sur la tête; et je pensais que c'était monseigneur Philippe de Nemours, lequel m'avait fait trop d'ennui tout ce jour-là pour le conseil que j'avais donné, et je dis ainsi : « Laissez-moi en paix, monseigneur Philippe. » Mais, comme je tournais la tête, voilà que par aventure la main du roi me tomba au milieu du visage, et je connus que c'était lui à une émeraude qu'il avait en son doigt; et il me dit : « Tenez-vous tout coi, car je vous veux demander « comment vous fûtes si hardi, vous qui êtes un jeune homme, pour « m'oser conseiller ma demeurée, à l'encontre de tous les grands « hommes et les sages de France, qui me conseillaient mon dé- « part... »

Le reste de la scène et la réponse se prévoient aisément : Joinville seul avait deviné le cœur chrétien du saint roi.

Après que saint Louis pourtant a rempli, et surabondamment, ce semble, tous les devoirs qui sont les conséquences de son premier malheur, il revient en France (juillet 1254), et Joinville trouve alors qu'il est temps. On débarque à Hyères, et chacun s'en va revoir son châtel et sa famille qui sont bien en souffrance depuis six longues années. Pendant les seize ans qui suivent (1254-1270), Joinville revoyait souvent saint Louis qui lui faisait toujours fête et joyeux accueil, et c'est à ces heures de familiarité et de libre entretien que se rapportent la plupart des anecdotes qui composent la première partie de ses Mémoires, et qui se pourraient véritablement intituler : *l'Esprit de saint Louis.*

Nous savons d'enfance presque toutes ces histoires ; ce sont les gaietés du saint et ses propos de table. Le caractère pieux et le tour moralisant du saint roi s'y marquent à chaque ligne. Il tient à former Joinville, à le fortifier dans la foi en même temps qu'à lui donner tous les bons conseils de civilité, de régime et de mœurs, qui pouvaient convenir à un jeune homme comme il faut d'alors. Il l'entreprend volontiers après dîner sur la morale ou sur le symbole ; il s'amuse parfois à le mettre aux prises avec Robert de Sorbon et autres gens de science ; puis il intervient à la conclusion comme arbitre, et le catéchise avec agrément. Il y a de ces entretiens dont la forme et le sujet font sourire, comme le jour où saint Louis demande à Joinville « lequel il aimerait mieux d'être lépreux ou d'avoir fait un péché mortel ; » et Joinville, qui est naturel avant tout, répond à l'instant qu'il aimerait mieux en avoir fait trente, d'où suit une douce réprimande de saint Louis, mais en tête-à-tête pour plus de délicatesse et quand ils sont seuls. Il y a des parties plus graves et qui font penser : par exemple, l'histoire de l'évêque Guillaume de Paris, interrogé par ce maître en théologie qui a des doutes sur le sacrement de l'autel et qui en pleure de douleur, et la réponse du prélat pour le consoler, son apologue des deux châteaux, l'un à la frontière et toujours menacé, qui a le mérite de résister, et l'autre, qui est le château de Montlhéry, paisible et en sûreté, mais sans gloire, au centre du royaume, la comparaison de ces deux châteaux avec les cœurs tentés ou tranquilles; tout cela est spirituel, élevé et de tous les temps. Saint Louis aimait évidemment cette forme d'apologue et de parabole. Il aime à interroger, et, par ses questions bien menées et par les réponses qu'elles provoquent, il a un certain art d'induire son interlocuteur à conclure de lui-même. C'est un peu (toute proportion gardée) la méthode de Socrate chez Xénophon, en tenant compte de toutes les différences.

Le mot de *prud'homme* était cher à saint Louis : « Prud'homme, disait-il, est si grande chose et si bonne chose, que rien qu'à le prononcer emplit-il la bouche. » Il y faisait entrer, dans l'acception qu'il y donnait, la bravoure et la sagesse, toutes les qualités du chrétien et de l'honnête homme, il le mettait même en opposition avec l'idée d'une dévotion étroite. C'était l'exemplaire idéal qu'il chérissait. *Prud'homme* était alors pour Joinville et pour saint Louis ce qu'étaient le *beau* et le *bon* des Grecs, ce que sera le mot *honnête homme* au dix-septième siècle, un mot large et flottant qui revient sans cesse et dans lequel on faisait entrer les plus beaux sens. Les Mémoires de Joinville, dans la partie anecdotique, ne sont à bien des égards qu'un manuel et un code de prud'homie d'après le saint roi.

Le portrait que Joinville a tracé de saint Louis, monarque justicier et paternel, restera à jamais celui sous lequel la postérité se plaira à le révérer. Il est impossible de parler de Joinville sans citer (fût-ce pour la centième fois) cette page qui est sa plus douce gloire :

« Mainte fois advint qu'en été il (le roi) allait s'asseoir au bois de Vincennes après sa messe, et s'accotait à un chêne et nous faisait seoir autour de lui. Et tous ceux qui avaient à faire venaient lui parler, sans embarras d'huissier ni d'autres gens. Et lors il leur demandait de sa bouche : « Y a-t-il quelqu'un qui ait partie (qui ait « une cause à plaider)? » Et ceux-là se levaient qui avaient partie, et lors il disait : « Taisez-vous tous, et on vous délivrera l'un après « l'autre. » Et lors il appelait monseigneur Pierre de Fontaines et monseigneur Geoffroy de Villette, et disait à l'un d'eux : « Délivrez- « moi cette partie (expédiez-moi cette cause). » Et quand il voyait quelque chose à amender dans le discours de ceux qui parlaient pour autrui, il le corrigeait lui-même de sa bouche. Je le vis aucunes fois en été que, pour rendre justice à ses gens, il venait au jardin de Paris, vêtu d'une cotte (d'une robe) de camelot, d'un surtout de tiretaine sans manches, avec un manteau de cendal noir autour du cou, très-bien peigné et sans coiffe, et un chapel de plume de paon blanc sur sa tête; et il faisait étendre des tapis pour nous asseoir autour de lui. Et tout le monde qui avait à faire à lui, se tenait à l'entour debout, et lors il les faisait juger et renvoyer chacun en la manière que je vous ai dit auparavant du bois de Vincennes. »

On le voit, Joinville est peintre; au milieu de toutes ses inexpériences premières, il a un sentiment vif qui le sert souvent avec bonheur, et il montre, comme écrivain, de ravissants commencements de talent. Il a l'image parfaitement nette et qui joue à l'œil, la comparaison à la fois naturelle et poétique. On en a pu remarquer bon nombre dans les citations, chemin faisant. Au treizième siècle on était, ce me semble, sur la voie des vraies images, comme les Anciens; mais depuis la société s'alambiqua; on s'enferma dans les salons, et il fallut tout un effort à quelques peintres du dix-huitième siècle pour revenir à l'image naturelle, en sortant de l'abstrait et du factice : aussi sent-on chez eux comme l'effort d'une conquête.

Vers la fin de son livre, on dirait que Joinville, en le

dictant (1), s'accoutume peu à peu à être auteur ; parlant de saint Louis et des maisons religieuses de tout genre, des monastères de tout ordre qu'il fonda, il dit : « Et ainsi que l'écrivain qui a fait son livre et qui l'enlumine d'or et d'azur, enlumina ledit roi son royaume de belles abbayes qu'il y fit. » Voilà une comparaison littéraire proprement dite ; et elle est encore vive et riante.

Il y avait plus de quinze ans que saint Louis était rentré dans son royaume, qu'il en réparait les plaies, qu'il y affermissait chaque jour un ordre de justice et y pourvoyait au bonheur de ses sujets, quand malade et affaibli avant l'âge, au point de ne pouvoir supporter ni le cheval ni à peine la voiture, il se sentit ressaisi d'une extrême ardeur d'aller encore combattre ou plutôt mourir sous la Croix (1270). Cet invincible et maladif désir d'une croisade dernière le prit comme prend à d'autres, après une longue absence, le désir de s'en revenir mourir dans la patrie. Il manda à Paris ses barons. Joinville y vint sans savoir d'abord pourquoi il était appelé, et à ce propos il eut un songe qu'il nous raconte et que son chapelain lui expliqua. L'explication du songe était que le roi devait se croiser le lendemain, mais que la croisade serait de peu d'effet et *de petit exploit*. Joinville puisa cette fois dans son bon sens en-

---

(1) Car il dicte et n'écrit pas ; et j'emprunte ici une remarque à un érudit en ces matières : « On s'est longtemps récrié sur l'ignorance de l'antique noblesse, sur l'incapacité de tel ou tel seigneur qui ne savait pas écrire, *attendu sa qualité de gentilhomme* : si l'on se reporte au temps où tout châtelain avait à ses côtés un *clerc* ou chapelain, dont l'emploi était de tenir la plume pour son maître, on verra qu'il n'y avait rien d'extraordinaire à ce que le seigneur se dispensât d'écrire ; les *écrivains* alors remplaçaient les *imprimeurs* d'aujourd'hui, et étaient destinés comme eux à transmettre aux siècles futurs les pensées et les actes de leur époque... Les gens du métier seulement transcrivaient ce qu'on voulait conserver ; il en résulte de belles et uniformes copies. » (Arthur Dinaux, *Trouvères de la Flandre*, t. II, p. 36).

core plus que dans aucune interprétation superstitieuse la force de résister à son saint maître : il lui opposa, pour ne pas le suivre, les plus légitimes raisons, les raisons tirées de l'intérêt de ses vassaux et de son peuple, les seules qui, auprès de saint Louis, pussent faire balance à l'intérêt de la foi. Car, de même que saint Louis, malgré sa piété, résiste quelquefois à l'Église quand il s'y croit fondé en justice et sur le bien de ses sujets, de même Joinville, malgré son dévouement à son maître, lui résiste quand il se croit dans le juste et dans le vrai. C'est un dernier trait qui achève de peindre cette franche et droite nature. — Joinville survécut à saint Louis de quarante-sept ans environ ; il persista jusqu'à la fin à croire que ceux qui avaient conseillé au roi ce dernier départ avaient fait péché mortel.

Les compatriotes du sire de Joinville, justement fiers de sa renommée de plus en plus pure et de mieux en mieux dessinée après des siècles, viennent de lui vouer un hommage public, et de décider qu'il lui sera élevé une statue (1). Ne le quittons point aujourd'hui nous-même sans saluer en lui cet ensemble de qualités jeunes, aimables, ingénues et fidèles, qui ne se retrouveront plus depuis au même degré. Il est le représentant le plus agréable, le plus familier et le plus expressif de cet âge que nous aimons à nous représenter de loin comme l'âge d'or du bon vieux temps. Si ce beau règne exista quelque part dans le passé, ce fut certes sous saint Louis, durant ces quinze années de paix, à l'ombre du chêne de Vincennes, et c'est par la plume de Joinville qu'il nous a légué sa plus attrayante image.

(1) Le Conseil général de la Haute-Marne, dans sa séance du 25 août dernier (1853), a décidé qu'une statue serait érigée par souscription à la mémoire du sire de Joinville, sur la principale place de la ville de ce nom.

On croyait alors à son roi, on croyait surtout à son Dieu; on y croyait non pas en général et de cette manière toujours un peu vague et abstraite, dans ce lointain où la science moderne, si on n'y prend garde, le fait de plus en plus reculer, mais dans une pratique continuelle et comme si Dieu était présent même physiquement dans les moindres occurrences de la vie. Le monde alors était semé à chaque pas d'obscurités et d'embûches, l'inconnu était partout : partout aussi était le protecteur invisible et le soutien; à chaque souffle qui frémissait, on croyait le sentir comme derrière le rideau. Le ciel au-dessus était ouvert, peuplé en chaque point de figures vivantes, de patrons attentifs et manifestes, d'une invocation directe, et faciles à intéresser; le plus intrépide guerrier marchait dans ce mélange habituel de crainte et de confiance comme un tout petit enfant. A cette vue, les esprits les plus émancipés d'aujourd'hui ne sauraient s'empêcher de dire en tempérant leur sourire par le respect : *Sancta simplicitas!* Le bon sens, certes, ne manquait pas, et il avait ses retours, ses contradictions piquantes au milieu de ce réseau de croyances et, pour tout dire, de crédulités. L'esprit naturel avait ses saillies, ses échappées d'enjouement, ses subtilités et ses hardiesses toujours renaissantes : mais tout cela ne jouait encore que dans le cercle tracé, et venait s'arrêter à temps devant tout objet vénéré et redoutable. Le mot de *prud'homie* comprenait toutes les vertus, la sagesse, la prudence et le courage, l'habileté au sein de la foi, l'honnêteté civile et le *comme il faut*, tel que l'entendait cette race des vieux chrétiens dont Joinville est pour nous le rejeton le plus fleuri, et l'on définirait bien cet ami de saint Louis, qui resta un vieillard si jeune de cœur et si frais de souvenirs, en disant qu'il fut le plus gracieux et le plus souriant des *prud'hommes* d'alors.

APPENDICE

AUX ARTICLES SUR ROEDERER

(Voir page 393.)

Rœderer s'est beaucoup essayé dans le genre des *scènes historiques;* il a tâché d'en reproduire du seizième siècle et du temps de la Ligue; il a voulu, à l'exemple du président Hénault (lequel lui-même se ressouvenait de Shakspeare), représenter et nous rendre l'histoire en action, nous montrer les personnages avec leurs mœurs, leur ton de tous les jours et dans la familiarité. Mais ces essais, à moins du génie d'un Shakspeare qui devine et qui crée, sont nécessairement faibles, traînants et infidèles à distance; tout l'esprit, d'ailleurs, qu'on y peut mettre et tous les procédés d'étude ne réussissent jamais à y donner le cachet authentique. Rœderer, poussé par son goût pour la vérité nue et la réalité, a mieux fait pourtant : il a copié aussi des scènes qu'il avait sous les yeux, de vraies conversations de son temps, toutes naturelles, toutes vives. Et quelle scène historique, refaite après coup, vaudrait le récit suivant que nous donnons dans toute sa simplicité et dans son premier jet sincère? C'est un petit épisode qui a un caractère parfait d'originalité, et qui montre, *comme si l'on y était,* le genre d'esprit et de vie d'un héros. Ce héros est le général Lasalle, un des Achille et des Roland de l'Empire, de la première qualité des braves, un des prochains maréchaux s'il avait vécu, et avec cela aimable, spirituel, étourdi, généreux, tel enfin qu'il va se peindre à nous. Seulement qu'en lisant ces pages, en entendant ces paroles qui brusquent parfois le papier, on n'oublie pas d'y mettre l'animation de la gloire, le sourire brillant de l'esprit et la grâce irrésistible de la jeunesse.

M. Rœderer, envoyé en Espagne en mission confidentielle par l'Empereur auprès de son frère le roi Joseph, écrit le Journal de son voyage. On y lit entre autres particularités intéressantes :

« De Valladolid, le 2 mai 1809.

« Je vous envoie, ma chère amie, écrit-il à sa femme, un dîner militaire avec le général Lasalle. Son ton et son langage m'ont paru très-piquants. Peut-être l'ai-je mal rendu, et alors mon récit serait assez plat; peut-être aussi faut-il, pour y trouver quelque sel, avoir devant les yeux le personnage lui-même, avec ses grandes culottes à la mameluck et la pipe à ses moustaches.

« Au reste, j'ai dicté cela par désœuvrement. Que faire quand on voyage à petites journées?...

« Je remets ceci à un officier de corsaire qui le mettra à la poste à Bordeaux. Cela ne mérite pas le port. »

DINER CHEZ LE GÉNÉRAL THIÉBAULT AVEC LE GÉNÉRAL LASALLE.

Burgos, 29 avril 1809.

Hier j'ai dîné ou soupé (il était sept heures du soir) chez le général Thiébault avec le général Lasalle arrivant de Madrid, et se rendant en toute diligence au corps d'armée commandé par le maréchal Masséna en Allemagne, l'Empereur lui ayant donné le commandement d'une division de huit régiments de cavalerie légère et de huit pièces de canon.

Le général Lasalle étant célèbre par sa bravoure, par son dévouement à l'Empereur, par ses services depuis quinze ans (il n'en a que trente-trois), et récemment encore ayant puissamment contribué, par son courage et l'habileté de ses manœuvres, au gain de la bataille de Médelin, étant remarquable par son ton militaire, par sa gaieté éminemment française qui ne se dément jamais au fort même des combats, enfin étant Messin, mon compatriote, d'une famille que j'ai beaucoup connue, fils d'une mère que j'ai un peu aimée, cousin d'un de mes confrères au Parlement de Metz, j'ai pris un extrême plaisir à le voir, à l'écouter, et je veux prolonger ce plaisir en écrivant ici, aussi exactement qu'il me sera possible, toute la conversation qui a eu lieu entre lui et moi, et a été commune, pendant tout le dîner, toutes les personnes qui s'y trouvaient réunies.

Le général était à un balcon seul, lorsque je suis entré chez le général Thiébault. Il regardait travailler au tombeau du Cid, dont le général Thiébault a fait recueillir les fragments dans une église brûlée, et qu'il fait remonter dans une petite promenade qu'il a plantée sur le bord de l'Arlançon, au milieu de la ville, au-dessous de la terrasse qui a servi jusqu'à présent de promenade.

Je vais au général Lasalle, et voici notre conversation :

MOI. — Général, j'ai l'honneur de vous saluer.

LASALLE. — Monsieur, vous allez à Madrid?

MOI. — Oui, général.

LASALLE. — J'ai laissé, il y a trois jours, le roi très-bien portant.

MOI. — Vous n'avez pas fait de mauvaise rencontre en route?

LASALLE. — Point du tout; il n'y a rien à craindre. Seulement, quand vous avez passé Valladolid, il faudra laisser la route de Ségovie de côté et prendre l'autre. Il n'y a pas le moindre danger.

MOI. — Ce que vous dites là est très-rassurant. Mais on m'a parlé tout autrement hier et ce matin, et surtout on m'a recommandé de ne pas m'en rapporter au général Lasalle, qui n'a peur de rien et qui fait peur à toute l'Espagne. Comme ma réputation de bravoure n'est pas aussi bien établie que la sienne, je compte demander une escorte.

LASALLE. — Quand j'ai passé à ....., le commandant est venu à ma voiture et m'a dit : « Général, je ne vous laisserai point partir sans une escorte de vingt-cinq hommes. Il y a des brigands... » Je lui ai répondu que je n'en voulais point. Il a insisté. Je lui ai dit : « Savez-vous à qui vous parlez? — Je parle à un officier français. — Vous parlez au général Lasalle. Combien sont ces brigands? — Environ trois cents. — Combien avez-vous d'hommes? — Cinquante. — Quoi! vous avez cinquante hommes et vous laissez la route sans sûreté! Cela est lâche. Je rendrai compte de votre conduite. Je ne veux point de votre escorte. » — J'ai passé, n'ai rien vu, et me voilà.

MOI. — Général, il faut vous garder pour la campagne qui commence en Allemagne.

LASALLE. — Je suis en retard de six semaines, je serai grondé. Les premiers coups de fusil seront tirés quand j'arriverai. L'Empereur vient de me donner une superbe division : huit régiments de troupes légères, huit pièces de canon. C'est plus qu'il ne m'en faut. Je serai au désespoir si l'on commence sans moi.

MOI. — Vous passez par Paris?

LASALLE. — Oui, c'est le plus court. J'arriverai à cinq heures du matin, je me commanderai une paire de bottes, je ferai un enfant à ma femme et je partirai.

M. Lagarde s'approche, ensuite le général Thiébault, qui était dans une autre pièce.

LE GÉNÉRAL THIÉBAULT. — Tu n'emmènes donc pas ta femme avec toi cette fois-ci?

LASALLE. — Pourquoi pas, si elle le veut? Mais elle est toute changée, ma femme!

LE GÉNÉRAL THIÉBAULT. — Elle était en Espagne à la bataille de Rio-Seco (je crois, — à vérifier).

LASALLE. — Jusque-là elle avait été assez raisonnable. Ce jour-là je ne la reconnaissais pas; elle a eu peur, quoiqu'il n'y ait guère eu que deux ou trois cents hommes de tués. Les boulets venaient autour d'elle et de sa petite fille. Elle fut saisie d'une terreur singulière. Je lui envoyai dire d'aller un peu plus loin : elle se retira dans un endroit où l'on portait les blessés. Il se trouve là un officier blessé dans un certain endroit. Ma femme avait dans sa voiture un instrument (*Il figura par le geste une seringue*); on l'arrangea, et elle fit donner par sa femme de chambre un secours important à ce pauvre homme... Elle, elle fit là la dame de charité tout à fait; elle est actuellement poltronne.

LE GÉNÉRAL THIÉBAULT. — Comment la laissais-tu aller comme ça au plus épais? Tu devais avoir peur pour elle.

LASALLE. — Ma foi, non; je n'y pensais pas, puisque je n'avais pas peur pour moi.

MOI. — Général, c'est pour arriver sain et sauf aux grandes aventures qu'il faut vous préserver des brigands.

LE GÉNÉRAL THIÉBAULT. — Je te donnerai sûrement une escorte pour sortir d'ici, jusqu'à quatre lieues. Plus loin, tu peux t'en passer.

MOI. — Il faut ménager sa vie quand elle peut être utile.

LASALLE. — Moi, j'ai assez vécu à présent. Pourquoi veut-on vivre? Pour se faire honneur, pour faire son chemin, sa fortune; eh bien! j'ai trente-trois ans, je suis général de division. (*En s'approchant de moi, à voix basse et d'un ton sérieux.*) Savez-vous que l'Empereur m'a donné l'année passée cinquante mille livres de rentes? c'est immense!

MOI. — L'Empereur n'en restera pas là, et votre carrière n'est pas finie. Mais, pour jouir de tout cela, il faut éviter les dangers inutiles, et les dangers sans gloire; car, après tout, pourquoi veut-on se faire honneur, faire son chemin, sa fortune? C'est pour en jouir, sans négliger cependant les occasions d'accroître ces avantages autant qu'il est possible.

LASALLE. — Non! Point du tout! On jouit en acquérant tout cela ; on jouit en faisant la guerre. C'est déjà un plaisir assez grand que celui de faire la guerre ; on est dans le bruit, dans la fumée, dans le mouvement : et puis, quand on s'est fait un nom, eh bien! on a joui du plaisir de se le faire ; quand on a fait sa fortune, on est sûr que sa femme, que ses enfants ne manqueront de rien ; tout cela, c'est assez. Moi, je puis mourir demain. —

Un aide de camp vient dire au général qu'on le demande. Il sort. Je passe avec le général Thiébault dans son cabinet. Lasalle rentre et reprend la conversation avec M. Lagarde.

M. Lagarde m'a rapporté que le général lui avait dit qu'on traitait les Espagnols avec un peu de mollesse ; qu'il fallait les réduire par la terreur ; que dans toute partie conquise où il y avait un Français de tué, il fallait pendre un Espagnol ; que partout où il y avait une insurrection, il fallait en pendre soixante.

Nous rentrons, le général Thiébault et moi ; la conversation continua quelques moments sur le même texte et sur le même ton.

LE GÉNÉRAL THIÉBAULT *en riant, à moi.* — Il en dit plus qu'il n'en fait : c'est le meilleur homme du monde. (*Le général Lasalle parle à quelqu'un qui entre, et le général Thiébault continue :*) C'est le premier officier de troupes légères de l'Europe ; Nansouty, premier officier de grosse cavalerie. Il a tout le brillant du marquis de Conflans et a fait bien d'autres preuves. Toujours gai comme vous le voyez, et allant comme cela au feu. (*S'adressant au général Lasalle.*) Mon ami, où sont tes aides de camp? Je les ferai chercher. Nous les attendons pour dîner.

LASALLE. — Il faut dîner sans eux.

LE GÉNÉRAL THIÉBAULT. — Il faut bien qu'ils dînent.

LASALLE. — Ils n'ont pas faim.

LE GÉNÉRAL THIÉBAULT. — Où sont-ils logés?

LASALLE. — Ils ne sont pas logés.

LE GÉNÉRAL THIÉBAULT. — Mais tu veux partir après dîner!

LASALLE. — C'est pour cela qu'il ne faut pas les attendre. Ils dîneront ailleurs.

LE GÉNÉRAL THIÉBAULT. — Je ne ferai pas servir qu'ils ne soient venus.

LASALLE. — Et moi je vais dire qu'on serve. (*Il sort.*) —

On voit venir les aides de camp sur le pont.

Pendant la conversation est survenu le commissaire ordonnateur Buot, un colonel beau-frère du général Lasalle. On s'est mis à table.

Le général Lasalle à gauche du général Thiébault, moi à droite. A côté du général Lasalle, en retour, M. Lagarde ; plus loin, M. du Coëtlosquet, aide de camp du général Lasalle. Vis-à-vis, un officier. Plus loin, le beau-frère du général Lasalle. A ma droite, M. Buot ; plus loin, en retour, le secrétaire et l'aide de camp du général Thiébault. En face de moi, le deuxième aide de camp du général Lasalle, et, au milieu, M. de Vidal, adjudant.

SOUPER.

LE GÉNÉRAL THIÉBAULT. — Ma foi, Messieurs, vous ferez mauvaise chère. Cette réunion de troupes qui n'ont pas été annoncées a mis la disette à Burgos. Dans cette matinée et dans les trois jours précédents, il est arrivé 17,000 hommes à Burgos, venant de Saragosse. Ce matin, il a fallu attendre deux heures du pain pour faire déjeuner le pauvre Lasalle.

LASALLE. — Je n'étais pas pressé : j'avais déjeuné avant de me coucher.

LE GÉNÉRAL THIÉBAULT. — Il est arrivé ici à quatre heures du matin ; je venais de me coucher. Je le vois devant mon lit : « Mon ami, donne-moi à souper et un lit. » Le cuisinier lui a donné à souper.

LASALLE. — Je ne sais pas pourquoi les gazettes françaises, contre leur ordinaire, ont diminué nos avantages à la bataille de Médelin. Elles ont dit que nous avons tué six mille hommes : nous en avons bien tué quatorze mille.

MOI. — C'est ce que m'ont dit à Bayonne des officiers revenant d'Espagne.

M. LAGARDE. — Le bulletin du major-général maréchal Jourdan en annonçait douze mille.

LASALLE. — Nous en avons tué quatorze mille. Nous avions espéré de voir le roi à l'armée de l'Andalousie ; cela aurait produit un bon effet. Le roi se plaît à Madrid... il chasse beaucoup... S. M. n'était pas de bonne humeur quand je suis parti de Madrid... Je lui ai apporté les drapeaux que nous avons pris aux Espagnols : superbes drapeaux, ma foi ! Ils étaient couverts de belles figures peintes, brodées. Il y en a un sur lequel on voyait un aigle terrassé et déchiré je ne sais par quelle bête, une figure de lion, peut-être de léopard... ou de mérinos... (*Tout le monde rit.*) A propos de mérinos, j'en ai sauvé pour ma part plus de cinq cent mille... Oh ! nous avons fait la guerre en Andalousie avec une sagesse et une douceur édifiantes ! —

La conversation retomba sur les troupes revenant de Saragosse sous les ordres du maréchal Mortier. J'ai cessé un moment d'être à la conversation générale, parce que M. Buot, mon voisin, m'a parlé du siège de cette ville, à moi particulièrement. J'ai cependant entendu dire, je ne sais plus par qui, que l'on se plaignait dans l'Aragon que les ministres de Madrid n'y donnaient aucun signe d'existence, et qu'on n'y recevait aucun ordre du roi.

J'ai retenu, de ce que m'a dit M. Buot, qu'il avait péri quarante mille hommes dans Saragosse pendant le siège ;

Qu'il avait été consommé par l'armée française devant Saragosse environ deux cent mille mérinos, dont les peaux et les toisons, jetées par les soldats, n'avaient été ramassées que par les vivandières.

Lorsque les Français avaient fait sauter, par le moyen de la poudre, quelques édifices publics ou une maison particulière, les Espagnols, retranchés dans la maison voisine, travaillaient aussitôt à percer les murailles pour tirer des coups de fusil aux Français. Pendant que les Espagnols perçaient le mur d'un côté, les Français le perçaient de l'autre pour tirer sur les Espagnols. C'était de part et d'autre à qui aurait le plus tôt fait son trou pour tirer le premier sur l'ennemi.

Quand les Espagnols étaient forcés dans une maison, ils se retiraient dans la suivante par les ouvertures percées à tous les étages; ils muraient ensuite les ouvertures. Il s'est trouvé que des Français étaient maîtres du premier étage, tandis que le second et le rez-de-chaussée étaient occupés par les Espagnols; que l'on se fusillait par les planchers du haut en bas et du bas en haut.

Il a péri vingt neuf officiers du génie français dans le siége de Saragosse et trois officiers d'artillerie.

Lorsque Saragosse s'est rendue, il y avait sur la place et dans les rues dix mille morts ou mourants. Tout ce qui respirait encore était exténué par la faim et par une sorte de maladie contagieuse qui en a fait périr un grand nombre encore longtemps après la reddition et l'assainissement de la ville.

Ce n'est point Palafox qui menait les affaires et les esprits à Saragosse; Palafox est un jeune homme de vingt-huit ans, fort beau, sans expérience. C'était un chanoine et un autre ecclésiastique qui avait été précepteur de Palafox, qui gouvernaient la canaille et la convoquaient au son de la cloche en assemblée générale; à la fin du siége, la cloche avait beau sonner, il ne venait plus personne (1).

LE GÉNÉRAL THIÉBAULT. — Mon ami, tu ne partiras pas ce soir.

LASALLE. — Mon ami, je partirai ce soir. Je suis en retard depuis six semaines.

L'AIDE DE CAMP DU COETLOSQUET. — Mon général, nous ne gagnerons rien à partir ce soir.

LASALLE. — Nous serons en route; c'est quelque chose d'être comme

(1) Les discours qui se tenaient dans ces assemblées seraient curieux à connaître; on pourrait y voir avec certitude, non pas précisément les intentions des chefs, mais les motifs du peuple et des trente mille soldats qui étaient renfermés dans cette ville. Se défendaient-ils dans l'espérance d'être secourus; et comment entretenait-on cette espérance? On assure que tous les jours les meneurs annonçaient une armée conduite par Palafox l'aîné, qui commandait à Valence.

Se défendaient-ils par fanatisme pour la maison de Bourbon? Par fanatisme religieux? Par orgueil national et par irritation? Se battaient-ils, en un mot, parce qu'ils préféraient la mort à la soumission? (Note de Rœderer.)

ça. (*Il fait un mouvement de la main qui figure la position et le mouvement d'un homme à cheval qui galope.*)

LE GÉNÉRAL THIÉBAULT. — Ne nous parle pas de ce plaisir-là, à nous qui sommes condamnés à rester ici. Mais il te faut une escorte seulement pour quatre lieues. Il y a par ici quelques coquins. Je te commanderai quatre dragons.

LASALLE. — Je ne veux pas; ce serait un trop mauvais tour; cela ralentirait ma marche; ils voudraient tous ensuite m'en donner le reste de la route, je resterais en chemin.

LE GÉNÉRAL THIÉBAULT. — Je veux que tu aies quatre dragons. Ils sont bien montés et te suivront aisément.

LASALLE. — Je n'en veux point.

LE GÉNÉRAL THIÉBAULT. — Ils se trouveront sur la route quand tu partiras.

LASALLE. — Je les chargerai. (*On rit.*)

MOI. — Mon fils (1) est dans l'idée que les escortes augmentent les dangers, parce qu'elles ralentissent la marche et qu'elles l'annoncent; et il va toujours sans escorte.

LASALLE. — Oh! les officiers du roi courent moins de dangers que les officiers français! les Espagnols ont plus de ménagements pour eux. Si l'on veut de la sûreté, il ne faut point faire de grâce quand on tue les Français; on y va trop doucement. Les Espagnols ne sont pas comme les Allemands.

LE GÉNÉRAL THIÉBAULT. — Tu vas les voir, ces bons Allemands.

TROIS OU QUATRE VOIX ENSEMBLE. — Les bonnes gens, les braves gens que ces Allemands!

M. DU COETLOSQUET. — Avec tout cela nous pleurerons l'Espagne.

LASALLE. — Oui, dans six mois d'ici, quand nous y reviendrons.

LE GÉNÉRAL THIÉBAULT. — Te souviens-tu de la bonne vie que nous avons menée à Salamanque?

LASALLE. — Pardieu, oui! c'était à notre premier voyage.

LE GÉNÉRAL THIÉBAULT, *à moi*. — Il avait là une belle à qui il donnait des sérénades en plein jour!

LASALLE. — Oui, pour plus de discrétion. (*A moi.*) C'était une femme chez qui était logé le général Victor. Il fut tout étonné de me voir arriver avec de la musique sous ses fenêtres. Je lui dis : « Général, ce n'est pas pour vous, c'est pour Madame! » Elle me disait : « Mais, Monsieur, il fait jour! — Madame, raison de plus. »

LE GÉNÉRAL THIÉBAULT, *à moi*. — Ils avaient formé une société qui s'appelait *des altérés*. Il était défendu de n'avoir pas soif sous une peine convenue. Lasalle avait passé une nuit de train avec un de ses officiers, et ils revenaient ensemble le matin pour se coucher. Tout à coup il prend un air grave et regarde son camarade; il lui dit :

(1) Le colonel Rœderer, aide de camp du roi Joseph, et que le roi avait envoyé au-devant de M. Rœderer.

» Monsieur, vous venez de passer une nuit dans la débauche ; cela est affreux ! Rendez-vous en prison pour trois jours. » Et l'autre y alla.

LASALLE. — Nous avons soupé hier à Torquemada (1). Ils voulaient se souvenir que je les avais brûlés il y a six mois ; ils se rassemblaient autour de la maison et se regardaient quand je suis parti.

L'AIDE DE CAMP DU COETLOSQUET. — Mais aussi, général, comme vous avez été reçu à la poste !

LASALLE. — Oui ; ils ne savaient quelle fête me faire. C'est que j'ai fait donner six mille francs au maître de poste pour rétablir sa poste quand Torquemada eut été brûlée.

L'AIDE DE CAMP. — Il faut que nous n'ayons fait qu'une bonne action dans toute notre vie, et nous n'avons pu échapper aux ennuis de la reconnaissance !

LASALLE. — Quand ma voiture s'est arrêtée, la femme s'y est présentée ; elle m'a dit : « *Est-il vrai que le général Lasalle a été tué ?* » Je lui ai répondu : « *Oui, il est mort.* » Le moment d'après, son mari est venu, m'a regardé de tous les côtés, et m'a reconnu. C'est alors que la reconnaissance a commencé et qu'il a fallu céder ; on a été chercher toute la viande, les poulets et les œufs de Torquemada, et il n'y en avait guère. —

On s'est levé de table. Le général Lasalle a donné ses ordres pour son départ, a pris du café et du rhum, a allumé sa pipe dans un coin, et est revenu à la cheminée, où nous étions en cercle, debout.

LASALLE, *à Buot.* — Vous ne me chargez de rien pour Madame ?

BUOT. — Si vous voulez, général, l'embrasser pour moi...

LASALLE. — J'ai déjà cette commission pour plus de vingt personnes. Le maréchal Victor me l'a donnée, Thiébault aussi... Je ferai face à tout, Messieurs, vous pouvez y compter. L'Empereur a donné une division au général Macdonald. Je suis bien aise que l'Empereur lui ait fait grâce ; c'est un brave homme, sachant bien son métier, un peu froid, comme le général Victor.

MOI. — Le général Reynier est aussi comme cela.

LASALLE. — Oui, homme de mérite. Ces hommes-là ne donnent point de mouvement au soldat ; il faut sous eux des officiers qui aient de l'ardeur et du feu. Macdonald a un défaut, c'est un peu d'orgueil ; mais c'est un brave homme qui a du talent.

BUOT. — L'Empereur ne laissera pas traîner l'affaire de l'Autriche. Il va se frapper là de grands coups. Quel homme !

LASALLE. — Là où l'Empereur a été le plus grand, c'est à la guerre d'Italie. Là il était un héros : à présent c'est un empereur. En Italie, il n'avait que peu d'hommes presque sans armes, sans pain, sans sou-

---

(1) Ville brûlée par ordre du général Lasalle il y avait six mois, après quelque acte de trahison.

liers, sans argent, sans administration; point de secours de personne ; l'anarchie dans le Gouvernement; une petite mine; une réputation de mathématicien et de rêveur; point encore d'actions pour lui; pas un ami ; regardé comme un ours, parce qu'il était toujours seul à penser. Il fallait tout créer, il a tout créé. Voilà où il est le plus admirable. Depuis qu'il est empereur, il dispose de tant de forces que ce n'est plus la même difficulté.

LE GÉNÉRAL THIÉBAULT. — Oui ; mais il fait de si grandes choses de son pouvoir, il en tire un parti si supérieur à ce qu'en ferait un autre, que c'est comme s'il créait encore.

LASALLE. — Les commencements sont toujours le plus difficile. Le général Kellermann m'a donné une preuve de bonté à laquelle je suis très-sensible. Lorsque je suis arrivé à Valladolid, une personne est venue m'inviter à m'établir dans sa maison ; il avait donné ordre qu'on m'y donnât à dîner, à souper, et, de plus, cette personne était chargée de m'offrir de l'argent. M'offrir de l'argent ! le général Kellermann ! Peut-on une attention plus obligeante de la part du général Kellermann? Lui, la fourmi même, il ne pouvait me donner une marque de sa bonté pour moi qui fût plus signalée !... Le maréchal m'a donné les premières connaissances de mon métier, à moi. J'ai commencé par être son aide de camp; c'est à lui que je dois ce que je suis, et mon économie. (*Tout le monde rit.*) Oui, mon économie. Il ne fallait pas manger plus d'une côtelette à déjeuner ; il m'aurait donné des coups de bâton... Le bon maréchal ! il s'était mis en tête de faire de moi un homme de plume. Il m'a fait une fois écrire soixante lettres en une matinée. Je n'aurais pas réussi dans cette carrière. —

Le général donne des ordres pour son départ ; je me retire.

FIN DU RÉCIT DE ROEDERER.

Ainsi partait à toute bride le jeune général, pour arriver à temps au terme glorieux de sa destinée, pour s'illustrer à Essling, et, plein d'un pressentiment de mort, pour tomber frappé d'une balle au front l'après-midi de Wagram, à l'heure du triomphe.

De toutes les scènes historiques qui se font simples et familières avec art, et qu'ont tant recherchées les vrais romantiques de notre âge, il n'en est certes point qui équivaille à celle-ci, prise sur le fait comme elle est et saisie au vol, ni qui rende mieux témoignage de la physionomie militaire de l'époque et des hommes : c'est là du naïf et du piquant en nature. (Voir sur le général Lasalle le tome II de la *Biographie de la Moselle*, par Bégin, 1830. — Rapprocher de cette conversation, mais seulement pour le ton et le cachet de vérité, certain dialogue entre le général Delorges et Stanislas Girardin, à Lerma, en 1808; *Journal et Souvenirs* de Stanislas Girardin, tome II, p. 222.)

— Non plus comme appendice, mais comme simple note et *post-scriptum* aux articles sur Bernis, j'ajouterai cette petite anecdote que je tiens d'original, ou plutôt que M. A.-Firmin Didot qui me la raconte sait lui-même d'original et par tradition. L'abbé de Bernis, au temps de sa grande pauvreté et des dîners à six sous par tête, était employé comme correcteur chez le libraire-imprimeur Didot, bisaïeul du nôtre. Il y avait son logement et était reçu dans la famille au déjeuner. Un jour, le patron ne le voyant pas se mit à dire : « Bernis ne vient donc pas déjeuner? » — « Non, répondit quelqu'un de la maison, il est dans ce moment occupé, il raccommode sa culotte. »

Cet homme charmant et tout à fait homme d'esprit était cardinal, ambassadeur à Rome. Un Français un peu artiste y fit quelque escapade, et il dut avoir recours, dans son embarras, à l'ambassadeur de France. Bernis le gronda, et pour s'excuser, l'artiste se hasarda à lui dire : « Mais, vous-même, Monseigneur, dans votre jeunesse... » — « Oui, repartit Bernis; mais j'ai fait comme Sixte-Quint, j'ai jeté ma béquille. »

Je m'applique, dans cette réimpression, à corriger les quelques erreurs et inexactitudes que, malgré tous mes soins, il ne m'a pas été donné d'éviter. Je profite des critiques, toutes les fois qu'on me dénonce de ces fautes, mais je n'aime pas qu'on m'en impute de tout à fait imaginaires. Ainsi, j'ai donné, au second volume de ces *Causeries*, un article sur l'abbé Galiani. Je l'ai fait aussi complet et aussi nourri que possible en peu de pages. Un jeune écrivain, M. Paul Ristelhuber, a eu l'idée, quinze ans après (1866), de faire un choix dans Galiani, de découper un certain nombre de passages dans sa Correspondance et ailleurs, et il a publié ce petit travail qui ne lui a pas donné grand'peine, qui ne lui a coûté que quelques coups de ciseaux, sous ce titre un peu prétentieux : *Un Napolitain du dernier siècle. Contes, Lettres et Pensées de l'abbé Galiani*, etc., etc. Il eût été plus exact et plus vrai d'annoncer d'abord qu'on ne donnait que des échantillons de tout cela. Passe pourtant, puisqu'il est d'usage aujourd'hui que l'étiquette, en librairie, enfle la valeur de la marchandise. Mais l'éditeur a fait précéder ce léger recueil d'extraits, assez agréable d'ailleurs à parcourir, d'une *Introduction*, c'est-à-dire d'une dizaine de pages, où il a tenu à se montrer le plus qu'il a pu désobligeant et maussade pour tous ceux qui l'ont précédé sur ce même sujet et dont il n'a eu vraiment qu'à profiter. Il y a une morale littéraire qui devrait être celle des honnêtes gens (en prenant ce mot par opposition à celui de *pédant*). Un des points de cette morale, c'est quand un écrivain de quelque mérite vous a devancé sur un sujet et qu'on profite de lui, de ne le contredire, quand on le juge à propos, qu'avec une légère marque de politesse. Cette règle, non écrite, mais de bon usage, M. Ristelhuber ne l'a nullement pratiquée. Il semble, en vérité, pour qui ne lirait que le petit nombre de pages qu'il a mises en tête de sa compilation écourtée, que tout le monde, excepté lui, a plus ou moins déraisonné et battu la campagne jusqu'ici, sur le compte du spirituel abbé napolitain. M. Ch. Mehl, dans le *Bibliographe alsacien*, n'a pu s'empêcher de relever quelque chose du procédé, qui n'a pas échappé non plus à l'auteur d'une note dans la *Revue critique* du 6 octobre 1866. Mais voici qui est plus fort. Parlant de la conversation de l'abbé Galiani et des récits amusants qu'il faisait en société, des excellents contes qu'il jouait en quelque sorte, et rappelant que Diderot en a conservé quelques-uns dans ses lettres à mademoiselle

Voland, le nouvel éditeur ajoute : « M. Sainte-Beuve, dans ses *Cau-
« series du Lundi* (t. II, 3e édit., p. 426), en rappelle un autre, qu'il
« dit rapporté dans les *Mémoires* de l'abbé Morellet. Nous avouons
« humblement n'avoir pu le découvrir dans ces *Mémoires* (Paris, 1821,
« 2 vol. in-8°). » — Eh bien ! répondrai-je dans la même forme et
avec le même appareil, si vous ouvrez les *Mémoires* de l'abbé Morellet
(Paris, 1821, 2 vol. in-8°), à la page 131 et suiv. du tome I, vous
y lisez précisément tout au long et en très-gros caractères le conte
même que j'ai cité. On voit que M. Ristelhuber, s'il est dénué d'originalité comme poëte (car il a fait aussi son volume de vers), n'est pas
encore tout à fait préparé à faire des découvertes comme érudit.

— Mais voici de vraies fautes dont je tiens à avertir mes lecteurs,
n'ayant pas à espérer de les pouvoir corriger moi-même dans une
réimpression de ces *Causeries*.

Et d'abord, dans le portrait de *Madame de Pompadour* (tome II,
page 508, 3e édition), décrivant le pastel de Latour, il m'est arrivé
de dire : « La robe de satin à ramages laisse place dans l'échancrure
de la poitrine à plusieurs rangs de ces nœuds qu'on appelle, je crois,
des *parfaits contentements*... » Or, on m'assure que j'ai été mal informé
et que ce genre de nœuds s'appelle *une échelle de rubans*; c'est là le
terme qu'il faudrait substituer à celui de *parfaits contentements*, si
en effet les connaisseurs en toilette sont d'accord là-dessus : et je les
a isse juges.

De plus (au tome III, page 34, même édition dernière), à l'article
de *Madame de Genlis*, un correcteur, croyant bien faire, a tout à fait
altéré ma pensée et l'a rendue inintelligible : « En repassant les ouvrages de madame de Genlis, il me semble (me fait-on dire) que
Louis-Philippe est *de* son côté véritablement historique, le seul par
lequel elle continuera de mériter quelque attention sérieuse. » Or,
j'avais dit : « En repassant les ouvrages de madame de Genlis, il
me semble que Louis-Philippe est son côté véritablement historique, etc... » C'est ainsi qu'au dix-septième siècle, Madame (mère
du Régent) écrivait dans une de ses lettres : « La Montchevreuil est le bel
endroit de la Maintenon, et le seul que je trouve louable en elle. »
En vertu d'une locution analogue, on peut dire que Louis-Philippe
est *le côté* véritablement historique de madame de Genlis. Cette correction est de toute nécessité.

Enfin, même volume (tome III, page 366), dans l'article *Bussy-Ra-
butin*, je ne suis pas content de la manière dont j'ai apprécié son
Portrait de Turenne. Quand j'écrivais cette page, en effet, je ne con-
naissais le Portrait que comme il avait été imprimé dans l'ancienne
édition des *Mémoires* de Bussy, c'est-à-dire avec de nombreuses sup-

pressions, et je n'avais pas lu le texte plus complet qui ne fut donné que dans le *Supplément aux* mêmes *Mémoires*. J'avais donc pu croire Bussy moins malicieux et moins mal disposé qu'il ne le fut d'abord envers ce grand homme. Mais ce qui reste vrai et ce qu'il importe de bien remarquer, c'est que le mérite de M. de Turenne, à force de persister et d'éclater à tous les yeux, finit par désarmer Bussy, qui écrivait à madame de Sévigné, le 20 mars 1675 : « Je ne réponds point à vos nouvelles du mois de janvier... Je vous dirai seulement que j'aime autant M. de Turenne que je l'ai autrefois haï; car, *pour dire la vérité, mon cœur ne peut plus tenir contre tant de mérite.* » Et au moment de la mort du grand capitaine : « Je suis si rempli du mérite du maréchal de Turenne que je ne puis me lasser d'en parler, et quand je suis épuisé sur cette matière, je redis ce que les autres en ont bien dit. » Et il transcrit l'éloge que Guilleragues, secrétaire du Cabinet, avait fait de lui dans la *Gazette*. — On sait, de plus, que le premier président de Lamoignon s'était mis en tête de réconcilier Bussy avec M. de Turenne, et qu'il y avait trouvé ce grand homme tout disposé. Et là-dessus Bussy ayant écrit à son ancien général une lettre de compliment et de reconnaissance, Turenne lui avait répondu par une lettre qui, « dans sa *manière courte et sèche* (c'était son genre), était peut-être une des plus honnêtes qu'il ait jamais écrites. » — Je crois maintenant en avoir assez dit, mais il m'était resté comme un remords de n'avoir caractérisé qu'imparfaitement ce Portrait de Turenne par Bussy, lequel Portrait, d'ailleurs, est en soi l'une des pièces les plus nettes et les plus achevées de notre littérature : c'est un simple dessin sans couleur aucune, mais des plus expressifs et des plus parlants.

FIN DU TOME HUITIÈME.

TABLE DES MATIERES

	Pages.
L'ABBÉ DE BERNIS	1
De l'État de la France sous Louis XV	23
LE CARDINAL DE BERNIS	44
MALHERBE et son École	67
GUI PATIN — I	88
II	110
SULLY, ses Économies royales ou Mémoires — I	134
II	155
III	175
MÉZERAY — I	195
II	213
LE PRINCE DE LIGNE — I	234
II	254
Histoire littéraire de la France, publiée par l'Institut	273
Discours de M. Mignet, à l'Académie des Sciences morales et politiques	291
LE ROMAN DE RENART	308
ROEDERER — I	325
II	346
III	371
GABRIELLE D'ESTRÉES	394
Nouveaux Voyages en Zig-zag de Topffer	413
GIBBON — I	431
II	452
Histoire de la Maison royale de Saint-Cyr, par M. Th. Lavallée	473
JOINVILLE — I	495
II	513
Appendice aux articles sur Rœderer, Conversation avec le général Lasalle	533
Notes et errata	545

FIN DE LA TABLE.

Paris. — Imp. E. CAPIOMONT et Cie, rue des Poitevins, 6.

www.ingramcontent.com/pod-product-compliance
Lightning Source LLC
Chambersburg PA
CBHW070839230426

43667CB00011B/1860